Par Salvador (?)
Tussel,

En vente chez MARCHANT, éditeur,
BOULEVARD SAINT-MARTIN, 12.

LES
MYSTÈRES
DES THÉATRES DE PARIS.

Observations!
Indiscrétions!! Révélations!!!

PAR

UN VIEUX COMPARSE.

UN VOLUME FORMAT ANGLAIS PUBLIÉ EN 12 LIVRAISONS.

Chaque livraison contiendra 36 pages de texte et une gravure sur bois tirée séparément.

PRIX DU VOLUME : 3 FR.

LES DEUX PREMIÈRES LIVRAISONS SONT EN VENTE.

25 c. la livraison. — 2 livraisons par mois.

PROSPECTUS.

Le succès prodigieux des *Mystères de Paris*, cet immense panorama social où sont venus se dérouler les vices et les plaies de l'humanité telle que le dix-neuvième siècle nous l'a faite, le succès prodigieux de ce livre étrange et hardi, a donné au public le goût des révélations. De tous temps on a voulu connaître les hommes et les diverses classes sociales où les passions humaines

1844

gravitent et ne diffèrent que par le manteau dont elles sont recouvertes.

Théophraste, La Bruyère, ont dépeint les caractères et mis à nu le *for intérieur* des hommes de leur époque, et dans la lecture de ces caractères nous reconnaissons encore nos contemporains. Le Sage dans son *Diable boiteux*, Mercier dans le *Tableau de Paris*, Rétif de la Bretonne dans ses *Contemporaines*, ont soulevé le toit protecteur, et pénétré dans la famille et jusque dans l'alcôve. *Les Mémoires du Diable* de M. Frédéric Soulié, et enfin *les Mystères de Paris* de M. Eugène Sue, ont fait une sensation profonde et universelle. Ce sont là des œuvres sérieuses et destinées à l'enseignement du cœur humain.

Mais ces écrivains, qui ont moissonné partout, dans le palais et dans le bouge, sous le lambris doré et dans la masure du pauvre, ont laissé des pages blanches dans ces grandes peintures de mœurs ; ils ont oublié plus d'une classe intéressante de la société. Il en est une surtout, riche en excentricités, en mœurs exceptionnelles, en anecdotes curieuses ; c'est celle des *Comédiens* et de tout ce qui existe pour ou par le théâtre. Nous traçons aujourd'hui, et la marotte à la main, un tableau des théâtres de Paris et des comédiens à qui le public va demander tous les jours l'oubli des affaires et des ennuis, le reflet des travers et des passions qui l'agitent.

La comédie est un miroir, a-t-on dit : nous offrons au public le miroir des comédiens ; et pour résumer la pensée de notre livre, nous allons extraire de la première livraison le discours prononcé par *le vieux Comparse*, fondateur d'une société dans laquelle chacun apportera sa part d'*observations*, de *révélations*, d'*indiscrétions* sur les MYSTÈRES DES THÉATRES DE PARIS.

« Messieurs et chers camarades,

» Nous nous sommes réunis pour mettre au grand

jour la *Blague théâtrale*, raconter la vie des comédiens, dévoiler leurs mœurs, leurs petites intrigues, les anecdotes intéressantes ou drôlatiques, la chronique scandaleuse des foyers, et rire quelquefois aux dépens des gros bonnets de l'art théâtral, qui rendent la vie si dure à ceux de leurs camarades qui n'ont pas su escalader les premières places.

» Les comédiens d'autrefois jouaient des *Mystères*, nous dévoilerons les *Mystères des Comédiens d'aujourd'hui*; tant pis pour les amours-propres froissés. Nous soulèverons le voile de plus d'une Agnès à la candeur douteuse, nous ferons tomber le fard de plus d'un visage que le public n'a jamais pu voir à nu. Nous avons pénétré dans les loges des artistes, nous nous sommes assis au milieu des foyers, à la table des artistes viveurs et des bonnes filles à l'œil provocateur, aux propos égrillards, aux baisers humides et faciles.... Et nous serons indiscrets autant que nous le pourrons...

» Gare à vous, nos bons camarades! se taire, être généreux, c'est un métier de dupe.... Ne tremblez pas trop pourtant, nous ne parlerons pas de tous vos péchés. Les péchés mortels effrayent, et nous voulons rire; ce sont vos péchés véniels, ceux que vous renouvelez le plus souvent, que nous voulons mettre au jour. Nous dirons aussi vos bonnes actions, vos mots spirituels. Il faut que l'on vous connaisse!...

» La vie artistique des comédiens appartient à l'histoire; c'est pour elle que nous avons fondé la *Société de la Blague théâtrale*.

» N'oublions pas que nous nous sommes réunis pour nous amuser. Pinçons, égratignons un peu l'épiderme, mais ne faisons pas venir le sang; soulevons un coin du masque, mais ne faisons point paraître le rouge qui monte au front alors que vient la calomnie ou l'investigation dans la famille et jusque dans l'alcôve. Parler un peu de tout, nous amuser souvent, faire rire autant que nous le pourrons, voilà le but que nous nous sommes proposé... Ne l'oublions pas !... »

L'auteur dans un de ses rôles favoris.

LES

MYSTÈRES

DES THÉATRES DE PARIS.

Imprimerie de M⁽ᵉ⁾ V⁰ DONDEY-DUPRÉ, rue Saint-Louis, 46, au Marais.

LES
MYSTÈRES
DES THÉATRES DE PARIS.

OBSERVATIONS! INDISCRÉTIONS!! RÉVÉLATIONS!!!

PAR

UN VIEUX COMPARSE.

ÉDITION ILLUSTRÉE DU PORTRAIT DE L'AUTEUR
ET DE VIGNETTES SUR BOIS.

A PARIS,
CHEZ MARCHANT, ÉDITEUR,
BOULEVARD SAINT-MARTIN, 12.

1844

LES MYSTÈRES DES THÉATRES DE PARIS.

Société Cancanière DE LA BLAGUE THÉATRALE.

Première Séance.

C'était la veille de Noël. L'an de grâce 1843 allait expirer; la bise était froide, et pour m'exprimer poétiquement, la grande cité venait de revêtir son vaste manteau de neige... La voix nasillarde d'un jeune ramoneur fredonnant la ronde des fils de la Savoie, troublait seule le silence de la rue des Martyrs, au bout de laquelle le gabelou au nez rouge, aux mains violacées, faisait sa monotone faction, et veillait, non pas au salut de l'empire, mais aux intérêts du fisc. A deux cents pas de la barrière, on entendait des rires bruyants, des applaudissements vifs et sonores; et, à la clarté qui s'échappait d'un salon, au premier étage, on distinguait l'enseigne de l'établissement :

A LA BOULE NOIRE.
BOITEUZET, TRAITEUR.
Salons de 150 et de 300 couverts.

On devinait que là se trouvaient rassemblés de joyeux viveurs, qui étaient venus s'installer en face du bureau de l'octroi, pour boire à longs traits en faisant un pied de nez au gabelou (c'est ainsi que depuis longtemps le peuple désigne les employés de l'octroi).

Vous ne connaissez peut-être pas la *Boule noire ?* Ce n'est ni un restaurant, ni un bal, ni un de ces bouges où se débite, à six sous le litre, le vin de Surène ou celui d'Argenteuil; la *Boule noire*, située barrière des Martyrs, tient un rang à part, au milieu de tout cela. Le mardi, le jeudi et le samedi, c'est le rendez-vous des noces du deuxième arrondissement; le dimanche, c'est une guinguette où les grisettes et les cuisinières accourent danser un galop que leur grince l'archet, souvent mal assuré, d'un *Musard* de la banlieue.

Le salon destiné aux danseuses et à leurs cavaliers, les tailleurs et les gardes municipaux qui ont obtenu la fameuse permission de dix heures, le salon de la danse, enfin, est vaste et pourrait contenir quinze cents électeurs; une enceinte oblongue est spécialement affectée à la danse et aux valses (car on valse encore à la *Boule noire*). Au dessus, sur l'un des côtés et dominant cette arène, est une espèce de cage renfermant huit ou dix ménétriers, qui tous se croient des Paganini, des Tulou, des Dufresne; autour de l'enceinte réservée, deux cents tables sont occupées par les mamans, les papas, les frères, les sœurs des danseuses qui ont déposé sur leurs tables respectives les cachemires douteux, les tartans, les bonnets et jusqu'au fichu léger, seul rempart opposé à l'œil indiscret, qui cherche à plonger sur l'*essaim* de beautés dont le salon de la *Boule noire* est peuplé le dimanche.

Le grand salon était trop étroit le 24 décembre 1843, et le propriétaire aurait dû, pour éviter l'encombrement, mettre au-dessus de la porte d'entrée la maudite pancarte des omnibus, sur laquelle on lit avec rage : COMPLET.

Sous le même toit, dans un corps de logis, séparé par dix ou douze marches du salon dont nous venons de parler, se trouve un salon beaucoup plus petit, d'où l'on entendait aussi partir des éclats de voix, des bravos multipliés, mais qui étaient pourtant loin de ressembler au vacarme, au tohu-bohu de l'immense arène où luttaient les amis de la *cachucha parisienne*, vulgairement appelée *cancan*.

Il faut entrer doucement et chapeau bas, dans ce salon réservé où tout le monde n'est pas admis ; il faut connaître le mot de passe pour pénétrer dans le temple... Il y a là un club, une académie, une réunion bachico-artistique qui s'intitule ainsi :

SOCIÉTÉ CANCANIÈRE

DE LA BLAGUE THÉATRALE.

La séance est ouverte depuis plus d'une heure. Dix minutes sont accordées aux conversations particulières ; nous allons en profiter pour embrasser d'un coup d'œil l'aspect général du salon. Au fond, à gauche de la porte d'entrée, une estrade, élevée de trente centimètres environ, reçoit une table recouverte d'une serge verte sur laquelle brûlent quatre bougies, dues bien plus à la graisse de mouton qu'à la cire vierge; quelques feuilles de papier éparses sur la table, deux écritoires, un petit maillet en buis, complètent l'ensemble du *bureau*, autour duquel sont posées quatre chaises ordinaires et une espèce de chaise d'écaillère, fastueusement nommée *fauteuil du fondateur*. Au-dessus du bureau brillent deux écussons sur l'un desquels on a écrit, pour devise, ce refrain du *Solitaire* :

> Je vois tout,
> J'entends tout,
> Je sais tout,
> Je dis tout !...

Sur l'autre écusson on lit cette vieille légende :

> *Castigat ridendo mores.*

Deux tables parallèles viennent se joindre au bureau, en forme de fer à cheval. Le fauteuil est occupé par un homme de soixante et plusieurs années, mis proprement et avec quelque recherche; un habit bleu, à boutons dédorés, une cravate noire mise avec élégance, un gilet que l'on peut supposer avoir été de cachemire rouge; telle est la toilette du fondateur de la société; les autres membres du bureau ont un costume à peu près analogue.

Le président frappe trois coups de son maillet, et dit : « La séance est rouverte. » Tout le monde s'assied, le silence se rétablit, et le secrétaire dit à haute voix : « La » parole est à notre fondateur. » L'homme au gilet de cachemire se lève et s'exprime ainsi :

« Messieurs et chers camarades,

» Je vais d'abord vous proposer un toast qui nous est
» bien cher à tous : A la prospérité de tous les comé-
» diens et de tous les amis des artistes ! A la santé des vi-
» veurs, des bonnes filles, des auteurs et des claqueurs !
» Sur ce, saisissez la coupe ! emplissez la coupe ! la coupe
» à la hauteur du réservoir ! Séchez !... (*On boit.*) Rubis
» sur l'ongle ! (*Ce mouvement consiste à égoutter le verre
» sur l'ongle du pouce, pour prouver qu'on a bu tout.*)
» Séchez le rubis !... applaudissons !... (*Les bravos se
» font entendre.*)

» Maintenant, messieurs et chers camarades, je vais,
» aux termes de nos statuts, vous rappeler le but de notre
» société : Nous nous sommes réunis pour mettre au
» grand jour la *blague théâtrale*, raconter la vie des co-
» médiens, dévoiler leurs mœurs, leurs petites intrigues,
» les anecdotes intéressantes ou drôlatiques, la chronique
» scandaleuse des foyers, et rire quelquefois aux dépens
» des gros bonnets de l'art théâtral, qui rendent la vie
» si dure à ceux de leurs camarades qui n'ont pas su es-
» calader les premières places.

» Les comédiens d'autrefois jouaient des *mystères*,
» nous dévoilerons les *mystères des comédiens d'aujour-
» d'hui;* tant pis pour les amours-propres froissés ;
» nous soulèverons le voile de plus d'une Agnès à la
» candeur douteuse ; nous ferons tomber le fard de plus
» d'un visage que le public n'a jamais pu voir à nu ;
» nous avons pénétré dans les loges des artistes, nous
» nous sommes assis au milieu des foyers, à la table
» des artistes-viveurs et des bonnes filles à l'œil provo-
» cateur, aux propos égrillards, aux baisers humides et
» faciles.... Et nous serons indiscrets autant que nous

1.

» le pourrons... Gare à vous, nos bons camarades! Se
» taire, être généreux, c'est un métier de dupe... Ne
» tremblez pas trop pourtant, nous ne parlerons pas de
» tous vos péchés : les péchés mortels effrayent, et nous
» voulons rire; ce sont vos péchés véniels, ceux que vous
» renouvelez le plus souvent, que nous voulons mettre
» au jour. Nous dirons aussi vos bonnes actions, vos
» mots spirituels. Il faut que l'on vous connaisse!... La
» vie artistique des comédiens appartient à l'histoire;
» c'est pour elle que nous avons fondé la *Société de la*
» BLAGUE THÉATRALE. (*Vifs applaudissements du cen-*
» *tre.*) La Blague théâtrale a trouvé un éditeur; il n'en
» sera pas le plus mauvais *marchand*; c'est à lui que le
» monde devra les *Souvenirs! Indiscrétions! Révélations*
» sur LES MYSTÈRES DES THÉATRES DE PARIS!!! »

Des bravos prolongés couvrent la voix de l'orateur, qui se rassied au milieu des félicitations générales.

Le secrétaire de la Société, jeune romain (1) en non activité de service, demande, au nom de l'assemblée, que le vénérable fondateur soit mis sur la sellette, et raconte sa vie théâtrale, ainsi qu'il l'a promis à la séance précédente. — De toutes parts : Oui, oui. — Le silence se rétablit de nouveau. — Le fondateur annonce qu'après sa narration tous les membres de l'association seront appelés au hasard pour déposer sur le bureau le récit de tout ce qu'ils auront vu, appris ou entendu dans leurs théâtres respectifs. La lecture en sera faite à haute voix par le fondateur ou par celui des secrétaires qui saura lire; après toutefois que le *bureau* aura reconnu que ces révélations ne blessent et n'attaquent ni la morale

(1) *Claqueur.*

publique, ni la vie intime, ni les agents de l'autorité, ni la direction des Beaux-Arts qui s'occupe peu des artistes, et pour qui les artistes doivent être aussi généreux, ni monsieur le maire de Montmartre, ni monsieur Boiteuzet, ni les employés de l'octroi, hommes de la sonde, qui nous laissent rentrer paisiblement dans nos foyers; rien enfin qui puisse nous attirer le blâme de monsieur le procureur du roi. N'oublions pas, dit l'orateur, que nous sommes ici pour nous amuser; pinçons, égratignons un peu l'épiderme, mais ne faisons point venir le sang; soulevons un coin du masque, mais ne faisons pas paraître le rouge qui monte au front, alors que viennent la calomnie ou l'investigation dans la famille et jusque dans l'alcôve; parler un peu de tout, nous amuser souvent, faire rire les visiteurs autant que nous le pourrons, voilà le but de notre société : ne l'oublions pas.... Et sur ce, messieurs et chers camarades, saisissons la coupe et buvons.

Cette allocution du fondateur est accueillie avec enthousiasme !

HISTOIRE D'UN COMPARSE.

Je ne dirai point à quelle époque je vins au monde, et cela par trois raisons : la première, c'est que je ne l'ai jamais su.... les autres raisons me paraissant moins bonnes que celle-là, je vous les épargnerai.... Ma mère, que tous les artistes de son temps ont connue, était, dit-on, jolie et excellente fille ; elle mourut en me donnant le jour ; quinze comédiens ses camarades m'adoptèrent et jurèrent de m'élever comme si j'étais leur fils.... Les braves artistes tinrent parole, et je devins *enfant de troupe*. J'avais à peu près six à huit ans quand je parus pour la première fois sur la scène dans une petite pièce inédite de Palissot. C'est de ce jour-là que datent mes souvenirs les plus éloignés.

A dix ans, on me citait comme une des quarante-neuf merveilles du monde ; j'étais le Garrick, le Molé de la Saintonge et du Limousin ; car, à dix ans, j'avais déjà, sous la direction de mes pères adoptifs, exploité ces deux provinces françaises. On mettait mon nom en grosses lettres sur l'affiche, et chaque fois que notre troupe arrivait dans une ville de quelque importance, ma renommée, qui m'avait devancé, nous ouvrait portes et bourses, et j'étais sûr d'être applaudi, choyé par les spectateurs, et admiré de monsieur le bailli, qui restait stupéfait, ébahi (passez-moi le calembour). Je vous parais peut-être avoir un peu d'amour-propre pour mon talent en-

L'auteur dans un de ses rôles favoris présentant son ouvrage devant un public très-éclairé (*par le gaz*); c'est un jeune ours d'une éclatante blancheur sur lequel l'administration fonde les plus grandes espérances.

fantin, mais j'ai toujours été comédien et un peu vantard.

Jusqu'à l'âge de seize ans, j'ai payé ma dette à la troupe qui m'a élevé ; je contribuais pour beaucoup à la recette tantôt bonne, tantôt fort maigre. Je vous raconterais bien nos pérégrinations, nos privations de toute espèce, notre mine piteuse, la bizarrerie et la bigarrure de nos costumes de ville et de théâtre, pendant ces dix premières années de ma vie nomade, mais j'aime mieux vous prier de lire le *Roman comique* d'un vieux farceur nommé Scarron, spirituel cul-de-jatte, à qui Louis XIV a succédé, en épousant la veuve du bonhomme.

Il y avait dans notre troupe cinq femmes et une duègne (1), passez-moi le mot ; chacune de ces dames avait fait un choix, même la duègne, qui s'était offert le jeune premier ; le pauvre diable ne pouvait pas se dépêtrer de sa respectable amie : tout n'est pas rose dans la vie théâtrale. La soubrette et la *grande coquette* se disputaient le soin de faire mon éducation cythéréenne, comme on disait dans mon temps ; j'étais un peu gauche, je laissais tout à faire à mes institutrices. C'est à cette époque que j'ai cessé de compter dans les merveilles du monde.

La soubrette l'emporta ; elle avait le nez au vent, des yeux noirs magnifiques ; je n'en eus plus que pour elle. Un beau soir, après le spectacle, nous disons un adieu *in petto* à nos camarades, et nous faisons une *fugue* (2). A notre arrivée à Paris, tout était en combustion ; c'était

---

(1) *Duègne.* On nomme ainsi l'actrice qui joue les mères ridicules, les tantes, les caricatures. (*Dictionnaire théâtral.*)

(2) Faire une *fugue* : partir furtivement, se soustraire à un engagement non expiré.

en 1792; on chantait la Marseillaise, cette œuvre sublime qui enfantait des armées et des héros; partout le cri de Liberté se faisait entendre. Ma conquête à l'œil noir, au nez au vent, laissa prendre tant de libertés aux défenseurs de la république, qu'elle m'échappa tout à fait pour suivre un héros!...

Je trouvais cette manière de rompre un engagement un peu leste et digne d'une soubrette; je me désolais, et j'allais essayer de courir après elle, lorsque le hasard me fit connaître mademoiselle Clairon, la célèbre actrice de la Comédie-Française. Cette femme supérieure me prit en pitié, me conseilla, et je crois que sans les soixante et dix ans dont elle était alors pourvue, je lui aurais sacrifié mon premier amour. Cette grande artiste m'éclaira sur les déceptions du cœur et du théâtre; elle avait infiniment d'esprit, avait beaucoup vu, beaucoup appris, comme actrice et comme femme. On l'avait surnommée Frétillon. Voici des vers qu'on a faits contre elle :

« De la célèbre Frétillon,
» On a gravé, dit-on, le médaillon;
» Mais, à quelque prix qu'on le donne,
» Fût-il à douze sous, le donnât-on pour un,
» Il ne sera jamais aussi commun
» Que le fut jadis sa personne. »

Cette grande actrice était alors dans une fâcheuse position; la misère était venue frapper à sa porte, et mademoiselle Clairon, qui n'avait jamais refusé asile à personne, la reçut sous son toit. Je partageai quelque temps le modeste réduit de la grande tragédienne, et je lui servis plus d'une fois de secrétaire pour ses *Mémoires*, qu'elle a publiés plutôt pour parler d'elle et de ses études, que pour amuser le lecteur. Je vous dirai plus tard bon nombre d'anecdotes piquantes qu'elle contait fort bien; quelques-unes ne seront pas déplacées dans la Société cancanière de la blague théâtrale.

Mademoiselle Clairon m'avait fait connaître un jeune auteur qui avait à lui seul plus d'esprit que trente-six auteurs de drames et de vaudevilles du jour; il s'appelait Martainville. Voilà un gaillard qui aurait dû être comédien: de l'esprit, une gaieté admirable, un laisser-aller dans la tenue et dans les habitudes... enfin tout ce qu'il faut pour faire un *cabotin* (1). Tenez, je vais vous citer un trait de Martainville. Traduit devant le tribunal révolutionnaire en 1794, pour un pamphlet dont on l'accusait d'être l'auteur, mon jeune ami, qui avait alors seize ans, ne perdit rien de son aplomb. Le président l'ayant appelé *de* Martainville, il se leva, et dit en riant: « Citoyen » président, je ne me nomme pas *de* Martainville, mais » bien Martainville... N'oublie pas que tu es ici pour me » *raccourcir* et non pas pour me rallonger. » Le mot fit rire ses juges, qui ne riaient pas souvent, et mon ami fut acquitté.

Martainville me fit débuter au théâtre des Associés. Mon premier essai fut assez heureux; mais mon chef d'emploi veillait: j'ai toujours eu un chef d'emploi, et avec ces gaillards-là, il ne faut pas être applaudi. A mon second rôle, je fus *égayé* (2). Un an après, je partais pour Amiens. C'est là que recommença ma vie errante, et où je retrouvai mes habitudes, mes tribulations, ma

---

(1) *Cabotin*. Mot injurieux donné aux artistes nomades. (Voir la définition du *cabotin*, page 32.)

(2) *Égayé*. Ce mot se dit d'un acteur sifflé légèrement.

misère, ma gaieté et mes costumes de templier (1). J'avais jusque-là joué les jeunes premiers ; à Amiens, je jouais les pères nobles : j'avais vingt-deux ans ! Notre troupe était peu nombreuse, et nos recettes des plus minces. Nous exploitions quatre ou cinq villes, et nous étions souvent obligés de faire à pied huit ou dix lieues, bien heureux quand nous pouvions louer un âne pour porter nos bagages.

La débine était complète à la seconde année. Un jour je devais jouer l'exempt dans *Tartufe*, je n'avais pas de bas de soie noire. Comment faire? L'embarras était grand ; on ne pouvait guère jouer ce rôle avec des bas bleus sur lesquels quelques pièces grises rapportées faisaient un assez piteux relief. Tout à coup, il me vient une idée *mirobolante* (2); je prends du noir de fumée, un œuf, je compose un cirage magnifique, et je cire mes jambes nues; jamais je ne fus mieux chaussé, cela m'allait comme des bas de soie.

Il faut au comédien de troisième ordre un génie inventif toujours prêt à venir en aide à la mauvaise fortune. Pendant trois ans, j'ai mené la même vie et suivi les mêmes camarades ; enfin un beau jour, je trouve, au café des Comédiens, rue des Vieilles-Étuves, une lettre à mon adresse; elle était là depuis un mois, et attendait que, suivant la coutume des acteurs de province, je vinsse m'abattre, avec les autres hirondelles dramatiques, dans cette taverne noire et enfumée, fort improprement décorée du nom de café; tous les comédiens de province viennent attendre là un nouvel engagement et parler de

---

(1) Vieux costumes achetés au marché du Temple, à Paris.
(2) *Mirobolante :* extraordinaire, admirable.

leurs succès, de leurs talents, des ovations qu'ils ont reçues et des couronnes dont leurs malles sont remplies... c'est là, proprement dit, la Grève des acteurs.

La lettre que l'on m'avait remise arrivait de l'Italie, qui était devenue un département de la république française; on m'offrait un engagement au grand théâtre; c'était une bonne fortune qui me tombait du ciel; j'ignorais à quel protecteur je devais cela... Moi, qui n'avais jamais chanté une ariette, on m'offrait un engagement de seconde basse d'opéra... J'hésitais; on me fit souvenir qu'il n'était pas donné à tout le monde d'aller à Rome... Huit jours après j'étais en route pour la capitale du monde chrétien, du macaroni, des filles aux yeux noirs, des moines et des *lazzaroni*.

En arrivant, je reçois l'ordre de me rendre chez le cardinal, directeur des menus plaisirs du saint-père. J'avais peu d'argent, on m'avait envoyé juste pour mon voyage; le costume était au moins aussi râpé que celui d'un sous-régisseur, et je faisais piteuse mine. Mon protecteur inconnu m'envoie un habillement complet... je le reçois sans scrupule, et je cours chez Son Éminence qui s'était rendue auprès du général en chef des armées républicaines. On m'introduit dans une espèce de boudoir; une femme, fort légèrement vêtue, était étendue sur un sofa; je regarde: c'était ma soubrette fugitive qui, de la tente du républicain Duphot, s'était élancée dans l'oratoire d'un cardinal. Je vous fais grâce des incidents de l'entrevue; c'était pour moi un coup de théâtre, une féerie... Ma soubrette était cantatrice, et conseillère intime de l'Éminence, qui se servait de ma prima dona (1)

(1) *Prima dona* : première chanteuse.

pour ses relations avec les généraux qui venaient tailler à coups de sabre une république romaine dans les États pontificaux. Le cardinal revient ; il est enchanté des républicains ; et ma soubrette, lui frappant familièrement sur l'épaule, lui dit en riant : « Allons, mon cardinal, » vous êtes sacré n... un bon républicain ; continuez, et » nous vous ferons pape. » Elle répétait mot à mot une allocution du général Lannes à l'Éminence démocrate.

Présenté comme un parent, je fus admis par la protection de la prima dona au grand théâtre, pour y chanter les secondes basses, et bientôt après dans l'église Saint-Pierre pour y tenir le même emploi. Tout allait assez bien ; les mauvais jours s'oubliaient.

    Je dînais de l'autel et soupais du théâtre.

Les bonnes fortunes ne manquaient pas, lorsqu'une nuit je fus surpris chez une *marquesa* par le mari, mon chef-d'emploi dans la possession de la brune italienne. Je n'eus que le temps de m'élancer sur un balcon d'où je me laissai glisser dans la rue. Je vis bien que je n'étais plus en sûreté

    Sous le beau ciel de l'antique Italie.

Les maris italiens sont comme les chefs d'emploi, ils n'aiment pas qu'une *doublure* (1) vienne prendre leurs rôles. Je quittai en toute hâte la ville de Rome, et je revins en France où j'arrivai sans un sou, avec le seul habit que les hôteliers de l'Italie n'avaient pu prendre en paiement. Je fis heureusement rencontre

---

(1) *Doublure :* acteur en second ou troisième après le chef d'emploi.

d'une petite troupe de comédiens qui exploitait les environs de Lyon, et, m'annonçant au directeur comme première basse du théâtre de Rome, je signai avec lui un engagement, avec des appointements de huit cents francs par année. Il me manquait une garderobe, mais j'avais eu la précaution de dire que mes malles me suivaient. Je débutai le lendemain dans un opéra, intitulé *Inès de Castro*. Je devais jouer un seigneur castillan; comment faire, sans costume?... Après avoir parcouru la petite ville où nous étions, je ne trouvai qu'un habit galonné, un chapeau d'uniforme et des bottes à la hussarde. Le soir, à l'heure du spectacle, je descends au foyer avec mon costume de hasard; le directeur me déclare que ce n'est point là le costume du rôle. Il me menace de me faire mettre en prison; le commissaire de police arrive, et je lui montre mon engagement qui portait que je devais jouer les basses-tailles, *en général*. J'étais dans mon droit, puisque j'avais un habit de général; une heure après, je dormais dans la prison de la ville.

Obligé de quitter cet exigeant directeur, j'arrivai à Limoges dans le plus parfait dénûment; j'y fus engagé pour jouer les quatrièmes-premiers rôles et quelques jeunes premiers que je pouvais plutôt appeler les jeunes-derniers; là, comme partout, on ne me laissait que les *pannes* (1), et j'ai avalé en vingt années plus de *couleuvres* (2) que Jacques de Falaise et Cautru n'ont avalé de sabres, de serpents, de grenouilles et autres accessoires des polyphages émérites.

(1) *Pannes* : les plus mauvais rôles.
(2) *Couleuvres* : petits rôles, accessoires.

A Limoges, où le sort m'a ramené en 1824, il m'est arrivé une petite aventure que je vais vous raconter. Nous jouions, un soir, la *Partie de chasse de Henri IV*; à la scène de table, on boit plusieurs fois à la santé du roi Henri. Tout à coup, un gendarme, placé dans la coulisse pour le maintien de l'ordre, ennuyé d'entendre toujours boire à la santé de Henri IV, s'avance sur la scène et nous crie : « Quand est-ce donc que vous boirez à la santé de Louis XVIII? » Les applaudissements éclatèrent de toutes parts! Le bon gendarme n'avait pas fait four (1)...

Après la partie de chasse, on devait donner un vaudeville dans lequel je jouais un mousquetaire; mais alors, comme toujours, ma garde-robe était fort incomplète; il me manquait un vêtement indispensable, une culotte de peau. Je cherchais dans ma tête comment je remplacerais cette partie du costume militaire, lorsque le gendarme en question s'offrit à mes yeux. Je vais à lui au hasard, je l'amène au foyer, et, dans l'intention seule de le faire *poser* (2), je lui propose de me prêter sa culotte; mon gendarme hésite; je le presse, en lui assurant que cet emprunt ne lui est fait que pour vingt minutes, que ce bienfait sauve mon avenir, et que je le proclamerai le Vincent de Paule de la maréchaussée... Le guerrier cède, je l'emmène dans ma loge, où il demande, au nom de la décence, à être seul pendant qu'il va se démunir de son vêtement que, cinq minutes, après j'endossais dans une loge voisine, laissant dans la mienne ce digne agent de la force publique,

(1) *Faire four :* ne pas produire l'effet que l'on s'est proposé.
(2) *Faire poser :* mystifier.

> . . . . Dans le simple appareil
> D'une beauté qu'on vient d'arracher au sommeil.

Après la pièce, on me dit que plusieurs de nos camarades m'attendent pour souper; je passe à la hâte ma redingote de ville, et, saisissant mon chapeau, je m'élance à l'endroit désigné. Ce n'est qu'au petit jour que, me sentant plus serré qu'à l'ordinaire dans mon haut-de-chausses, je pensai au malheureux soldat, qui avait été forcé de rester toute la nuit dans ma loge, n'osant pas traverser la ville et se rendre au quartier dans son accoutrement peu uniforme.

Une autre fois, je jouais un confident dans une tragédie, car je jouais tout : le véritable talent n'a pas de genre! Au cinquième acte, je devais me poignarder et tomber sur la scène; je me tire à merveille de ce coup de théâtre, et je tombe tout de mon long, les pieds tournés du côté des spectateurs que j'avais attendris et fait frémir. Malheureusement mes finances ne m'avaient pas permis d'avoir une chaussure neuve, et j'avais mis une carte pour boucher un trou à la semelle de l'un de mes brodequins; le public l'aperçut, et la vue du valet de pique sous le pied du héros expirant, fit succéder un rire universel aux larmes que j'avais fait verser.

Je pris les Limousins en aversion, et, après m'être permis quelques *balançoires* (1) au théâtre et à la ville, force me fut de quitter la terre natale des garçons maçons et de la parmentière, nommée *orange de Limousins*.

Enfin, de guerre lasse, possédant pour tout habillement de ville et de théâtre une redingote de lasting plus ver-

(1) *Balançoires* : plaisanteries, farces, mystifications.

nie que mes escarpins, dont la semelle était à peine retenue par des ficelles posées en losanges (ce qui me faisait croire que je marchais sur des raquettes), j'entrai comme souffleur dans les théâtres de la banlieue, où, cinq ans auparavant, j'avais joué les Bernard-Léon, les Lafont, les Dumilâtre et les Stockleit. J'étais pensionnaire du *Théâtre d'Élèves* dirigé par MM. Séveste; j'avais alors quarante-quatre ans d'âge et trente-huit de comédie.

Je ne pouvais m'habituer longtemps à vivre dans un trou. Je suis né comédien; il me fallait mes planches et ma rampe, et mon public à voir; c'était bien encore le théâtre, mais j'étais enfoncé dans le troisième dessous (1).

Et je dois vous avouer
Que souffler n'est pas jouer!

C'est un horrible métier que celui de souffleur! celui qui a exercé ce métier-là pendant dix ans peut mourir en paix, tous ses péchés lui sont remis. Le souffleur, c'est le chien du régiment, le souffre-douleur de la troupe. Qu'un acteur se fasse attraper (2), qu'une pièce soit empoignée (3), qu'une cantatrice ait un chat (4)

(1) *Enfoncé dans le troisième dessous*. Cela se dit d'un comédien ou d'un ouvrage sifflé à outrance. — *Premier et second dessous*: étages réservés sous la scène pour le service intérieur des décorations.

(2) *Se faire attraper*: faire rire de soi, siffler légèrement.

(3) *Empoignée*: sifflée.

(4) *Chat*: accident de la voix, du larynx, de la poitrine. Quand un chanteur s'est fait siffler, il dit qu'il a eu un chat. Comme les gens qui se plaignent de leur mémoire, de peur qu'on accuse leur esprit.

dans la voix ; c'est toujours au souffleur que l'on s'en prend ; c'est le martyr de tout et de tous. Je n'y tenais plus, lorsqu'un jour un Talma de banlieue, que le directeur voulait faire *mousser* (1), devait recevoir une *ovation* (2), l'artiste s'enfonce et patauge (3) au moment d'être *enlevé* (4); en vain je veux lui envoyer le mot à dire, le malheureux veut *déblayer* (5); il s'enfonce davantage, il cherche à *chauffer* (6), à *brûler les planches* (7)...... il est hué, sifflé, conspué...... Tout à coup l'artiste s'avance vers la rampe, et, m'apostrophant à haute voix, m'accuse d'être la cause de sa déconfiture...... Je m'élance de mon trou comme un chacal, je jette la brochure au visage du furibond.... je revois ma rampe, mon public, mes planches, et une voix secrète me crie : Voilà ta sphère !.... Je n'étais plus souffleur.

Je voulais encore de la gloire, et ne trouvant point d'engagement dans les théâtres de Paris ni chez les correspondants (8), je courus chez les monteurs de parties

(1) *Mousser* : ressortir, mettre en première ligne.

(2) *Ovation* : être rappelé, redemandé après le baisser du rideau.

(3) *Patauger* : perdre la mémoire, balbutier.

(4) *Enlevé* : applaudi à outrance.

(5) *Déblayer* : hâter le débit.

(6) *Chauffer* : se remuer, s'agiter, s'évertuer pour faire de l'effet.

(7) *Brûler les planches* : se dit d'un acteur qui se fait applaudir, soit par une diction énergique, soit par des mouvements désordonnés et à l'aide d'une certaine chaleur.

(8) *Correspondant* : celui qui tient une agence théâtrale, un bureau de placement des artistes dramatiques. C'est un monsieur qui fait bien ses affaires dans celles des comédiens et des directeurs.

qui, moyennant un cachet de cinq francs par représentation, font apprendre et dire tant bien que mal, à un pauvre diable, les chefs-d'œuvre de tous genres qu'il n'a ni le temps d'étudier ni celui de les comprendre, mais qu'il va débiter aux béotiens de Senlis ou de Choisy-le-Roi. Ducrocq fut celui qui mit un terme à ma carrière dramatique; avec le règne de Ducrocq s'évanouirent les derniers rayons de ma gloire..... L'art théâtral est tué dans les environs de Paris, depuis qu'il n'a plus pour interprètes les disciples de Ducrocq, le prototype de tous les monteurs de parties passés, présents et futurs. J'emprunterai à l'un de mes anciens camarades, acteur, auteur et journaliste, la biographie assez vraie de cet excellent Ducrocq, qui a disparu de la vie aventureuse des cabotins, et qui a fait à lui seul plus de *roustissures* (1) que tous les directeurs des théâtres de Paris et de la province, les baladins et les saltimbanques, depuis M. Harel, de spirituelle mémoire, jusqu'au directeur actuel du théâtre de Joigny.

« De la salle enfumée du plus petit théâtre bourgeois à celle du Théâtre Français, de Pontoise à toutes les capitales du monde civilisé, où nos compatriotes exportent les chefs-d'œuvre de nos grands poètes, partout enfin où Thalie et Melpomène ont un temple, le nom de Ducrocq est connu, choyé, estimé; car Ducrocq est le père nourricier de presque tous nos grands artistes; c'est lui

---

(1) *Roustissure*: c'est le mot le plus ignoble du vocabulaire théâtral; il signifie annonce fastueuse faite pour un mauvais spectacle, ou pour un acteur de dix-septième ordre, annoncé sur l'affiche comme premier sujet de l'Opéra ou du Théâtre Français.

qui le premier les a mis face à face avec ce monstre à mille têtes qu'on nomme le public. Ducrocq est l'homme qui a exploité la salle Chantereine avec les amateurs, et les environs de Paris avec les jeunes adeptes de l'art dramatique. Demandez à Beauvallet, Guyon, Geffroy, Frédérick-Lemaître, Tisserant, Odry, etc., etc., mesdames Plessis, Dorval, Déjazet, et *tutti quanti*, s'ils connaissent Ducrocq? Tous répondront : « C'est le » type des monteurs de parties dramatiques; c'est un » bon vivant, l'ami des artistes comme Catelin et Budan; » c'est un brave homme que nous aimions à suivre dans » ses pérégrinations artistiques; c'est un fou, c'est un » artiste!!! »

Ducrocq a commencé comme Molière : il a été tapissier!... Mais la gloire de Poquelin empêchait Ducrocq de dormir et de confectionner fauteuils et bergères; il rêvait comédie, tragédie, vaudeville... Et notre brave Ducrocq, du haut de l'échelle qui lui avait servi à draper un rideau, s'élança au delà de celui qui le séparait de l'acteur dont il enviait la destinée; il grimpa sur la scène; et, doué d'un visage au masque comique, il chaussa tour à tour le cothurne de Sylla et le bas bleu de Jocrisse. Tous les genres lui devinrent familiers, rien ne l'effrayait, il ne reculait devant aucun rôle : traître ou père noble, premier rôle ou bas comique, jeune premier ou queue rouge, il osa tout aborder :

Audaces fortuna juvat!

Et ne croyez pas que notre artiste faisait de ses études un travail pénible... Fi! le travail est fait pour les esprits ordinaires. Ducrocq était préparé à tout! Occupé à réunir dans une guimbarde, qu'il décorait du nom de diligence, une quinzaine de Talma ou de Bouffé en herbe, pour aller exploiter Étampes ou Senlis, Chartres ou Compiègne, il s'inquiétait peu qu'un artiste amateur lui manquât de parole ; qu'importe! il savait tous les rôles depuis Sylla jusqu'à Faucille !... C'était le Protée dramatique. La caravane partait, tout le monde s'inquiétait de savoir qu'il manquait un personnage important de la pièce qu'on allait jouer dans quelques heures ; tout le monde, excepté Ducrocq, l'éditeur responsable ; Ducrocq, qui exposait chaque jour à la chance d'une recette ! quelques francs que lui avait valu son labeur de tapissier.

Un jour, on avait affiché l'*École des Vieillards*, ce chef-d'œuvre de Casimir Delavigne ; l'acteur chargé du rôle de Bonnard n'avait point paru. L'intrépide Ducrocq s'affuble du costume de l'ami de Danville : Je sais le rôle, disait-il à ses camarades ! Mais le traître mentait ; il comptait sur sa verve, son sang-froid, son aplomb. Improvisateur comme Eugène de Pradel, il entre en scène en souriant et accoste ainsi Danville, tremblant : « Bon» jour, mon cher Danville ; comment, tu vas te marier ! » Tant pis pour toi ; on est bien plus heureux en restant » célibataire ; je te laisse, je vais lire les journaux.

Et ton ami Bonnard ne se mariera pas!

C'était le seul vers qu'il sût de tout le rôle ; il sortit, laissant Danville stupéfait et contraint de faire un monologue de la scène si spirituellement dialoguée entre les deux amis.

Une autre fois, on devait jouer la *Dame Blanche*, mais on n'avait point la partition ! Tous disaient : « Le spectacle est manqué, il faut rendre l'argent... » Rendre l'argent !

Ducrocq avait rayé ces deux mots de son vocabulaire! — Je vais faire une annonce, dit-il. Il crie: Au rideau!... Et pendant que les acteurs se pressent dans la coulisse et écoutent bouche béante ce qu'il va dire pour se tirer de là, Ducrocq s'avance, fait trois saluts avec la grâce d'un soldat suisse, et s'exprime ainsi :

« Messieurs, nous allons avoir l'honneur de vous jouer
» la *Dame Blanche*, opéra; mais la musique nuisant à
» la marche de l'action, elle sera remplacée par un dia-
» logue vif et amusant! »

Et l'opéra fut joué *sans musique*.

Ces deux traits de la vie directoriale de Ducrocq sont pris entre mille de la même force.

Enfin, après avoir erré pendant vingt ans dans tous les environs de Paris, à trente lieues à la ronde; après avoir réalisé cinq cents fois le voyage du *Roman comique*, Ducrocq, fort peu enrichi, mais toujours stoïque et gai, déposa le sceptre et renonça à la vie artistique. Tout comme un autre il aurait pu tenir *un emploi* aux îles Marquises ou à Nogent-sur-Seine; il a abjuré ses rêves dramatiques, il a renoncé à la perruque de Bobèche et au cothurne de Néron !

Il a fait des héros et n'a pas voulu l'être !

Ne croyez pas pourtant que, rentré dans la vie ordinaire, Ducrocq ait abandonné les *planches*. Point ! il s'est fait tapissier et chef d'accessoires dans un théâtre du boulevard. Là, il rend encore des services à l'art théâtral et aux artistes, qui n'ont point d'ami plus zélé, de séide plus dévoué que le bon Ducroq qu'ils aiment tous, et ils le lui prouveront le jour où il aura besoin de leur concours pour donner à son bénéfice une représentation qui sera des plus brillantes, si tous les artistes qu'il a lancés répondent à son appel; ce qui ne peut être mis en doute. »

Après Ducrocq, mon dernier *palladium*, il n'y avait plus d'espérances pour moi, pauvre cabotin sexagénaire, et je m'écriai comme Marino Faliero, en résumant ma vie et en déposant mes couronnes :

> Oh! ne soupçonnez pas que, dans la royauté,
> L'attrait du despotisme un instant m'ait tenté...
> Se charge qui voudra de ce poids incommode,
> Mes vœux tendent plus haut... Oui, je fus prince à Rhode;
> Général à Zara, doge à Venise... Eh bien!
> Je ne veux pas descendre, et me fais citoyen.

Et sans quitter ma rampe, mes planches et mon public, je suis devenu un des citoyens les plus obscurs de la république théâtrale où j'ai été si souvent coudoyé, froissé, éreinté, dupé par mes camarades et mes chefs d'emploi; et, devenu comparse depuis huit années, pendant lesquelles j'ai figuré sur presque tous les théâtres de Paris, je me berce encore de la douce illusion que le public me reconnaît au milieu des sénateurs ou des villageois à soixante-quinze centimes par soirée, et qu'il se dit tout bas en m'apercevant :

> Il a fait assez pour sa gloire,
> Et pas assez pour nos plaisirs.

Et je me console de ma décadence, en songeant que pendant soixante ans j'ai contribué aux plaisirs des grands et du peuple, et je fredonne bravement :

> Celui qui plie à soixante ans bagage,
> S'il vécut bien, vécut assez longtemps.

J'ai eu pourtant encore une émotion lors de mon début parmi les comparses du Théâtre-Italien.... Là, j'ai retrouvé ma Lisette de 1792, ma prima dona du grand théâtre de Rome; elle aussi est restée fidèle à l'art théâtral.... Les amateurs de la musique italienne, les *dilettanti* et les *Lions* la voient encore attachée au théâtre de ses exploits.... Elle est *ouvreuse de loges!!!*

Et ne riez pas!!... Vous ne connaissez peut-être pas bien les femmes excentriques qui se sont vouées à cette profession. J'ai demandé à l'objet de mes premières amours des renseignements sur cette partie intéressante du personnel théâtral; voici ce qu'elle m'envoie.

Ouvreuse. — Préposée à la garde des loges, qui gagne cent francs par an avec l'administration pour faire son devoir, et quinze cents francs avec le public pour y manquer.

Les ouvreuses de loges employées dans les différents spectacles de la capitale forment un corps assez nombreux, et surtout fort respectable: humbles, polies dans les petits théâtres, prévenantes dans ceux du second ordre, fières et superbes dans les théâtres royaux, elles ont leur noblesse, leur bourgeoisie et leur classe plébéienne. Toutes sont mues par le même intérêt, c'est-à-dire par l'intérêt particulier. Il leur importe peu qu'on ait pris des billets au bureau pour être placé; il faut, avant tout, qu'elles daignent consentir à recevoir les porteurs de ces billets. On dirait, à leur air, que d'elles seules dépend le droit d'entrer dans les loges. A force d'ouvrir et de fermer les portes, elles en sont venues au point de croire que la salle est une propriété dont l'exploitation devient un de leurs plus solides apanages.

L'emploi d'ouvreuse est d'un médiocre rapport pour

celles qui se contentent des modestes appointements de leur place; mais les impôts que les plus adroites savent lever sur le public ajoutent beaucoup à leurs honoraires. Aux portes des loges comme dans les divers emplois des hautes administrations financières, il s'agit de végéter honnêtement ou de s'enrichir avec effronterie.

Une ouvreuse novice reçoit les billets, et place indistinctement tout le monde; il n'y a pas de l'eau à boire pour une pauvre femme qui se conduit ainsi. Les petits bancs, les tabourets additionnels, la garde des chapeaux et des pelisses, n'offrent que de légères ressources. Voici les grands moyens : on place au-dessus de plusieurs portes des loges un écriteau, sur lequel on a mis : LOGE LOUÉE, et l'on a le plus grand soin d'empiler les premiers venus, les plus pressés, les amateurs qui dînent de bonne heure, les petites gens enfin, dans les plus mauvaises places et dans les loges qui avoisinent l'avant-scène. Cela fait, on choisit avec une sage lenteur, avec une prudence éclairée, une réunion de personnes arrivées ensemble, qui tiennent à ne se point séparer. Dès que le choix est arrêté, on affecte un grand empressement, on prend l'air affairé, on répond à peine et par monosyllabes aux nombreuses objections qui sont faites de côté et d'autre par les curieux désappointés; et lorsqu'on trouve sa belle, on propose à voix basse et d'un ton mystérieux, une des loges comprises dans la bienheureuse exception. Elles sont louées en effet, dit-on aux survenants; mais on vient d'apprendre que les titulaires ne viendront pas, et l'on propose d'entrer en arrangement; les dames sont dans le corridor; elles ont trop chaud ou trop froid; on entend les premiers coups d'archet de l'ouverture, il arrive de tous côtés des gens qui veulent qu'on les place; pour attendrir le dragon femelle appelé *ouvreuse*, on glisse dans sa main une pièce de cinq francs.... Les difficultés sont aplanies, et l'on est enfin placé convenablement.

Toutes les places, tous les rangs de loges ne sont pas également lucratifs; pour faire participer toutes les ouvreuses aux bénéfices de leur charge, on prend soin de les changer souvent de poste. C'est tous les mois qu'on opère les mutations. Lorsqu'une ouvreuse a commis quelque méfait, on la place pour un certain temps à la porte d'un amphithéâtre ou dans les étages supérieurs; c'est comme un postillon ou un conducteur qu'on met à pied. Là, il n'y a rien, absolument rien à faire; les honnêtes spectateurs qui occupent habituellement ces régions élevées ne transigent avec personne; on leur a délivré au bureau un billet qu'ils ont payé, il faut qu'on les place ou qu'on leur rende l'argent qu'ils ont donné.

Les porteurs de billets gratis reçoivent le plus froid accueil des ouvreuses : c'est la règle, tout le monde sait cela; aussi s'empresse-t-on de leur faire entendre qu'on sera reconnaissant si la place est bonne. A cette condition, elles ouvrent presque avec empressement, mais toujours comme par grâce spéciale.

Le personnel des ouvreuses se compose presque invariablement de beautés émérites, de proches parentes de certains acteurs, quelquefois de tantes, de sœurs ou de cousines de quelque membre de l'administration; et pour la plus grande partie de *femmes qui ont eu des malheurs*.

Et la prima dona qui m'a rendu ses affections est une de ces femmes qui ont eu *des malheurs*, mais qui a conservé comme moi son amour pour le théâtre; c'est une artiste toujours vive, enjouée, et qui peut dire comme la *Lisette* de Béranger :

> Si vous saviez, enfants,
> Comme j'étais gentille
> Quand j'étais jeune fille
> Et que j'avais quinze ans !

Elle sera un des plus dignes appuis de notre Société ; car elle aussi sait bon nombre de cancans, elle aussi connaît la chronique qu'elle écoute aux portes... Et ma Lisette aime à jaser.

Maintenant, messieurs et chers camarades,

> Comme s'il m'avait fait, chacun peut me connaître ;
> Vous savez qui je fus ; voilà qui je veux être :
> Votre vengeur d'abord !...

Et c'est pour cela que notre société a été fondée. Vous m'aiderez de vos observations, de vos cancans ; tous seront admis à travailler au grand œuvre de la blague cabotine... Nos camarades des théâtres de Paris m'ont longtemps appelé *cabotin*, je ne m'en suis jamais fâché, et pour ceux d'entre vous qui n'ont pas *cabotiné*, je vais citer une définition du mot *cabotin* et la physiologie des artistes que l'on veut aplatir (1) en leur donnant ce nom fameux.

LES CABOTINS.

Le vieux mot *cabotin* n'avait pas originairement et ne doit point avoir encore le vernis injurieux qu'on lui donne généralement dans son acception actuelle ; il vient de l'expression nautique *caboter*. Ce n'est donc point

(1) *Aplatir* : abaisser, avilir.

un saltimbanque, un farceur de tréteaux, un comédien de parade, qu'il faut voir sous cette désignation, mais bien un artiste nomade. Le premier cabotin connu est Homère !.....

Si de l'expression nous passons à la chose, je ne sais rien de plus saillant, de plus poétique, de plus coloré que cette existence excentrique que l'on ne peut appeler que *cabotinage*; vie d'art et de misère, de dénûment, d'insouciance et de folle gaieté, mœurs ardentes, désordonnées, crédules à la fois et sceptiques. Pour le cabotin, le présent est tout : la représentation de la veille, voilà sa joie ou sa tristesse; la représentation du soir, voilà son avenir, — les sifflets, sa crainte, la recette son espoir. — Quant au moment qui fuit, il en jouit, — s'il peut, — et il lui faut si peu de chose pour en jouir : la table de marbre d'un estaminet, ou d'un café, du punch, du tabac, de la bière, c'est assez, tout est oublié. Que lui importe l'opinion? il se venge des dédains du vulgaire par la pensée de sa supériorité et par ses illusions d'artiste. Il est heureux...

Passagers au milieu des populations auxquelles ils restent étrangers, les cabotins sont unis entre eux par une intimité poussée jusqu'au dévouement le plus fraternel. Comme les oiseaux du printemps, ils ne se mêlent point à la foule qui les écoute, les admire, les aime et les proscrit. Ils ne lui demandent que ce qu'elle leur accorde : ses applaudissements et son argent. Les bravos se refroidissent-ils, la recette baisse-t-elle : ils vont chercher ailleurs gloire et fortune.

Vient pourtant une époque où parmi ces fronts joyeux, bien des fronts s'assombrissent et se rident : c'est le moment du grand voyage. L'année théâtrale touche à sa fin;

la semaine des rameaux verts arrive; il faut aller reformer des engagements à Paris. Un nouvel engagement se contracte; alors recommencent les pèlerinages artistiques de la belle saison.

Watier a montré dans une gracieuse vignette les cabotins tels qu'ils étaient autrefois, roulant par le monde sur leur prosaïque charrette, avec leurs poétiques accoutrements; tels ils sont encore aujourd'hui... Si quelque chose a changé, c'est l'extérieur, c'est la forme, mais à coup sûr ce n'est point leur franche et joviale nature. Le char à bancs moderne a pu succéder à la carriole rustique; la robe défleurie de la duègne et de la coquette aux travestissements de bergères et de reines; aux costumes du chevalier et du brigand, le froc usé et la redingote fatiguée du père noble et du jeune premier; mais cherchez sous cette enveloppe, l'artiste est toujours le même, gai, loyal, exalté, fataliste, plein de qualités, pétri de défauts, ivrogne avec passion, gourmand avec délices, franc ami, camarade dévoué, généreux jusqu'à l'abnégation, vaniteux jusqu'au satanisme, et paresseux!... résumant en lui tous les vices d'une mauvaise éducation, et toutes les vertus d'une bonne nature.

Quelques-uns des traits les plus saillants de ce caractère se trouvent encore exagérés dans la femme; la vanité surtout, cela s'explique. Jeune et belle, elle emprunte tant de séductions à l'art, tant de fascination à la passion dont elle est pour nous l'interprète, qu'elle devient naturellement l'étoile polaire de tout ce qui sent battre un cœur ardent. On rêve d'elle dans l'hôtel doré, comme dans l'échoppe; on lui écrit de partout, de là sur un billet de banque; d'ici sur un simple papier, mais avec du sang! elle est la première passion de tout homme, elle a été la mienne, n'a-t-elle pas été la vôtre? Et cet amour de tous pour elle, voilà son bonheur; ne pouvant s'entourer de considération, elle est fière de se faire entourer d'hommages; à défaut de la félicité calme, chaste flamme du foyer domestique, il lui faut ce plaisir haletant et fugitif, ce bonheur ailé, étincelles qui brûlent si elles n'échauffent, qui éblouissent du moins si elles n'éclairent pas. Impuissante à s'environner de l'auréole de pudeur que l'opinion publique refuserait à sa vie, sa vie fût-elle plus froide que celle des cloîtres, elle oppose de la philosophie au préjugé, et, par une sorte d'épicurisme pratique, elle pare ses vices d'une auréole joyeuse.

C'est ainsi que le cabotin a su conserver son empreinte primitive sur la vieille médaille de notre société, dont le frottement du temps a effacé les arabesques héraldiques. c'est ainsi qu'il est resté entier auprès de nos mœurs usées. Comme le morceau de granit placé par le hasard, sur le bord de la plage, il a conservé ses aspérités premières, auprès de ces galets que le ballottement de la mer a régulièrement arrondis.

L'illustre fondateur se rassied... Les auditeurs applaudissent en masse, et proposent un *toast* à l'orateur; ce qui est adopté à l'unanimité.

Une dame hors d'âge, placée près du bureau, est invitée à plonger sa main dans l'urne de ferblanc où viennent d'être déposés les noms des vingt-deux théâtres de Paris. Le sort doit désigner le théâtre par lequel commenceront les indiscrétions et les cancans intimes. — La dame, qui jouait les ingénues sous le règne du Directoire, et qui a représenté dans une fête populaire, la Déesse de la Liberté, relève un voile vert qui ombrage une capote de couleur aventurine; et avançant son bras nu, car elle a conservé le costume à *la grecque*; elle extrait avec grâce un bulletin que le secrétaire s'apprête à dérouler, lorsqu'il est interrompu par le fondateur....

Messieurs et chers camarades, dit ce respectable fonctionnaire, l'heure avancée nous force à remettre à la séance prochaine l'ouverture du bulletin qui vient d'être tiré de l'urne. Des lettres de convocation vous appelleront *au champ des martyrs*. Ceux de nos sociétaires ou de nos correspondants qui ne pourront assister à la prochaine séance, voudront bien envoyer leurs *révélations*, soit à votre fondateur, dont ils connaissent l'adresse, soit à notre *éditeur*, qui les lui fera remettre pour être lus publiquement.

La séance est ajournée!

Jacques Ferrand, aveuglé par le Maître d'École, qui vient de lui donner une leçon, cherche un ami qui veuille faire un métier de chien... le vrai Tortillard lui en souhaite...

LA LOUVE,

A LA REPRÉSENTATION D'UNE PIÈCE QUI N'EST PAS

CHOUETTE!

Deuxième séance

DE LA SOCIÉTÉ DE LA BLAGUE THÉATRALE.

A l'ouverture de la séance, le fondateur annonce qu'un manuscrit trouvé dans le corridor des amphithéâtres de la Porte-Saint-Martin vient de lui être envoyé par un membre honoraire, chef du nettoyage et maître des balais de ce théâtre. — La lecture de ce manuscrit est demandée par les sociétaires. — Le vénérable fondateur se rend aux vœux de l'assemblée, et lit :

PREMIER TABLEAU.

Mon homme !

A sept heures du matin, j'étais appuyée sur les murs du théâtre de la Porte-Saint-Martin, où tu m'avais dit que monsieur Eugène Sue, non content d'avoir fait un livre sur nous, nos amis et nos connaissances, allait encore nous donner en spectacle. Ça me faisait rager tout de même de penser qu'on allait nous montrer comme des bêtes curieuses ; mais quand j'ai su que les directeurs de ce théâtre-là étaient ces deux messieurs qui ont une petite maison près de notre île, à Asnières, ça m'a adoucie. Tu les connais, ces messieurs-là ; ils sont frères et ne se quittent jamais... Le plus petit, qui s'appelle Hippolyte, est un farceur que nous avons vu un jour de cet été, devant l'île des Ravageurs, au milieu de la rivière, n'ayant pour tout vêtement qu'un caleçon de bain et un lorgnon ! Mon farceur se soutenait sur l'eau à l'aide d'une ceinture inventée exprès :

Air *du Dieu des bonnes gens.*

Te souviens-tu, Martial, que d'vant Asnière
Ce blagueur-là m'a fait rire aux éclats,
En le voyant au milieu d' la rivière
Lire un feuill'ton du *Journal des Débats.*
Il ressemblait, à le voir dans la Seine,
Au dieu marin qu'on appelle un Triton,
Et qu'on r'présente avec un' tête humaine
Et la queu' d'un poisson.

A six heures du soir, il y avait tant de peuple à la porte de nos voisins, que le boulevard était encombré.

Les municipaux à pied et à cheval, les sergents de ville et la magistrature, ne pouvaient pas empêcher les plus malins de passer par-dessus les autres pour arriver les premiers; c'était comme une ci-devant distribution de comestibles aux Champs-Élysées, ou comme à une exécution... pourtant il y avait moins de femmes... Mais j'étais là, moi, à la tête de la queue; mon bras était solidement amarré à la barrière, la manche de ma robe s'était relevée dans la foule, et ces trois mots que tu as gravés sur mon bras : *Mort aux lâches!* retenaient ceux qui, me croyant une femme ordinaire, auraient voulu me flouer ma place.

Après une faction de onze heures, excusez du peu, je pénètre la première dans la salle. — Je m'élance au poulailler, et qu'est-ce que je vois? le parterre, les trois galeries supérieures complétement garnies. — J'étais entrée la première, et trois cents *romains* étaient déjà à leur poste. — Nos voisins d'Asnières, hommes de précaution, avaient fait entrer ces amis dévoués par la rue de Bondy... On n'était pas plus volé dans la forêt de ce nom. — Enfin, je me place, et ma première pensée est pour regretter de n'avoir pas là mon homme...

On frappe les trois coups... une espèce de grognement monotone se fait entendre pendant cinq minutes; ça partait de l'orchestre, et on m'a dit que c'était l'ouverture... En v'là de l'harmonie!... Je croyais entendre ouvrir les portes du préau de Saint-Lazare... Au fait, ça ne me fait rien, je ne suis pas là pour la musique... je suis comme *Pilate*, je m'en lave les mains.

Ça commence... nous v'là rue aux Fèves... V'là la maison de l'Ogresse : *Au Lapin blanc!*... Je vois sur une lanterne : *On loge à la nuit*. Et ça me fait soupirer, tu sais pourquoi, Martial!!... La rue est noire en diable...

Air: *Dans l'quartier d'la Gueurnouillère.*

Pour ne pas nuire aux mystères,
Dans c'quartier d'amour,
On s'trouv', grâce aux réverbères,
Tout comm' dans un four.
Ça n'est pas ça qui m'effraye:
Car c'est comm' partout,
On voit qu'c'est la vill' qui paye,
On n'voit rien du tout.

La rue est déserte... il est huit heures du soir, et deux ou trois goipeurs sortent du Tapis-franc... Un galopin accourt, il gesticule et parle argot!... Amour de momac, va, je te reconnais... c'est *Tortillard!* mais Tortillard grandi, embelli; on m'a dit qu'on l'avait mis dans une maison d'orthopédie! c'est égal, c'est lui; je le reconnais, il a encore les genoux en dedans.

Une laitière arrive; elle vient de Bouqueval pour chercher son mari... et elle le cherche rue aux Fèves; il paraît que c'est un homme rangé... elle entre au Lapin blanc avec Tortillard.

Plus personne dans la rue... Quelle est cette petite grisette, proprette, guillerette et rondelette... Dieu me pardonne, c'est Rigolette... Rigolette rue aux Fèves... elle!... est-ce que.... Non!... c'est une fille honnête; elle vient, dit-elle, pour voir Fleur de Marie.

La voilà! ma petite Goualeuse!... elle tient son rosier chéri; Fleur de Marie s'avance avec un petit air *grave!*... Les jeunes filles se mettent à babiller, mais un orgue de Barbarie se fait entendre. — C'est le Maître d'école, dit la Goualeuse; et les deux colombes s'envolent.

La rue est encore déserte. La laitière sort du Tapis-franc avec trois ou quatre pratiques de l'Ogresse, et leur demande ce qu'ils ont fait de son homme... elle s'attache à eux... Pour s'en débarrasser, les goipeurs vont taper sur la pauvre femme, qui n'veut pas lâcher prise.

Air : *A coups d' pied, à coups d' poing.*

— Où c' qu'est mon homm'? rendez-le-moi.
Ou bien j'en appelle à la loi. —
— Tapons d'ssus, s'écri' la band' noire...
Un brav' paraît : c'est l' *Chourineur*
Qui dit : Vous êt' quat' j' n'ai pas peur!
  V'nez dans un coin,
 A coups d' pied, à coups d' poing,
J' vous cass'rai la gueule et la mâchoire!

Ça va chauffer... les lâches se mettent tous les quatre contre le brave Chourineur... mais il est solide et connaît le chausson comme ton ami Michel Hubert... La brave laitière empoigne un des bandits... Bravo! c'est moi, c'est ta Louve quand on veut te toucher. Le Chourineur est brave, mais les autres vont jouer du couteau. Un jeune homme arrive à point nommé et à poing levé, il terrasse un, deux bandits. Tortillard crie : Bravo, mord-les! puis il dit : V'la la garde. C'était une frime pour délivrer son ami le Chourineur... Le prince, car tout le monde sait que c'est un prince, entre chez l'Ogresse pour laisser la place à une petite dame déguisée en homme. — C'est une comtesse : la rue aux Fèves est bien composée ce jour-là. Le frère de l comtesse arrive, puis un homme à barbe rousse. Rodolphe cherche la Goualeuse que Rigolette venait chercher. La comtesse cherche Rodolphe. Barberousse cherche le Maître d'école; ils ont tous l'air de jouer aux barres. Et la rue est très-souvent déserte.

La Goualeuse s'est échappée des mains de la Chouette et de celles du Maître d'école; ils l'ont battue... C'est décidé, elle ne veut plus chanter dans les rues, elle ne veut plus amuser personne. L'orgue de Barbarie se fait entendre; la Goualeuse ne l'entend pas, et la voilà empoignée par le Maître d'école; il va taper dessus; mais Rodolphe paraît et flanque une danse au Maître d'école. La pièce est très-littéraire, disait un romain placé près de moi; et la rue était déserte pour la sixième fois. Les personnages ne se sont encore rencontrés que pour se cogner. — Tu as bien fait, mon homme, de rester; tu te serais mêlé de ça.

Barberousse vient proposer au Maître d'école deux cents francs pour le débarrasser d'un homme qui le gêne. C'est tout commode; il ne faudrait pas avoir deux cents francs dans sa poche pour se priver de ce plaisir-là. Le Maître d'école accepte, et puis après propose l'affaire au Chourineur, qui le reçoit comme un Anglais dans un jeu de quilles, en lui disant : Je ne mange pas de ce pain-là; il est rouge. — Je t'avoue, mon homme, que je n'ai pas encore vu de pain de cette couleur-là. — C'est monsieur Sue qui l'a inventé.

Air : *Silence, silence, silence!*

L' brav' Chourineur repousse
L'envoyé d' Barberousse,
Tous les romains sont étonnés
Que l' Maît' d'école ait si peu d' nez.

Le Maître d'école s'en va boire de l'eau-de-vie pour se donner du cœur; il fera lui-même l'affaire de Barberousse.

Rodolphe revient causer sans façon avec le Chourineur, et lui parle ainsi :

Air *des trois couleurs.*

Ne courbe pas ton front dans la poussière,
Relève-toi, mon brave Chourineur!
Garde toujours ton âme ardente et fière,
Dieu t'a donné du cœur et de l'honneur.
Quels sont, dit l' prince, tes parents, ta naissance?
— Ah! répond l'aut', je n' les ai pas connus.
— Qui donc alors prit soin de ton enfance?
— C'lui qui prend soin de tous les chiens perdus.

Ces belles paroles lui assurent l'amitié du prince, et ils partent, parce qu'on a besoin que la scène reste vide.

Enfin, le monsieur qui gêne Barberousse arrive et entre dans l'allée où le Maître d'école s'est caché. L'affaire se fait; et monsieur Barberousse, qui s'est écrit à lui-même une lettre pour justifier la mort de celui qui le gênait, met sa lettre à la poste sans se l'affranchir.

Et sur ce, le rideau tombe. Personne n'a rien compris à cette promenade de tous ces individus dans la rue aux Fèves. On a encore moins compris comment il se trouve à la porte de l'Ogresse une boîte aux lettres. Je ne conseille à personne de mettre des billets de banque dans une lettre, et de jeter cette lettre dans la boîte de la rue aux Fèves.

Pendant l'entr'acte, on s'amuse à regarder un beau rideau qui représente les monuments de Paris, avec des personnages. — Un homme mûr, mais pas bien mis, me propose de m'expliquer ce rideau qu'il appelle allégorique. — Ce voisin complaisant est, dit-il, *chef d'attaque*, c'est-à-dire l'un des lieutenants de l'entrepreneur de succès, que les gens simples prennent pour un claqueur. — Et voici la description du chef d'attaque.

« A droite, cette grande figure blanche, au visage fort noir, c'est le génie de la Science ; auprès de lui s'élèvent la Bourse, l'Institut, les Invalides et la Chambre des Députés.

» A gauche, l'Oisiveté, mère de tous les vices, représentée par un jeune homme ivre ; des dés, des fleurs sont à ses pieds, et derrière lui, le Palais de Justice et la Morgue. Auprès de l'Oisiveté, Satan secoue son flambeau funèbre. — Au-dessus de la Science, le génie de l'Immortalité entr'ouvre le ciel.

» Ce rideau, continua le chef d'attaque, vaut à lui seul un sermon ; c'est fort triste ; il résume l'ouvrage de MM. Eugène Sue et Dinaux. »

Le grognement qui recommence à l'orchestre annonce que le deuxième acte va commencer. — La toile se lève. — Et nous sommes rue du Temple.

DEUXIÈME TABLEAU.

Voici la mère Pipelet... Je te salue, portière. — Diable de mère Pipelet, va ! elle aurait bien dû passer une robe pour paraître devant tant de monde... Elle a plutôt l'air d'être échappée de la Salpêtrière.... Je ne fais pas la modiste, mais ce qui répugne ne fait pas rire.

Ah ! voilà une femme que j'aime... ma laitière de Bouqueval, la crème des laitières. — Et puis le père Morel, brave homme s'il en fut. — Et ce galopin de Tortillard, et monsieur Rodolphe, et Rigolette… quelle chance qu'ils demeurent tous là dedans! — Jusqu'à monsieur Rodolphe qui vient louer là… Voilà une maison qui ressemble un peu à la rue aux Fèves : tout le monde s'y donne rendez-vous.

On entend des cris, des gémissements, des mugissements : c'est monsieur Pipelet ; il est poursuivi par son cauchemar Cabrion, espèce de rapin, comme cet artiste qui avait un canot amarré vis-à-vis notre île. Alfred Pipelet est atteint d'épilepsie ; il pleure, s'agite, se bat les flancs, et raconte une farce de Cabrion, qui lui a attaché après sa veste la poêle d'un marchand de marrons ; Pipelet est furieux, et ressemblait, dit-il, à un chien qui a une casserole attachée à la queue. Cette plaisanterie, peu neuve mais connue, ne fait rire personne, et Pipelet continue inutilement ses contorsions. Il a un chapeau absurde qui ne fait pas plus rire, et il ressemble à une vieille femme déguisée. — Cabrion paraît en personne aussitôt que Pipelet est seul ; il vient encore lui faire des farces, dépose un baiser sur le front d'Alfred, et finit le tout par un renfoncement. Ce qui ne provoque pas la moindre hilarité.

Air de Fualdès.

Écoutez bien, monsieur Sue :
Quand on veut fair' le farceur,
Il faut être l'inventeur
D'un' farc' qui n' soit pas connue…
Les vôtr' sont, à c' qu'il paraît,
D' monsieur Romieu, le préfet.

Dans la maison des Pipelet demeure Jacques Ferrand, qui n'est plus notaire; ses confrères ont désiré, m'a-t-on dit, qu'il se fît homme d'affaires... Mais en v'là bien d'une autre, mon pauvre Martial : ce gueux de Maître d'école qui s'avise de mettre Fleur de Marie servante chez Jacques Ferrand. — Qu'est-ce qu'ils ont donc fait de Louise Morel? ils l'ont sacrifiée. — Et la Goualeuse va chez Jacques Ferrand !... mais c'est autant de vendu !...

Pendant la nuit, on s'est introduit dans l'atelier de Morel le lapidaire; on lui a volé un diamant, et le brave homme, ruiné, tombe en même temps que le rideau.

Voilà un vilain acte !... je parle du vol du diamant.

TROISIÈME TABLEAU.

Nous sommes chez Jacques Ferrand, l'homme d'affaires, qui se fait passer pour un saint Vincent de Paul, en habit râpé et en lunettes vertes; mais la comtesse Sarah a su, par son frère, que Ferrand n'a pas rendu compte d'une somme de 200,000 francs, mise en dépôt chez lui avec un enfant... Il fait l'ignorant, le vieux notaire; mais la petite dame n'est pas manchotte, elle dit tout net à Jacques : « Mon brave homme, j'en suis bien fâchée; mais vous êtes un spoliateur, un escroc, tranchons le mot, un voleur... et je vous attacherai au pilori... » Il essaye de nier encore, la scène chauffe... Elle veut l'accuser, et le menace de la prison... La petite dame n'est pas bonne... Mais le Ferrand a tout prévu; il a fait tuer le frère de la comtesse par le Maître d'école, car Jacques Ferrand, c'est l'homme à la barbe rousse, et donne à la sœur la fausse lettre qu'il s'est envoyée et qui accuse le frère... La petite dame demande pardon... Le tour est fait.

Mais la comtesse a parlé d'une moitié de chaîne et d'une femme Varner, à qui l'enfant avait été confié. — Cette femme, c'est la belle-mère du pauvre Morel. — Ferrand prête au lapidaire 500 francs, et lui fait faire un billet en blanc. — Avec cela il aura la chaîne... La chaîne est une *ficelle,* disait tout bas mon voisin, le chef d'attaque, c'est un moyen d'arriver à un but.

Fleur de Marie souhaite le bonsoir à son maître, et se retire dans sa chambre.

Ferrand est seul. — A bas les lunettes vertes et l'air d'un homme fort mûr. — Le voilà vigoureux; il court à son trésor, un fameux coffre rempli d'or; il 'ouvre... caresse son or, l'embrasse, et plonge ses mains dans un bain d'or... il ne dit pas comme la chanson :

L'or est une chimère...

Puis après l'or, il lui faut ma Goualeuse... vieux gredin... il sonne et la pauvre fille paraît... il veut l'attirer, mais elle résiste en tremblant... Hum ! si j'étais là... ça chauffe toujours... le Jacques Ferrand est hors de lui... il l'enlace... la Goualeuse est en danger... On frappe avec force... Ferrand rage, mais il faut ouvrir... c'est le prince Rodolphe... il était temps, pauvre Goualeuse... Rodolphe emmène Fleur de Marie. — Mais le maître d'école arrive comme une bombe, veut s'opposer au départ de la Goualeuse... et le Chourineur est là par hasard. — Les coups de poing recommencent. — Le Maître d'école reçoit une nouvelle danse, et le Chourineur le force de chanter la *Marseillaise...* Le Maître d'école est toujours là... mais la Chouette, où est-elle?... et ils appellent ça les **Mystères** *de Paris?...* allons donc !... Et mon Chourineur, comme ils me l'ont abîmé ! il n'a jamais chouriné... c'est un professeur de coups de poing ! voilà tout... et son énergie?... — Je faisais ces réflexions à mon voisin, le chef d'attaque, et pour défendre monsieur Sue et son complice, il m'a parlé de censure... je ne sais pas ce que c'est... Mais sans Jacques Ferrand, ça irait mal pour tout le monde... c'est que celui-ci, c'est un gaillard... c'est *le maître* à tous.

QUATRIÈME TABLEAU.

Rassure-toi, Martial, je vais raconter plus vite; et d'ailleurs nous voilà chez Rigolette; elle fait le compte de sa dépense, et dit que dans son mois elle a dépensé vingt-trois francs dix sous de nourriture, dont une paire de soques.

Air : *Voulez-vous savoir l'histoire.*

Mais v'là l'amoureux d' la p'tite
   Qui vient pour jaser...
Il s'enflamme, son cœur s'agite,
   Il veut l'épouser.
Germain et sa Rigolette
   Font les amoureux...
Ils restent là tête à tête...
   C'est très-ennuyeux !

Rigolette n'a plus de parents; Germain n'en a jamais eu; la Goualeuse ne connaît pas les siens; le Chourineur n'a jamais eu ni père ni mère..... Tous sont des bâtards ou peu s'en faut.... Pendant que Germain et Rigolette parlent de leur amour, de leur avenir, — voilà des sifflets qui se font entendre. — Les romains crient : A la porte les siffleurs ! et Rigolette dit aussitôt : « Mais ça n'a pas le sens commun ce que vous dites-là ; » et l'on rit de l'à-propos... Rigolette et Germain se sauvent pour échapper à l'orage ; c'est toujours ça de gagné.

Et la chambre de Rigolette est comme la rue aux Fèves, où tout le monde va et vient. — Ferrand arrive, cherche dans tous les meubles une lettre de la Goualeuse à Rigolette. — Ça s'embrouille... On siffle... et tout disparaît... Les romains crient bravo ! Pourquoi ? c'est encore un *mystère*.

CINQUIÈME TABLEAU.

Ça se passe chez les Morel. — La panne, la goipe, la raffale la plus complète ; une vieille femme imbécile, un brave homme qui pioche à mort. — Une femme malade qui n'a pas un verre d'eau à se mettre sous la dent. — Des moutards qui sont pleins d'intelligence... ils ne disent pas un mot. — La malade, qui a froid, qui a faim et qui souffre, a la bêtise de se plaindre de son sort. Le Lapidaire lui dit : que les riches qu'elle accuse ne sont pas méchants, mais qu'ils ne savent pas qu'il y a des malheureux qui crèvent de misère. — Ils ne savent pas, ces pauvres riches !... ça fait deux fois qu'il le dit. — Le chef d'attaque m'a confié que c'était *par ordre* que Morel disait ça deux fois ; que c'était pour plaire à deux messieurs qui étaient dans la salle, et qui s'amusaient comme deux princes... à preuve qu'ils se sont en allés avant la fin. — J'allais chercher dans mes poches, et faire une quête comme pour Mont-Saint-Jean, la protégée de la Goualeuse. — Car ça m'fendait le cœur de voir tant de misère.

Air : *A la Monaco.*

Au partage de la richesse
Qu'est-ce donc qui préside là-haut ?
C' pauv' Morel est dans la détresse,
Et Ferrand a tout c' qu'il lui faut.
Dis-moi, mon homm', comment donc faire ?
Faut-il être méchant ou bon,
Puisqu'il est prouvé qu' sur la terre,
N'y a qu' deux class' : la dupe et l' fripon ;
Faut-il être dupe ou fripon ?

La pauvre femme de Morel, qui a une fièvre de cheval, bat la campagne ; elle dit à son homme : A quoi que ça sert des enfants ?....... Elle propose au Lapidaire de faire comme le père du p'tit Poucet... d'aller perdre ses petits ; mais le brave homme n'entend pas d' ça ; il dit à sa femme : Voyons, je suis leur père ou je ne le suis pas... Et tu demandes à quoi servent nos enfants ?

Air : *J'en guette un petit de mon âge.*

Quand nous souffrons, vois-tu, ma pauvre femme,
Que nous tombons brisés sous nos efforts,
Quand la misère a dégradé notre âme,
Et qu' la fatigue a rompu les ressorts,
Si nous voulons continuer notre ouvrage,
Et dans la lutte être enfin triomphants,
Nous prions Dieu ! nous r'gardons nos enfants,
  Et nous r'trouvons notre courage ;
  Mes enfants soutiennent mon courage.

Nom d'un nom! Martial, cet homme-là a fait pleurer ta Louve.

Arrivent deux recors qui viennent tout saisir chez Morel, mais ce sont eux qui sont saisis en voyant le mobilier : un vieux lit sans matelas, un établi et pas d'chaises. — Ils veulent empoigner Morel; Germain, l'amoureux de Rigolette, apporte un billet de mille francs pour payer la dette du Lapidaire. — Mais Ferrand amène le Commissaire, il accuse Germain de lui avoir pincé mille francs dans sa caisse. — Le jeune homme est conduit à la Force. — Et les romains sont forcés d'applaudir. Ce tableau est très-sensible, et le père Morel est applaudi par tout le monde.... Pauvre cher homme! il mérite bien ça.

SIXIÈME TABLEAU.

Tableau champêtre. — La Goualeuse est bien vêtue

Air : *Une robe légère.*

Une robe de gaze
D'une entière blancheur,
M'fait rester en extase
Devant tant de candeur;
La Goualeus' peut, j't'e l'jure,
S'fâche du qu'en diras-tu.
Et v'là comme la parure
Peut r'lever la vertu.
Avec un peu d'parure,
C'est gentil la vertu!

Le Maître d'école veut absolument vendre la petite;

c'est son état, à cet homme; il veut la vendre à la comtesse ou à Jacques Ferrand; il se fiche autant de l'un que de l'autre, pourvu qu' ça lui rapporte... Tous les paysans arrivent chez la marquise d'Harville, qui a recueilli Fleur de Marie. — La laitière, la luronne de laitière, vient aussi; elle est veuve, ce qui fait qu'elle explique que son mari est mort... Ça m'a fait penser à monsieur de la Palisse: — Fleur de Marie fait l'aumône à la laitière; mais la veuve reconnaît la Goualeuse pour l'avoir vue au Lapin blanc, avec les canailles qui ont tué son homme. — Elle veut lui flanquer une danse; elle lui fait une scène fort désagréable; elle l'appelle un tas de choses, et la pauvre Goualeuse va en voir des grises..... Le Maître d'école, qui a tout vu, s'est caché dans une bicoque qui est plantée là exprès, et complètement inhabitée. — La Goualeuse, pour échapper à l'émeute, se cache dans la cachette du Maître d'école. La v'là dans la gueule du loup! — Le public voit la ficelle. — On resiffle. — La toile tombe!....

SEPTIÈME TABLEAU.

L'orchestre regrogne pour la septième fois, c'est toujours la même musique!... heureusement on n'est pas forcé de l'écouter...

Une prison. — La Force. — Il y a là un tas de voleurs qui font un trou sous terre pour prendre la clef des champs. Le Maître d'école est à la Force, on ne dit pas pourquoi; ça ne nous regarde pas, à ce qu'il paraît, c'est peut-être encore un mystère. — Il y a là un grand cadet qui est le prévôt de sa chambrée, et à qui tous les autres obéissent, sans quoi il leur flanque une volée;

c'est toujours le plus fort au coup de poing qui gouverne... Essayez vos forces, là, messieurs... Qui est-ce qui amène mille kilos d'un coup de poing? M. Eugène Sue lui fera avoir la croix de Gérolstein..... Jacques Ferrand, qui a ses entrées partout, vient causer d'affaires avec son ami le Maître d'école; il veut ravoir Fleur de Marie, le Maître d'école veut dix mille francs, où il va dénoncer l'homme d'affaires, comme voleur d'enfant et dépositaire infidèle; Ferrand n'a pas seulement l'air d'écouter; il a vu un peu de terre fraîchement remuée, il se doute qu'il y a un projet de fuite; il tourne autour de la salle; il sonde le terrain; ça sonne le creux; il voit la trappe, il la soulève..... Le Maître d'école est stupéfait; c'est au tour de Ferrand à lui dicter des conditions. Dis-moi où est la Goualeuse! dit-il au vieux bandit, ou sinon je vais au greffe dénoncer votre souterrain. — Ne faites pas ça, nom d'un petit bonhomme..... Songez que ce souterrain, qui peut contenir vingt hommes, a un quart de lieue de longueur. — Nous l'avons creusé avec un clou d'épingle, et nous avons caché la terre dans nos goussets de montre. — Je le crois bien, dit Jacques d'un air blagueur. — Écoute: Fleur de Marie a pris la fuite, amène-la-moi, et je te donne dix mille fr. V'là mon Ferrand qui n'est plus avare. — Il est amoureux jusqu'à la rage. — Marché conclu. — Mais il faut encore qu'il se débarrasse de Germain, qui a surpris ses secrets. Il sait que c'est Ferrand qui a volé le diamant du pauvre Morel, afin de mettre le lapidaire à sa merci, et de le forcer à lui donner le bout de chaîne de la vieille idiote; c'est ce bout de chaîne-là qui prouve que l'enfant de la comtesse Sarah!... Tout ça est entortillé de manière que j'n'y comprends rien..... j'espère que tu feras comme moi. — Enfin le marché est conclu; le Maître d'école fera escoffier le petit Germain. Et pour ça il dit aux voleurs, ses amis et camarades, que Germain veut dénoncer au gardien leur projet de fuite. — Ils complottent tous de faire passer le goût du pain à l'amoureux de Rigolette, qu'on a mis à la Force pour avoir fait une bonne action. — Les voleurs se défient un peu d'un de leurs camarades. Pique-Vinaigre n'est pas sûr, dit le prévôt; faut le surveiller afin qu'il n'avertisse pas Germain. — Pique-Vinaigre, c'est un honnête filou, assez bon diable, qui gagne sa vie à raconter des histoires aux prisonniers; ces histoires-là font son compte. — C'est avec des contes qu'il s'est fait aimer par les locataires de la Force. Il trouve que les bons contes font les bons amis.

A propos, j'avais oublié de te dire que Rigolette est venue à la Force pour voir son petit Germain, qu'ils se sont mis à roucouler, à faire l'amour. Il y avait avec eux un guichetier monstre, c'est-à-dire un guichetier si gras, si gros, qu'on dirait qu'il sort de chez M. Cornet, l'éleveur des bœufs gras par brevet d'invention. — Le guichetier s'endort pendant la conversation des amoureux; tout le monde est près d'en faire autant, et ceux qui ne bâillent pas sifflent. — Je reviens à Pique-Vinaigre, qui passe pour un cornichon, et qui s'occupe à tricoter des chaussons de lisière. Pour se débarrasser de la surveillance du gardien, afin d'être plus à l'aise pour faire l'affaire du pauvre Germain, les voleurs demandent à Pique-Vinaigre de leur raconter *Gringalet et Coupe en Deux!* Pique-Vinaigre veut qu'on lui fasse vingt sous; on se cotise — ça me rappelle encore la Goualeuse et Mont-Saint-Jean.

Alors Pique-Vinaigre raconte un joli petit conte où l'on voit un gredin qui bat des pauvres petits garçons qui lui gagnent sa vie avec des bêtes, il les traite comme des Savoyards. — Ce gueusard-là s'appelle *Coupe en Deux*; il a un singe qui est méchant comme lui, et qui mord tout le monde. — Un petit Savoyard est leur martyr à tous les deux, et le pauvre petit s'amuse à délivrer des moucherons qui allaient être mangés par des araignées. — Le geôlier ne dormait plus, tout le monde dans la salle écoutait ça avec plaisir. — Monsieur Sue devait être content. — Le geôlier oubliait même d'aller manger sa soupe; le gaillard n'a pourtant pas une mine à oublier ça. Quand monsieur Sue trouve que le geôlier en a assez entendu, il le fait appeler. — Le gardien sort, l' prévôt se jette sur Germain en criant : Gringalet, je serai ton araignée! — Et moi je serai le moucheron d'or, crie un homme qui sort du souterrain. — C'est le Chourineur qui moisissait là, en attendant le moment de paraître. — Les coups de poing pleuvent comme la grêle... C'est très-sensible... La garde arrive... La fin de l'acte aussi.

VIIIe TABLEAU.

Air : *Tout le long de la rivière.*

Pendant qu' l'orchestre grogne encor,
Tout l' mond' parle du mouch'ron d'or...
On frapp' trois coups... la toil' se lève...
Qu'est-c' que j' vois, Martial! est-ce un rêve?
Bravo, disent les spectateurs!...
C'est notre îl', l'îl' des Ravageurs!
C'est ta maison, et puis c'est l' pont d'Asnière,

Et puis des bateaux au bord de la rivière.
La scène représente la rivière.

Tous les gens du village d'Asnières vont à la noce; ils passent tous sur le pont, et s'y arrêtent pour se dire entre eux que la noce se fait tout près du pont. — C'est une manière de dire si quelqu'un a besoin de nous, il n'a qu'à appeler. — C'est fort adroit de leur part.

Le Maître d'école, qui se trouve dans l'île avec la Goualeuse, qu'il a enlevée de la ferme, trouve que Fleur de Marie pourrait lui valoir une bonne somme en la conduisant à la comtesse ou bien à Ferrand. — Mais l'homme d'affaires s'est montré plus malin que le Maître d'école, qui est devenu son ennemi intime. Il aime mieux vendre la Goualeuse à la comtesse, et il veut forcer la pauvre fille à le suivre. — Mais la Goualeuse dit qu'elle ne veut plus aller avec un homme si malhonnête. — Depuis qu'elle a vu des gens bien élevés, elle n'est plus la même. — Le Maître d'école veut la forcer à marcher, — elle résiste, et il se met en fureur.

Air : *Au clair de la lune.*

Tremble pour ta vie,
Dit le vieux brutal !
— Mais Fleur de Marie
Dit : Ça m'est égal,
J'saurai vous t'nir tête,
Je n'crains plus les coups,
Je n'suis plus si bête,
Et je m'fich' de vous.

Le Chourineur, qui arrive toujours juste au moment où on a besoin de secours, paraît sur l'pont. — Le maître d'école l'appelle, et lui dit : Tiens, voilà la Goualeuse, j'n'en veux plus, je te la donne ; allez-vous-en par la plaine, moi je m'en vais en bateau. — Le Chourineur ne se laisse pas engourdir ; il se méfie, et ne veut pas aller par la plaine... il veut le bateau que l'autre voulait détacher du bord. — C'est là que le Maître d'école l'attendait :

Air : *Tarare Pompon.*

Il soulève une soupape
Pour fair' couler l'bateau.
Le brigand rit sous cape,
Et dit : Le tour est beau ;
Au fond de la rivière
Vous irez, mes bijoux...
C'est faire d'une pierre
   Deux coups.

Le Maître d'école file... le bateau s'enfonce... le Chourineur rattrape la petite!!... Là-dessus, un spectateur demande : *La Louve!!...* j'allais me lever pour dire voilà!... quand mon voisin m'a dit que les censeurs ne voulaient pas me laisser paraître à la Porte-Saint-Martin, ni moi, ni Cécili, ni Bradamanti, ni la Chouette... Ça lui aurait peut-être fait plaisir, à la Borgnesse... mais, si les censeurs ne veulent pas, n'en parlons plus ; il paraît qu'ils dirigent le bureau des mœurs!... respectons-les...

Le Chourineur, qui s'est accroché après un anneau sous une arche du pont, crie au secours ; les gens de la noce arrivent... puis un batelier qui reçoit la jeune fille, et qui file avec son bateau sans attendre le Chourineur, qui pique une tête et se jette à la nage.—Le batelier, c'est Jacques Ferrand!... En voilà une chance!!! C'est tout de même bien amené!!!...

NEUVIÈME TABLEAU.

En voilà bien d'une autre... La maison des Martial... et une demi-douzaine de goipeurs qui se sont installés là comme sur un four à plâtre... Ils attendent Jacques Ferrand, à qui le Maître d'école veut faire faire un plongeon dans la rivière ou bien une lettre de change... — Ferrand arrive; il a laissé la Goualeuse entre les mains de n'importe qui... Ça ne regarde personne. — Entouré par les bandits, il se voit pincé, et le Maître d'école lui dit :

Air : *Ran tan plan, tire lire.*

On va te percer le flanc,
   Jacq' Ferrand,
Il nous faut d'l'argent.
Il nous faut beaucoup d'argent,
Ou bien nous allons rire!
Mon vieux, n'y a pas à dire,
Il nous faut ta tir'lire...
Te v'là pincé pour l'instant,
La rivière est là qui t'attend,
Nous avons besoin d'argent...
   Ta vie ou ta tir'lire.

Jacques Ferrand ne s'effraye pas du bruit; il leur propose un meilleur coup. Il dit au Maître d'école : Le prince va partir avec une marquise; il passera par le bois de..... allez l'attendre, tuez son postillon, son domestique et lui s'il le faut ; il emporte dans sa voiture TROIS CENTS MILLIONS. On rit beaucoup dans la salle, la somme paraît un peu forte. — Le Maître d'école voit que Ferrand est sauvé ; il enrage... mais il lui garde un chien de sa chienne, et annonce qu'il va trouver la comtesse pour lui vendre la Goualeuse. Jacques Ferrand reste seul, va prendre Fleur de Marie ; il lui peint sa passion avec des gestes, une énergie frénétique, qui font frémir la pauvre Goualeuse... Un homme ne me fait pas peur, tu le sais, Martial !.... mais celui-là, vois-tu, ce n'est plus un homme.... c'est Satan en personne.... Pauvre petite Fleur de Marie !... gare à toi...

Le Chourineur, qui est encore là *par hasard*, arrache la Goualeuse à Ferrand, et il la jette à Germain, qui *par hasard* aussi se trouvait dans l'île des Ravageurs..... Brave Chourineur, va !... Il était temps... Les censeurs allaient se mêler de ça !... Ferrand, d'un coup de pistolet, casse le bras au Chourineur, qui se cramponne après Jacques... Ils vont se dévorer... Il y avait longtemps qu'on ne s'était cogné... Je m'ennuyais déjà. — Le Chourineur blessé est vaincu par le gueusard d'homme d'affaires, qui l'attache, et se sauve en mettant le feu à la maison... Voilà que ça chauffe... Les romains applaudissent la pièce et M. Eugène Sue... Tout le monde en fait autant, quand la toile tombe.

DIXIÈME TABLEAU.

Air *du Juif errant.*

Nous somm' chez la comtesse
Où l' Maît' d'écol' va v'nir.
Il a r'çu la promesse
De se voir enrichir.
La comtesse Sarah
Reçoit le scélérat.

Le Maître d'école vient chercher la somme que la comtesse a promise pour l'enlèvement de la Goualeuse...
Le Maître d'école dit : L'affaire est faite, la petite est à vous... Combien que vous l'achetez ? — Beaucoup. — C'est quelque chose. — Mais je veux savoir tout ce qu'elle a fait depuis son enfance. Quel est son père ? — Elle n'en a jamais eu. — Sa mère ? — Parfaitement inconnue. — Qui vous l'a abandonnée ? — Ça se paye. — Je payerai. — C'est Jacques Ferrand. — Saprelotte, dit la comtesse, ça serait tout de même fameux ! Venez dans ma chambre, mon bon ami.

Air : *Voulez-vous des bijoux.*

Venez voir des bijoux,
V'nez, Maîtr' d'école,
Je crois qu' je d'viendrai folle,
V'nez, mon p'tit choux,
Vous êt' honnêt', j'ai vot' parole,
Je m'fie à vous.

Le prince Rodolphe, mis comme un prince et l'air

très-distingué, avec un tas de croix, de rubans et de crachats, vient chez la Comtesse pour lui dire qu'il est fâché d'être venu. — On entend un grand cri ; c'est le Maître d'école qui chourine la Comtesse avec un poignard empoisonné qu'il porte toujours, dans la crainte d'être insulté. — La Comtesse a été piquée au vif. — Le Maître d'école ne s'est pas bien conduit avec elle ; il lui a volé un bijou et flanqué son poignard dans le bras.... La Comtesse a été blessée de ce procédé. — Elle apprend au prince que Fleur de Marie est le fruit de leur ex-amour. — Mille noms d'un nom, dit le prince ; v'là du propre... Mais elle est morte. — Ah ! fichtre, monseigneur !

Air : *Ah ! si madame me voyait.*

— Laissez-moi, j'suis d'mauvaise humeur.
Ma malédiction, j'vous la donne !
Tandis qu'vous rêviez ma couronne,
La Goualeuse, enfant du malheur,
Courait les ru' comme un goipeur :
Dans les allées, à la Courtille,
Ell' courait avec des bandits.
Des filoux... tutoyaient not' fille !...
Parol' d'honneur, je vous maudis !
V'là mon dernier mot, j'vous maudis !

Mais le facteur arrive dans la personne d'un valet. Une lettre apprend que Fleur de Marie n'est pas morte... à preuve qu'elle demande à entrer. — La Comtesse souffre beaucoup de sa blessure ; mais elle nage dans la joie. — Je souffre, dit-elle.... c'est donc le poison. — Quel poison ? dit le prince.... — La Comtesse se tord comme une anguille.

4

La Goualeuse arrive. Le prince la dévore des yeux. La Comtesse l'appelle, et lui dit : Quand on parle du loup on en voit la queue... Nous parlions de vous, Fleur de Marie... Ne pleurez plus, je vous le défends... On a découvert votre famille.

Air : *A la papa.*

Dieu protége les enfants
Qu'on a confiés à sa garde......
On n'vous trait'ra plus d'bâtarde;
Vous allez r'trouver céans
  Tous vos parents :
  Voyez-vous c'princ'-là,
Qui pleure et qui vous r'garde,
  Vous l'aimiez déjà,
Faudra l'aimer mieux qu'ça,
  C'est vot'papa!
   V'là, v'là
   Vot' papa!
  V'là vot' papa!

Tableau fort sensible. — La Comtesse se tord toujours dans de fortes coliques.

Air : *Commissaire, commissaire.*

  Le pèr' pleure,
  L'enfant pleure,
Dans la salle tout l'monde pleure,
La Comtesse dit : Faut que j'meure,
  Soyez heureux
  Tous les deux!

Et la pauvre Comtesse périt empoisonnée par un coup

de poignard... Le tableau est fini... Nous sommes à dix !
Il faut faire une croix.

ONZIÈME TABLEAU.

Nous voilà dans le bois où le prince doit passer :

Air du Pas redoublé.

Tortillard veill' le Chourineur,
  Endormi sur la dure,
Oubliant ainsi la douleur
  Qu'lui cause sa blessure.
Dès qu'on saura que Tortillard
  L'a sauvé d'l'incendie,
On doit décerner au moutard
  Un prix d' l'Académie.

Jacques Ferrand, désespéré de savoir que Fleur de Marie vient de lui échapper, va déterrer son trésor, qu'il a caché au pied d'un arbre. — Le Maître d'école et le prévôt de la Force veulent se venger sur lui de n'avoir pas pu voler les *trois cents millions* du prince. Ils l'entraînent dans un caveau qui se trouve là *par hasard*; et pendant ce temps-là, Rodolphe et Fleur de Marie traversent la scène en calèche, et parfaitement escortés; ils vont dans le duché de Gérolstein, emportant l'estime générale et les adieux du Chourineur, de Tortillard, de Germain et de Rigolette. La vertu triomphe. Le crime n'est pas encore puni; mais les gendarmes sont là... ces excellents gendarmes...

Un mugissement part du caveau... Le prévôt et le Maître d'école viennent d'aveugler Jacques Ferrand.

Comme ça va le gêner pour retrouver son trésor!... Le Maître d'école et son ami sont pincés et ficelés.

Air de *Joseph*.

Jacqu' Ferrand veut se mettre en route;
Il sort à tâtons du caveau,
Mais, quand il voit qu'il n'y voit goutte,
Il s'met à pleurer comme un veau.
Il s'désespère, il crie, il beugle;
Il demande à revoir les cieux;
Et c'est quand il se voit aveugle
Qu' sur ses crim' il ouvre les yeux.
C' n'est qu'au moment qu'il s'voit aveugle
Qu'sur ses crim' il ouvre les yeux.

Air : *N, i, ni, c'est fini*.

D'ses pleurs il n'est pas chiche,
Il tombe à genoux, il d'mande un caniche.
Tortillard dit : J'ten fiche!
Portier, as-tu fini?
N, i, ni,
Tu n'trouv'ras pas d'amis.

Air du vaudeville final *des Enragés*.

Avec le princ' la Goualeuse détale,
Et les gendarm' traîn' les autres en prison :
Voilà, mon homm', la part de la morale!
Mais le public bâillait à l'unisson!
Lis ça, Martial, ça trace la silhouette
De c'que ta Louve a vu du paradis...
Enfin, mon vieux, c'te pièc'-là n'est pas chouette.
V'là tout c'que j'sais des *Mystèr' de Paris*.

Crois-moi, mon homm', la pièce n'est pas chouette.
Voilà c'qu'on dit des Mystèr' de Paris !

Après la lecture du manuscrit de la Louve, qui a fait une profonde impression, on procède à l'ouverture du bulletin renfermant le nom du théâtre désigné par le sort.

LE CIRQUE.

Le Cirque est-il un théâtre? Le théâtre du Cirque est-il olympique ou national ? Voilà deux questions qui nous ont été adressées par un correspondant très-lettré de l'académie de la ville d'Eu... au nom du premier magistrat de cette cité presque royale! Nous mettrons au concours la réponse à faire à ces deux questions importantes... Les prix à décerner sont deux curiosités rares et précieuses :

1° Un sourire du directeur actuel du Cirque;

2° Un billet de deux stalles signé de sa propre main.

Celui qui obtiendra l'une de ces deux récompenses pourra se vanter de posséder ce qui ne s'est jamais vu dans le monde civilisé..... Le concours est ouvert, et les prix seront distribués séance tenante, si, comme on

4.

nous l'a fait espérer, on nous envoie ces deux choses fabuleuses.

Telle est l'allocution faite par le fondateur de la Société de la Blague théâtrale, après la lecture du bulletin tiré de l'urne par l'ex-déesse de la Liberté. On appelle le représentant du théâtre du Cirque; aussitôt un homme grêlé, mais fort laid, se lève en se dandinant sur la hanche ; il cherche à dissimuler sous sa lèvre inférieure quelque chose qui semblait dessiner une fluxion sur la joue gauche, et d'une voix de stentor, qu'il appelle une voix de *centaure*, sans doute à cause de sa profession, il s'écrie : Présent !

Invité à déposer sur le bureau ses observations et le fruit de ses recherches sur le Cirque des Champs-Élysées et le Théâtre national du boulevard du Temple, l'homme grêlé demande à se recueillir un instant pendant que le fondateur va lire à l'assemblée un précis de l'histoire et de la fondation du Cirque, qui lui a été remis par son camarade et ami Ponet, homme de lettres, inspecteur du matériel, enlevé récemment aux sciences et à l'inspection des vieux harnais.

Un manuscrit est passé de main en main jusqu'au fondateur, et celui-ci lit à haute voix :

« Le Cirque Olympique n'est pas un spectacle comme les autres, c'est une exception, une excentricité; et sous ce rapport, le spirituel vaudevilliste Brasier pense qu'il doit être encouragé ; je dirai plus : le Cirque, c'est l'école de la gloire et de la science hippique. (Hippique vient du mot grec *hippos*, qui veut dire cheval. Je suis bien aise de prouver que je ne suis pas un âne; pardonnez-moi cette petite fanfaronnade d'érudition.)

Rome avait des cirques, des amphithéâtres pour le

peuple : Paris, la vieille Lutèce, a voulu avoir aussi son cirque, et elle en confia la direction à la famille Franconi!.... Voilà un nom européen; tout le monde connaît le nom de Franconi; depuis cinquante ans il a retenti dans toutes les capitales du monde, et dans tous les bourgs et villages de cette belle partie de l'Europe nommée la France..... Ce nom-là est plus connu que ceux des Cuvier, des Raoul-Rochette, des Arago; il est tellement populaire, que dès qu'une petite troupe équestre arrive dans le plus mince village, tout le monde s'écrie : Il vient d'arriver des Franconi! C'est le nom le plus connu du globe et de Navarre..... Et les Franconi tout bouffis d'orgueil croient avoir *inventé* la voltige équestre!.... Mais ils ont tort de faire claquer leur fouet : on n'invente plus rien dans le monde, et je me rappelle à propos ce refrain des *Perroquets de la mère Philippe* :

> Rien de neuf dans cette vie,
> Tout fut dit par nos aïeux,
> Et nos hommes de génie
> Ne trouvent plus que du vieux.

Il y a eu autrefois de par le monde un nommé Homère qui a dit dans un poëme intitulé *l'Iliade* :

« Tel un habile écuyer, accoutumé à manier plusieurs
» chevaux à la fois, en choisit quatre des plus rapides,
» les pousse à toutes brides, passe légèrement de l'un à
» l'autre, vole avec eux en fendant l'air, et les fait arri-
» ver au même instant à son but avec autant de jus-
» tesse et de précision que s'il n'en avait qu'un seul à
» diriger. »

J'en suis désolé pour la gloire des Franconi; mais ce grec un peu ancien me paraît fort désigner ainsi un exercice de voltige appelé aujourd'hui la *poste royale*, l'un des plus beaux fleurons de la couronne équestre des Franconi.

C'est un Anglais nommé Astley qui a importé en France les exercices d'équitation et de voltige à cheval; son manége, qu'il avait établi au faubourg du Temple, était déjà couru quelques années avant la révolution; on y faisait des tours de souplesse et on y jouait des petites parades à deux interlocuteurs, telle que celle si connue encore de nos jours sous le titre de *Passecarreau et Rognolet*. Il y a quelque cinquante ans que cette parade a été faite, et on la donne encore aujourd'hui avec le même dialogue, les mêmes traditions, les mêmes coups de bâton; je serais tenté de croire que ce sont toujours les mêmes hommes et le même petit cheval... Je connais parfaitement les *artistes* qui jouent cet intermède, et je n'oserais pas affirmer que *Rognolet*-Voisin et *Passecarreau*-Bassin n'on pas lutté sous le directoire avec le même Ponnet..... Les Poneys, petite race de chevaux intelligents, ont toujours été très-bien accueillis au Cirque; ce sont les *Pitres*, les *Clown*, les *Auriol* de la gente chevaline. La famille Franconi a toujours aimé les Poneys (c'est même pour cela que j'ai quitté mon nom propre pour prendre celui de Ponet....).

Le Cirque prit bientôt de l'extension; un théâtre fut établi dans le manége, on y joua des pantomimes, des mimodrames, puis enfin les pièces militaires, tableaux animés de la gloire nationale. Ce sont de véritables batailles dans lesquelles l'infanterie, la cavalerie, l'artillerie se heurtent, s'entrechoquent, se disputent le terrain pied à pied... les coups de feu surtout font la plus grande partie des frais de la littérature du Cirque... et tout cela est beau à voir, quand par hasard on peut apercevoir quelque chose de ces tableaux militaires, au milieu de ce nuage compacte de la fumée du salpêtre. Si les Franconi n'ont pas inventé au Cirque les exercices d'équitation et de voltige, on peut dire qu'ils y ont inventé la poudre!...

Le Cirque Olympique a été de tous temps le bazar où les phénomènes des quatre parties du monde ont été exposés : hommes et bêtes, et celles-ci n'étaient pas toujours les moins artistes; jongleurs, sauteurs, cerfs, hercules, chèvres, nains, sylphides, posant et jouant sur un fil d'archal, géants et chiens savants, tigres domptés, et danseuses à la taille de guêpe, au pied de biche, toutes les races bipèdes et quadrupèdes ont apporté au Cirque, véritable arche de Noé, le tribut de leurs talents et de leur intelligence. Carter et Kiouny, Partisan et le chien Émile, Mahmoud et Caroline, Soliman et madame Lejars, Godolphin et Baucher, Franconi, Paul Cuzent, Ferdinand Laloue, voilà les gloires du Cirque Olympique, arène bruyante, panorama animé, où viennent se daguerréotyper les plus belles pages de notre histoire nationale.

Et maintenant, passons en revue le personnel du théâtre et du manége, faisons connaissance avec l'empereur, le soldat, la vivandière, la danseuse, le Français, l'Autrichien, le matelot, l'écuyer, le clown, l'amazone, bêtes et gens, tâchons de tout connaître; et d'abord,

>A tout seigneur
>Tout honneur.

M. DEJEAN, le directeur actuel, est un ancien marchand

boucher de la capitale, qui a fait une très-grande fortune avec les bêtes à cornes, et Dieu et les ménagères de Paris savent combien on en consomme tous les jours!... Fournisseur de l'armée alliée pendant l'occupation de 1814, M. Dejean avait obtenu l'entrée franche, à l'octroi de Paris, d'un nombre déterminé de bœufs, veaux et moutons, destinés à être dévorés par nos amis les ennemis; mais constater le nombre des victimes journalières de M. Dejean n'était pas chose facile; tout le bétail n'entrait pas par la même barrière... Le métier était bon... la fortune fut grande... En 1838, on évaluait à deux millions les biens de M. Dejean!!..

Deux millions!... il y a là de quoi satisfaire bien des amours-propres, bien des passions... M. Dejean n'aime pas l'oisiveté; il se fit adjuger, en 1837, le théâtre du Cirque, vendu aux enchères publiques; et il obtint bientôt un privilége pour exploiter son théâtre et un cirque aux Champs-Élysées; il eut la bonne pensée de s'adjoindre MM. Ferdinand Laloue et Adolphe Franconi, le premier comme directeur de la scène, le second comme directeur du manége. Et cirque et théâtre ont augmenté la fortune du privilégié.

M. Dejean est, dit-on, très-loyal en affaires; ses pensionnaires sont sûrs de ne pas être quittés sans motifs graves; c'est quelque chose, c'est beaucoup par le temps de caprices et d'oubli qui court dans un cabinet directorial. Mais on dit que le directeur du Cirque, s'appuyant sur son coffre fort, mène bêtes et gens avec une baguette de fer; pourtant deux ou trois gentilles écuyères nous ont dit qu'il n'est pas aussi dur avec tout le monde... Il a donc un côté vulnérable... Achille ne l'était qu'au talon!

M. Dejean aime ses artistes, et leur a voué une sollicitude toute paternelle; il a souvent rendu de très-grands services sans attendre qu'on les lui demandât... Il voudrait que tous ses pensionnaires fussent porteurs d'un livret de la Caisse d'épargne, et la possession de ce livret assure à l'artiste toute la bienveillance du directeur; une augmentation d'appointements, au moment même où l'engagement signé ne pouvait point faire espérer cette faveur, est venu souvent récompenser le zèle ou la conduite des pensionnaires du Cirque. — Les directeurs de Paris appellent cela des excentriques. — Nous nommons cela de la bienveillance et de la loyauté.

M. Dejean professe le magnétisme; on dit que sa science a endormi bon nombre de ceux qui l'approchent. Il a aussi la manie de faire un peu de médecine; et quelle que soit la maladie qui vienne à un de ses pensionnaires, quel que soit l'accident qui arrive, le même remède est conseillé, offert, presque imposé par le maître... Dernièrement il faisait avaler des pilules à tous venants... Fractures, fièvres, contusions, blessures, varioles, M. Dejean guérissait tout avec les mêmes pilules que lui vendait je ne sais quel Diafoirus non patenté.... Son amour de la science médicale et ses sympathies pour les pilules en question l'ont mené jusque devant la sixième chambre de police correctionnelle, où il est venu défendre l'auteur de ses pilules de prédilection. On a conseillé à M. Dejean de s'en tenir aux *Pilules du Diable*.

M. Dejean ne permet l'entrée de son théâtre à personne; oh! pour cela il est d'une rigidité qui va jusqu'à la rudesse. Un jour il fit refuser à son fils l'entrée dans la salle; le jeune homme aperçut son père au contrôle, et demanda son entrée. « Je te donne de l'argent pour tes

» plaisirs, lui dit laconiquement le directeur peu pater-
» nel; voilà le bureau... cela ne coûte que trente sous au
» parterre!... » Après cela, allez donc demander une entrée à M. Dejean!

La séance est ajournée.

Singulier combat entre une jeune amazone et un viel ecuyer... tranchant la difficulté avec son fouet.

LE CIRQUE.

LA VOLTIGE. — LA HAUTE ÉCOLE. — LES ACTEURS.

———

La notice sur le Cirque et son directeur, œuvre posthume de Ponet, ayant terminé la deuxième séance des Révélations théâtrales, le représentant du Cirque olympico-national est appelé, et dépose sur le bureau les notes suivantes envoyées par les membres correspondants :

Le personnel du théâtre en partie double, dirigé par M. Dejean, se divise en trois classes artistiques :

1° Le drame et le vaudeville, sous la direction spéciale de M. Ferdinand Laloue.

2° La haute équitation, représentée par M. Baucher.

3° La voltige équestre, placée sous la chambrière (1) de M. Adolphe Franconi.

---

(1) *Chambrière* : Long fouet dont les professeurs se servent du milieu du manége pour diriger les manœuvres. C'est le sceptre directorial de M. Adolphe Franconi.

Il y a bien une quatrième classe d'artistes placée sous l'inspection de M. Bassin, le terrible adversaire de l'amazone Caroline ; nous voulons parler des quadrupèdes ; mais la biographie de ces artistes n'étant pas de notre ressort, nous renverrons ceux qui voudraient l'étudier aux ouvrages de MM. Baucher, vicomte D'Aure, et Albert Cler.

Procédons par sens inverse de la nomenclature des trois règnes, et saluons rapidement les disciples des frères Franconi, des Paul Laribau, des Kennebel ; saluons les êtres fantastiques qui passent devant nous avec la grâce et la rapidité de l'hirondelle, dont notre œil a peine à suivre le vol capricieux : — hommes, femmes et chevaux, tous semblent avoir des ailes, — comme Mercure, comme Pégase. — Tâchons de les saisir au vol, pour les connaître un peu.

LES ÉCUYERS-VOLTIGEURS.

La famille Jolibois était presque aussi connue en France, il y a vingt-cinq ans, que la famille Franconi. Pas une grande ville qui n'ait payé son tribut aux talents de la famille nomade des Jolibois, artistes s'il en fut : professeurs de haute équitation, écuyers-voltigeurs, comédiens, équilibristes, musiciens, hercules, jongleurs, professeurs de pointe et contre-pointe, bâtonnistes, chacun des membres de la famille Jolibois était tout cela ; hommes, femmes, enfants, tous possédaient ces talents multiples, qu'ils semblaient avoir apportés en naissant comme nous apportons le péché originel. Les Jolibois étaient le type conservé des *Gitanos* et des *Bohémiens*; ne restant jamais dans la même contrée, n'ayant d'attachement pour aucun pays, leur patrie était l'univers; les Jolibois formaient à eux seuls une petite peuplade, une tribu, une secte à part; réunis sans cesse en un seul faisceau, ils étaient forts entre les forts, et la tente qu'ils plantaient dans les villes ou dans les villages, dans les bois ou sur le bord d'un fleuve, était leur patrie véritable; ils étaient nés çà et là; ils n'étaient ni Français, ni Anglais, ni Autrichiens, ni Russes : c'était des Jolibois.

Ces écuyers cosmopolites ont donné le jour à une famille intéressante et artistique, qui fit, dans ces dernières années, la gloire du cirque des Champs-Élysées, et contribua puissamment à la vogue qui attira tout le monde fashionable aux barrières du Cirque. — Paul et Pauline Cuzent, madame Lejars, madame Colombet, sont des Jolibois!... Ces deux dernières ont débuté au théâtre du Cirque sous les noms d'Antoinette et d'Armantine Jolibois.

PAUL CUZENT, fils d'un acteur de province, est l'âme de toute sa famille; c'est lui qui a fait de ses sœurs des écuyères hors ligne, de véritables artistes. Quand Paul a parlé, tout le monde obéit; il a sur sa famille l'influence du maître sur l'élève, du chef de famille sur les enfants, de la haute intelligence sur les faibles; toute cette famille ne forme qu'un corps: Paul en est la tête, les autres en sont les bras. Et Lejars, écuyer remarquable, qui, au milieu de tant d'admirateurs de la jolie Antoinette, est devenu l'époux de cette Taglioni équestre, Lejars aussi a subi l'influence, il est l'adepte, le disciple de Paul, qu'il a toujours suivi, et avec lequel il n'a différé de manière de voir que par son culte pour les pièces de vingt francs.

Paul Cuzent n'est pas seulement l'habile écuyer que la *Poste royale* a porté jusque sur les ailes de la Renommée, c'est encore un musicien remarquable, jouant de tous les instruments, de la flûte et du violoncelle, du piano et du cornet à piston ; Paul Cuzent est aussi un compositeur gracieux ; il a fait la musique qui accompagne presque tous les exercices équestres des pensionnaires de M. Dejean. Partisan, Buridan, Neptune, ces merveilles à quatre pieds, créées pour ainsi dire par Baucher, semblent avoir compris l'œuvre musicale que Paul a écrite pour eux. Tout le monde a écouté avec plaisir, applaudi avec enthousiasme, la gracieuse mélodie de la *Séquedille*. Paul Cuzent n'a jamais étudié l'art de l'harmonie ; il est musicien comme il est écuyer ; il est venu au monde au milieu des troupes nomades, et le gitanos, le bohémien, c'était un artiste !

Resté orphelin à dix-huit ans, Paul Cuzent éleva seul ses trois sœurs, dont il devint le tuteur, le professeur, le père ; il les a préservées du contact dangereux des banquistes, des saltimbanques, que dans sa vie nomade il retrouvait partout où il y avait une fête populaire. Sa force herculéenne le faisait redouter de tous ceux qui ne se font aucun scrupule d'associer à leur débauche la jeune fille innocente, l'orpheline que la sagesse seule protège ; l'amour fraternel du jeune écuyer était le *palladium* de ses sœurs, qui regardaient Paul comme leur père, comme le patriarche de la famille.... et ce patriarche avait dix-huit ans.

Sa sœur Antoinette (Mme Lejars) est la plus jolie, la us gracieuse écuyère que je connaisse ; sa danse légère et voluptueuse, sa hardiesse dans les dangereux exercices de la voltige l'ont fait comparer aux Sylphides, aux Bayadères, et l'ont fait surnommer la Taglioni du Cirque!... surnom qui dit plus que beaucoup d'éloges entassés dans les feuilletons, depuis ceux de J. J. *des Débats*, jusqu'à ceux payés à la vénalité du *Coureur des Spectacles*.

Et cette vaporeuse émule de Terpsichore est musicienne aussi; cela vient de naissance..... je l'ai vue faire sa partie dans un concerto, et jouer...... de l'*ophicléide!!!*... Vous figurez-vous cette jeune femme, qui vous a fait battre le cœur et croire aux êtres aériens, soufflant comme un trompette de cuirassiers dans ce monstrueux instrument de cuivre qu'on nomme ophicléide?... Elle vous en jouera un solo si vous le voulez, et le volumineux instrument frappera l'air de sa voix de géant, sous le souffle de la jolie Cracovienne, de la svelte Valençaise, de l'enivrante Bohémienne qui vient de danser la *Séguedille* au Cirque des Champs-Élysées.

Lejars a adopté son neveu, dont il a fait un écuyer... C'est un gros enfant bien frais, bien frisé, bien joufflu, qui n'a pas peur (personne n'a peur dans cette famille-là). Ce hardi voltigeur, cet écuyer dont on mettait le nom en vedette sur l'affiche du Cirque, est âgé de cinq ans et demi; quand il enfourche un cheval, il est posé horizontalement, ses jambes sont moins longues que le dos de son coursier n'est large. Le petit Jules a déjà reçu des spectateurs du Cirque plus de bonbons et d'oranges que Fanny Elssler n'a reçu de fleurs et de couronnes.

Madame Colombet, la plus jeune des sœurs de Paul Cuzent, est l'émule de madame Lejars; c'est aussi une femme jolie, une charmante danseuse, qui a quitté, il y a quatre ans, le Cirque et sa famille pour suivre à Berlin son mari, directeur d'une troupe équestre. Tout ne fut pas rose dans le mariage pour la jeune Armantine; la mort de Colombet est venue la soustraire à un joug pesant et la rendre à sa famille. Lejars partit pour Berlin aussitôt la nouvelle de la mort de son beau-frère, il allait recueillir la jeune veuve et deux orphelines.... C'est là une bonne action qu'il accomplissait au nom de la famille de l'intéressante Armantine; mais il était parti de Paris sans permission, et pendant les quarante jours que dura le voyage, son directeur lui imposait une amende de cinquante francs par jour.... Le tribunal réduisit de beaucoup le chiffre total de l'amende encourue, dont le montant fut payé par Lejars et Paul Cuzent.

Madame Colombet va épouser, dit-on, un jeune écuyer nommé Karl Berg, transfuge du cirque des Champs-Élysées.

Lejars et Paul Cuzent se sont associés, et ont formé, avec leur famille, une troupe équestre des plus remarquables; ils vont exploiter la Hollande, l'Allemagne, la Prusse, la Pologne et la Russie. — La vie nomade a recommencé pour eux. — Bonne chance et bons succès à cette famille d'artistes!

Le Cirque des Champs-Élysées a dû ses succès de l'année 1843 aux trois frères Lalanne, neveux de la célèbre acrobate Mme Saqui. L'aîné de ces écuyers est un des plus hardis et des plus habiles voltigeurs, c'est le drapeau de la troupe équestre masculine. Aussi M. Dejean lui a fait une belle place au Cirque et à la caisse; c'est justice.

Mais les faveurs directoriales les plus marquées ont été réservées longtemps pour une jeune et gentille écuyère, mademoiselle Camille Leroux; cette danseuse est pleine de grâce et fort légère, elle s'est fait applaudir dans un pas de deux intitulé *l'Écossais et la Sylphide*; puis, au départ de madame Lejars, elle a dansé la *Séquedille*, avec une grâce qui, sans faire oublier sa devancière, lui a valu de justes applaudissements. — On dit que l'infraction à quelques clauses particulières de son engagement ont fait perdre à mademoiselle Camille une partie de la faveur du maître, mais qu'elle travaille à obtenir celle du public.

Après mademoiselle Camille Leroux, viennent se grouper M. et madame Cinezelli, mademoiselle Hinné et son frère.

M. Cinezelli, qui ne manque pas d'aplomb, est un Italien dont le talent rappelle un peu trop la vieille école de voltige du temps de l'empire, école qui n'a plus d'adeptes que dans les manéges ruraux des familles Loyal, Boutor et Tourniaire, manéges qui exploitent les fêtes d'Amiens ou de Montmartre.

Madame Cinezelli est une brune Allemande qui sent un peu la même école :

> Il faut des époux assortis
> Dans les liens du mariage.

Le frère et la sœur de cette dame sont venus d'Italie en 1842, et ont apporté aux Champs-Élysées un genre de voltige pâle et maniéré, qui est bien loin des exercices mâles et vigoureux de Paul Cuzent, de Lalanne, de Lejars et de madame Lejars.

M. Hinné se fait remarquer à la ville par une toilette étrange et un peu efféminée ; une grosse bague qu'il porte au pouce de la main droite est l'ornement dont il semble tirer vanité. L'été dernier, pendant une représentation aux Champs-Élysées, M. Hinné manqua de respect au public, et oublia son devoir au point de lever la cravache sur un des jeunes gentilshommes qui, chaque soir, garnissent *la barrière*. M. Dejean, qui ne transige jamais avec le respect que l'on doit au public, paya au jeune écuyer une année d'appointements, et lui donna l'ordre de ne plus reparaître au Cirque. — M. Hinné est allé en Angleterre expier son oubli des convenances.

Place, rangez-vous, *sportsmen, gentlemen riders*, amateurs des beaux yeux des gentes écuyères, jeunes officiers, banquiers et amis; vous tous qui encombrez le couloir et la barrière... Place! un léger bruissement de grelots se fait entendre, l'air apporte jusqu'à nous quelques mots à peine articulés par une petite voix glapissante comme celle des *ténors* de la chapelle Sixtine à Rome... c'est l'enfant chéri du public des Champs-Elysées, c'est le *clown* aérien, le pitre, le *Deburau* de l'équitation, le *petit diable*, c'est AURIOL! Place!... non, ne vous dérangez pas; pendant que nous avons parlé, le clown audacieux s'est élancé dans l'espace, il a fait deux tours sur lui-même en passant au-dessus de nos têtes, et le petit diable est redescendu légèrement au milieu du manège en nous jetant pour bonjour son petit rire *méphistophélistique!*...

Auriol! c'est l'être le plus aérien de tout ce qui voltige dans le Cirque des Champs-Élysées! ce n'est pas un homme, ce n'est pas un clown, c'est un *oiseau!* Tenez, le voilà perché sur une échasse de quatre mètres de haut... Là le petit homme au bonnet diabolique ressemble à un colibri qui se balance sur un roseau!... Et le voilà qui s'avance entraînant avec lui l'unique échasse qui le tient dans l'air... ce n'est plus l'échasse qui le porte, c'est lui qui la porte à son tour... Le colibri emporte le roseau; il disparaît avec lui... — Le petit cri se fait encore entendre... regardez, c'est *Auriol!* il marche sur les goulots de vingt bouteilles superposées les unes sur les autres... Et tout cela se fait avec une grâce, un laisser aller, un calme admirables!... Cela ne peut pas se décrire... On le voit, on est ébloui, étonné!... On applaudit à outrance, et l'on revient aux Champs-Élysées pour tâcher d'apercevoir le clown du Cirque, au moment où il veut bien s'arrêter un peu sur terre.

Auriol avait appris l'année passée que M. Dejean venait d'engager un *clown* qui devait rivaliser avec lui. Ce clown, disait-on, se nomme Léclair!... il fait deux fois dans l'air le *saut périlleux*... Le nom de son rival, le double saut périlleux empêchaient *Auriol* de dormir... Le jour du début de Léclair, Auriol, qui l'avait devancé dans le cirque, appelle l'attention du public... « Il va faire, dit-il, un tour nouveau... non pas un tour; *deux tours!*... » Il s'élance... le double saut périlleux est accompli une fois, deux fois... Léclair a pâli, le rival est éclipsé, et le *petit diable* ressaisit son sceptre... Auriol, c'est l'adresse et l'audace incarnées... c'est l'homme-mouche... ce n'est pas un homme comme nous, ce n'est pas un oiseau; c'est un être à part... c'est AURIOL!

Après Auriol il faut tirer l'échelle et quitter les écuyers-voltigeurs... Nous allons faire connaissance avec ce gros monsieur en habit d'écuyer-cavalcadour, culotte blanche, bottes à l'écuyère, et qui tient dans ses mains ce long fouet qu'on nomme une *chambrière*... Cet écuyer qui tourne sans cesse au milieu du manège comme une âme en peine, ce voyageur qui fait chaque soir une course de quinze ou vingt kilomètres dans un cercle dont la circonférence n'excède pas quarante mètres, ce gros monsieur qui, par la taille, ressemble quelque peu à Moëssard ou à Lepeintre jeune, et à qui tout le monde obéit dans le cirque, c'est ADOLPHE FRANCONI, le petit-fils du fondateur du Théâtre National, l'habile instituteur du cheval gastronome, de Bijou, de ..... etc., etc., celui à qui M. Dejean a confié la direction du manége et des écuyers, ce qui n'est point une petite tâche, je vous prie de le croire.

Adolphe Franconi est l'homme le plus capable au monde de diriger comme il le faut le cirque de M. Dejean. Son expérience directoriale, sa parfaite connaissance des chevaux, son talent d'écuyer, l'amitié et le respect que tous les pensionnaires du Cirque lui portent, tout enfin vient légitimer le choix et la confiance de M. Dejean.

Hors du manége, Adolphe Franconi, que tout le monde appelle monsieur Adolphe, mais que je continuerai d'appeler Adolphe Franconi, parce qu'on ne dit pas monsieur Lamartine, monsieur Horace Vernet, monsieur Victor Hugo; Adolphe Franconi est un homme plein de probité, franc, loyal, généreux, ami de tout ce que Paris renferme d'artistes de toutes classes. C'est un viveur... un ami de la table, du champagne, de la joie, et un fervent admirateur de la beauté... Il a sacrifié sur les autels de l'amour partout où l'on trouve un œil provocateur, un baiser facile... Grisette ou duchesse, vestale ou lorette, Adolphe Franconi a porté son offrande çà et là... Il croyait n'aimer qu'une femme en les adorant toutes... Le gaillard aime le bal comme s'il avait vingt ans, deux fois plus même... Il valse comme Giselle, en dépit de sa corpulence moëssardienne... Et il danse la cachucha parisienne comme mesdemoiselles Esther et Boisgontier!

Tout le monde estime Adolphe Franconi; tous ceux qui l'approchent l'aiment, car il est bon, il est juste, il est joyeux convive et administrateur éclairé. C'est une fortune pour le Cirque, et l'un des conservateurs de celle de M. Dejean.

LA HAUTE ÉQUITATION.

(HAUTE ÉCOLE.)

> Une confidence n'a de mérite qu'autant qu'elle est entière.
> (*Passe-Temps équestres*, par M. Baucher.)

Si le Cirque des Champs-Élysées voit chaque soir sa barrière encombrée de ce que la haute aristocratie nobiliaire ou financière compte de plus élégant; si la capitale retient pendant les beaux jours d'été les jeunes fashionables dont les grands parents vont réchauffer leurs membres engourdis par l'âge et les rhumatismes au soleil brûlant de la canicule, et avaler la poussière des grandes routes, ce qui s'appelle respirer l'air pur et embaumé de la campagne; si M. Dejean recueille pendant toute la belle saison trois mille francs de recette par soirée; la haute école d'équitation a le droit de s'attribuer une grande partie de cette gloire et de la recette produite par les stalles et la barrière.

Or, savez-vous ce que c'est que la haute équitation? — C'est l'art de bien monter à cheval. — La haute école, c'est l'art de bien dresser un cheval. — La haute école, la haute équitation, ont un principe, le principe c'est l'homme, cet homme c'est M. *Baucher*.

M. BAUCHER, c'est le Galilée de la science hippique; avant lui l'art de l'équitation était bien imparfait, les écuyers professeurs suivaient une route fausse semée d'erreurs et de préjugés. M. Baucher est parvenu, à force d'études et d'observations, à ouvrir à la science des écuyers une voie nouvelle; il leur a prouvé que l'homme avait tout à faire et pouvait tout faire du cheval, quelque difficile, quelque rétif qu'il fût. Pour M. Baucher, il n'y a plus de cheval indomptable. — Ce savant et hardi professeur, si longtemps incompris, et qui a su, à force de patience et de recherches consciencieuses, triompher de l'erreur et des préjugés de ses devanciers, celui qui répondait aux clameurs de haro que sa méthode faisait pousser de toutes parts en montrant au public la merveille qu'il avait créée : *Partisan;* M. Baucher, qui s'écriait avec Galilée : *Cependant elle tourne!* voilà la haute école, voilà l'équitation incarnée!... Celui-là encore nous semble un être à part; il nous fait croire à une des fictions mythologiques, et lorsqu'on le voit au milieu du manège monté sur *Partisan*, sur *Neptune*, ou sur *Topaze*, on ne peut pas croire qu'il y ait là deux êtres animés. A voir la puissance du cavalier sur le cheval, à voir l'animal exécuter ces difficultés, merveilles de l'hippodrome, sans qu'aucun effort de l'homme semble lui imposer ces tours de force qui tiennent du miracle, on ne se dit point : Voilà un homme et un cheval; on s'écrie : C'est un *Centaure*.

Nous avons vu une petite statuette représentant un être fantastique : le cou et la tête d'un cheval, sur un corps d'homme à quatre pieds chaussés de bas de soie et d'escarpins. C'est le Centaure pris au rebours; c'est une spirituelle statuette de Baucher, due à un jeune émule de Dantan jeune et de Grandville. Tétart, sculpteur original, et artiste dramatique, a mieux résumé dans cette figurine la puissance de Baucher, l'identification de l'homme et du cavalier, que ne pourront le faire les plumes les mieux exercées.

Nous n'avons pas la prétention d'analyser les principes d'équitation, ni les théories savantes de M. Baucher, mais nous faisons l'historique du Cirque des Champs-Elysées; il fallait rendre un hommage d'admiration à l'habile professeur qui n'a pas craint de descendre dans un manége public pour démontrer à tous ce que pouvait l'intelligence humaine sur l'animal; et cet hommage était dû à l'homme de cœur qui a écrit dans la préface de sa *Méthode d'équitation :*

« A ceux qui prétendent que je ravale mon titre d'é-
» cuyer en le mettant en scène, je réponds que Molière
» et Shakspeare avaient aussi la bassesse de jouer leurs
» pièces en public, et qu'en imitant dans ma sphère ob-
» scure l'exemple de ces grands génies, je ne fais qu'obéir
» à leurs voix, qui nous crient sans cesse : Élevez votre
» intelligence sur la ruine des préjugés ! »

A l'appui de l'utilité de la méthode de M. Baucher, et de la nécessité d'étudier l'équitation, je me rappelle une anecdote que je vais vous citer :

« Robespierre, ce redoutable conventionnel qui faisait trembler la France devant lui, ne put jamais parvenir à se rendre maître d'un simple quadrupède. Après un mois de leçons et d'essais malheureux dans le parc de Monceaux, force lui fut de renoncer et d'essayer de gouverner à pied. Qui sait si ce ne fut pas là une des causes principales du 9 thermidor?

» Cette circonstance donna lieu à un fait tragi-comique assez peu connu. En 1793, le Cirque représenta pour la première fois la parade de *Rognolet*, le tailleur gascon qui éprouve des tribulations si grotesques sur les chevaux. Cette farce fut dénoncée comme une allusion insultante aux mésaventures équestres de Robespierre. Le directeur fut mis en prison, et *Rognolet* faillit coûter la tête à M. Franconi père. »

Après Baucher, une femme jeune et belle s'est élancée dans le manége, forte de sa constitution presque masculine, de son courage, j'allais dire de son audace, et plus forte encore des leçons qu'elle avait reçues d'un habile professeur, M. Pellier, et des principes de savante équitation qu'elle avait puisés à la source en s'associant aux travaux de M. Baucher. Cette écuyère, qui la première fit applaudir, au Cirque des Champs-Élysées, ses talents équestres et sa hardiesse toute virile, c'est encore un type que Jules Janin, le critique marié, joufflu et railleur, a célébré dans un feuilleton du *Journal des Débats*. CAROLINE! tel est le nom de l'amazone qui a partagé avec le Pierrot des Funambules l'honneur d'être chantée par le prince des critiques, l'auteur de *l'Ane mort et la Femme guillotinée*.

Tout le monde a entendu parler des Amazones, les *lionnes* de l'antiquité. Depuis Philostrate, qui a décrit les mœurs, les coutumes de ces femmes supérieures, jusqu'à Cadet Roussel, qui prétend avoir pénétré dans l'île des Amazones, tout le monde connaît ces types primitifs des *cavaliers-femelles*, dont mademoiselle CAROLINE LOYO est la digne continuatrice. A sa démarche assurée, à son air cavalier, à son langage énergique, à la force musculaire de son bras qui soulève une selle comme une plume, on serait tenté de croire que mademoiselle Caroline est un joli garçon travesti; nous-mêmes nous douterions encore, si les principaux membres du *Jockey-Club* et pas mal d'artistes ne nous avaient assuré que ce charmant cavalier appartient au sexe enchanteur qu'Odry a nommé la plus belle moitié du genre humain... après l'homme.

Caroline, car personne ne dit mademoiselle Caroline, est certainement issue de ces héroïnes fabuleuses que la sculpture, la peinture, le crayon nous ont toujours représentées à cheval, une lance à la main et dans le costume d'Ève après le péché. Elle est même bien plus habile écuyère que ses devancières, les Amazones; et on croira facilement à la supériorité équestre de Caroline si on lit dans Philostrate l'histoire de ces femmes surprenantes, symbole de la cavalerie féminine de tous les siècles :

« Les Amazones faisaient trembler les peuples, et ren-
» versaient les empires, en combattant *à pied;* ayant
» voulu détruire le temple d'Achille, par haine du héros
» masculin auquel il était dédié, elles s'aperçurent qu'une
» nombreuse cavalerie environnait l'édifice sacré. Les
» Amazones tentèrent inutilement de le forcer par leurs
» *armes ordinaires* (c'est-à-dire le combat à pied). Vou-
» lant jouir de *tous* les genres de gloire, elles résolurent
» d'opposer les escadrons aux escadrons de leurs ennemis.
» Mais à la première attaque, leurs chevaux effrayés ga-
» lopèrent *en désordre, les renversèrent toutes*, les fou-
» lèrent aux pieds, et leur firent essuyer une défaite hon-
» teuse, la seule qui ait souillé leur histoire!... »

Ne dites jamais cela devant Caroline; elle vous cherchera querelle, et vous forcera à lui donner l'adresse de ce monsieur Philostrate. « Et la preuve, dira-t-elle, » que les Amazones montaient bien à cheval, c'est que » *c'est* elles qui ont inventé les longues robes de drap que » les dames mettent pour monter à cheval, puisque ces » robes se nomment des *amazones*. »

Caroline est tout à fait sans façon; sa toilette est brillante, mais négligée; son langage est comme sa toilette. Elle disait dernièrement qu'à la promenade elle avait poussé son cheval jusque sur la *blouse* des Champs-Élysées. — C'est ainsi qu'elle désigne la pelouse.

L'amazone du Cirque, élève de MM. Pellier et Baucher, a fait manœuvrer son cheval Mamouth jusque sur la scène de l'Ambigu. — L'audacieuse écuyère n'était effrayée ni par la construction en pente du théâtre, ni par la difficulté de faire courir un cheval sur des planches, ni par la rampe, ni par le public....

Rien ne l'émeut, rien ne l'étonne.

Et le cheval et l'écuyère valsaient, tourbillonnaient avec la rapidité d'une toupie d'Allemagne. — C'est que Caroline fait tourner un cheval comme un homme; c'est-à-dire comme un écuyer habile fait tourner son coursier.... pas d'amphibologie.

Caroline est une bonne fille, bien franche, prête à vous tenir tête à tout: au duel comme à la promenade sous les tilleuls, au pugilat comme à la table.... Elle est *rieuse*, et *ingurgite* (1) lestement le vin de Champagne,

(1) *Ingurgiter* : Vider précipitamment un verre de champagne, lancer l'al dans la gorge, et d'un seul trait. — Le chef de

qu'elle affectionne... Et pourtant il y a quelque temps qu'elle aurait tout donné pour un *brin d'eau*. — Elle a très-bon cœur, ne refuse jamais de faire plaisir à quelqu'un ; mais elle est vive, ardente, emportée, et elle a la main leste... Gare à celui qui la tourmente, s'il se trouve à la portée de sa cravache... elle frappe... Elle a soutenu dernièrement un combat avec le chef des écuries, qu'elle a voulu traiter comme Rognolet veut traiter Passecareau... Voici une complainte qu'un amateur a fait autographier pour célébrer ce duel à coups de fouet :

COMPLAINTE

SUR LA LUTTE TERRIBLE QUI A EU LIEU AU CIRQUE NATIONAL DES CHAMPS-ÉLYSÉES.

Air de *Fualdès*.

Venez, que je vous raconte
L'histoire dont chacun rit.
Ce déplorable récit
Par malheur n'est pas un conte.
Ah ! combien j'ai vu *de gens*
Rire de ces accidents !

Ce récit est des plus tristes ;
Quand je vous l'aurai narré,

l'école des *ingurgiteurs* est M. Bouffé, directeur associé du théâtre du Vaudeville.

Vous me croirez renaré :
Or, quand on voit deux artistes
Disputer sur le terrain,
Peut-on les faire taire, hein?

Je m'en vais reprendre haleine,
Car je dois appréhender
Qu'on vienne me demander :
Où donc se passe la scène?
La scène est tout près enfin
D'une femme et d'un *bassin*.

Pour la femme, on la devine:
J'ai dit qu'on se disputait;
Partout où la dispute est,
On doit trouver Caroline.
Mais j'entends dire là-bas :
Nous ne la connaissons pas.

Caroline!... Eh bien! c'est celle
Qui sait charmer tout Paris,
Qui gagne tous les paris,
Et va le mieux à la selle,
Dit un feuilleton bénin,
Signé de monsieur Janin.

L'écuyère un peu bravache
Dont on osait se moquer
Dit : Je m'en vais vous flanquer
Quelques bons coups de cravache...
Flanquer... non, le mot plus bref
Commence aussi par un F.

Le terrain, disait l'artiste,
Me fera faire un faux pas;
Mais moi je ne suivrai pas

Les écuyers à la piste (1).
Un faux pas peut m'effrayer
Si je ne le fais payer.

Vous prendrez un parachute,
Pour vous cela sera sain,
Lui répond le vieux Bassin...
Alors commence la lutte :
La cravache va son train ;
Les champions n'ont plus de frein.

N'écoutant que sa colère,
Le brave homme exaspéré,
Au moment désespéré,
Saisit une chambrière,
Et, d'un bras fort et dispos,
La lui brise sur le dos.

Le lendemain, l'écuyère
Disait : Mon cœur était fier
De quitter ma chambre hier ;
Mais, fatale chambrière !
Faut-il, hélas ! que mon dos
Fasse rire les badauds ?

De tout ceci la morale
Est qu'au manége à présent
On a tort si l'on prétend
Se croire dans une balle ;
Car il s'y trouve un Bassin,
Et s'y frotter n'est pas sain !

PAR UN TÉMOIN OCULAIRE.

(1) *La piste :* Terrain que doit suivre le cheval dans un manége.

On dit que mademoiselle Caroline Loyo veut cesser de jouer la *comédie à cheval*, qu'elle veut se faire actrice, et qu'elle étudie sous M. Samson... Cela nous semble un peu fort !

L'équitation féminine était sortie de la route bornée et timide dans laquelle elle était naguère renfermée. Les *bas-bleus* littéraires disputaient aux académiciens les palmes poétiques; les *bas-bleus* de l'équitation voulurent arracher à l'homme les palmes de la gloire équestre. Une nouvelle élève de M. Baucher parut dans le cirque après Caroline, et vint accaparer les bravos et les bouquets des amateurs d'équitation et de jolies écuyères :

PAULINE CUZENT, sœur de l'intrépide voltigeur que nous connaissons tous, étudia avec Baucher la haute école, et l'habile maître inculqua à son élève tous les principes de sa méthode. Mademoiselle Cuzent était déjà, comme toute sa famille, une écuyère gracieuse, elle devint un savant disciple ; sa taille souple et svelte, sa bonne tenue, son air décent, son visage aux traits réguliers bien qu'un peu sérieux, lui assurèrent d'abord les bonnes grâces du public; ses talents équestres en firent bientôt une rivale redoutable pour Caroline. Il y eut alors deux amazones dans le cirque : Caroline avait l'aplomb, la hardiesse d'un habile officier de cavalerie; Pauline Cuzent, la grâce d'une délicieuse amazone du grand monde, le bon ton d'un ancien écuyer de Versailles.

Grande fut la sensation lorsqu'un beau jour on vit paraître mademoiselle Cuzent, montant l'étonnant cheval de course que Baucher avait rendu si souple d'indomptable qu'il était. Mademoiselle Pauline Cuzent entra dans le manége émue, impressionnée ; elle allait accomplir une tâche difficile, prouver à tous l'excellence de la méthode du maître; et Buridan, obéissant à la main légère qui le guidait, exécuta tout son travail avec la précision qui avait fait de lui une merveille sous la main savante de Baucher. Mademoiselle Pauline fut dès lors placée au premier rang des écuyères hors ligne; la faveur du public lui fut acquise; il n'y avait plus qu'à recueillir le fruit de ses études, et l'artiste devait être satisfaite..... Mais une faiblesse, assez naturelle chez une femme, la tourmentait au milieu de ses succès; un arrière-sentiment de jalousie ne lui permettait pas de voir sans mauvaise humeur une écuyère, quelle qu'elle fût, obtenir des bravos et des éloges..... Ce n'est là qu'une faiblesse, une conséquence de l'amour de soi, du grand *primo mihi*, que nous possédons tous un peu plus ou un peu moins.

Au moment où Paul Cuzent et sa famille ont quitté la France, M. Baucher a offert Buridan à mademoiselle Pauline, comme un gage de son amitié.

Le départ de Caroline et de Pauline Cuzent laissait le cirque des Champs-Élysées sans amazone... Mais Baucher était là, il fallait seulement qu'il voulût, et une nouvelle écuyère surgit et professa la haute école avec une habileté presque égale à celle de ses devancières.

Mademoiselle Adélaïde Hinné, dont nous avons déjà parlé dans la première catégorie des écuyers, vint demander au professeur un peu de la science qu'il avait inoculée aux amazones dont le nom était cité dans le monde équestre. L'élève était intelligente, jolie, jeune, M. Baucher se laissa aller aux élans de son bon cœur; les leçons furent données, et la jeune amazone vint recueillir l'héritage de Caroline et de Pauline Cuzent. Mademoiselle Adélaïde Hinne est maintenant une habile écuyère de haute école; elle avait, il est vrai, un talent *inné*.

Il reste bien encore quelques écuyères, telles que mesdames Bassin et Gauthier; mais c'est la grosse cavalerie, laissons-la passer.

Mademoiselle Mathilde aussi est une assez jolie écuyère; malheureusement son talent n'est pas aussi beau que ses yeux. Elle aime beaucoup, dit-on, à *voltiger* hors du manége. C'est une brune fort piquante, qui ne recule pas plus devant un homme que devant un cheval rétif; elle est viveuse, ingurgite, et danse le cancan d'une façon toute cavalière...

Nous l'avons conservée pour clore le personnel du Cirque des Champs-Élysées, où la science fait chaque jour d'immenses progrès.

Au moyen âge l'art d'élever les chevaux savants conduisait à la potence et au bûcher. Bien en a pris à M. Baucher de venir au dix-neuvième siècle nous montrer des Buridan, des Partisan, des Topaze; il aurait sans nul doute eu le sort d'un pauvre diable dont parle un vieux recueil équestre de 1664.

« Un Napolitain, nommé Piétro, avait un petit cheval dont il sut mettre à profit les dispositions naturelles; il le nommait *Mauracco*. Il le dressa et lui apprit à se manier sans selle et sans que personne fût dessus.

» Ce petit animal se couchait, se mettait à genoux, et marquait autant de courbettes que son maître lui disait. Il portait un gant, ou tel autre gage qu'il plaisait à son maître de lui donner, à la personne qu'il lui désignait. Il faisait, en un mot, toutes sortes de singeries.

» Après avoir parcouru une grande partie de l'Europe, le maître et le cheval arrivèrent à Arles. Ces merveilles frappèrent tellement le peuple de cette ville, et l'étonnement fut porté à un tel point, qu'on prit le maître pour un sorcier. Piétro et Mauracco furent brûlés comme tels sur la place publique. »

Je ne conseille pas à M. Baucher, ni à M. Adolphe Franconi, d'établir un manège à Arles; ils pourraient bien avoir le sort du pauvre Piétro, si deux siècles n'ont pas tout à fait civilisé les natifs de cette cité provençale.

Nous emprunterons à *la Comédie à cheval* de M. Albert Cler une petite digression sur les chevaux savants, gastronomes, etc., etc., que l'on voit au Cirque-Olympique, et qui ne sera pas déplacée dans nos *Mystères*.

« Il circule, dit le spirituel auteur de ce petit livre, une foule de contes fantastiques sur la manière dont on s'y prend pour dresser ces chevaux savants. L'opinion la plus accréditée est qu'on y parvient à l'aide de la privation de sommeil et de nourriture. Erreur : pour dresser un cheval en liberté et lui faire exécuter ces tours, en apparence si merveilleux, il ne faut que du tact, de la patience, une chambrière (fouet de manège), et beaucoup de sucre. Le sucre, employé comme récompense, est le meilleur moyen d'assouplir un cheval aux volontés de son instructeur; aussi s'en consomme-t-il énormément pour ces leçons. Nous ne serions pas étonné qu'après avoir ému les raffineries indigènes et les ports de mer, l'ajournement de la question sucrière causât une émeute dans les écuries du Cirque-Olympique.

» Parfois cependant les scènes hippiques ne sont qu'une affaire de charlatanisme; en voici un exemple :

» Dans un mimodrame représenté il y a quelque dizaine d'années au Cirque-Olympique, et intitulé *Gérard de Nevers*, le héros était vivement épris des charmes d'une belle châtelaine, et éprouvait des traverses dans ses amours. Le cheval du seigneur Gérard devait être censé partager les peines de cœur de son maître. Celui-ci donnait ordre de débrider sa monture et de lui présenter un picotin d'avoine. Inutile d'ajouter qu'il était dans le rôle du coursier de refuser dédaigneusement cette nourriture matérielle. Est-ce qu'au théâtre on songe à manger lorsqu'on éprouve des chagrins d'amour?

» En effet, le cheval de Gérard se détournait mélancoliquement de l'avoine, et les spectateurs de s'extasier sur la sensibilité de ce bon quadrupède ! Bien qu'il nous en coûte de détruire d'aussi douces illusions, nous révélerons par quel moyen était obtenu ce mouvement attendrissant. Le fond de la mangeoire à claire-voie dans laquelle le picotin d'avoine se présentait, était hérissé de clous d'épingle... On conçoit quelle aide ces pointes devaient prêter au sentiment. »

THÉÂTRE NATIONAL DU CIRQUE.

Feu Ponet nous a fait connaître l'historique de la fondation du théâtre du Cirque et de l'obtention du privilége qui en a fait un théâtre spécial. Au temps de la famille Franconi, la mise en scène a toujours été le partage d'un des directeurs; et lorsque MM. Laurent et Minette Franconi furent contraints de mettre leur entreprise en action, MM. Ferdinand Laloue, Saint-Hilaire et Adolphe Franconi, furent chargés des destinées de la nouvelle administration. Tout le monde sait ce qu'elle devint; et personne n'osa accuser l'un des gérants du théâtre du Cirque de la catastrophe qui fit fermer le théâtre. Les frais étaient énormes; les charges nouvelles,

les dettes contractées, absorbaient les recettes ; le théâtre fut vendu aux enchères à M. Dejean.

Les pièces féeries, les tableaux militaires et maritimes ont remplacé les mimodrames ; rien n'est négligé pour donner à toutes ces pièces un éclat extraordinaire. — Et toutes ces productions sont dues à la plume, à la constante application, au travail d'un seul homme, qui cumule, avec sa qualité d'homme de lettres, et d'homme de lettres remarquable, celui de directeur de la scène. — Pas une pièce représentée qui ne soit son œuvre, avec ou sans collaborateur. — Qu'une pièce soit annoncée sur l'affiche, quelle qu'elle soit, vaudeville, féerie, drame intime et national, on peut nommer l'auteur à l'avance ; cet écrivain fécond, c'est M. FERDINAND LALOUE. MM. Anicet Bourgeois et Fabrice Labrousse, voilà ses collaborateurs, les fournisseurs habituels, spéciaux, du théâtre de M. Dejean.

M. Ferdinand Laloue, ancien publiciste attaché à la rédaction du journal *la Quotidienne*, est un homme grave, parlant peu, d'un caractère doux et bon ; administrateur éclairé, écrivain fécond, tournant bien le couplet et entendant parfaitement la charpente d'un drame ou d'une pièce féerie destinée à la scène dont la direction lui est confiée, et dont il connaît toutes les ressources et les exigences. Bien que la littérature du Cirque ait la réputation d'être fort négligée, cette prévention disparaît à la lecture de beaucoup de pièces de M. Ferdinand Laloue. *Les Pilules du Diable, Murat, le Coupe-gorge, Monsieur Morin, la Vivandière et le Bossu*, prouvent que M. Ferdinand Laloue écrit facilement dans tous les genres, c'est la providence de son théâtre ; nous disons son théâtre, car il en est non-seulement le fournisseur

6

intarissable, mais encore le vigilant administrateur. Une fois sur la scène, M. Ferdinand Laloue décide avec fermeté tout ce qu'il faut faire pour mener à bien le vaisseau dont il tient le gouvernail. Directeur impartial et plein de convenances, c'est avec les formes les plus polies qu'il tient tête aux exigences, aux réclamations, aux amours-propres des artistes, qui le respectent, et ont pour lui une haute estime, que l'on peut appeler de la vénération.

Personne n'est plus habile que M. Ferdinand Laloue pour composer l'ensemble de ces vastes tableaux militaires qui font courir au Cirque tout ce que Paris renferme d'amis de la gloire nationale, dont ce théâtre est le reproducteur fidèle. Nul ne sait mieux faire mouvoir les masses, les grouper, les poser; David, Vernet, Bellanger, Charlet, ces grands peintres de nos batailles et des grands tableaux de notre histoire nationale, ne composent pas d'une manière plus savante les grandes pages qui les ont rendus si populaires et placés si haut sur l'échelle artistique. M. Ferdinand Laloue n'est pas un *metteur en scène*, c'est un peintre à la manière large, à la conception grandiose ; il semble reculer à sa volonté les murs du théâtre, tant il possède l'art de grouper les masses; les lois de la perspective lui sont familières, car, à voir ces tableaux animés, ces bataillons nombreux, ces escadrons qui se meuvent comme dans une vaste plaine, on oublie le théâtre, on assiste à la bataille, on est prêt de s'élancer pour y prendre part; ce vaste champ de bataille, ces milliers de combattants, tout cela se fait avec cent cinquante hommes, et dans un espace de vingt à trente mètres carrés !!!...

M. Dejean est un homme heureux, puisqu'il a rencontré, pour diriger un théâtre auquel il était totalement étranger, deux hommes comme Ferdinand Laloue et Adolphe Franconi. Nous allons citer un fait qui prouve que M. Dejean sait apprécier les services que lui rendent ces deux administrateurs.

Il y a quelques mois, le directeur du Cirque pria MM. Ferdinand Laloue et Adolphe Franconi d'accepter un déjeuner qu'il leur offrait chez un restaurateur des environs du théâtre. C'était chose rare : ils s'empressèrent d'accepter, bien persuadés que quelque communication directoriale était le but de cette invitation. Après le déjeuner, qui fut sage, M. Dejean prit la parole, et annonça à ses deux convives que les affaires de son théâtre étant florissantes, grâce au zèle et aux lumières des deux hommes auxquels il avait confié la direction de la scène et du manége, il voulait leur en témoigner sa gratitude ; qu'en conséquence, il les associait, à compter de ce jour, à son entreprise, dans laquelle il leur donnait un quart des bénéfices, en sus des appointements désignés par leur engagement ; et qu'en cas de perte, lui seul la supporterait comme par le passé. Un pareil trait n'a pas besoin de commentaires ; il honore trop le directeur qui récompense ainsi le dévouement et le travail, autant qu'il fait l'éloge de MM. Ferdinand Laloue et Franconi. Voilà de ces anecdotes qu'on aime à citer ; elles prouvent qu'il y a encore d'honnêtes gens en France, au théâtre comme dans le monde.

M. Ferdinand Laloue a épousé en secondes noces la fille du comédien inimitable qui sera longtemps regretté par les admirateurs du vrai talent, des études sérieuses, des observations profondes. Mademoiselle **Potier** est maintenant madame Ferdinand Laloue.

Un grand malheur est venu dernièrement porter la désolation dans le cœur et dans la famille de M. F. Laloue. Une petite fille charmante, jolie, spirituelle, trop spirituelle peut-être, car, comme l'a dit Casimir Delavigne,

Quand ils ont tant d'esprit, les enfants vivent peu,

la petite Marie, objet des affections les plus chères, du culte paternel de M. F. Laloue, vient de lui être enlevée à l'âge de six ans et demi.

Nous avons trouvé dans un journal sérieux des vers qui ont été adressés à M. F. Laloue par un artiste de l'Ambigu; nous les déposons dans nos archives, moins parce qu'ils sont l'œuvre d'un comédien que parce qu'ils renferment de belles pensées et des consolations à M. F. Laloue :

J'aime les visions, poétiques mensonges,
Qui viennent bien souvent animer mon sommeil !
J'aime à voir apparaître au milieu de mes songes
    Les archanges au front vermeil.

Cette nuit, je dormais... quand tout à coup le voile
Qui pesait sur mes yeux s'entr'ouvrit doucement ;
Puis je vis rayonner au milieu d'une étoile
    Le doux visage d'un enfant.

Une délicieuse et suave harmonie
Accompagnait au loin des chants mélodieux...
Et je vis s'avancer la petite Marie
    Qui semblait descendre des cieux.

Dans ses beaux yeux brillait la céleste rosée
Qu'au calice des fleurs apporte le matin !

Nouvel ange des cieux, sa tête était posée
    Sur les ailes d'un Chérubin!

« Écoute, a-t-elle dit, va porter à mon père
» Une pensée, un mot qui sécheront ses pleurs:
» Dis-lui que je repose au sacré sanctuaire!
    » Et qu'il apaise sa douleur.

» Dis-lui que j'ai pris place au milieu des archanges,
» Que pour moi des élus le vrai bonheur a lui;
» Que j'ai mêlé ma voix au doux concert des anges,
    » Et que j'implore Dieu pour lui.

» Qu'eussé-je fait sur terre, où jamais nulle trace
» Ne reste après un jour de joie et de bonheur?
» Béni soit le Seigneur! sa bonté m'a fait grâce
    » Du calice de la douleur!!! »

    Lors, déployant ses blanches ailes,
    Sur un rayon d'azur et d'or,
    Vers les demeures éternelles
    Ton ange a repris son essor!

Comme toi, j'ai connu la pure et sainte ivresse
Que portent à nos cœurs le baiser d'un enfant,
Et sa voix innocente, et sa douce caresse!...
    Comme toi j'ai prié souvent!

Trois fois le Créateur, exauçant ma prière,
M'a fait croire au bonheur que m'a pris le tombeau...
Et trois fois à genoux, comme toi, pauvre père,
    J'ai pleuré devant un berceau!

Ferdinand, soyons forts alors que vient l'épreuve;
Souvent le ciel envoie un arrêt rigoureux.
De sa bonté pour nous te faut-il une preuve?
    Il nous laisse un ange à tous deux!

Ami, ne pleure plus ta petite Marie ;
Ne garde plus au cœur la désolation !
Écoute ! par ma voix, c'est sa voix qui te crie :
    Courage et résignation !...

Ne pleure plus, ami... sa mort n'a rien d'étrange :
Son âme aux ailes d'or est près de l'Éternel.
Il le fallait, hélas !... Marie était un ange !
    Et sa demeure était au ciel !!!
SALVADOR.

Ce sont là des pensées dont s'enorgueillirait plus d'un de ces puritains qui crient encore à l'anathème sur les comédiens ; elles reposent un peu des anecdotes érotiques, des petits scandales qui se rencontrent dans les foyers comme dans le monde.

Il reste à M. F. Laloue un fils de vingt-deux ans, et une petite fille de trois ans sur laquelle il a reporté toute sa sollicitude paternelle.

M. Ferdinand Laloue avait obtenu avec M. Edmond, l'ancien empereur des pièces du Cirque, le privilége du théâtre des Délassements Comiques, auquel il a renoncé pour se consacrer tout entier à la scène du théâtre de M. Dejean. C'est encore un acte de probité.

Il nous reste à parler des acteurs ; ils sont nombreux au Cirque, et nous serons forcés de ne parler que de ceux qui jouent les rôles les plus longs.

En première ligne, et dépassant ses camarades de toute la hauteur de la tête, se trouve GAUTIER, le plus bel homme du Cirque après le géant. C'est lui qui est chargé de représenter à perpétuité tous les grands hommes de l'histoire de France : Roland, Kléber, Murat, ont tour à tour paru sous les traits mâles et l'épaisse chevelure de Gautier. Parce qu'il est un homme grand, Gautier finira par se croire un grand homme!

Ceci me rappelle une petite anecdote du temps de la République : Bonaparte et Kléber étaient un jour à la Bibliothèque nationale; un livre que Bonaparte voulait consulter se trouvait placé sur un rayon un peu haut, et hors de la portée du général en chef de l'armée d'Italie. Kléber, dont la taille était de six pieds au moins, s'avança et dit à Bonaparte : « Permettez, général, je suis plus grand que vous. — Vous voulez dire plus long, » répliqua le futur empereur.

Gautier, qui a créé d'une manière remarquable beaucoup de rôles au Panorama Dramatique et à l'Ambigu, s'est résigné à jouer les premiers rôles de drame au milieu du bruit des tambours, des coups de feu et du piétinement des chevaux. L'artiste a pris son parti là-dessus, et quand sa voix forte et sonore ne parvient pas à dominer le vacarme des batailles, il s'amuse à faire des traditions (1) qui amusent ses camarades, et le font tronquer quelquefois les phrases guerrières de MM. Ferdinand Laloue et Labrousse.

Gautier est du reste un bon pensionnaire, artiste honorable, amusant au foyer et à la ville; c'est une des colonnes du théâtre du Cirque, et M. Dejean trouverait difficilement à le remplacer. Dans le rôle de Murat, Gautier a prouvé qu'avec de bons rôles il tiendrait encore un rang distingué parmi les meilleurs interprètes

---

(1) *Traditions*: Phrases qu'un acteur ajoute à son rôle pour amuser le public ou ses camarades. — C'est aux Variétés que l'on fait le plus de ces traditions, dont les acteurs s'amusent souvent plus que le public.

du drame; on regrette que le genre spécial de son théâtre ne permette pas plus souvent à l'artiste de se révéler au public.

Chéri-Louis est aussi l'un des artistes de talent que la nécessité a lancés sur les planches du théâtre du Cirque. Comédien profond, artiste consciencieux, observateur infatigable, cet artiste, après s'être fait applaudir sur tous les théâtres où il s'est montré, a été choisi par Victor Hugo pour remplacer, au théâtre de la Renaissance. Saint-Firmin, qu'une maladie mortelle avait forcé d'abandonner le rôle de don César dans *Ruy-Blas*.

Chéri-Louis arriva au théâtre de la Renaissance trop tard pour faire apprécier son talent remarquable, et assez tôt pour être victime du mauvais état des affaires de M. Anténor Joly. M. Dejean, qui veut attacher à son théâtre les artistes justement aimés du public, se hâta d'offrir à Chéri-Louis des appointements avantageux, pour réparer les mauvais jours du théâtre de la Renaissance. Chéri-Louis, persuadé qu'un artiste honorable peut-être remarqué et applaudi partout, accepta l'engagement du directeur du Cirque. Castagnac de *Murat*, Lambusart, du *Vengeur*, ont été pour Chéri-Louis de véritables triomphes; et M. Dejean s'applaudit chaque jour d'avoir arraché à une scène plus élevée un comédien de mérite, un pensionnaire dévoué, un homme de bien, aimé du public autant que de ses camarades, c'est dire beaucoup.

A côté de ces deux artistes apparaît un gros garçon, véritable Ramponeau, comique original, qui semble jouer la comédie sans s'en douter, et possède un naturel si parfait que son aspect seul est salué d'un rire général. Cet acteur exceptionnel, ce comique populaire aux allures qui sentent un peu le faubourg, ce gros garçon à face joviale et rubiconde, c'est Lebel.

Lebel est un bon garçon dans toute l'acception du mot, ne médisant jamais, et consacrant ses loisirs à *écraser un grain de chasselas*, comme il le dit d'une façon si pittoresque.

Un jour qu'à l'instar d'Érigone, il s'était laissé surprendre par l'attrait de la grappe vermeille, Lebel entra en scène un peu chancelant, et les jambes peu sûres, sa mémoire était comme ses jambes. Lebel s'avance et dit d'une voix un peu troublée : Mon cher maître, je viens... je viens... Il cherchait en vain le mot, quand un spectateur lui cria : Du cabaret ! — Oui, oui... ça y est ! répond l'artiste imperturbable !... Et cet aveu est accueilli par une salve d'applaudissements.

M. Dejean fait comme le public, il aime beaucoup Lebel, et il essaye tous les moyens pour guérir son pensionnaire de son penchant pour la découverte de Noé. Lebel est comme Sancho Pança, il ne veut pas mourir de la *pépie*. Il y a quelque temps, M. Dejean le surprit au moment où il accolait une bouteille de *petit bleu*, qu'il avait montée furtivement dans sa loge. Le directeur confisqua le corps du délit, et infligea à l'artiste une amende de quarante francs. — Quarante francs pour une bouteille de vin de soixante-quinze centimes !..... Sancho aura de la peine à avaler celle-là.

Il y a aussi au Cirque, depuis bientôt vingt ans, un autre acteur du nom de Chéri. C'est un meuble du théâtre, une indispensabilité ; il a joué plus d'officiers, de colonels, de généraux, qu'il n'y en a dans l'armée active. Il porte le chapeau galonné et le grand sabre avec infiniment d'aisance ; il bredouille bien un peu quelquefois; mais cela passe avec la fumée de la poudre. C'est de lui, m'a-t-on dit, cette tirade héroïque que MM. Cogniard ont placée dans leur spirituelle revue intitulée **1841-1941.**

« La cavalerie n'est pas l'infanterie! l'infanterie n'est
» pas la cavalerie... La cavalerie va à pied, l'infanterie...
» je m'enfonce... Vive la France! »

Chéri a un gros ami, dont il est le cornac habituel et dont il partage la nourriture... On dit que l'Oreste de ce Pilade-Chéri rappelle à l'artiste son intelligent camarade Kiouny, à qui il avait voué une affection toute particulière.

Puis viennent : HENRI, artiste estimable, phrasant bien, et portant l'uniforme d'une manière très-distinguée; — DUPUIS, comique amusant et pensionnaire toujours dévoué; — et bon nombre d'autres artistes de mérite que M. Dejean a réunis dans sa pépinière dramatico-militaire.

Le directeur du Cirque a voulu aussi enrichir son théâtre de femmes jolies, d'actrices de talent.

En première ligne nous devons citer Mlle FIERVILLE, aujourd'hui Mme Paul Cuzent, enlevée à l'Ambigu, où elle s'était fait remarquer par une diction pure, un bon ton de comédie et une tenue de la plus grande distinction. Nous laisserons parler M. Jacques Arago, le spirituel écrivain, l'aveugle clairvoyant, à qui l'on doit une amusante *Physiologie des foyers.*

« J'ai vu les premiers débuts de Mlle Fierville à Chan-
» tereine; elle venait de Marseille, je crois, et son ac-
» cent provençal blessait un peu les oreilles, tandis que
» sa belle charpente enivrait les regards. A force d'études
» et de patience, Mlle Fierville a perdu ses premiers dé-

» fauts, elle a acquis de précieuses qualités, et la voilà
» bien vue, bien fêtée du public et de ses camarades au
» foyer, car elle est bonne actrice devant la rampe et
» excellente fille dans le monde. »

Mlle Fierville est d'une ancienne famille noble de la Provence; son nom, Folliot de Fierville, est connu dans les annales de la science héraldique; et tous les infortunés qu'elle a secourus disent son cœur plus noble encore que son nom.

Paul Cuzent a fait à M. Dejean cadeau de cette actrice charmante, mais il s'est adjugé la femme. Il avait deviné sous cette belle enveloppe un cœur excellent, une âme élevée, et Mlle Fierville est devenue Mme Cuzent. Les cœurs généreux se devinent et se comprennent.

Mme Cuzent a suivi son mari; et pour rompre son engagement avec le théâtre du Cirque, elle a donné mille francs à M. Dejean, qui en aurait donné beaucoup plus pour conserver cette artiste distinguée.

Mlle ATALA BEAUCHÊNE est venue occuper la place de Mme Cuzent sur le théâtre du Cirque. C'est une femme jolie qui succède à une jolie femme. Mlle Atala Beauchêne a reçu de Frédéric Lemaître des leçons particulières, et son début dans *Kean* a fait quelque sensation aux Variétés; mais cette artiste a le goût changeant, et elle rêva la gloire de Mme Dorus et de Mme Anna Thillon. Elle se livra à l'étude de la musique vocale, et, se destinant à l'opéra comique, elle est venue s'abattre sur le théâtre de M. Dejean !...

Mademoiselle Atala Beauchêne obtint de suite toute la confiance du directeur; mais se fiant un peu trop au pouvoir de ses beaux yeux, elle voulut bientôt devenir pensionnaire récalcitrante, et refusa de répéter le rôle que mademoiselle Fierville avait créé dans Murat. M. Dejean, directeur avant tout, ne céda point, et l'artiste en fut pour ses frais de résistance, sentiment dont on ne la croyait pas capable.

Le Gymnase Dramatique enlève cette année à M. Dejean une artiste de talent, une comédienne très-remarquable, et sans contredit la plus spirituelle de ses pensionnaires. Madame LAMPQUIN va recueillir l'héritage de l'excellente actrice que la mort vient d'enlever aux amateurs de la bonne comédie. Julienne sera bientôt remplacée... M. Poirson se réjouit du vol qu'il vient de faire à son confrère le directeur du Cirque.

Mademoiselle Davenay, cette toute gracieuse et jolie personne que nous avons vue à l'Ambigu; mademoiselle Clorinde, qui s'est mise à jouer les duègnes d'une façon si comique; et mesdemoiselles Pélagie et Antonia, dont nous ne dirons rien, parce que tout le monde les connait pour des actrices aimables et de bonnes filles, complètent la troupe du Théâtre National dirigée par M. Dejean.

Les questions posées au commencement de la séance n'ayant été résolues par personne, le fondateur se félicite de ne pas se voir contraint de décerner les prix qu'il avait promis un peu légèrement.

Et la séance est ajournée.

Le Français ne malin fuira le vaudeville.

THÉATRE DU VAUDEVILLE.

À l'ouverture de la quatrième séance, le nom du théâtre du VAUDEVILLE étant sorti de l'urne, le fondateur de la société demande que le compte rendu de ce théâtre soit divisé en deux parties :
    LE VAUDEVILLE D'AUTREFOIS,
    LE VAUDEVILLE NOUVEAU.
Cette proposition est adoptée.

Messieurs et chers camarades, dit le vieux comparse, je me chargerai de l'historique du Vaudeville depuis sa création, et de quelques portraits d'acteurs dont les noms sont restés en mémoire, comme types artistiques ou originaux. Je suivrai en courant les transformations du joyeux enfant de Momus, jusqu'au jour où il fut incendié pour renaître de ses cendres, comme le phénix, après avoir laissé sous les décombres de son vieux théâtre, sa marotte, ses grelots, son tambourin, ses flonflons et sa gaieté.

La seconde partie sera confiée à notre camarade et ami Smaltzbraoum, gardien au palais de la Bourse et contre-bassier du théâtre dirigé par madame et monsieur Ancelot, théâtre auquel ce couple académicien a bien voulu conserver ce nom si national : VAUDEVILLE.

Je ne veux pas chercher à prouver de l'érudition, et cela pour des causes qui me sont connues; mais je veux parler du *Vaudeville d'autrefois;* il faut que je répète ce qui a été dit si souvent sur la chanson. La chanson c'est le vaudeville; et le vaudeville en France, c'est un besoin, c'est la vie; on a toujours chanté sur tout et sur tous; on a chansonné les rois, les papes, les peuples, la gabelle, la liberté, le vin, les femmes, les événements les plus graves, les anecdotes les plus bouffonnes, les actions héroïques, les crimes les plus célèbres... La chanson s'est emparée de tout, en France, depuis François Ier jusqu'en l'an de grâce 1844 : chants héroïques, couplets badins, noëls de la cour, flonflons et complaintes, chants patriotiques et couplets de fête. Véritable Protée, la chanson a revêtu toutes les formes, tous les habits; elle a chanté tous les pouvoirs qu'elle écrasait le lendemain sous une épigramme vive, ardue, et que l'on retenait vite. La chanson est aussi nécessaire aux Français que l'air, que le pain.

Ils chantent, ils payeront, disait Mazarin, qui venait de décréter un impôt dont la chanson avait fait justice.

Les Français chantent en allant au combat, en marchant à l'échafaud, comme à la fin d'un repas ou dans une fête publique. Le jardin des Tuileries a retenti des refrains les plus opposés, chantés par les mêmes hommes, pendant les jours de joie publique et dans les grandes calamités; depuis un demi-siècle seulement la grande voix du peuple a entonné dans le palais des rois et sur tous les théâtres ces refrains qui suffiraient pour résumer l'histoire du pays :

Louis XVI devient père et l'on chante :

> Réjouissons-nous tous, enfin,
> C'est un Dauphin, c'est un Dauphin.

Quelques années plus tard, on chantait :

> Madam' Véto avait promis
> De faire égorger tout Paris.
> . . . .
> Dansons la Carmagnole
>   Au bruit du son
>   Du canon.

Et puis cet hymne immortel :

> Allons, enfants de la patrie,
> Le jour de gloire est arrivé......

La république enfante un héros, et le peuple chante :

> Napoléon est empereur;
> V'là c' que c'est qu' d'avoir du cœur.

Louis XVIII monte sur le trône de ses pères ; on danse en rond dans le jardin de la Convention, et l'on chante en chœur :

> Nous avons notre père de Gand,
>   Nous avons notre père.

Puis enfin le soleil de juillet a lui, le canon de 1830 accompagne de sa voix formidable cent mille voix qui chantent sur des barricades :

> Soldat du drapeau tricolore,
>   D'Orléans, toi qui l'as porté.....

C'est que la chanson est française avant tout, elle s'associe à toutes les phases de notre histoire; c'est qu'avec la chanson on oublie toutes les misères, toutes les douleurs; la chanson c'est l'arme du peuple, qui se venge de tout par une épigramme, un couplet de vaudeville, une chanson.

« Les vaudevilles, dit le spirituel et excellent Brazier, célébraient également Mars, Vénus, Bacchus, la gloire, les femmes et le vin, toutes choses que les Français n'ont jamais négligées. Le vaudeville est donc français de la tête aux pieds. Voilà pourquoi ce genre est devenu chez nous comme l'expression la plus franche de nos mœurs. »

Un mot maintenant sur l'origine du mot *vaudeville*. En 1450, vivait à Vire, petite ville de Normandie, un artisan nommé Olivier Basselin, maître foulon, brave homme et joyeux compère, qui pour se reposer de son travail s'amusait à faire des chansons, comme l'a fait depuis son imitateur maître Adam, le menuisier de Nevers. Olivier Basselin chantait au milieu des troubles et des guerres civiles qui affligeaient la France; il chantait en travaillant et composait ses refrains jusque sur les champs de bataille, où il périt bravement, en courant défendre son pays contre l'armée anglaise.

Les chansons d'Olivier Basselin étaient appelées des *Vaux de Vire*, parce qu'on les chantait à Vire, et plus encore dans le pays voisin, dit la Vallée, ou le Val; puis, par corruption, on donna le nom de Vaux de Vire aux chansons, et enfin celui de Vau-de-ville aux couplets qui étaient chantés par les habitants des villes.

Voilà l'origine du nom donné au théâtre qui a servi de refuge à la chanson. Le théâtre du Vaudeville, c'est l'arsenal où se confectionnent les armes les plus redoutées en France: l'épigramme, le fouet de la satire, la fronde, qui viennent frapper au front le vice et le ridicule. On pardonne un coup d'épée, un coup de canne, un soufflet, on ne pardonne pas un couplet épigrammatique; car le couplet s'apprend vite, il reste dans la mémoire, il va d'un bout du monde à l'autre (en admettant que la terre ait deux bouts), il survit à la génération qui l'a vu naître. Le théâtre du Vaudeville est aussi le berceau de ces joyeux refrains qui viennent égayer nos réunions d'amis ou de famille; la bonne gaieté, bien franche, bien entraînante, a enfanté les

> Flon, flon, flon, lariradondaine;
> Et lon lon la landerirette;
> Mirliton, mirlitaine;
> Tonton, ton ton, ton taine ton ton;

et tant d'autres refrains avec lesquels nos pères charmaient les ennuis de la route, et que nous aimons encore entendre.

> Le Français né malin créa le vaudeville.

Boileau l'a dit, toutes les nations l'ont répété; et ce vers exprime encore la gaieté, l'enjouement, le penchant à l'épigramme qui caractérisent les Français, le peuple de la terre qui fait le mieux la chanson, le seul chez lequel se soit naturalisé le malin vaudeville, qui a envahi quinze théâtres à Paris.

Voilà bien des phrases avant de pénétrer dans le théâtre du Vaudeville; mais avant d'entrer chez les gens, il faut connaître la maison. Maintenant suivez-moi rue de

Chartres, nous allons faire un petit pèlerinage sur les cendres du théâtre où notre bon Désaugiers apporta ses chansons qui appelèrent à lui tous les membres du Caveau moderne, tous joyeux et spirituels amis de la vieille gaieté; on chantait encore dans ce vieux théâtre; aujourd'hui on glisse un couplet bien pâle dans une espèce de drame bâtard, comme on faisait naguère paraître un cheval dans les vaudevilles du Cirque, pour exécuter les clauses du privilége...

Mais n'anticipons pas et tâchons d'exhumer des ruines du Vaudeville quelques souvenirs des acteurs qui, depuis une vingtaine d'années, ont laissé un nom que le public aime à se rappeler encore.

JOLY, acteur plein d'originalité, que tout le monde se rappelle encore dans *Lantara* et dans *la Route de Poissy*, et surtout dans *Gaspard l'avisé*, qu'il a joué en véritable Normand rusé, astucieux et goguenard, Joly était un homme très-honorable et un artiste toujours consciencieux; il tenait le sceptre comique et grivois, que personne ne lui disputait avec avantage, à l'exception d'une actrice charmante, bonne fille, bonne camarade, et femme d'infiniment d'esprit.

MINETTE, la gracieuse actrice, le spirituel auteur de *Piron au café Procope*, celle à qui nous devons peut-être le talent de notre inimitable *Déjazet*; Minette s'était acquis la bienveillance générale par un jeu spirituel et piquant, par des lazzis originaux, par une manière de jouer entièrement à elle; c'est encore un type du vrai vaudeville. Partout elle était bien accueillie, dans le monde, au foyer et sur la scène, car elle avait un cœur excellent, contait fort bien de ces petites anecdotes *croustilleuses* auxquelles elle donnait un charme naïf, qui les faisait écouter avec plaisir par les plus prudes de ses camarades.

Sévxste, le père des directeurs des théâtres de la banlieue, fut aussi un des acteurs du Vaudeville à qui le public faisait toujours bon accueil; un léger bégayement nuisait quelquefois à son débit, mais ajoutait au naturel de son talent comique.

Séveste était spirituel, jovial, et assez bon mystificateur; il a joué plus d'un tour de sa façon à son candide camarade Chapelle. En revenant d'une tournée qu'il avait faite à Rouen, il racontait que, pendant son séjour dans cette ville, il était parvenu à élever une carpe qui le suivait partout comme un chien.... et il ajoutait qu'il avait eu beaucoup de chagrin de sa perte. Chapelle lui demanda comment il avait perdu cette carpe. « Mon Dieu! dit Séveste, un soir que je l'avais amenée dans ma loge, il survint un orage épouvantable après le spectacle. Ma petite carpe m'avait très-bien suivi jusque dans la rue; mais sur la place de la Comédie, la pauvre bête se noya en voulant sauter un ruisseau! — Quel malheur! s'écria Chapelle.... je croyais que les carpes nageaient comme les poissons!.... »

Je n'oublierai certes pas un acteur qui fut longtemps l'enfant gâté du public du Vaudeville, et qui lui resta comme dernière tradition de la comédie italienne, qui expirait en 1825.

Laporte, le dernier de la spirituelle et grande famille des arlequins, se faisait applaudir par un jeu fin et plein de cette naïveté maligne, cachet particulier de ce gentil personnage des comédies italiennes; il excellait surtout dans le jeu de scène qu'on appelait en terme technique *le cercle d'amour*, et qui consistait à tourner plusieurs fois en minaudant autour du personnage que l'on voulait examiner. Laporte savait trouver de ces traditions spirituelles, de ces mots piquants, qui assurent souvent le succès d'une pièce. C'est lui qui, pour éviter les reproches de sa maîtresse, dont il a laissé périr le perroquet, répondit : « Il n'est qu'un peu mort ! »

Dans une représentation d'*Arlequin afficheur*, au moment où Arlequin pousse son rival contre la maison de Colombine, le masque de Laporte glissa ; cet acteur, après l'avoir remis, s'avança, et dit : « Il faut lever le masque devant ce coquin-là. »

Laporte était amoureux fou de l'actrice qui jouait Colombine avec lui. Il disait à un de ses amis : Si je jouais sans masque, on verrait tout mon visage trembler, et des larmes dans mes yeux. — Laporte est resté trente-six ans au Vaudeville, où l'on garde encore un bon souvenir à l'acteur de talent et d'esprit, autant qu'à l'honnête homme et au bon camarade.

Puis venait Isambert, beau cavalier, se mettant fort bien, et qui peut être comparé à Lafont, bien qu'il n'eût jamais l'art d'émouvoir comme celui-ci. Isambert était maniéré, un peu froid, mais disant bien ; on lui reprochait pourtant de n'être pas assez à la scène, et de ne point regarder son interlocuteur en face... C'est là une vilaine habitude... Les dames écoutent avec ravissement ce rossignol minaudier, disait un critique en 1824.

On raconte une anecdote qui viendrait à l'appui de cette opinion, mais qui ne prouve pas la sensibilité du cœur d'Isambert : L'épouse d'un docteur distingué fut éprise d'une passion violente pour cet artiste ; son mari la voyant dépérir chaque jour, épuisa d'abord inutilement toutes les ressources de la science, puis il devina que cet état tenait à la *médecine morale:* « Cela ne peut provenir, disait le docteur à la malade, que d'une passion haineuse, d'une contrariété, ou d'un violent caprice. — D'un caprice, s'écria la moribonde, vous l'avez deviné. — Quel qu'il soit, je te jure de l'accomplir; ordonne et j'obéis. — Vous le jurez? — Je le jure, répéta le pauvre mari. — Eh bien, allez au théâtre du Vaudeville et amenez-moi M. Isambert. — Comment! s'écria l'époux hors de lui, vous aimeriez….. — La musique, » reprit la dame, qui voyait étinceler les yeux de son époux. Celui-ci, rassuré, court chez Isambert, lui explique la chose et le conjure de venir auprès de sa femme. — L'acteur fut sourd aux prières de l'époux et aux souffrances de la dame. Le soir, Isambert racontait cela au foyer, et Minette chantait malignement :

>   Faut d'la vertu, pas trop n'en faut,
>   L'excès en tout est un défaut.

Après Isambert, nommons PHILIPPE, le boute-en-train universel, le moulin à paroles et à couplets, autre type qui ouvre sans cesse une large bouche pour laisser échapper un gros rire et un gros calembour. *Monsieur Jovial,* vaudeville fort gai, qui fut composé, non pas pour, mais sur Philippe, a donné la biographie la plus vraie, le calque le plus parfait de ce gros farceur, joyeux compère s'il en fut, ne connaissant ni l'ennui, ni le chagrin, ni le sérieux, n'engendrant rien de tout cela.

Philippe ne s'est jamais fait prier pour jouer au bénéfice de tous ses camarades; il aime à rendre service, et ne refuse point une partie de plaisir, tant s'en faut; il déguste volontiers bourgogne ou mâcon, chablis ou champagne. Il y a quelque temps, des comédiens touristes se trouvaient à Évreux, un peu embarrassés, parce qu'ils comptaient donner là quelques représentations pour relever leurs finances; mais Philippe était là, avec la troupe du privilégié!.... — Les comédiens touristes étaient sous la direction d'un jeune premier placé aujourd'hui au premier rang du théâtre de madame et monsieur Ancelot. Le jeune homme fait part de son embarras à Philippe, et M. Jovial, oubliant qu'il est huissier pour se souvenir qu'il est artiste avant tout, envoya aux acteurs dans l'embarras une somme suffisante pour aller dix lieues plus loin faire valoir leurs talents et chercher une recette. — Nous ne doutons pas que le jeune premier se soit acquitté, sinon du service rendu, mais au moins de la somme prêtée.

Philippe a passé une grande partie de la carrière que le ciel lui destine, en véritable épicurien; mais il a voulu ajouter au bruit des grelots de Momus le son argentin qui frappe l'oreille des banquiers; il a épousé mademoiselle Volnais, qui a fait de M. Jovial un riche propriétaire, un seigneur châtelain.... Philippe a des prairies, des bois, des viviers, un parc; ce qui ne l'empêche de venir souvent à Paris faire pleuvoir sur ses camarades un déluge de calembours et de facéties dont il est le premier à rire. — Philippe ne mourra que d'un rire étouffé ou d'un calembour rentré.

Pour faire un contraste frappant, saluons une femme toute gracieuse, une actrice passionnée, « douée de ce magnétisme dramatique qui entraîne irrésistiblement tout un auditoire; » une femme comme j'ai rêvé, comme je comprends la femme et l'artiste.

Madame ALBERT, que tout Paris a applaudie au Vaudeville, s'était déjà fait remarquer à l'Odéon et au théâtre des Nouveautés, que son talent et celui de Bouffé ont fait vivre un peu plus longtemps qu'il ne le devait. — C'est sur le théâtre occupé maintenant par le Vaudeville que madame Albert a fait admirer sa belle voix, sa grâce vive et légère, son énergie, son jeu passionné. On aime à se rappeler la gentille et sémillante Betty de *Caleb*; on est encore ému au souvenir de l'intéressante Valentine de *la Chute des feuilles*. Madame Albert fut non-seulement le modèle des actrices, mais encore une épouse modèle; elle a résisté aux séductions des auteurs, des directeurs, des acteurs et des financiers. — Après les Nouveautés elle est entrée au Vaudeville, où les bravos l'ont suivie, puis elle est allée au théâtre de la Renaissance créer *Diane de Chivri*, où elle était si belle et son âme si passionnée. — Madame Albert a un mari qui porte le même nom. Comme artiste dramatique, quand on parle de lui, on dit : « C'est le mari de madame Albert, du Vaudeville ! »

Mais j'allais oublier une autre femme charmante, à qui nous devons un souvenir et des regrets. Madame Perrin, la jolie *Somnambule*, qui avait su rappeler aux vieux abonnés du théâtre de la rue de Chartres la jolie *Fanchon la vielleuse*; et toutes ces actrices de goût et de talent qui ont passé sur la scène du Vaudeville comme de brillants météores, étoiles qui filent en laissant dans nos cœurs un vague sentiment de regret et de tristesse.

C'est à peu près là tout le Vaudeville depuis la restauration, non point celle du Vaudeville lui-même, qui, loin d'être restauré, s'abâtardit chaque jour depuis que monsieur Ancelot lui a arraché sa marotte pour lui mettre en main une bonne dague de Tolède ou une coupe amère. Depuis dix ans M. Ancelot a fait du joyeux Vaudeville une succursale des théâtres de drames. On n'y entend plus un seul flonflon, on y pleure, quand on n'y bâille point; et cela n'est pourtant pas la faute des acteurs, que nous retrouverons dans la seconde partie de l'histoire du Vaudeville et de sa troupe.

Le 18 juillet 1838, l'incendie a dévoré le vieux théâtre de la rue de Chartres, et avec lui la bonne grosse gaieté, les couplets faciles et spirituels, que l'on retenait rien qu'à les avoir entendus une fois. Nos joyeux flonflons, j'y reviens encore parce que je les pleure, se sont en allés en fumée. Le calembour lui-même a presque entièrement disparu; ils étaient souvent bien bêtes; mais ils me faisaient rire, et en fait de calembours:

Les plus *pires* sont les *plus bons*,

comme disait le bon homme Chapelle, l'acteur le plus naïf du globe.

Tout n'a pourtant pas été perdu dans le sinistre de la rue de Chartres: Doche, le chef d'orchestre, qui a pris la place de son père à qui nous devons tant d'airs gracieux et pleins de mélodie, Doche, que tout le monde aime au Vaudeville, a sauvé son violon de l'incendie... c'est quelque chose, c'est beaucoup... « *Le violon du Vaudeville*, c'est le drapeau du régiment, » a dit Brazier.

Dieu sait combien de directeurs se sont emparés du sceptre de Désaugiers: on en comptait jusqu'à douze lors de la catastrophe du 18 juillet 1838. A cette époque, le fauteuil directorial était occupé par un homme de lettres distingué, un auteur de vaudevilles, qui s'est fait applaudir presque autant de fois qu'il a donné de ses ouvrages: M. Etienne ARAGO, frère du savant astronome, et du désopilant conteur, de l'infatigable écrivain, de l'aveugle tant aimé des artistes, M. Jacques Arago.

A propos de JACQUES ARAGO, je veux vous dire une petite balançoire que l'on m'a racontée, sur ce spirituel voyageur, le plus blagueur et le plus amusant des narrateurs et des écrivains :

Un docteur fort riche aurait dit à Jacques *Arago :* « Je » veux avoir une réputation européenne comme oculiste ; faites l'aveugle pendant dix ans ; après ce temps, » je vous rends la vue ; vous êtes connu de l'univers » entier, cette cure a un retentissement colossal ; la » Renommée porte mon nom sur ses ailes, à côté du » vôtre, et je vous donne cent mille francs. » Jacques Arago aurait accepté la proposition ; et le sournois, qui nous regarde en dessous, fait *poser* ceux qu'il rencontre, et qui, ne se méfiant pas du gai conteur frappé de cécité, laissent paraître leurs défauts, leurs petits ridicules devant le spirituel aveugle clairvoyant qui en fait son profit.

Nous souhaitons que ce petit *puff* soit une vérité, car il nous amènerait d'amusantes révélations ; et nous le souhaitons surtout par amitié pour M. Jacques Arago, dont l'apparition dans un foyer est une bonne fortune pour tous les amis des écrivains remarquables, des gens d'esprit et des hommes de cœur.

LE VAUDEVILLE ACTUEL.

Le contre-bassier Smaltzbraoum se lève, prend la parole et dit :

Tout Paris était en émoi, une calamité publique pesait sur la grande cité, on ne s'abordait plus qu'avec défiance, on allait sur les boulevards tête basse et l'air morne; les fronts étaient plissés, il n'y avait plus un sourire sur les lèvres de tous ces promeneurs..... L'étranger arrivant à Paris demandait quel fléau avait frappé les Parisiens. On lui répondait : — La cité souffre, parce qu'un sinistre l'a privée de son enfant chéri : le Vaudeville n'est plus!

Mais Paris ne pouvait longtemps vivre sans chanter... Le ministère prit en pitié le peuple parisien, il voulut lui rendre le Vaudeville. Un local provisoire fut assigné à la troupe errante que l'incendie avait éloignée de la rue de Chartres; elle vint planter sa tente et son joyeux étendard sur le boulevard Bonne-Nouvelle; et les desservants du Vaudeville chassèrent à coups de marotte des pauvres diables qui croyaient jouer la comédie en psalmodiant tant bien que mal, devant des ivrognes et quelques désœuvrés, de fades canevas qu'on osait appeler vaudevilles.

Un monsieur *Legras* avait établi là un *Café-Spectacle*: il avait ramassé çà et là de pauvres hères qui n'avaient pu trouver un engagement nulle part, même à Amiens; les auteurs qui fournissaient ce cabaret dramatique étaient des génies incompris qui, après avoir été frapper à la porte de tous les plus minces théâtricules, pour y présenter leurs *ours* (1), apportaient enfin leurs chefs-d'œuvre à M. Legras, qui achetait le vaudeville...... *dix francs!* — Deux aveugles composaient l'orchestre, et les acteurs s'évertuaient pour dominer le bruit et faire entendre quelques bribes de ces rapsodies dont le théâtre du Lazari n'avait pas voulu. Un vaudevilliste fécond,

---

(1) *Ours* : Pièce refusée à tous les théâtres, et qui est condamnée à ne voir jamais le jour.

à la verve facile, a fait du Café-Spectacle un tableau digne d'être chanté sur la scène de la rue de Chartres. Voici le couplet de facture que M. Clairville a placé dans *les Mines de Blagues*, spirituelle revue représentée à l'Ambigu :

Air de *Bruno le fleur*.

Dans c't établiss'ment,
    Pendant
Qu'une pièce commence,
Les consommateurs
Font chorus avec les acteurs.
  Quand l'ingénuité
Chante une plaintive romance,
  On d'mande à côté
Du cognac premièr' qualité.
  Tout couplet chanté
    S'accompagne
  Avec du champagne,
  Au bruit des bouchons,
    Des carafons,
    Et des flacons.

  Dans ce brouhaha,
    L'acteur beugle
  Comme un aveugle,
  Et l'orchestre est là
Pour accompagner tout cela.
  Mais ce n'est pas tout :
Chaque pièce dure un quart d'heure ;
  S'amus'-t-on beaucoup,
V'là l'rideau qui baiss' tout à coup.
  Pour nous consoler,
En attendant un' piéc' meilleure,
  On vient nous rapp'ler
Que nous devons renouveler.

C'est fort ennuyeux,
C'est onéreux,
Ça n'doit pas s' faire.
Voulez-vous savoir
C'que j'ai consommé l'autre soir :
D'abord du trois-six
Un p'tit verre,
Un' bouteill' de bière,
Un' glac' hors de prix,
Et cinq vaudevilles gratis!
Y avait d' quoi mourir!
Oui, sans mentir,
J'en fus malade :
J'avais sur le cœur
La comédie et la liqueur !
Et sans dénigrer
Le spectacle ou la limonade,
Je dois déclarer
Que c'est très-dur à digérer !
Aussi désormais,
J' n'irai jamais,
Je vous le jure,
Dans tous les cafés,
Bien attifés,
Bien tarifés.
J'en étais coiffé,
Mais aujourd'hui je vous assure
Que chaque café
Me semble trop fort de café.

Enfin justice fut faite; le bouge fut fermé, nettoyé, rhabillé, et le vaudeville prit la place de son ignoble bâtard, au grand mécontentement de son voisin le Gymnase.

Les anciens directeurs, MM. Étienne Arago et Dutacq, reprirent le sceptre du théâtre qu'ils avaient établi dans cette toute petite salle dont on avait fait une bonbonnière, toujours trop étroite pour contenir le public empressé de revoir son théâtre de prédilection, son Vaudeville bien-aimé. Mais ce n'était plus le Vaudeville fondé par le chansonnier Piis en 1792; l'ombre de Désaugiers avait déserté du théâtre dont elle protégeait les pièces et les gais couplets. Le moyen âge, les siècles de Louis XIII, de Louis XIV, de la régence et de Louis XV, avaient fait excursion sur la scène du Vaudeville; les pourpoints tailladés, les bottes à l'écuyère, les habits pailletés, effrayèrent l'enfant malin, qui n'osa plus qu'en tremblant risquer quelques pauvres petits couplets du vieux genre.

MM. E. Arago et Dutacq sentirent qu'ils étaient débordés par le genre larmoyant; ils quittèrent la dictature et remirent la direction du Vaudeville à M. Trubert : il fallait un homme de lettres!... ce fut un marchand de rubans qui l'obtint!!! Figaro, où es-tu?

Connaissez-vous M. Trubert? — C'est un monsieur qui s'était imaginé que l'on pouvait conduire un théâtre comme une boutique de la rue Saint-Denis; et pour obtenir les faveurs de quelques jolies actrices, il quitta ses rubans et son comptoir, puis, secouant la poussière de ses soies, il vint trôner sur le fauteuil où tant de gens d'esprit étaient venus s'asseoir.

Les directeurs se suivent, ils ne se ressemblent pas.

Nous possédons un autographe du directeur qui fut appelé, moyennant quelques billets de banque, à juger les œuvres des littérateurs dont la capitale s'honore. Voici la copie de cette pièce curieuse, écrite tout entière par le prédécesseur de M. Ancelot l'académicien :

TÉATRE DU VAUDEVILLE.
ORQUESTE.
DEUX PLASSE!

Un philosophe a dit : Le style, c'est l'homme!... Qu'aurait-il dit de M. Trubert?

Avec un pareil directeur le Vaudeville vit évanouir ses beaux jours et sa prospérité; les recettes étaient minces, la caisse fut bientôt vide, et M. Trubert s'associa un homme plus capable de diriger le contentieux : un ancien directeur de l'Ambigu vint apporter de quoi payer les artistes pendant quelques mois; mais la crise recommença et les deux associés cessèrent d'être d'accord... Quand il n'y a plus de foin dans le.... non! quand il n'y a plus d'argent dans la caisse, les directeurs se battent.

On cite quelques mots de M. Trubert; je ne sais si on les lui a prêtés, mais ils peuvent bien être de lui..... ils doivent être de lui :

Ce directeur donnait dans la salle du Vaudeville des bals dont la recette devait venir en aide au caissier. Voyant que le public n'était point accouru à son premier appel, il se plaignait de l'exiguité de la recette. « C'est » presque toujours ainsi au premier bal, lui dit quel- » qu'un. — Alors, répliqua le directeur-rubanier, une » autrefois je ne donnerai plus de premier bal! »

Un jour il fit appeler un musicien de son orchestre, et lui reprocha de ne pas jouer en même temps que les autres. Le musicien lui ayant répondu qu'il comptait ses pauses, le directeur se mit en colère, en ajoutant qu'il ne le payait pas pour compter des pauses.

L'associé de M. Trubert, ancien avocat, avait un autre genre d'excentricité ; en voici quelques échantillons :

Pendant son directoriat à l'Ambigu, il menait assez cavalièrement ses pensionnaires. Un jour, on jouait *Gaspardo*, et Fosse, qui chantait la barcarole du prologue, n'était pas arrivé à l'heure; on fait part de cet embarras au directeur en lui disant qu'un de ses acteurs savait la barcarole, mais qu'il demandait pour la chanter qu'on lui retirât une amende de 2 francs imposée le matin. — Il ne veut pas chanter, s'écria le directeur, je vais lui casser les reins! et il s'élança dans les coulisses, sans habit, et les manches retroussées. Heureusement pour l'artiste, *Garpardo* était entré en scène sans attendre la barcarole. — Quelque temps après, un des pensionnaires de l'Ambigu entrait dans le cabinet de ce directeur, les manches retroussées et en garde comme un boxeur qui s'apprête au combat. « Où vas-tu donc? dit » Saint-Ernest à son camarade. — Tu vois, répond ce- » lui-ci, je vais causer administration! »

Une autre fois, on plaçait les décors d'un mélodrame; il y avait un pont très-élevé sur lequel devait passer plusieurs personnes. Le même directeur appelle le machiniste, et lui dit devant tout le monde : « Faites cela so- » lide; je n'ai pas envie qu'un de mes acteurs se *casse* » *la gueule*!... d'autant plus qu'il y aurait 20,000 francs » de dommages et intérêts qui me pendraient au... nez ! »

Le pauvre Vaudeville était entre les mains de ces deux messieurs en l'an de grâce 1841, alors qu'il abandonna son petit théâtre provisoire, pour aller prendre possession de celui que l'Opéra-Comique abandonnait.

Les procès hâtaient la ruine du théâtre et celle de M. Trubert, qui plaidait avec tout le monde; le tribunal de commerce était établi en permanence pour faire droit aux mille réclamants qui citaient devant lui le directeur du théâtre de la Bourse. Heureusement il n'y avait que la place à traverser, et, pour répondre à l'appel, M. Trubert ne faisait qu'un saut!

Arnal a eu vingt procès avec son directeur, et peu s'en est fallu qu'il n'en gagnât vingt-et-un, dit un écrivain de beaucoup d'esprit; on assure, ajoute-t-il, qu'Arnal répétait naguère avec un poignard dans sa manche, pour chatouiller les côtes de M. Trubert, si celui-ci faisait mine de vouloir lui apprendre son métier!... Voyez-vous M. Trubert apprenant à Arnal, le comédien exceptionnel, l'auteur de tant de spirituelles poésies, comment il faut dire telle ou telle phrase! — A qui diable Gros-Jean veut-il en remontrer?

La catastrophe était imminente, elle arriva. Le théâtre du Vaudeville ferma ses portes, et le pauvre enfant de Momus s'enfuit, épouvanté par un mot qu'il n'avait jamais entendu résonner à son oreille: Faillite!... Et Paris fut encore veuf de son théâtre chéri; les grelots et le tambourin furent mis à l'encan! Et M. Trubert, qui avait fermé les portes du Vaudeville à son pensionnaire Ballard, qui les enfonça à grands coups d'huissier, M. Trubert retourna à ses moutons, c'est-à-dire à ses rubans. — Nous lui souhaitons meilleure chance, et nous pensons qu'il se connaît mieux en pièces de rubans qu'en pièces de théâtre! A chacun son métier.

Un nouveau privilège fut donné par le ministre; car, nous l'avons dit, *il faut* un Vaudeville aux Parisiens: cette fois ce fut un homme de lettres qui fut choisi... que dis-je, un... deux hommes de lettres qui *fut* choisi dans la personne de madame et de monsieur Ancelot.

Tout le monde connaît monsieur Ancelot, le *bas-bleu*

qui a le plus fait de comédies en tous genres, même dans le genre ennuyeux (ce qui lui est arrivé assez souvent). Sa gloire a fait pâlir mesdames Delphine et Sophie *Gay*, elle a donné des vapeurs à mesdames *Lesguillon, Ségalas* et *Collet;* tout ce que Pégase a porté de beau sexe frémit au seul nom de monsieur Ancelot, le scribe de l'Académie des Dames.

Tout Paris connaît aussi madame Ancelot, la cent quatre-vingt-quatrième dixième muse, celle que l'Académie française a admise dans son sein. Les académiciens sont français, ils sont galants, et ne pouvaient point se dispenser d'offrir un fauteuil à leur *consœur* en poésie; ils ont fait de madame Ancelot une immortelle dont le fauteuil sera envié par *ces gas-là*, et par les *collets* ornés de la palme académique. Les femmes savantes sentiront plus d'une fois *l'aiguillon* de la jalousie qui empêche Mmes Sophie et Delphine de se montrer *gaies*.

Nous avons vu le couple académicien sur le chemin de *la postérité* (celui dû au spirituel crayon de Benjamin), les époux Ancelot sont là comme chez eux; dans leur intérieur comme dans leurs œuvres, on confond souvent le mari avec la femme, ils sont vraiment à croquer... Non, c'est fait, grâce à notre dessinateur Benjamin.

Monsieur Ancelot, le vrai monsieur Ancelot, celui qui s'habille en homme et qui salue rarement, s'est figuré que son épouse ayant de l'esprit comme quatre et lui autant qu'elle, ils pourraient suffire au répertoire du Vaudeville, et ils ont lâché sur ce pauvre théâtre une avalanche de comédies musquées, larmoyantes, terribles et peu en harmonie avec le genre du théâtre qui leur a été confié, et qu'ils ont châtré avec cette famille de grands et de petits *ours* échappés de leur cerveau conjugal. Sur la scène où l'on devait entendre de gais refrains, de fines épigrammes, ils ont planté l'échafaud qui a vu tomber la tête de madame Roland. Le drame auquel ils ont donné le nom de cette femme supérieure et intéressante, était joué chaque soir devant les loges vides et les trente claqueurs que M. Ancelot offrait chaque soir à son épouse, comme un autre offre un bouquet de violettes et de camellias; lorsque Arnal apparut dans la désopilante bouffonnade *l'Homme blasé*, le public reparut en foule au Vaudeville, et M. Ancelot dit à son associé, M. Bouffé: « Vous voyez comme *Madame Roland* nous fait faire de belles recettes... » L'académicien alla mettre un genou en terre devant son épouse, et M. Bouffé courut au café voisin avaler une bouteille de champagne.

M. Bouffé est un homme d'esprit et le plus gros *ingurgiteur* de l'Europe; c'est le chef de l'école des buveurs de champagne; il en consomme à lui seul plus qu'on en récolte en France... Heureusement que l'industrie vignicole permet à MM. Mouët et consors de réparer les ravages causés par le pharynx de M. Bouffé, à qui dix fioles d'aï mousseux ne font pas peur dans une soirée.

Le premier acte administratif des nouveaux directeurs du Vaudeville fut de nommer directeur du matériel et inspecteur de la salle, un acteur qui jouait depuis bien longtemps les rôles dédaignés par Ravel; BALLARD devint membre de l'administration du Vaudeville. Tout le monde doit connaître Ballard; on l'a vu sur les boulevards, dans les cafés, au Vaudeville, à toutes les premières représentations des théâtres de Paris. Je vous défie d'aller quelque part sans y rencontrer Ballard, l'inévitable Ballard, qui est partout à la fois; je crois même qu'on l'a rencontré aux conférences du révérend père Lacordaire et au cours d'archéologie de monsieur Raoul-Rochette.

A peine Ballard fut-il arrivé au pouvoir, qu'il se procura une petite satisfaction bien douce : il aperçut dans la salle du Vaudeville son ancien directeur, M. Trubert; Ballard alla le prévenir qu'attendu que son nom ne figurait point sur la liste des personnes auxquelles la nouvelle administration accordait leurs entrées, il eût à quitter la salle s'il ne voulait point qu'on l'en fît sortir... Et Ballard conduisit jusqu'à la porte M. Trubert, qui trois mois auparavant lui refusait l'entrée du théâtre du Vaudeville. — Compensations de M. Azaïs.

Nous voici arrivés au personnel de la troupe. Le nom qui vient naturellement se présenter le premier à la mémoire, c'est celui du prince des fous, de ce bouffon si spirituellement comique, de ce niais en gants jaunes devant lequel il est impossible de garder son sérieux, du *naturel* du Vaudeville enfin ; ARNAL.

Arnal !... celui qui a le malheur de ne pas connaître Arnal, a commis un crime de lèse-gaieté ; heureusement qu'il n'y a personne à Paris assez ennemi de soi-même pour ne s'être pas donné la joie d'aller voir cet être incompréhensible, cet acteur que l'on ne peut comparer à aucun autre, ce bouffon qui a reculé les bornes de la niaiserie humaine. Personne ne sait dire comme Arnal ces phrases qui n'ont aucun sens, mais qu'on ne peut entendre sans éclater de rire, ces spirituelles bêtises dites avec une naïveté, une conviction surnaturelles tant elles sont dans la nature ; c'est pour lui que le docteur Faust a écrit : Si ce n'est qu'impossible, ça se peut. — On ne peut pas définir Arnal l'acteur, ça ne peut pas se décrire ;

ça va se voir.... Et quand on l'a vu, on sort fatigué à force d'avoir ri ; on se demande ce qu'on a vu, ce qu'on a entendu, quelle est la pièce que l'on jouait. — On n'en sait rien : on a vu Arnal.

Arnal est non-seulement un acteur en première ligne, c'est encore un homme très-spirituel, un poëte facile et agréable à qui l'on doit des couplets piquants, de fort jolis contes en vers et des fables à faire pâlir M. Viennet; sa muse s'est élevée jusqu'à l'ode pindarique. Ouvrons ses tablettes au hasard ; il ne faut point choisir, tout est joli, tout est bien versifié. Voici un petit conte moral qui m'a beaucoup plu :

>   Un jour, au sortir d'une école,
> J'aperçois un enfant qui crie et se désole.
> Je m'approche de lui. — Mon ami, qu'avez-vous?
>   — Ah! j'ai l'âme bien chagrinée,
> Me dit-il, j'ai perdu la pièce de dix sous
>   Que ma mère m'avait donnée.
> — Cessez, mon bon ami, de vous désespérer,
> C'est un petit malheur facile à réparer :
>   Tenez, prenez cette autre pièce. —
> L'enfant sourit d'abord, puis reprend sa tristesse.
> — Eh bien, qu'avez-vous donc? encore du chagrin.
> — Eh! mais, monsieur, dit-il, voici pourquoi je pleure :
>   Si je n'avais pas tout à l'heure
>   Perdu dix sous, j'en aurais vingt!

Arnal, homme de beaucoup d'esprit, comédien hors ligne et n'ayant point de rivaux, puisque son genre exceptionnel lui est propre et n'appartient qu'à lui, Arnal n'est guère aimé de ses camarades; c'est ce qu'on appelle un assez mauvais coucheur ; il est atrabilaire, et se montre peu disposé à rendre des services. Dans les représentations données au bénéfice des artistes qu'un malheur a frappés ou qui restent sans engagements, représentations auxquelles tant d'artistes distingués s'empressent de concourir, le nom d'Arnal figure rarement sur l'affiche; il ne consent à paraître dans ces représentations que moyennant un cachet qui n'est jamais au-dessous de trois cents francs. — L'exemple que donne Arnal est heureusement bien rare, et pour un artiste qui refuse de concourir à une bonne œuvre, on en compte cent cinquante, placés au premier rang, qui sont toujours prêts à offrir l'appui de leurs talents à leurs camarades malheureux. — Arnal répond à ce reproche que l'on abuserait de ces représentations, et qu'il se doit exclusivement au directeur qui le paye; ceci est une excuse peu concluante. — Arnal enfin est un acteur exceptionnel, à la ville comme au théâtre.

« Arnal met son *emploi* au-dessus de tous les autres genres de la science dramatique; cette vanité donne à ses relations habituelles une certaine âpreté qui tient de la hauteur, a dit son biographe, M. E. Briffaut; ses camarades redoutent son voisinage; il tyrannise les répétitions et la scène; le moindre obstacle l'irrite, toute concurrence le révolte. Un jour, dans une ville de province, Arnal fut accueilli froidement, parce que l'acteur qui jouait habituellement son rôle dans *Une passion*, avait un toupet élastique dont les soubresauts faisaient les délices du public. Il ignorait cette tradition locale, on lui sut mauvais gré de l'avoir négligée; il se fâcha et partit. — Une fois, au théâtre du Vaudeville, dans un rôle de conscrit, au moment d'entrer en scène, il ne trouva pas la badine qu'il portait habituellement; tout le

8

rôle se ressentit de cette absence. Aussi, lorsqu'il est d'humeur fâcheuse, ses camarades se disent l'un à l'autre : Arnal a perdu son bâton.

» On a cru pouvoir accuser son caractère et même son cœur des boutades qui attristent son commerce usuel; c'est un tort: son organisation morale ressemble à son organisation physique, il n'est ni cupide ni malveillant, il est fantasque; ses inquiétudes, ses accès et son agitation ne sont que des transports de bizarrerie. »

A côté de cet artiste fantasque, plaçons un nom qui résume un caractère bon et toujours égal, uni à un talent de premier ordre, le nom de FERVILLE.

Comme homme, Ferville est aimé, respecté; comme artiste, les applaudissements et l'empressement du public lui ont toujours prouvé qu'il est hautement apprécié. Ferville est un honnête homme dans toute l'acception du mot. Jamais on ne l'a entendu faire la critique d'un de ses camarades, aussi est-il généralement accueilli avec empressement et bonheur.

Qui croirait que cet artiste dont le talent n'est plus mis en doute, tant s'en faut, cet acteur que les sympathies et les applaudissements saluent et récompensent chaque soir, a été sifflé à outrance, alors qu'il entrait dans la carrière dramatique ? — Ne croyez pas pourtant qu'à ses débuts il était sans talents, au contraire, Ferville était né comédien, et la seule fois qu'il a pu se dire comme Oreste :

Pour qui sont ces serpents qui sifflent sur ma tête ?

c'était un tour que lui jouait son père, directeur de province; le père, qui chérissait son fils, voulait le détourner de son penchant pour le théâtre, et il avait fait apposter des amis dans la salle, pour siffler le jeune artiste... Mais la vocation parlait haut; elle fut plus forte que les remontrances paternelles; et la scène du Vaudeville est maintenant gratifiée d'un artiste de vrai talent, et les acteurs d'un bon camarade.

Ferville est correspondant dramatique, et tous s'accordent à dire qu'il apporte dans ses relations une probité et une bienveillance des plus honorables; aussi c'est à qui aura un engagement signé par Ferville; acteurs et directeurs sont sûrs de n'être point trompés; car Ferville est non-seulement un homme de goût, c'est encore un homme de conscience.

Quelle est cette jeune femme toute gracieuse, svelte et belle, qui vient faire étinceler devant nous ses beaux yeux et ses diamants? C'est une femme qui porte un nom des plus honorables, mais qu'on ne prononce point sans y trouver un vague sentiment de tristesse. Madame Doche, épouse du chef d'orchestre du Vaudeville, est l'actrice à la mode; c'est à elle que s'adressent les bouquets et les hommages des jeunes lions qui se pavanent aux avant-scène du théâtre de M. Ancelot. Un jugement a prononcé la séparation de corps et de biens de madame Doche et de son mari; pour quelle cause? Madame Doche doit désirer que tout le monde l'ignore. Doche est un homme que l'on estime hautement au théâtre, à l'orchestre, dans le monde, partout. Doche est bien vu, bien accueilli; tout le monde l'aime, tout le monde, sa femme seule exceptée.... Tant pis pour madame Doche.

Madame Doche avait au Vaudeville une rivale redoutable comme femme et comme actrice; nous voulons parler de mademoiselle Page. Ces deux actrices jeunes et jolies avaient partagé la *fashion* en deux camps. Les tenants de mademoiselle Page étaient nombreux, madame Doche voulait accaparer les suffrages et les adorateurs. On dit qu'un jour, après avoir joué *l'Ambassadrice*, elle s'arrangea si bien, qu'elle fit enlever sa jeune rivale par l'autocrate de toutes les Russies, et qu'elle fit ainsi entrer dans la caisse de M. Ancelot quinze mille roubles pour la rupture de l'engagement de mademoiselle Page. — C'est un moyen comme un autre. — Et madame Doche est restée la reine du Vaudeville et de la fashion, qui l'applaudit; c'est justice, car madame Doche a du talent et une voix agréable.

On dit que FÉLIX a connu bien des petits secrets de madame Doche; cela ne nous étonnerait pas, car Félix est galant et beau cavalier; avec cela et du talent, et Félix en a beaucoup, on obtient vite la confiance des dames, mais ce n'est tout d'obtenir, il faut savoir conserver :

> Le plaisir a des ailes,
> Et l'amour n'a qu'un jour.

Il y a au Vaudeville bon nombre de femmes jolies; mesdames LORRY, DELVIL, JULIETTE, JULIA, sont là pour le prouver, et partout où il y a des jolies femmes on est sûr de rencontrer HIPPOLYTE, offrant çà et là un bouquet et dérobant un baiser. Hippolyte passe la moitié de sa vie à faire des madrigaux et des petits soupers, et l'autre moitié en cabriolet.

Jusqu'à LECLÈRE et AMANT, qui vont, oubliant leurs rôles de grime et de père-noble, pour conter fleurette à leurs gentilles camarades. Et les gaillards ne sont pas les derniers à la distribution des sourires et des gracieusetés, car ils sont hommes de bonne compagnie, bons camarades, c'est une recommandation au foyer. Comme acteurs le public seul est leur juge, et il les a jugés très-favorablement.

Quittons les dames et leurs admirateurs pour saluer un ancien ami, le doyen des acteurs du Vaudeville, notre bon FONTENAY. Depuis quarante ans, cet artiste honorable est l'ami des pensionnaires du Vaudeville et du public, qui lui a tenu bon compte de son talent, de sa diction, de sa chaleur et de la manière avec laquelle il porte tous les costumes; officier de hussards, général, ambassadeur, financier, empereur, duc, abbé même, Fontenay a tout représenté avec un ton de comédie et une aisance qui lui ont assuré une belle place au théâtre, où il rend encore de bons et nombreux services. Ce comédien si estimable comme artiste, ne l'est pas moins comme homme privé. — Père d'une nombreuse famille, dont il est adoré, il est encore patriarche dans la nombreuse famille des comédiens. Ses camarades l'ont nommé vice-président de la commission des artistes dramatiques. C'est un hommage rendu à la vie honorable de Fontenay et qui prouve toute la sympathie et la considération dont cet artiste est entouré.

A côté de Fontenay vient se placer tout naturellement la doyenne des actrices du Vaudeville; elle vient serrer la main de son vieil ami et prendre auprès de lui une place qui lui est acquise

Et par droit de conquête et par droit de naissance.

Madame GUILLEMIN, qui débuta au Vaudeville en 1819, est fille d'un acteur italien nommé Mengozzi, et élève de Dazincourt; à douze ans, elle recevait des leçons de ce comédien d'un talent incontestable et incontesté. La jeune Mengozzi reçut aussi des conseils d'une femme distinguée autant par son talent artistique que par ses gracieuses poésies, mademoiselle Desbrosses, qui a rendu un dernier hommage à Dazincourt en faisant graver cette touchante épitaphe sur le tombeau du premier professeur de madame Guillemin :

>Du Théâtre Français l'honneur et le soutien,
>Digne successeur de Préville,
>Homme de goût, homme de bien ;
>Aimable au théâtre, à la ville ;
>Ami vrai, délicat, sensible et généreux,
>Il réunit sur sa cendre chérie
>Et les regrets des enfants de Thalie
>Et les larmes des malheureux.

Mademoiselle Mengozzi, qui avait épousé à Naples son camarade Guillemin, fut engagée au Vaudeville en 1819, avec son mari. Jeune encore, elle prit un emploi auquel se résignent difficilement les femmes d'un esprit ordinaire, elle joua les duègnes, et le Vaudeville doit lui savoir gré d'être venue prendre la place de madame Bras, que la Russie lui enlevait. Une grande distinction dans la tenue et dans les manières, un talent souple qui lui permettait de porter tour à tour la toilette brillante d'une grande dame, le tablier de la femme de chambre, le casaquin de la portière ou de la nourrice ; madame Guillemin fut une bonne fortune pour le théâtre, pour les acteurs et pour le public. Depuis vingt-cinq ans cette artiste fait applaudir une voix sonore, une prononciation nette et mordante, un art infini à lancer le trait avec justesse et précision. La fière marquise, de *l'Ami Grandet* ; Lolotte, de *la Dame de chœur* ; la mère Petitpré, de *Re-*

naudin de Caen; voilà les titres de madame Guillemin, et la preuve du talent flexible qui lui a gagné la faveur du public.

Les artistes et tous les gens de cœur se sont associés à la douleur de madame Guillemin, lorsque la mort est venue frapper l'excellent homme qui pendant vingt ans a rempli sa place de régisseur en homme habile et honnête; Guillemin était un bon camarade que tout le monde aimait au théâtre, et l'on sait combien il faut réunir de qualités pour plaire à toute une population dramatique, surtout lorsqu'on est appelé à sévir contre les abus et les oublis du règlement.

Madame Guillemin, dont la conduite fut toujours irréprochable, a consacré les instants que lui laissait le théâtre à l'amitié de son mari, aux soins de sa maison, et surtout à l'amour maternel. Ses enfants reconnaissants des soins et des attentions dont elle les a toujours entourés, lui payent la dette contractée envers une bonne mère; ses camarades l'aiment et l'honorent, et le public lui prouve lorsqu'elle paraît devant lui, que le nom de madame Guillemin est mis au rang de ceux des artistes qui lui plaisent le plus.

Voici venir un amusant conteur d'anecdotes qui vous jette par la tête un *puff*, une *balançoire*, sans vous crier gare; méfiez-vous! sa langue est encore humide de l'eau de la Garonne. BARDOU est Gascon... c'est vrai! — A voir sa rondeur, son apparente bonhomie, vous le croiriez l'homme le plus candide du monde, et pour peu que vous l'écoutiez, il vous fera poser avec un aplomb de dentiste.

Mais ce qui n'est point une gasconnade, c'est le talent de Bardou. Lorsque les journaux de Toulouse et d'Agen retentissaient des louanges de Bardou, nous nous méfiions un peu, nous savions les têtes du midi un peu volcanisées, et il suffit quelquefois d'une étincelle de talent pour les enflammer ; nous étions donc en garde... Mais il nous tombe un gaillard plein d'entrain et de gaieté, qui vous empoigne son public, il faut le voir!... et avec cela une rondeur qui inspire la confiance, une bonhomie qui serait pour nous un reproche vivant, si nous ne tendions pas la main à cet artiste qui arrive les mains dans ses poches, et qui, avec son diable d'accent gascon, vient prendre une des premières places dans notre théâtre... prendre, n'est pas le mot, mais bien se faire une place que personne n'occupait ; car chacun des artistes hors ligne a maintenant une spécialité, un genre à lui. Ainsi Bardou ne joue pas les pères nobles, ni les financiers, ni les premiers comiques ; il joue les Bardou ; avec lui point d'ennui possible, point de mauvaises pièces ; il est homme à faire réussir celles de M. N..... Diable ! j'allais nommer quelqu'un... il était temps.

Enfin, allez au Vaudeville, et vous verrez *Passé minuit* sans penser que l'on vous vole une heure de votre sommeil... il est vrai qu'avec Bardou vous avez vu Arnal ; mais Bardou lui seul est homme à vous causer une insomnie chronique ; méfiez-vous de Bardou ! il vous gardera au Vaudeville toute une nuit, s'il le veut.

Mais laissez-moi me reposer un peu, pour donner un souvenir à une femme délicieuse, qui vient de quitter le Vaudeville au grand déplaisir des amis de la bonne comédie, des admirateurs de jolies femmes, et surtout des élus qui ont le droit d'entrer au foyer dont mademoiselle BROHAN fut si longtemps l'ornement le plus parfait.

Mademoiselle Brohan jouait avec un esprit, un tact, un mordant, qui vous aurait fait dire : Cette femme si pétillante, si espiègle, doit apporter dans un salon la causticité et le gentil babil qui la font tant applaudir au théâtre. Point! Mademoiselle Brohan était d'un caractère doux, modeste, presque timide; toute sa vie était la vie intime, et son esprit vif ne se faisait remarquer que dans les causeries gracieuses, bienveillantes et de bonne compagnie.

Citer tous les jolis mots échappés à cette femme charmante, à l'esprit fin et délicat comme son jeu, ce serait vouloir faire un dictionnaire de la conversation choisie et de bon ton. Entre mille je prends au hasard dans mes souvenirs et je raconte : Un *lion* de foyer, homme à la mode, papillon de coulisses, lui disait un jour en affectant une galanterie musquée : « Mademoiselle, faites-moi l'aumône d'un baiser. — Je ne puis pas, monsieur, lui dit en souriant la spirituelle actrice, j'ai mes pauvres. »

Après mademoiselle Brohan, viennent les amoureux, cela doit être; c'était comme cela lorsqu'elle était au théâtre.

En première ligne, nommons LAFERRIÈRE. Un ton excellent, une tournure très-gracieuse, un organe des plus agréables, un beau physique; voilà ce qui, au premier abord, assure à Laferrière les bonnes grâces du public. Son talent distingué, sa verve et sa tenue lui assignent une des premières places parmi les jeunes premiers hors ligne.

En 1827, Laferrière jouait, au théâtre Montmartre, Séide de *Mahomet*, et dans *la Mort du Tasse* il représentait Alphonse d'Este avec une chaleur, une énergie admirables; il y avait là plus que de l'avenir, c'était du talent! Laferrière fut successivement appelé à l'Ambigu, à l'Odéon; enfin, au Théâtre-Français, où ses débuts furent un heureux essai; il y joua Séide et Saint-Mégrin de *Henri III*; c'est surtout dans ce dernier rôle que Laferrière se fit le plus applaudir; jamais le mignon de Henri III n'avait eu d'interprète plus gracieux, plus vrai. Laferrière venait de conquérir la place qu'Armand venait de laisser vide, mais les petites intrigues de l'aréopage comique ne laissaient pas si facilement arriver jusqu'au sanctuaire. Laferrière recula devant le noviciat, et il parcourut la Beauce et la Normandie, où partout il fut bien accueilli. Nous avons vu, en 1829, Laferrière jouant l'octogénaire *Marino Faliero* avec un talent extraordinaire; ce n'était plus le brillant Saint-Mégrin, l'intéressant dauphin de Charles VI, c'était le vieux doge, avec ses quatre-vingts ans, sa mâle vigueur, ses angoisses jalouses... Le véritable talent n'a pas de genre, et Laferrière a vraiment du talent.

Puis le jeune premier nous fut enlevé par un kalmouk, intendant des plaisirs de l'empereur Nicolas, et Saint-Pétersbourg reçut Laferrière comme un artiste de talent. Mais le climat de la Russie convenait peu au bouillant artiste; il revint en France, et créa à la Gaieté: *Pauvre mère! Marcel, le Pauvre idiot*. Le talent de Laferrière n'était plus mis en doute; le Vaudeville se hâta de l'enlever au mélodrame. — Il devait, dit-on, débuter par un ancien vaudeville intitulé *Haine aux femmes*; mais M. Ch. Desnoyers refit pour lui une petite pièce où Laferrière déployait les ressources de son talent flexible: *Je serai comédien*, qu'on appela alors le *Débutant*, fut le premier pas de Laferrière sur la scène du Vaudeville, où sa place est marquée au premier rang.

Munié est un tout petit jeune homme qui promet un comédien de mérite; il a déjà obtenu des succès qui doivent l'encourager à suivre la voie qu'il semble s'être tracée : l'étude et un bon ton de comédie.

Nous ne nommons M. Fleuri que parce qu'il est le frère de madame Doche.

Nous ne sortirons pas du Vaudeville sans dire un mot à une vieille connaissance que le public semble avoir oubliée et dont il reverra le nom avec plaisir. Camiade, qui faisait, il y a vingt-cinq ans, les délices des habitants du paradis, au théâtre du Panorama dramatique, est venu prendre ses invalides au théâtre de la place de la Bourse. Ce n'est plus l'intéressant jeune homme qui faisait couler tant de larmes dans *le Délateur par vertu*; ce n'est plus le gai compagnon des viveurs Vautrin, Dubiez et Francisque aîné; c'est maintenant un homme calme, froid, parlant bas, portant des cravates brodées et des pantalons sans sous-pieds.

Camiade, le *Faublas* qui fit tant de charades avec les Lignolles du marché du Temple et de la rue Saint-Denis, le Don Juan qui fut l'effroi de tant de pères et de maris, est aujourd'hui le mentor des artistes du Vaudeville; l'énorme bâton du régisseur a remplacé la badine du jeune premier. — Au demeurant, Camiade est toujours le bon garçon fort aimé de ses camarades, des auteurs et des directeurs. Mais, mon Dieu! comme vingt-cinq ans vous changent un homme! celui qui troublait jadis la tranquillité des bons habitants de Paris, est devenu parfait garde national, patrouillant pour le maintien de l'ordre public, et depuis dix heures du matin jusqu'à minuit, son rôle, au Vaudeville, se borne à ces trois mots, qu'il prononce à voix basse, dans les coulisses : « Silence, messieurs ! silence ! »

Physiologie rétrospective, direction nouvelle, personnel à peu près complet ; nous avons, je crois, suffisamment fait connaître le théâtre créé par le Français né malin. Puisse-t-il n'être pas renié par son créateur !

Le Drame et le Ballet sont aux prises à la Porte Saint-Martin.

LE MAÎTRE À TOUS. — En uses-tu, mon vieux?...
LE SERVITEUR VERTUEUX. — Pas mal... et vous?...

THÉATRE DE LA PORTE-SAINT-MARTIN.

A l'ouverture de la séance, le vice-président qui occupe le fauteuil annonce que le fondateur est retenu dans son lit par une maladie grave : il s'est brisé un vaisseau dans la gorge en voulant donner le *do* de poitrine dans un chœur d'*Une nuit de Venise*, à l'Ambigu ; mais il envoie à sa place le chef du nettoyage et maître des balais du théâtre désigné pour occuper la cinquième séance de la société cancanière. C'est à cet ennemi de tous les gens qui font leur poussière, que la société est déjà redevable du récit de *la Loure*.

Le maître des balais répond à l'appel, et s'exprime ainsi :

L'Opéra venait d'être incendié, on voulut construire une salle provisoire en attendant celle que l'on préparait rue de Richelieu ; un emplacement propice se présentait sur le boulevard, près de la porte Saint-Martin, et en quarante jours un asile y fut offert aux artistes de l'Opéra. — L'inauguration de cette salle, élevée si promptement, fut faite en 1782, par la brillante cour de l'infortunée

Marie-Antoinette. — Cette succursale du premier théâtre de Paris fut fermée quand les Vestris, les Dérivis l'abandonnèrent; et rouvrit bientôt ses portes sous le nom de théâtre des *Jeux gymniques*. On y donnait alors le drame, la comédie et des ballets.

MM. Dubois et Gobert firent représenter sur leur théâtre une pièce qui eut une grande vogue : *Montbart l'exterminateur*, joué par PHILIPPE, qui commençait sa réputation, et qui partit bientôt pour aller jouer à Naples, devant la cour improvisée du roi Murat.

Fermé par le décret impérial de 1806, le théâtre ouvrit de nouveau par un prologue intitulé : *Le Soleil et les glaces*. Le théâtre, sous la forme d'un vaisseau, était représenté arrêté au milieu des glaces; le soleil, qui désignait allégoriquement l'empereur, venait faire fondre les glaces et permettre au vaisseau de naviguer sans entraves.

On joua aussi, en 1808, deux pièces qui firent courir tout Paris: *le Passage du mont Saint-Bernard* et *l'Homme du Destin*. « Un acteur nommé CHEVALIER avait endossé la capote grise et le chapeau du petit Caporal; le succès fut éclatant, prodigieux, pendant quatre mois la salle fut comble; on croyait que cela ne finirait jamais. » On raconte qu'un jour l'empereur voulant assister à une représentation du *Mont Saint-Bernard*, se fit accompagner de Duroc et, suivi de deux aides de camp, arriva incognito au théâtre où trônait Chevalier. Malheureusement la salle était pleine; Duroc, qui prenait toujours la parole dans les occasions où l'empereur voulait garder l'incognito, ne put obtenir des contrôleurs qu'une petite loge grillée, dans laquelle on avait placé des pots à couleurs (on était en train de repeindre la salle). Napoléon, que la figure et la tournure de l'acteur ont frappé, se lève impatienté, il met le pied sur un des pots malencontreux, et l'impérial spectateur est inondé de couleur à l'huile! Ce fut le signal du départ; et le premier résultat de la mauvaise humeur de Napoléon fut une défense de continuer les représentations du *Passage du mont Saint-Bernard*... A quoi tiennent les destinées d'un théâtre? A un peu de couleur répandue sur une botte impériale!

Le théâtre des Jeux gymniques se ressentit de la misère publique pendant les dernières années de l'empire; il ferma pour rouvrir en 1814, sous le nom qu'il porte encore aujourd'hui.

Ce fut M. Saint-Romain qui obtint le nouveau privilége. Il enregistra bientôt des succès, et encaissa des écus avec *le Vieux de la montagne* et *la Pie voleuse*. Le souvenir du drame de MM. Poujol et Daubigny vivra plus que le nom de ses auteurs, qui viennent tout récemment d'obtenir des tribunaux, en réparation de l'imitation de leur œuvre par le Théâtre-Italien, une somme de vingt francs pour chaque représentation de la pièce italienne.

La troupe de la Porte-Saint-Martin était une des meilleures de Paris; on y comptait *Philippe*, que les Napolitains nous avaient rendu; Pierson, acteur original, comique naturel et naïf, danseur de talent, et Émile Cottenet, le boute-en-train, le M. Jovial de l'époque; puis, Moëssard, et son ami Pascal, la *première ganache* de Paris, comme il se nommait lui-même; et *Jenny-Vertpré*, la gracieuse fée qui nous enchanta si longtemps; et tant d'autres artistes d'un vrai mérite, jusqu'à Vissot, ce brave Vissot, qui doublait Pierson, sans trop laisser paraître la distance qui le séparait de son chef d'emploi, et qui savait faire applaudir les créations qu'on lui confiait... Avec de tels hommes, M. Saint-Romain devait faire de l'argent, et il en fit beaucoup.

Donnons donc un souvenir aux artistes qui ont disparu de la scène de la Porte-Saint-Martin; nous retrouverons les autres quand nous parlerons de la troupe actuelle.

Philippe revint en France sous la restauration; il reparut sur le premier théâtre de ses exploits, et créa de la manière la plus brillante *le Solitaire* et *les Deux forçats*. Mais la création qui mit le sceau à la réputation de Philippe fut celle du *Vampire*, pièce fantastique, extraordinaire, qui frappa de terreur les bonnetiers de la rue Saint-Denis, fit éprouver les plus vives sensations aux femmes nerveuses, et dans laquelle madame Dorval, cette artiste si dramatique et si passionnée, commença à se révéler.

Le Vampire alla payer sa dette au tombeau, et les ministres d'un Dieu de paix et de bonté refusèrent au comédien la sépulture chrétienne. Ce refus indigna le peuple, qui s'était porté en assez grand nombre au convoi de Philippe. Le curé de l'église Saint-Laurent, l'abbé Martinet, avait reçu l'argent avec lequel les amis de l'artiste voulaient acheter des prières pour l'âme de leur camarade; le curé refusa d'ouvrir les portes, que la force armée vint préserver de la colère des assistants; comme au spectacle, l'argent fut rendu, et le convoi s'achemina du côté des Tuileries; on voulait en appeler à Louis XVIII, mais les bons gendarmes intervinrent, et on intima au cocher l'ordre de conduire le char au cimetière du Père Lachaise. Enfin, grâce à l'intervention des acteurs, dont la voix digne et énergique se fit entendre du peuple, le corps du pauvre Philippe arriva à sa dernière demeure, d'où, moins heureux que le Vampire qu'il représentait, il ne pourra jamais soulever la pierre du tombeau qui retomba sur lui et se cacha sous une pluie de couronnes.

Le théâtre de la Porte-Saint-Martin se ressentait de son origine, et un corps de ballet, composé d'artistes et de danseuses de talent, luttait avantageusement avec les sujets de la danse du grand Opéra. Tout Paris a vu et se souvient de la *Chaste Suzanne*, cette belle composition chorégraphique où mademoiselle BEGRAND fit briller un véritable talent et fit battre tant de cœurs, sous le très-léger voile de gaze dont la transparence laissait voir les formes enchanteresses de cette Vénus terpsichorienne.

PIERSON, nous l'avons dit, était non-seulement un acteur fort amusant, c'était encore un danseur charmant et original; il a prouvé plus d'une fois la fausseté de ce vieux dicton : *Bête comme un danseur*. Disons à propos de cela que nous connaissons plusieurs danseurs qui ont infiniment plus d'esprit que beaucoup de petits acteurs, qui, parce que le public les souffre sur la scène, où ils débitent mal des phrases qu'ils ne comprennent pas du tout, se croient des artistes de génie, et disent tout haut : Je regarde un danseur comme une bête! — Il faut traduire ainsi la phrase de ces *garçons-comédiens* : Comme une bête regarde un danseur!

Le cœur bondit encore de joie et de désir, au souvenir de la gentille mademoiselle PIERSON! Je vois encore ce joli petit bijou dans la *Laitière Suisse*; il est impossible d'être plus gracieuse, plus piquante, et de danser avec plus d'esprit et de gentillesse.

Puis vinrent des ballets comiques : *Polichinelle vampire*, *Jocko*, assurent encore à MAZURIER la première place parmi les danseurs hors ligne. Dans *la Neige*, Mazurier était d'un comique ébouriffant, et son souvenir vient encore exciter l'émulation des danseurs dont la direction nouvelle a enrichi le théâtre.

LAURENÇON est aujourd'hui le continuateur de Mazurier; acteur très-amusant dans *le Gascon à trois visages*, il s'est montré danseur comique et très-bouffon dans les *Meuniers*; il a composé aussi de charmants ballets, dans lesquels il a fait preuve de beaucoup de science chorégraphique. Laurençon était le pensionnaire le plus dévoué de MM. Cogniard, dont chaque jour il faisait le plus grand éloge, lorsqu'une discussion, à propos d'un costume, est venue priver le théâtre d'un artiste de talent, et MM. Cogniard d'un pensionnaire zélé et consciencieux. — Espérons que cette bouderie ne sera que passagère.

RATEL, cet autre Auriol, marche aussi, c'est-à-dire danse et saute sur les traces du premier Jocko et du Polichinelle vampire. On l'applaudit, et l'on fait bien.

Puis est apparu BERTHIER, qui vient de s'assurer une place au premier rang dans un joli et très-gracieux ballet de MM. Cogniard. *L'Ombre* a mis au grand jour la réputation et le talent de Berthier, et de Mlle Camille, danseuse pleine de grâce, qu'un accident a forcée de céder le rôle de Marie à mademoiselle Noblet.

Avant de retourner aux acteurs de l'ancienne Porte-Saint-Martin, saluons mesdames Laurençon, Noblet,

Richard, Elisa Nehr, quatuor gracieux de la troupe dansante formée par MM. Cogniard.

Allons! que les visages s'épanouissent, que la gaieté bien franche, bien ronde, vienne saluer le nom d'ÉMILE COTTENET, le joyeux chansonnier, le gai viveur, l'acteur à la verve entraînante, qui vous décochait une épigramme comme un couplet de table, Émile Cottenet, dont le souvenir est encore dans le cœur de tous les amis des hommes francs, viveurs et spirituels.

Émile Cottenet aimait son art avec passion, il aimait ses camarades avec dévouement, et la vie artistique par-dessus tout cela. Son jeu mordant, plein de naturel et de vérité, sa verve comique, toujours tendue, excitait ce rire inextinguible qui fait tant de bien. Joyeux convive des soupers de Momus, il chantait avec un entrain et une facilité admirables les plaisirs bachiques et la vie épicurienne. Émile Cottenet est un artiste qui a fait gagner beaucoup d'argent à l'octroi de Paris, et plus encore à celui de la banlieue.

Cottenet et Pascal faisaient chaque jour de fréquentes visites à un cabaret souterrain attenant au théâtre; ils avaient surnommé cette taverne: *les Catacombes;* ils y descendaient même en costume; et pour que l'on ne sût pas où ils voulaient aller, ils s'étaient donné un mot d'ordre qui servait de signal. Ainsi, lorsque Pascal avait soif, et il avait soif aussitôt qu'il avait bu, il abordait Émile Cottenet au foyer en le saluant avec gravité, et lui disait:

« Monsieur veut-il mettre une chemise? »

Cela signifiait: Veux-tu venir boire un verre de vin?

« — Volontiers, » répondait Émile.

Quand la dose devait être plus forte, quand il voulait que l'on bût chacun sa chopine, Pascal disait :

« Si M. Émile le désire, il mettra une chemise à jabot. »

La chemise à jabot avait toujours la préférence, et les deux artistes descendaient aux Catacombes.

Un jour que leur bourse et leur gosier étaient à sec, ils firent une quête, au foyer, au profit de deux artistes qui ne pouvaient pas changer de linge.

On disait d'Émile Cottenet qu'il jouait les financiers en bas de coton, et Pierson les paysans en bas de soie. Il était impossible de dire rien de plus vrai.

Émile Cottenet était un de nos plus gais et de nos plus spirituels chansonniers ; citons un couplet dû à sa verve épicurienne, et qui résume l'homme et le chansonnier :

Air du Château perdu.

Sur le midi, sortant de la taverne,
Certain ivrogne allait je ne sais où...
Mon homme tombe, et soudain on le berne,
Bien qu'il jouât à *se casser le cou*.
Quelqu'un pourtant lui dit : Ami Grégoire,
Si c'est le vin qui vous fait trébucher,
Corbleu ! mon cher, vous avez tort de boire.
— Non pas vraiment ; mais j'ai tort de marcher.

Il a fait aussi plusieurs vaudevilles charmants, qui ont obtenu un succès franc et mérité ; un entre autres, intitulé : *Tristesse et Gaieté, ou les deux Noces*, dans lequel il jouait un rôle de ménétrier avec beaucoup de verve et de rondeur.

Émile Cottenet est mort en 1833 ; son ami Pascal l'avait devancé en 1825.

M. Saint-Romain voulait céder à des actionnaires la direction de son théâtre, et entre autres avantages qu'il faisait ressortir, il leur promettait l'engagement de Potier, aux conditions suivantes : 20,000 francs d'appointements fixes, et 50 francs de feux par pièce. L'engagement fut signé, et M. Saint-Romain dit aussitôt à Potier, en lui tendant la main : « Merci, mon ami; vous venez de me donner dix mille livres de rente. » En effet, grâce à l'engagement de l'artiste que tous les théâtres se disputaient, M. Saint-Romain recevait de ses successeurs 200,000 francs net.

Après lui, vinrent successivement prendre les rênes du théâtre de la Porte-Saint-Martin, MM. Lefeuve, Serre, baron de Montgenet, puissances directoriales qui s'écroulèrent vite. Il y eut pourtant bon nombre de succès : *le Banc de sable, le Vampire, les Deux Forçats, le Bourguemestre de Saardam*, et cette charmante imitation d'un grand opéra, *les Petites Danaïdes*, que tout Paris a vue, puisqu'on l'a jouée six cents fois ! et qui apparaît encore à nos souvenirs sous les traits du père Sournois.

Une voie nouvelle s'ouvrait pour la littérature théâtrale : Victor Hugo, Alexandre Dumas, ces deux grands maîtres de l'école romantique, venaient d'appeler à eux tout ce que la poésie comptait de jeunes adeptes, de cœurs chauds, d'hommes de génie. Le théâtre de la Porte-Saint-Martin devint l'arène où ces athlètes venaient combattre et porter des coups terribles aux vieilles routines.

Le bon, l'immortel Casimir Delavigne enleva au Théâtre-Français *Marino Faliero*, et apporta cette mine d'or au théâtre de la Porte-Saint-Martin. Puis vinrent

Antony, *Richard d'Arlington*, *la Tour de Nesle*, *Lucrèce Borgia*, *Marie Tudor*, *Angèle*, etc., etc.; et ces hardies conceptions, ces grandes pages de la littérature nouvelle firent du théâtre Saint-Martin, non point le second, mais le premier Théâtre-Français.....

Les artistes appelés à être les interprètes de l'élite de nos littérateurs, assuraient aussi au théâtre gloire et fortune. Gobert, Prevost, Auguste, Lockroy, Delafosse, Ligier lui-même, qui avait délaissé le cothurne classique de la rue Richelieu, sont des noms que les fastes du théâtre de la Porte-Saint-Martin rediront avec orgueil. Et en tête de cette troupe, la plus complète de France, se trouvaient quatre grands artistes, l'honneur de la scène française.

Frédérick-Lemaître avait là, comme partout, la première place; c'est *le maître* à tous, a-t-on dit, et on a bien dit. Le talent du Garrick français, du Kean de notre époque, n'a point besoin d'être cité; toute la France le connaît et toute la France a nommé Frédérick le premier comédien de nos jours. C'est à lui que nous devons la personnification des vices qui rongent la société actuelle; il a résumé en un seul individu tous les genres de friponnerie, d'escroquerie, qui sont mis en jeu pour arriver à la possession du grand pivot social, l'or. — Son âme vigoureuse, son rire satanique, ont créé *Robert-Macaire* cet autre Tartufe, mais Tartufe audacieux, strident, railleur, se jouant de tout avec impunité, ouvertement, avec calme. C'est le vice et le crime arrivés à leur apogée d'audace et de raillerie... Robert-Macaire restera pour résumer l'histoire de notre dix-neuvième siècle.

Parler des autres rôles de Frédérick-Lemaître, ce serait vouloir enregistrer trop de triomphes, de hardies conceptions, de créations originales. Depuis *Cartouche*, l'audacieux voleur, jusqu'à Ferrand, cet autre Tartufe des *Mystères de Paris*, Frédérick a tout joué avec un talent au-dessus de tout éloge.

Frédérick a longtemps, aussi, joué avec sa réputation, il l'a jetée à la face du public, comme dans un jour, dans un moment de folie, il lui a jeté sa perruque ; et chacun s'est amusé à y faire une entaille, à la morceler, à en faire des lambeaux, et Frédérick n'eut point l'air de s'en soucier le moins du monde. Il prit un masque, et dit à ceux qui vont scalpant les consciences, pour en jeter les lambeaux dans la boue : « Faites votre hideux métier... je vous défie... vous ne connaîtrez jamais que le comédien. »

Et il prit en pitié tous les gens qui cherchaient à soulever l'enveloppe, il fut avec les hommes dédaigneux et toujours prêt à rendre un service au malheur non mérité ; il sourit au seul mot amour, et se fit un hochet des femmes auxquelles le monde venait apporter de l'or et des fleurs. Il eut l'air de ne croire à rien, et on le crut blasé sur toutes les plus douces émotions. — Vous ne croyez donc pas à l'amour ? lui disait une femme ; vous ne faites donc jamais l'amour ? — Non, répondit-il ; je l'achète tout fait.

Mais ceux qui ont pu pénétrer chez Frédérick-Lemaître ont vu de quelle tendresse il entoure ses enfants, ses soins, ses attentions pour eux, et l'émotion profonde qui le fait trembler à la plus légère indisposition d'un de ses fils ; ceux-là ont dit : Non, cet homme n'est point un homme sans cœur ; celui qui connaît les douces sensations de l'amour paternel ne se rit point de tous les autres sentiments ; toutes les faiblesses viennent s'épurer au contact du plus noble des sentiments que Dieu a mis au cœur de l'homme. Tous les hommes ont leurs faiblesses qu'ils s'efforcent de dérober à tous les yeux, soit par amour-propre, soit par dissimulation; Frédérick a jeté les siennes au grand jour, et se souciant fort peu de voir un niais ou un méchant s'en emparer et les lui rejeter en appelant chaque faiblesse un vice, il a voulu montrer que seul il était assez fort pour lutter contre tous, et qu'à force de talents, il forcerait ceux qui veulent tout salir, à l'admirer et à faire de lui le comédien le plus haut placé sur l'échelle artistique.

Mais pourquoi cette impatience du joug et du frein chez Frédérick?

— C'est, a répondu son biographe Adolphe Dumas, que la patience a manqué au génie de Frédérick; sans cela il eût été un très-bon fermier. Dieu a mieux aimé qu'il fût un grand artiste!

A côté de FRÉDÉRICK-LEMAITRE apparaît une grande figure d'artiste, la seule qui puisse être placée à côté de lui: BOCAGE, cette autre nature si artistique et si puissante, le seul des artistes de Paris qu'on ait mis en parallèle avec Frédérick.

A voir cette tête d'inspiré, ce visage pâle et amaigri, on devine, sans le connaître, que ce doit être un artiste distingué..... Qui le croirait? ce comédien profond, cet acteur si brillant dans *l'Homme du monde*, si digne et si touchant dans *l'Incendiaire*, si puissant dans *Shilock*, dans *Antony;* Bocage était un ouvrier cardeur de laine à Rouen..... L'air de la manufacture pesait aux poumons fébriles du jeune homme, qui sentait son sang lui bouillonner au cœur; il voulut en finir avec la vie, et tenta le suicide... Arrêté par la sollicitude de son frère, il entreprit de suivre la route que lui traçait sa famille... Il devint épicier, commis, clerc d'huissier !...... — Voyez-vous la grande figure de Buridan affublée de la casquette de loutre et du tablier de l'épicier !..... Gonzalo des *Sept infants de Lara*, venant, la plume à l'oreille, opérer une saisie chez un pauvre diable de débiteur insolvable !... — Il y avait là trop d'anomalies; la nature de Bocage était trop heurtée... Il devint comédien !..... Et Dieu sait si jamais âme plus ardente, cœur plus chaud, furent appelés à reproduire les passions humaines. Les hommes ont jugé Bocage; ils l'ont placé sur le trépied des élus de la science dramatique... Ils l'ont nommé le rival de Frédérick-Lemaître.

Bocage n'a pas pris la vie artistique comme Frédérick, son organisation l'éloignait des viveurs et du bruit; il a vécu de la vie intime; et lorsque son nom a retenti hors du théâtre, c'est que Bocage avait senti revivre en lui la fougue du jeune homme, à la grande voix du canon de juillet; il fut l'un des plus zélés partisans de la propagande et des idées libérales qui étaient venues se grouper autour du canon populaire... Mais tout s'apaisa bientôt; c'est que chez cet artiste dont l'âme phosphorescente s'illumine sans cesse d'une pensée généreuse, le cœur se refroidit vite... il a beaucoup souffert.

C'est toujours l'homme d'autrefois, bon, loyal et dévoué; seulement cet enthousiasme s'est refroidi. Quand on le rencontre avec un rôle sous le bras, il ne vous dit plus avec une joie orgueilleuse : Je vais jouer la comédie ! Mais avec un ton tranquillement découragé : Je vais faire mon métier.

Entre ces deux athlètes de l'art dramatique, un nom

de femme vient de lui-même se placer, celui de madame Dorval ! Mais la grande actrice appartient au second Théâtre-Français : nous irons l'y chercher..... Madame Dorval vaut bien la peine que l'on passe le fleuve pour aller la voir.—Puis mademoiselle Georges était là, complétant l'élite de cette troupe admirable. Et le théâtre était le rendez-vous de la haute littérature, du monde savant, et du public qui venait en foule applaudir auteurs et artistes, et apporter de l'or dans la caisse.

M. Crosnier devint directeur de l'Opéra-Comique, et loua plutôt qu'il ne céda son privilége à un nouveau directeur qui, avec plus d'esprit qu'il n'en faut pour réussir, une capacité reconnue, et un désir bien arrêté de bien mener sa barque, fut moins heureux que son prédécesseur.

Le théâtre de la Porte-Saint-Martin a possédé longtemps le Napoléon des directeurs, le type des hommes d'esprit et de ressources ; tout le monde a deviné que je voulais parler de M. Harel.

Né en 1790 M. Harel était, à vingt ans, auditeur au conseil d'état ; puis, employé au ministère du commerce ; puis, rédacteur du *Nain jaune* ; commissaire extraordinaire dans la sixième division militaire, sous-préfet à Soissons, préfet des Landes, pendant les cent jours ; chevalier de la Légion d'honneur ; puis, exilé sous la restauration ; puis, directeur de l'Odéon ; chef de bataillon de la 11ᵉ légion de la garde nationale ; puis, directeur du théâtre de la Porte-Saint-Martin ; puis, rien... Mais toujours homme de tête, ne se laissant jamais abattre ; ce Figaro directorial a dépensé autant d'esprit que son maître Beaumarchais.

S'il fallait reproduire toutes les anecdotes piquantes,

les mots spirituels de cet homme exceptionnel, il faudrait faire un gros volume qu'on nommerait *Hareliana*. Nous en dirons quelques-uns pour donner des échantillons de l'esprit de M. Harel; nous renfermant dans notre spécialité, nous oublierons l'auditeur au conseil d'état, le journaliste et le préfet, pour ne parler que du directeur.

C'est surtout à la Porte-Saint-Martin que les situations les plus difficiles ont été tournées, que les mots les plus heureux sont éclos dans le cerveau de M. Harel. — La nécessité est mère de l'industrie, et M. Harel était alors fort nécessiteux; il ne reculait devant rien, et sut, pendant plusieurs années, lutter corps à corps contre les exigences de ses pensionnaires en renom, contre la mauvaise fortune, les créanciers, les huissiers, les gardes du commerce, et même contre la faim de ses artistes; et lorsque après avoir lutté avec toute la persévérance d'un homme capable et spirituel, d'un directeur habile et courageux, une situation difficile se présentait, il savait encore s'en tirer par une pensée audacieuse, un mot spirituel.

Un esprit présent
Est un présent
De la nature;
De tout on se rit
Avec la présence d'esprit.

Un jour M. Harel est appréhendé au corps par un garde du commerce, porteur d'une des trois cents condamnations qui pesaient sur le directeur ruiné; pendant la route de la Porte-Saint-Martin à la rue de Clichy, M. Harel fait si bien, qu'il parvient à attendrir le garde du commerce, lui promet de l'intéresser à son entreprise théâtrale, et finit par se faire prêter deux mille francs pour les besoins du théâtre, et non pas pour payer sa dette, qu'il laisse à la charge du confiant fonctionnaire public.

Un autre jour, un huissier vient pour saisir chez M. Harel; le directeur obtient un délai après lequel la signification du jugement ne pouvait plus avoir lieu; il avait promis à l'huissier des billets de spectacle pour prix de sa complaisance. Quelque temps après, notre huissier bénévole avise son débiteur à la porte du théâtre, et, après s'être fait reconnaître, lui demande deux stalles pour le soir même. « Voilà le bureau, répond M. Harel; cela coûte trois francs par place. — Mais, dit l'huissier, vous m'avez offert des billets. — Allons donc! réplique le directeur, m'avez-vous offert le mien? »

Les artistes n'étaient pas payés, ils s'en plaignaient, et avaient raison; le directeur n'avait pas un sou, et il avait tort. Une vive discussion venait d'avoir lieu entre Mélingue, qui réclamait ses appointements, et M. Harel, qui ne pouvait les lui payer. L'affaire avait été chaude, et le foyer était en combustion. — M. Harel fit placer au tableau des artistes une note ainsi conçue:

« Madame Mélingue est accusée de diffamation par M. Harel, son directeur. Cette pensionnaire va publiant partout qu'il lui est dû 965 francs; c'est là un mensonge contre lequel M. Harel croit devoir protester.»

En effet, la direction ne devait à M. et Mme Mélingue que 960 francs 15 centimes.

Deux jours après, les artistes se liguaient pour forcer le directeur à les payer — Eh! messieurs, s'écrie M. Harel en tombant au milieu d'eux comme une bombe, si vous voulez de l'argent, faites-m'en faire.

On a attribué à Talleyrand de Périgord cette phrase qui est bien positivement de M. Harel : « La parole a été donnée à l'homme pour déguiser sa pensée. »

Dans les nombreux jours de détresse, Raucourt disait à M. Harel : « Je n'ai pas dîné. — Mon cher, vous souperez mieux. — Mais je n'ai pas d'argent, et vous me devez 550 francs. — C'est votre faute ; allez à la caisse, j'ai donné des ordres pour vous. » Raucourt se présente au caissier, qui lui offre 20 francs. L'artiste, furieux, ne voulut rien recevoir, et le lendemain il disait à son directeur : « Monsieur Harel, vous vous êtes moqué de moi. D'après vos ordres, j'ai été à la caisse..... — Eh bien, on doit vous avoir payé. — On m'a offert 20 francs. — Et vous ne les avez pas pris ? — Certainement non. — Vous avez eu tort, mon ami, répliqua le directeur ; je ne pourrais pas vous en offrir autant aujourd'hui. »

Il y avait alors, au théâtre de la Porte-Saint-Martin, un figurant du nom de Fonbonne, qui depuis est passé à la Gaîté ; personne ne savait mieux que lui ouvrir les portes à deux vantaux, ou bien annoncer noblement : le roi ! la reine ! Il avait, il a encore le privilége de fournir, aux théâtres du boulevard, ces intéressants artistes de trois à six ans, qui arrachent des larmes aux amateurs de mélodrames ; comme M. Fonbonne sait qu'au théâtre messieurs les enfants au-dessus de sept ans n'intéressent plus, il dissimule, autant que possible, l'âge de ces petites merveilles, et lorsque enfin l'artiste a atteint l'âge de figurer chez M. Comte, M. Fonbonne demande à son épouse un artiste bon à *lancer !*...

Un jour M. Fonbonne prit son courage et son chapeau

à deux mains, et demanda une augmentation à son directeur. M. Harel, qui connaissait l'homme, lui dit avec un grand sérieux :

« M. Fonbonne, vu les recettes courantes, il m'est impossible de vous donner de l'augmentation ; mais le lucre n'est pas l'unique passion de l'artiste. Ne pouvant vous satisfaire du côté de l'argent, je vous contenterai du côté de la vanité. Vous étiez figurant-comparse, dès ce jour vous êtes artiste ; vous étiez relégué dans le petit foyer, à partir de ce soir vous aurez vos entrées dans le grand ; vous étiez porté sur la feuille des comparses, vous émargerez désormais celle des comédiens. Allez, et appelez sans crainte M. Frédérick : mon camarade ; tutoyez mademoiselle Théodorine, je vous en donne le droit. J'espère, monsieur Fonbonne, que vous saurez reconnaître ce que je fais pour vous. »

Et M. Fonbonne se retira, heureux et fier de ce surcroît d'honneurs. Mais, hélas ! la médaille avait un revers. Les figurants sont payés le premier jour de chaque mois ; les acteurs ne le sont que du 5 au 7, et M. Fonbonne, dont la nouvelle dignité avait fait ajourner le payement, fut obligé de vivre à crédit durant une semaine... Les grandeurs coûtent toujours quelque chose.

Un jour, des auteurs se plaignaient qu'Alexandre Dumas avait accaparé le théâtre de la Porte-Saint-Martin, et critiquaient les œuvres de cet écrivain si fécond et si dramatique. « Qu'y a-t-il ? dit M. Harel en entrant. — Des auteurs qui critiquent Dumas. — Les polissons ! ils ne sont pas capables de faire ses entr'actes. »

Les jours étaient mauvais, et les recettes étaient comme les jours ; il fallut céder, et la puissance directoriale de M. Harel s'écroula sous l'impérieuse nécessité ; bientôt, n'ayant plus un trône à offrir à la belle et puissante tragédienne dont il est encore le chevalier, après l'avoir été de mademoiselle Duchesnois, M. Harel partit avec mademoiselle Georges pour exploiter la Turquie, d'où il est revenu sans argent, mais non pas sans esprit ; sa charmante comédie *le Succès* en est une preuve irrécusable.

Mademoiselle Georges Weimer, à qui M. Harel a consacré ses soins, est trop connue par son admirable talent, pour qu'il soit besoin de parler d'elle comme actrice. Née en 1784, d'une famille de comédiens, cette artiste tint pendant longtemps le sceptre tragique, qu'elle disputait à mademoiselle Duchesnois. A soixante ans, mademoiselle Georges possède encore le talent et l'énergie qui ont fait d'elle une grande artiste. C'est encore la tragique Lucrèce Borgia, la belle Marie Tudor, la dramatique Marguerite de Bourgogne. Toujours belle, toujours passionnée, mademoiselle Georges mérite encore d'occuper le trône où madame Dorval seule est digne de monter avec elle.

M. Harel et mademoiselle Georges ont lutté ensemble contre la mauvaise fortune : tous deux ont l'âme forte et puissante ; et l'homme de lettres distingué, le spirituel écrivain a formé avec la célèbre artiste des liens d'amitié que le malheur a resserrés et qui paraissent indissolubles.

Mademoiselle Georges alla bien souvent exploiter la province, où partout elle recueillait bon nombre de couronnes et d'écus. Nous avons vu à Dreux une affiche qui annonçait la grande tragédienne dans *Sémiramis;* au bas de l'affiche on lisait en gros caractères :

MADEMOISELLE GEORGES PARAITRA AVEC 30,000 FR. DE DIAMANTS.

Nota. *Mademoiselle Georges ne porte rien de faux !*

Après la retraite de M. Harel, le théâtre de la Porte-Saint-Martin fut fermé, pour recevoir bientôt un nouveau privilége.

— Messieurs, dit le maître des balais, je demande à céder la parole à mon neveu, qui m'a accompagné; c'est un jeune Romain rempli d'espérance, et qui, depuis la réouverture du théâtre de la Porte-Saint-Martin, y passe toutes ses journées par plaisir et ses soirées par devoir.

Cette demande est accordée.

Le jeune homme en question se lève, et dit d'une voix ferme et accentuée d'un léger grasseyement provençal :

Parmi vingt concurrents qui se présentaient, le ministre choisit MM. Cogniard frères; et tout le monde applaudit au choix du ministre; car MM. Cogniard étaient non-seulement connus par leur esprit et leur talent, mais encore comme gens d'une probité à toute épreuve; leur capacité ne pouvait être mise en doute: les liens étroits qui les unissent donnaient deux directeurs avec une seule volonté. Jamais direction théâtrale ne fut confiée à des mains plus habiles, à des hommes plus dignes de la confiance du ministre, des auteurs et des artistes dramatiques.

A leur entrée au théâtre, MM. Cogniard, timides comme tous les honnêtes gens, formèrent une troupe dont le budget était peu élevé; ils craignaient le sort de leur prédécesseur, qu'il était impossible d'accuser d'incapacité. Les jeunes directeurs appelèrent à eux la plus grande partie des anciens pensionnaires de M. Harel, et confiants dans l'avenir, dans leur amour de l'ordre et du travail, ils lancèrent le vaisseau dont ils venaient de prendre le gouvernail. Le succès couronna les efforts des pilotes; la barque évita les écueils, et MM. Cogniard, plus forts et plus confiants, ouvrirent les portes de leur théâtre aux artistes de premier ordre que le public était habitué à venir applaudir au théâtre de la Porte-Saint-Martin. Bocage, madame Dorval, Frédérick-Lemaître, répondirent à l'appel, et le théâtre retrouva ses brillantes soirées et ses succès.

MM. Théodore et Hippolyte Cogniard avaient en portefeuille bon nombre d'œuvres dramatiques dont ils enrichirent leur théâtre. — MM. Cogniard travaillent toujours ensemble; car ils sont unis par l'esprit comme ils le sont par le cœur. On a surnommé les deux frères *les Siamois de la littérature.*

MM. Cogniard, gens d'esprit autant qu'ils sont hommes de goût, n'ont pas cru devoir tenir compte des déblatérations que depuis quelque temps on a lancées contre les *applaudisseurs*, et suivant nous ils ont eu raison, pour leur théâtre, pour les auteurs, pour les acteurs et même pour le public. Nous ne pensons pas que ce que les puritains au petit pied appellent la *claque* soit une immoralité, une lèpre théâtrale, et nous allons essayer de prouver l'utilité des *applaudisseurs.*

Quelques directeurs ont essayé de supprimer les dévoués que l'usage et notre indifférence ont rendus en quelque sorte indispensables dans un parterre; et alors le public, livré à lui-même, restait souvent impassible devant les plus beaux vers, les inspirations les plus dramatiques; on n'applaudissait pas, parce que la crainte du ridicule retenait ceux qui avaient saisi les beautés scéniques; c'était à qui ne prendrait pas l'initiative, on craignait d'applaudir seul et d'être remarqué; la crainte du ridicule est si vive en France qu'on s'efforçait d'imposer silence aux émotions que font éprouver une situation dramatique, un couplet spirituel, ou le talent d'un artiste aimé..... Et cette contrainte répandait dans la salle un froid qui glaçait les spectateurs et les acteurs. — Chez ceux-ci il n'y avait plus de ces nobles efforts dus au désir d'être applaudi, d'exciter l'enthousiasme; chez ceux-là plus d'élans généreux, d'émotions profondes; et, faut-il le dire, le public a besoin qu'on lui fasse remarquer une phrase bien écrite, une belle pensée, un mot piquant, un geste énergique, qui sans cela passeraient inaperçus; soit parce que les spectateurs sont souvent inattentifs, soit parce que tous ne saisissent pas de suite ce qu'ils admireront si on leur a dit : Ceci est beau; cela doit être applaudi.

Nous sommes un peu, nous sommes toujours les moutons de Panurge!... Nous sauterons où les autres auront sauté; mais c'est à qui ne passera pas le premier. Partout il faut des *appelants;* les oiseleurs en mettent sur leurs filets, les ministres en mettent au centre de la chambre élective; nous en avons vu dans Notre-Dame, aux sermons des prédicateurs à la mode; et ceux qui crient contre cet usage en feront autant demain, si demain ils deviennent oiseleurs, ministres, ou archevêques...

Sans doute la cabale est chose honteuse lorsqu'elle a pour but de satisfaire l'amour-propre ou l'orgueil d'un mauvais auteur ou d'un acteur sans talents; elle est honteuse lorsque, pour imposer silence au public, qui a le droit de juger et d'émettre son opinion, on aposte dans une salle de spectacle une horde de vauriens pour vociférer contre le spectateur qui donne une marque d'improbation ; nous avons nous-même été indigné, et nous l'avons dit hautement, en voyant des claqueurs oser porter la main sur un spectateur qui usait

De ce droit qu'à la porte on achète en entrant.

Mais quand on a confié à un homme honorable la mission de former un noyau de spectateurs pour donner au public le signal des applaudissements, et attirer l'attention sur les scènes les plus remarquables d'un ouvrage consciencieusement fait, sur les inspirations d'un artiste de talent ; nous le répétons, les *applaudisseurs* ne sont point une immoralité, une chose honteuse, c'est un besoin, une indispensabilité pour les théâtres, pour les auteurs, pour les artistes et pour le public lui-même.

MM. Cogniard ont pensé comme nous, et ils ont confié le soin d'assurer leurs succès à M. Porcher, dont le nom a trouvé place jusque dans les pages littéraires du *Mercure de France*.

Maintenant regardons un homme un peu gros, un peu grêlé, un peu boiteux, et d'assez bonne mine, à qui les acteurs et les actrices sourient amicalement, que les auteurs et les directeurs accostent avec cette familiarité qui indique une grande estime pour les gens ; c'est M. Porcher, l'entrepreneur de succès, qu'Alexandre Dumas appelle « mon ami ! » à qui Victor Hugo prend le bras, et que tous les auteurs dramatiques saluent avec cordialité.

Porcher est un homme de tact, et dont les manières ne sentent pas le claqueur ; il se gardera bien d'applaudir pendant le premier acte, à moins que le public ne commence; il se gardera bien d'imiter quelques-uns de ses confrères, qui crient *chut!* quand le public applaudit autre chose que la réplique qu'ils ont choisie. Porcher respecte le public, et il sait que les applaudissements intempestifs indisposent les spectateurs; il a lu la fable de l'Ours et l'Amateur des jardins, il sait que rien n'est pire qu'un imprudent ami. Il ne heurte pas de front l'opinion des spectateurs; non qu'il redoute les querelles, mais il les évite, parce qu'elles peuvent nuire à l'ouvrage et à l'auteur, dont les intérêts sont entre ses mains. Si l'orage gronde, si quelques sons aigus se font entendre, Porcher se borne à dire « Chut! silence!... silence donc!... vous sifflerez après l'acte. » Enfin, quand les sifflets augmentent, quand un tonnerre d'improbation éclate, *l'ami des auteurs* en appelle à l'urbanité du public, il crie : « Pour l'acteur, messieurs; écoutez l'acteur!... » Ce n'est qu'à la dernière extrémité qu'il se décide à crier : « A la porte! » contre les ennemis les plus acharnés du drame nouveau.... Avec Porcher, jamais de voies de fait, tout se fait décemment; et si, de guerre lasse, les siffleurs l'emportent sur les applaudisseurs, si l'athlète est terrassé, Porcher peut se dire avec François Ier : *Tout est perdu, fors l'honneur.*

Si, au contraire, le succès est venu couronner les efforts des *intimes*, auxquels on a donné le nom de *Romains*, parce que c'est, dit-on, à Rome, qu'on a commencé à placer des claqueurs dans les cirques, si le drame nouveau a parcouru sa carrière en trois ou onze actes, si le nom de l'auteur a été salué d'une salve bien nourrie d'applaudissements qu'a précédée un cri général de bravos à l'apparition de l'acteur en renom, Porcher est rayonnant; sur sa figure d'honnête homme on lit une joie modeste, son sourire malin semble dire : « Voilà comme je comprends la claque! » Et le général romain s'en va modestement chercher derrière le rideau la récompense qu'il ambitionne le plus : une approbation de MM. Cogniard, un sourire de l'auteur, et une poignée de main des artistes qu'il a *soutenus* sans partialité, et auxquels il a fait une part proportionnée à l'importance du rôle qui était confié à chacun.

Porcher est aimé de tout le monde, nous l'avons dit, et c'est justice ; car il est doux et très-obligeant. Il a fait bien souvent des avances à des jeunes auteurs qui, sans cela, auraient attendu dans la gêne et dans le besoin la première représentation de leurs ouvrages ; cette représentation se fait quelquefois longtemps attendre, et Porcher ajoute de nouveaux prêts aux avances premières, sans autres garanties que la confiance qu'il a dans ses obligés et dans la réussite de leur œuvre. Nous pourrions citer le nom de l'un de nos plus célèbres écrivains dramatiques qui parle de Porcher comme d'un ami, d'un ami dévoué, non pas seulement dans le sens du théâtre, mais dans les rapports de la vie privée.

L'auteur de *la Tour de Nesle* disait un jour au directeur des beaux-arts : « Je vous quitte, mon cher ; je vais chez un ami. — Quel est cet ami pour qui vous me quittez? — Un homme qui a plus fait pour l'art théâtral et les gens de lettres, que toute votre administration : je vais chez Porcher. »

Au jour d'une première représentation, le théâtre et l'auteur de la pièce nouvelle ont à soutenir contre la critique, la jalousie et la malveillance, un procès dont le public est juge. La critique a ses avocats; les jaloux et les malveillants sont de tous les temps; on en compte même bon nombre dans les amis particuliers de l'auteur. Pourquoi donc l'auteur et le théâtre n'auraient-ils pas leurs défenseurs? — M. Porcher est l'avocat du théâtre de la Porte-Saint-Martin. Tout le monde s'en applaudit.

Depuis la direction nouvelle, la caisse est ouverte le premier de chaque mois, et les payements sont faits intégralement ; cela n'a rien que l'on doive citer, c'est vrai, pour ceux qui connaissent la sévère probité et les convenances dont MM. Cogniard ont donné an de preuves. Malheureusement quelques artistes dont les appointements sont minces, arrivent difficilement à cette époque du premier du mois, sans avoir besoin de faire un appel à la caisse; ils peuvent s'y présenter tous les jours, ils sont sûrs de trouver un caissier toujours prêt à leur faire des avances, sans même en instruire les directeurs..... Nous ne savons pas si c'est par philanthropie, mais nous savons que les artistes portent beaucoup d'intérêt à cet homme obligeant.

MM. Cogniard ont choisi, pour les représenter à l'administration, un homme dont tout le monde s'accorde à louer l'urbanité, les bonnes manières et l'esprit; M. Villemot est chargé de la correspondance avec les auteurs, les journalistes, et toutes les personnes qui ont quelques réclamations à faire ou des faveurs à demander. Personne ne pourrait remplir avec plus de bienveillance et de politesse les fonctions confiées au représentant de MM. Cogniard frères.

Puisque nous faisons la physiologie de l'administration, nommons tout de suite le régisseur général : le bon, l'excellent MOESSARD est celui qui est chargé de tous les détails intérieurs du théâtre... MM. Cogniard ont la main heureuse.

Qui est-ce qui ne connaît pas MOESSARD? — S'il se trouve à Paris quelqu'un, homme ou femme, qui n'en ait pas entendu parler, nous demandons à voir de près ce phénomène curieux, cet habitant de la capitale, qui n'aurait jamais entendu parler de Moëssard l'honnête homme, l'artiste consciencieux, le régisseur modèle; celui qui a soutenu plus de thèses avec le public et avec les artistes, que tous les élèves en droit et en médecine n'en soutiennent pendant une année scolaire.

Moëssard acteur est trop connu pour que nous citions tous les rôles qu'il a créés depuis 1816. Martial dans *la Vallée du torrent*, Germany dans *le Joueur*, rôle dans lequel il déploya une sensibilité et une énergie dramatique qui lui valut tous les suffrages; jusqu'au rôle de Fich-Yanko, le papillon des *Mille et une Nuits*; voilà les trois rôles qui résument la carrière artistique de Moëssard. Pas un père vertueux qui n'ait eu cet artiste pour interprète à la Porte-Saint-Martin; c'est son droit, et Dieu sait s'il en a usé depuis trente ans!... Mais Moëssard en papillon léger! c'est là le comble du grotesque, du désopilant, de l'incroyable!... Je l'ai vu papillonnant et butinant dans un parterre de fleurs, fantastiques comme lui!... C'est que Moëssard est comme le théâtre dont il fait partie intégrante : le drame, le vaudeville et le ballet se le disputent; c'est à qui mettra la main sur lui, et l'affublera du costume de sa spécialité. Et le bon Moëssard se prête à tout; car il aime son art, ses directeurs, son théâtre et ses camarades; il se multiplie, lorsqu'il lui serait si facile de se diviser : il y a dans Moëssard l'étoffe d'une demi-douzaine d'acteurs ordinaires. Notez que je ne parle pas seulement de son embonpoint.

Moëssard a joué la comédie aux théâtres du Marais

et de Molière, puis à la Porte-Saint-Martin, d'où il s'éloigna pour aller à Marseille. Il joua successivement à Turin, Milan, Gênes et Alexandrie; aujourd'hui, il est devenu l'acteur le plus casanier des cinq parties du monde.

L'architecte Lenoir, qui construisit le théâtre de la Porte-Saint-Martin, avait placé, sur la façade, des cariatides qui semblaient soutenir l'édifice; elles sont inutiles depuis que Moëssard est là.

Au moment où le théâtre menaçait ruines, sous mademoiselle Georges et M. Harel, Moëssard était le plus embarrassé de tous ses camarades; forcé par son devoir de prendre parti pour la direction, contre des artistes que la nécessité rendaient récalcitrants, le pauvre diable se trouvait sans cesse entre le marteau et l'enclume; il était forcé de se taire quand la faim lui criait de suivre l'exemple de ceux qui exigeaient impérieusement quelque bribe de la recette du soir; et pour prix de sa résignation, le directeur s'en prenait à lui de la moindre infraction au service.

Un jour M. Harel, qui venait de s'emporter contre un garçon de théâtre, dit à Moëssard de le chasser, ce que l'honnête régisseur se mit en devoir d'exécuter un peu mollement. — «Monsieur Moëssard, cria le directeur hors de lui, quand je suis en colère, votre devoir est d'être furieux!»

Voilà Moëssard, homme public; connaissons-le dans la vie privée; et pour cela, c'est à l'Académie Française que nous nous adresserons:

Simon-Pierre Moëssard est né à Paris, le 15 mars 1781; depuis vingt-six ans, il est attaché au même théâtre et demeure dans la même maison. En 1825, son ami Pascal meurt, laissant une veuve et une très-jeune nièce dans un dénûment absolu. Moëssard va les chercher à Belleville, et de concert avec sa femme, il installe chez lui les deux infortunées qu'il fait vœu de ne jamais abandonner; il a tenu parole : la veuve Pascal a aujourd'hui soixante-dix-huit ans, elle est aveugle depuis plus de dix ans!

En 1834, un homme de lettres, logé dans la même maison que Moëssard, mourut épuisé par le travail et la misère, laissant sa veuve en proie au chagrin et à la maladie. Pendant trois mois l'artiste et sa femme prodiguèrent tous les soins, tous les secours possibles à la pauvre veuve, qui mourut en bénissant ses bienfaiteurs.

Un ancien acteur, nommé Boslogne, âgé de plus de quatre-vingts ans, réduit à la plus extrême détresse, est aussi un des commensaux habituels de cet hôte de l'indigence, dont le domicile est connu comme une succursale des maisons de secours.

De pareils faits n'ont pas besoin d'être commentés ; il faut les raconter pour donner à d'autres la pensée d'imiter le bon Moëssard, que l'Académie a récompensé par un prix Monthyon de 3,000 francs.

Les camarades et les directeurs de cet artiste honorable ont voulu, eux aussi, s'associer au témoignage public rendu à la conduite de Moëssard ; ils lui ont offert, dans un banquet de famille, une médaille qu'ils ont fait graver en l'honneur de leur bon camarade, de l'homme de bien dont ils sont fiers.

Moëssard n'est point pour cela un de ces puritains qui affectent une abnégation de toute espèce de plaisirs ; au contraire, il aime la joie, ne déteste pas un dîner d'amis, chante sa gaudriole tout comme un autre, et vide volontiers une fiole de bordeaux. Mais le théâtre avant tout pour Moëssard, et si jamais il cesse d'appartenir à la Porte-Saint-Martin comme acteur ou comme régisseur, on ne lui donne pas huit jours à vivre.

Vissot, le plus ancien des camarades de Moëssard, partage avec lui le fardeau de la régie, sans que jamais personne s'en soit plaint. C'est que c'est aussi un honnête homme, un homme tout dévoué au théâtre, aux directeurs et aux artistes. Décidément MM. Cogniard ont la main heureuse.

— Et maintenant, messieurs, dit le jeune Romain après avoir fait une pause et séché sa coupe, si vous voulez connaître les artistes, je vais vous faire part des notes que j'ai recueillies de leur bouche même, un jour qu'ils jouaient aux jeux innocents dans le foyer où j'ai l'honneur d'être admis en *intime*.

Tous les sociétaires : Oui, oui, lisez.

— Ce jour-là, dit l'orateur, les artistes posaient tour à tour sur *la sellette*, petit jeu de société qui n'amuse pas toujours tout le monde. A mon arrivée au foyer, *la sellette* était occupée par une dame, et voilà ce que j'ai entendu :

Voici une jolie femme, toute gentille, vive, ardente, spirituelle, disant bien, chantant mieux, mademoiselle Lorry. Tortillard des *Mystères de Paris* vient de prouver que cette artiste est de trop bonne compagnie pour représenter un voyou du Tapis-Franc ; ce n'est certes pas un défaut.

Une autre lui succéda; c'était la charmante Rigolette, joliette, proprette, gentillette et rondelette, comme dit la Louve dans le compte-rendu de la pièce de la Porte-Saint-Martin, Rigolette, mademoiselle Pauline Amant.

Si jamais mademoiselle Pauline a besoin d'un *amant* pour augmenter sa famille, disait-on, un seul de ses regards, un de ses sourires qui forment dans ses joues un nid pour les amours, et tous les amis des beautés piquantes et des artistes gracieuses seront à ses pieds. MM. Cogniard se félicitent de s'être attaché ces deux charmantes femmes, et ils ont raison : je leur connais plus d'un envieux.

— Maintenant, dit le jeune chef d'attaque, je prends mes notes au hasard :

Raucourt est un Breton qui a voulu, en dépit de ses études cléricales, se faire comédien ; or, ce que Breton veut, Dieu le veut ; et Raucourt est devenu un véritable comédien. Ne confondons pas le comédien avec l'acteur ; il y a entre eux la différence que l'on trouve entre l'acteur et le choriste. Raucourt, que sa nature a fait homme d'esprit et Breton, ne fut pas longtemps à conquérir une des premières places parmi les artistes dont il avait envié le sort et la profession. Le nom de Raucourt est encore tout vivace à Bordeaux, où notre artiste s'est fait une réputation, qui nous a donné *Morisseau de la Vaubalière*; et dès cet instant, Raucourt avait gagné ses épaulettes. Si vous avez vu Morisseau, vous connaissez Raucourt, cœur ardent, volonté ferme, caustique, strident même, ne pouvant se taire devant une injustice, fût-elle faite au dernier de ses camarades ; toujours prêt à relever le gant dans une discussion, et à saisir la plume pour signaler un abus, combattre un préjugé ; Raucourt a besoin d'émotions ; il a surtout besoin de parler, et le gaillard parle bien. C'est un intrépide conteur d'anecdotes ; je crois même qu'il en fabrique au besoin, car il en fait une rude consommation. Malgré ou plutôt à cause de cela, Raucourt est accueilli avec empressement au foyer, au café, partout; il est amusant, il le sait; et quel que soit le sujet dont on s'occupe à son arrivée, Raucourt s'empare de la parole, discute d'abord, puis raconte une, deux, quinze anecdotes, qu'il vous affirme être vraies avec un aplomb que l'on prendrait pour de la conviction, si on ne savait pas qu'il a passé dix années à Bordeaux, et que la Garonne est là dans toute sa beauté! — Non pas que nous pensions que Raucourt ait fait de fréquentes libations dans cette rivière gasconne; le gaillard n'est pas si bête : Bordeaux offre bien d'autres moyens d'humecter un gosier d'artiste; d'ailleurs

> Les méchants seuls sont buveurs d'eau,
> C'est bien prouvé par le déluge;

et Raucourt n'est pas méchant, tant s'en faut; il discute et ne dispute jamais; mais il est ardent, un peu rageur même : il a le système nerveux très-impressionnable; par exemple, l'odeur de la violette lui donne des spasmes! Que quelqu'un s'avise de mettre un bouquet de cette fleur printanière dans un verre, et d'aller offrir ensuite à Raucourt à boire dans ce verre-là, sa tête se trouble, ses jambes tremblottent, il a des spasmes! C'est une antipathie bien prononcée pour cette pauvre petite violette, emblème de la modestie; ce n'est pas la faute de Raucourt, c'est la faute de son organisation impressionnable. Raucourt n'attend jamais qu'on lui demande un service, il va au-devant; c'est le champion le plus dévoué de l'art dramatique et des comédiens. Il a, dans plusieurs journaux, combattu vigoureusement ceux qui se sont avisés de lancer l'anathème classique sur les comédiens ; il ne cède pas facilement quand il soutient une thèse en faveur de son art ou de ses camarades.—C'est que Raucourt est Breton, homme de cœur, et artiste de la tête aux pieds.

Jemma, que l'on peut mettre en parallèle avec Raucourt, a cependant une organisation bien différente ; c'est un artiste distingué à qui le public et ses camarades font bon accueil, et nul ne mérite mieux cette marque d'estime. Jemma, qui, comme tous les comédiens, aime son art avec passion, souffre et porte partout les traces de ses souffrances physiques ; il s'ennuie souvent, mais il n'ennuie jamais personne. Il y a chez lui un peu d'hypocondrie, qu'on lui pardonne volontiers ; car il est doux, il est bon, et cause avec infiniment d'esprit et de convenances.

Mademoiselle Grave, qui vient de créer *Fleur-de-Marie* avec un talent et une grâce remarquables, est une jeune personne bien douce, bien élevée, bien intéressante, qui en est encore à ses premiers pas dans le monde ; tant mieux pour elle et pour la morale, peut-être aussi pour ses études artistiques.

Mais voici bien une autre luronne, gaillarde bien décidée, bien franche, bien gaie, disant à chacun son fait bien crûment, bien tranché : Léonide ! car personne ne s'avisera de dire Mademoiselle Léonide à cette joyeuse commère qui appelle un chat un chat. C'est que, dit-elle, elle n'est point bégueule, et ne se pose pas en marchande de modes. — Léonide a joué la *Laitière* dans *les Mystères de Paris* avec sa nature à elle ; allez la voir dans ce rôle, qu'elle joue fort bien par parenthèse, et vous la connaîtrez tout entière. La gaillarde ne boude sur rien ; un homme ne la fera pas reculer ; elle lui tiendra tête par parole et par action. Elle vous décoche une épigramme avec une vigueur qui fait du mot caustique un assommoir. — Et avec cela un cœur excellent et toujours prêt à s'animer au récit d'une infortune. Dieu sait tous les services qu'elle a rendus, toutes les misères qu'elle a soulagées. Nous savons beaucoup de ses camarades qui lui doivent une large part de reconnaissance, et qui se plaisent à le proclamer. Par exemple, que Léonide apprenne qu'un ou une de ses camarades soit malade, ou ait un enfant, une mère à soigner, vite elle accourt, offre ses services et s'installe au chevet du malade. Si c'est un camarade dont les maigres appointements font pressentir le besoin, Léonide donne à l'instant tout ce qu'elle a d'argent; nous l'avons vu mettre son argenterie au Mont-de-Piété pour obliger un ami malheureux. — Voilà certes plus qu'il n'en faut pour faire excuser un penchant irrésistible à l'épigramme, une vive démangeaison de parler, de tout dire, et de dire tout sans choisir l'expression, dût-elle écorcher un peu les oreilles chastes. — Mauvaise tête, langue bien effilée, cœur excellent, voilà Léonide.

Serrons la main en passant à CLARENCE et à GRAILLY, car ce sont deux excellents garçons, deux artistes distingués, que le cœur et le talent ont placés au premier rang et qui s'y maintiendront.

A côté de ces hommes jeunes et beaux, plaçons TOURNAN : nous aimons les contrastes. C'est un des plus anciens pensionnaires du théâtre de la Porte-Saint-Martin, un acteur fort comique et fort original, un amusant causeur : au théâtre on le voit avec plaisir, au café on le recherche. — C'était un des dévoués de M. Harel, qui en faisait tout ce qu'il voulait, et qui lui a fait jouer les rôles les plus opposés : les grimes, les traîtres, les pères nobles, les pères dindons... Je crois même que Tournan a joué *Buridan* et le beau *Gennaro!*... M. Harel faisait des miracles.

Dans les plus mauvais jours du spirituel directeur, Tournan aurait bien voulu que M. Harel pût faire le miracle de la multiplication des pains et des poissons. Un jour l'artiste se présente chez son directeur, et offrant à M. Harel un râtelier complet de fausses dents qu'il ôte de sa bouche : « Vous n'avez pas d'argent, dit-il ; prenez ceci, je vous le donne ; cela m'est inutile, puisque je n'ai plus de quoi manger. »

N'oublions pas une actrice que le public voit toujours avec plaisir ; madame SAINT-FIRMIN, femme très-spirituelle, écrivant et parlant bien, et qui joue les duègnes d'une façon remarquable. On la croirait d'âge à cela ; détrompez-vous, et demandez à l'employé chargé d'inscrire les nouveau-nés du cinquième arrondissement.

Nous ne parlerons de NESTOR que pour lui reprocher de trop sacrifier à la grosse charge, qui sent plus la parade que la comédie. Quand Nestor veut, il montre du talent ; mais il dépasse trop souvent le but. — Qui veut trop prouver, prouve trop !

GABRIEL est un garçon qui joue les comiques avec moins de prétentions que son camarade Nestor, et qui amuse beaucoup plus ; il chante fort agréablement, et imitait Duprez d'une manière délirante dans la Revue de 1841 ; c'est surtout dans une scène de *Richard Cœur-de-lion* que Gabriel faisait pouffer de rire. — Pique-Vinaigre des *Mystères* a montré la naïveté de cet acteur, que MM. Cogniard devraient faire jouer plus souvent. — Gabriel vient d'épouser une actrice que tout

Paris a vue et applaudie à l'Ambigu il y a une dix-huitaine d'années : mademoiselle IRMA est revenue de la Russie avec pas mal de roubles, et elle a fait de Gabriel son boyard légitime.

Avec tous ces artistes, et ceux dont les noms nous ont échappé, avec des directeurs comme MM. Cogniard, un théâtre doit faire fortune.—Celle du théâtre de la Porte-Saint-Martin est assurée.

Après un toast porté aux deux visiteurs, le vice-président annonce que la sixième séance sera consacrée à un théâtre royal.

EXCELLENTE MÉTHODE POUR CONSERVER LA VOIX.
La Prima Donna ouvre la bouche .. l'Orchestre fait le reste.

THÉATRE ROYAL DE L'OPÉRA-COMIQUE.

Sixième séance de la Société Cancannière.

Depuis un quart d'heure toutes les places sont occupées au bureau, le fauteuil du vénérable fondateur est vide, et l'assemblée, qui est nombreuse, commence à s'agiter avec inquiétude, lorsque le fondateur lui-même entre dans la salle. — Tout le monde se lève; chacun félicite ce dignitaire sur le rétablissement de sa santé. — L'enthousiasme s'apaise; et le fondateur présente à l'assemblée une dame d'un âge quelconque, vêtue avec recherche, et coiffée d'une espèce de bonnet de paysanne, comme en ont aujourd'hui les lorettes et les grisettes de Paris. — La dame, qui porte une robe à la Camargo, ressemble à ces bergères de Florian, que l'on ne trouve plus guère que sur les trumeaux dus au pinceau pastoral des Watteau et des Boucher; elle est conduite jusqu'à

11

une place réservée auprès du bureau, et la séance est ouverte.

Messieurs et chers camarades, dit le fondateur, le théâtre royal de l'Opéra-Comique ayant été désigné pour occuper la sixième séance de notre société, nous allons, suivant nos statuts, faire une excursion rétrospective dans les annales de ce théâtre. — Mademoiselle Séphélie Desroches, qui pour la première fois vient apporter son tribut à nos archives dramatiques, m'a remis quelques notes écrites par un ancien ami, souffleur et copiste du théâtre Favart; ces notes peuvent servir à l'histoire du théâtre de l'Opéra-Comique depuis sa réunion à la Comédie Italienne, jusqu'à son installation au théâtre de Monsieur, comte de Provence, rue Feydeau. — Mademoiselle Séphélie continuera ses notes par une revue succincte de ce théâtre, sous l'empire; puis viendra le théâtre actuel, par M. Bourdon-Desroches, fils aîné de mademoiselle Séphélie, et choriste au théâtre de M. Crosnier.

— Maintenant, dit l'orateur, je vais lire.

« L'Opéra-Comique doit à Favart, auteur fécond et gracieux, la gloire d'avoir épuré les comédies mêlées d'ariettes que l'on représentait à l'hôtel de Bourgogne et au théâtre de la rue Mauconseil. Le vaudeville villageois enfanta les pièces pastorales qui ont fait la fortune primitive de l'Opéra-Comique.

Madame Favart, actrice pleine de talent et de gentillesse, brillait là de toutes les grâces de son esprit et de sa jolie figure; pendant vingt-sept ans, madame Favart

mérita les applaudissements du public : vaudeville, comédie, chant, danse, parodie, opéra italien ; ingénues, jeunes premières, mères nobles, son talent embrassa tous les genres et tous les rôles. Elle excita tant de transports et d'enthousiasme, dit Laharpe, que Voltaire, qui prenait assez volontiers de l'humeur de tout succès qui n'était pas le sien, écrivit : « Peuple, qui vous passionnez, tan-
» tôt pour une actrice de la Comédie Italienne, tantôt,
» etc. »—Plus tard, le vieillard de Ferney écrivait à madame Favart :

« Vous ne sauriez croire, madame, combien je vous
» suis obligé. Ce que vous m'avez envoyé est plein d'es-
» prit et de grâces ; ma foi, il n'y a plus que l'Opéra-
» Comique qui soutienne la réputation de la France.
» J'en suis fâché pour la vieille Melpomène ; mais la
» jeune Thalie de l'hôtel de Bourgogne éclipse bien par
» ses agréments la vieille majesté de la reine du théâ-
» tre...... »

On ne s'attendait guère à entendre les noms de Voltaire et de Laharpe dans le salon réservé à notre société cancannière ; mais il s'agit d'un théâtre royal, et ses annales doivent nécessairement être enrichies de noms illustres.

Avant Favart et sa femme, les comédies étaient mêlées de couplets qui excitaient la grosse gaieté, et qui sont d'une étrangeté baroque et incompréhensible ; citons-en quelques-uns pour donner une idée de l'opéra-comique de la Comédie Italienne. Dans les *Spectacles malades*, comédie mêlée d'ariettes, par Lesage et Dorneval, on avait mis :

Allons l'éprouver, mon poulet,
Pinpiberlo, pinbiberlabinet,

> Oui, je vais risquer le paquet,
> Biberlo, babulo,
> Pinpiberlo, babulo, biberlo,
> Pinpiberlobinet.

Puis ailleurs, on trouvait :

> Hi, zing, zing, zing,
> Madame la mariée,
> Cla, cla, cla,
> Lira, lironla,
> Gué, gué,
> Le joli panier
> Va danser.

Et tant d'autres refrains, tels que les *zon, zon, zon*, les *turlutaine*, les *mistico en dardillon*, etc.

Madame Favart, auteur spirituel et poëte naïf, fit succéder à ces bizarres refrains des couplets bien tournés, qui firent de l'Opéra-Comique un spectacle amusant et délicat.

Bastien et Bastienne, la Fête d'amour, Jeannot et Jeannette, la Fille mal gardée, Annette et Lubin, sont de charmants opéras-comiques, qui chassèrent le mauvais goût des comédies italiennes, et firent succéder le genre gracieux au genre burlesque. Comparons les couplets que j'ai cités plus haut avec ceux-ci :

> Annette, à l'âge de quinze ans,
> Est une image du printemps ;
> C'est l'aurore d'un beau matin
> Qui ne veut naître
> Et ne paraître
> Que pour Lubin.

Son teint, bruni par le soleil,
Est plus piquant et plus vermeil ;
Blancheur de lis est sur son sein,
    Mouchoir le couvre
    Et ne s'entr'ouvre
    Que pour Lubin.

Et puis dans *Jeannot et Jeannette*, ce gentil couplet :

Dès que je vois passer Jeannot,
Tout aussitôt je m'arrête ;
Quoique Jeannot ne dise mot,
Près d'lui, chacun m'paraît bête ;
Quand il me r'garde, il m'interdit,
Je deviens rouge comme un' fraise...
Apparemment que l'on rougit
    Lorsque l'on est bien aise.

Enfin une ariette de *Bastien et Bastienne*, qui a fait dire à Laharpe : « Jamais la nature, dans toute la simplicité de la vie champêtre, n'a rien inspiré de plus vrai, de plus tendre, de plus gracieux que ces deux couplets :

Autrefois à sa maîtresse,
Quand il volait une fleur,
Il marquait tant d'allégresse
Qu'elle passait dans mon cœur.
Pourquoi reçoit-il ce gage,
D'une autre amante aujourd'hui ?
Avions-je, dans le village,
Queuq' chos' qui n' fût pas à lui ?
Mes troupeaux et mon laitage,
A mon Bastien tout était.
Faut-il qu'une autre l'engage
Après tout ce que j'ai fait !

Pour qu'il eût tout l'avantage
A la fête du hameau,
De rubans, à tout étage,
J'ons embelli son chapeau.
D'une gentille rosette
J'ons orné son flageolet.
C'n'est pas que je le regrette,
Malgré moi l'ingrat me plaît.
Mais pour parer ce volage
J'ons défait mon biau corset;
Faut-il qu'une autre l'engage
Après tout ce que j'ai fait!

Voilà bien des citations, mais elles résument l'une des phases les plus heureuses de l'Opéra-Comique, et nous aimons à connaître les bases des monuments que nous explorons.

On a disputé à Favart et à sa femme l'honneur d'avoir fait ces tableaux villageois devant lesquels l'esprit aimait à se reposer. Les envieux n'épargnent rien et sont de tous les temps; on attribuait à l'abbé de Voisenon la paternité des meilleures pièces de Favart; et à celui-ci on disait : C'est vous qui faites les pièces que l'on joue sous le nom de Mme Favart. L'intimité dans laquelle vivait l'abbé de Voisenon avec les époux Favart avait fait naître d'autres bruits plus injurieux encore. On disait que l'actrice tant admirée à l'hôtel de Bourgogne, l'était plus encore par le maréchal de Saxe; l'abbé de Voisenon lui-même passait pour être au mieux avec sa jolie collaboratrice. Que ne disait-on pas, mon Dieu!... C'était alors comme aujourd'hui.

A propos de cet abbé de Voisenon, on cite de lui des contes en vers un tant soit peu légers pour un ecclésiastique, des mots piquants et des habitudes trèsmondaines : bien que travaillant pour le théâtre, il ne remplissait pas moins ses devoirs religieux, il disait exactement son bréviaire, mais il en marquait les renvois par des couplets qu'il composait souvent en interrompant ses prières.

— J'ai entendu raconter, dit le vieux comparse, en interrompant sa lecture, que de nos jours un vicaire d'une des grandes paroisses de Paris, homme d'esprit et homme du monde, avait collaboré avec des auteurs dramatiques, et qu'on lui doit une grande part dans des pièces qui ont obtenu des succès, entre autres : *Une Aventure sous Charles IX*, *Perrinet Leclerc*, etc. — Pour Dieu, si cela est vrai, cachons bien le nom de cet écrivain..... Si Mgr. l'archevêque le connaissait!!! — Je continue :

Un jour, l'abbé de Voisenon étant malade, son médecin lui ordonna de prendre dans la matinée une pinte d'eaux légèrement purgatives; il revint le soir et demanda quel effet avait produit la prescription. « — Au » cun, répondit l'abbé. — Avez-vous tout pris? — » Non, seulement la moitié. » Le docteur se fâcha sérieusement. « — Eh ! mon ami, ne vous emportez pas, » dit Voisenon; comment voulez-vous que j'avale une » pinte? regardez-moi bien, je ne tiens que chopine. » Il était en effet fort petit et d'une construction très-délicate.

La reine Marie-Antoinette aimait jouer la comédie, et avait fait construire à Trianon un théâtre vraiment royal, dont les spectateurs étaient Louis XVI, les comtes de Provence et d'Artois, et quelques grands seigneurs de leur suite. La reine choisissait surtout les opéras comiques de madame Favart, parce qu'ils étaient en rapport avec ses goûts champêtres. Un jour, on jouait à Trianon *Annette et Lubin* ; la reine, qui jouait Annette, était applaudie par tous les spectateurs, lorsqu'un coup de sifflet très-aigu se fit entendre. Tout le monde cria haro sur le siffleur, qui n'était autre que le roi. Marie-Antoinette, qui l'avait vu, s'avança sur le devant de la scène, et faisant une petite révérence villageoise, dit au spectateur : « Monsieur, si vous n'êtes pas satis- » fait, passez au bureau, on vous rendra votre argent. » Le roi se mit à rire, et dit tout haut : « C'est égal, c'est » royalement mal joué. »

A cette époque, les artistes de l'Opéra-Comique étaient Michu, Rosière, Trial, Dozainville, Thomassin ; mesdames Mainville, Trial, Colombe, Gontier et Dugazon. Le théâtre était florissant, et le genre pastoral faisait trembler les auteurs de grands opéras ; Sedaine surtout, qui faisait des drames lyriques, tels que *Richard Cœur-de-lion* et *Raoul Barbe-bleue*, ne pouvait cacher son dépit de voir prospérer les petits opéras.

Madame Gontier, qui excellait dans les rôles de paysannes et de fermières, était parfaite dans la nourrice de *Fanfan et Colas* ; c'était une femme aimable, entendant fort bien la plaisanterie, et pourtant elle était sévère sur les devoirs religieux. Ses camarades l'ont vue derrière une coulisse, un jour de première représentation, faire le signe de la croix, et dire tout bas avec émotion : « Mon Dieu, faites-moi la grâce de bien savoir mon rôle ! »

Ceci me rappelle une autre anecdote arrivée à l'Opéra-Comique : Un jour que l'on jouait *les deux Chasseurs et la Laitière*, il faisait un orage très-violent, les éclairs sillonnaient le ciel, qui semblait tout en feu. L'*ours* entre en scène ; au moment où il passait devant le souffleur, un coup de tonnerre retentit ; le pauvre diable est tellement effrayé, qu'oubliant qu'il est dans la peau d'un ours, il se dresse sur ses deux pieds, fait le signe de la croix et continue son rôle au milieu d'un rire universel.

Trial se trouvait un jour dans un jeu de paume, lorsque le comte d'Artois, qui aimait beaucoup cet exercice, y vint faire la partie. Comme le prince n'était pas des plus forts, les spectateurs s'égayaient un peu aux dépens du joueur. Le prince, qui s'en aperçut, s'emporta et ordonna que l'on fît sortir ceux qui n'étaient point de sa suite, en les traitant de b.... et de j... f..... On obéit, et tout le monde sortit, à l'exception de Trial. « Est-ce » que vous n'avez pas entendu ce que j'ai dit ? lui cria le » comte d'Artois. — Pardonnez-moi, monseigneur, lui » répondit l'artiste ; mais comme je ne suis ni un b..... » ni un j... f....., je suis resté. » Le prince quitta la partie, et dès ce jour il fit construire sur le boulevard un jeu de paume réservé pour lui.

La Veillée villageoise, petit opéra comique, joué à Marly, devant la reine Marie-Antoinette, valut à ses auteurs, Piis et Barré, une gratification de 1,200 livres. Quelque temps après on joua encore à Marly, les *Vendangeurs*, des mêmes auteurs. Dans cette comédie, mêlée d'ariettes, *le Père Lajoie* chantait les couplets suivants :

> Pour animer nos chansons,
>   La gaîté se passe
> De violons et de bassons,
>   Et de contre-basse.
>
> Mais l'ennui parmi les grands

Sèche tant leurs âmes,
Qu'il faut beaucoup d'instruments
A ces grandes dames.

Ces couplets grivois firent murmurer, et le comte de Maurepas observa que c'était gai... mais polisson ! Heureusement pour les auteurs, qu'ils avaient reçu la gratification de 1,200 livres, sans cela ils auraient bien pu payer la maladresse de n'avoir pas supprimé ces deux couplets ce jour-là.

Le Déserteur parut alors, et le succès fut immense; et il était mérité, dit le fondateur en s'interrompant, puisque depuis cinquante ans cet opéra fait le plus grand plaisir. Le rôle de Montauciel vient de procurer à un jeune artiste du théâtre actuel de l'Opéra-Comique, un véritable triomphe. Mocker, sur qui nous reviendrons, a prouvé dans ce rôle tout ce qu'il y a en lui de talent comme chanteur et comme comédien.

Alors aussi brillait Grétry, l'Orphée français, comme l'appelait le grand Frédéric; Grétry, le bon Grétry, le suave compositeur à qui nous devons tant de belles partitions, et que Boïeldieu seul a remplacé à l'Opéra-Comique. — La musique était alors douce, mélodieuse, et touchait l'âme, bien plus qu'elle ne frappait l'oreille. Le hautbois, la flûte, le galoubet, n'avaient pas encore été remplacés par ces monstrueux instruments de cuivre, qui font ressembler l'Opéra-Comique à l'orchestre d'un cirque où vont s'entr'égorger des animaux furieux. — L'*Ophicléide* n'était pas encore inventé, et Rossini, le maëstro, chef de l'école moderne, n'avait pas encore assourdi les tympans que Grétry charmait par ses gracieuses compositions.

Je me rappelle un couplet qui vient corroborer mon

opinion sur la musique bruyante que nous devons à l'Italie :

Air : *Le luth galant qui charmait les Amours.*

De Rossini les accords sont brillants,
Mais notre France est-elle sans talents ?
De vingt maîtres fameux notre école s'honore :
Grétry chantait jadis, Boïeldieu chante encore,
Et les Français charmés les chanteront toujours.

L'Opéra-Comique résista aux orages de la révolution, et vint en 1797 s'établir dans le théâtre de la rue Feydeau, où il est resté pendant trente-deux ans. »

Et maintenant, dit le narrateur, je vais céder la parole à mademoiselle Séphélie Desroches, qui va nous parler de l'Opéra-Comique jusqu'à la restauration. — Surtout, de l'indulgence, messieurs ; mademoiselle Séphélie a la voix faible.

Lorsque je débutai au théâtre Feydeau, dit la dame en essayant de rougir, mademoiselle Desbrosses protégea mes débuts et mes premiers pas dans les coulisses ; c'était une bonne grosse réjouie, au visage ouvert, au langage facile comme son chant, et avec cela de l'esprit, de la bonté. Je débutai dans un opéra intitulé *Azémia ou les Sauvages*; et je devais continuer mes débuts dans le *Prisonnier ou la Ressemblance*. Dans la première pièce je fus assez bien accueillie, malgré ou peut-être à cause de mon habillement, qui consistait en un costume complet, ou plutôt fort incomplet, de sauvage ; mais au deuxième acte un tremblement universel s'empara de moi, je ne pus continuer, et l'on baissa le rideau, au moment où les sauvages apercevant les Européens chantaient en chœur :

Décochons, décochons, décochons nos flèches !

Dès cet instant, je ne voulus plus souffrir le costume d'Azémia, et je jurai de n'être jamais sauvage…J'ai tenu ma parole.

Deux jours après, je tentai un second début dans *la Fausse Magie*; j'avais choisi le rôle de Lucette, pour le morceau de chant qui commence le second acte :

Comme un éclair, la flatteuse espérance.

Un journaliste écoutait en bâillant d'une façon fort impertinente, lorsqu'un jeune homme qui me voulait du bien entra dans la salle, et dit à ce vil folliculaire :

—Monsieur, la débutante a-t-elle chanté *Comme un éclair ?*

—Non, monsieur, répondit l'autre, elle a chanté comme un âne.

Le mot avait été entendu de toute la salle, il fit fortune, et je fus *égayée*, ce qui me causa un si violent chagrin que je résolus de quitter le théâtre; mais un beau jeune homme était là, qui vint à moi, me consola, m'emmena dans sa loge; c'était Huet, chanteur de mérite, qui devint depuis administrateur de l'Opéra-Comique; il était très-beau cavalier, était fort couru par les grandes dames de l'empire, et oublia bientôt qu'il m'avait promis de me pousser. Néanmoins je restai au théâtre et je me résignai à jouer des paysannes et des soubrettes, dites grandes utilités. Plus tard, lorsque lasse de n'avoir jamais plus de huit syllabes à dire en scène, ce qui pour moi équivaut au supplice du mutisme, je me suis résignée à abandonner les planches, je ne quittai point mon théâtre, où mon bon goût et mes manières m'ont fait confier les fonctions de costumière; ce que les gens mal élevés appellent habilleuse.—Mais pardon, il n'est point question de moi maintenant; parlons du théâtre Feydeau.

Là se trouvaient des artistes dont le nom est encore cité avec plaisir par tous les amis des bonnes méthodes. En première ligne, je nommerai Vizentini, si amusant dans les bas comiques et dans les caricatures. Ce vieux Vizentini, je crois le voir encore dans *l'Irato*... comme il luttait avec Elleviou, que tout Paris allait entendre et applaudir. — Dans cette jolie petite pièce de *l'Irato*, Elleviou était admirable de sang-froid, de comique et de manières; muscadin aux longues cadenettes, *incroyable* comme les élégants du Directoire, Elleviou était délirant. — Bien loin d'imiter les artistes qui attendent pour se retirer du théâtre que le public les avertisse que l'âge leur a fait perdre talents et physique, Elleviou a quitté le théâtre Feydeau au moment où il recevait le plus d'argent et de couronnes; il est allé vivre de la vie ordinaire, et est devenu conseiller municipal, puis maire d'une grande ville de province.— Ce que c'est que nous!

Je reviens à Vizentini, l'acteur original, l'auteur heureux; plus spirituel dans ses rôles que dans ses pièces; mais réussissant également dans les uns comme dans les autres. Je me souviens de ce qu'a dit de lui un critique biographe : « Après qu'on a entendu la musique
» de certains opéras comiques, Vizentini est pour le pu-
» blic ce qu'était pour un sage de la Grèce la boule de
» fer qu'il laissait tomber dans un bassin de cuivre pour
» ne pas s'endormir. »

J'ai vu, en 1818, Paul et la gracieuse et piquante madame Gavaudan, jouer un drame lyrique intitulé *Paul et Virginie*. Les jeunes colons avaient à eux deux quatre-vingt-neuf ans!... Et on les applaudissait beaucoup.

Demandez à madame Boulanger si madame Gavaudan paraissait avoir ses quarante-deux ans lorsqu'elle était en scène? — C'est que le talent fait oublier l'âge, et que cette délicieuse artiste avait encore à cette époque la voix fraîche et pure, un joli visage, et avec cela on fait passer bien des choses. — Mademoiselle Mars, notre admirable comédienne, jouait encore, et jouait encore admirablement bien *Célimène* et *Suzanne*, à soixante ans!

Mais puisque j'ai invoqué le nom de madame Boulanger, je vais vous parler tout de suite de cette artiste que tout le monde connaît comme la meilleure comédienne du second théâtre lyrique; Madame Boulanger a débuté en 1811, et obtint des succès aussi brillants que ceux de madame Saint-Aubin; son nom seul faisait recette. C'est qu'alors on ne sacrifiait pas tout à quelques roulades ou à une note un peu plus élevée, il fallait être comédienne, et madame Boulanger avait cette qualité, une voix suffisante, un visage piquant, un peu d'embonpoint, c'est vrai; mais les hommes ne regardent pas tout cela comme un défaut. — Aussi Dieu sait combien de cœurs ont battu pour madame Boulanger, combien de désirs un de ses regards a fait naître.

Parmi les nombreux adorateurs de madame Boulanger, un surtout se faisait remarquer par ses assiduités dans les coulisses; c'était un écrivain, homme de beaucoup d'esprit, qui aurait pu tout comme un autre s'intituler le prince des critiques. C'est à lui que nous devons la jolie comédie de *Brueis et Palaprat*, et il repose aujourd'hui à l'Académie... ne troublons pas son sommeil! — Un jour l'amoureux écrivain, qui avait inutilement employé toutes les fleurs du printemps et celles de la rhétorique pour faire agréer son amour, voulut prendre furtivement ce qu'on ne voulait pas lui accorder. Aussitôt le plus vigoureux soufflet que puisse détacher une main potelée et un bras fortement construit, tomba sur la joue de l'académicien en herbe. — Le lendemain on lisait dans un journal de théâtre :

« A VENDRE :

» Un *soufflet* bien conditionné, offert en présent à un homme de lettres qui l'a gardé soigneusement. Ce soufflet sort de la main d'une artiste distinguée; les clous en sont dorés *et tiennent.* »

Madame Boulanger, qui a encore une place très-honorable à l'Opéra-Comique, est fort aimée de ses camarades, qui l'appellent maman Boulanger; elle est bonne, serviable et spirituelle. Le public la voit encore avec grand plaisir : c'est qu'il aime les vieilles connaissances et les excellentes actrices.

Si madame Boulanger fut toujours plus comédienne que chanteuse, PONCHARD a prouvé qu'avec des qualités contraires on pouvait prétendre à toute la faveur du public, et il atteignit facilement le but qu'il s'était proposé. Ponchard est venu à l'Opéra-Comique en sortant de Lyon, sa patrie; tout d'abord son excellente méthode, sa voix puissante, bien qu'un peu criarde, en ont fait un chef d'école, et l'ont placé au premier rang des artistes de Feydeau. *Les Voitures versées* ont été pour lui un véritable triomphe. On a dit de lui que pour ceux qui croient à la métempsycose, Ponchard a dû être jadis un rossignol. — Par exemple, il valait mieux l'entendre que le voir, car il usait un peu de la permission que les acteurs ont, ainsi que tous les autres hommes, d'être laids; il n'en plaisait pas moins, et les femmes, qui se laissent aussi bien prendre par les oreilles que par les yeux, lui ont prouvé que ce n'était point par les charmes du visage que le dieu Pan sut plaire à la nymphe Écho.

Après avoir entendu Ponchard dans la grande ariette du *Jugement de Midas*, on lui décerna une couronne à laquelle étaient attachés les vers suivants :

> Le dieu dont la mythologie
> Nous vante les accords touchants,
> Eut-il la brillante magie
> Que l'on admire dans tes chants?
> On le dit, je veux bien le croire:
> Je ne veux pas ternir sa gloire;
> Mais sois bien certain qu'ici bas,
> Le sot le plus incorrigible,
> A ta voix devenu sensible,
> N'eût pas jugé comme Midas.

Ponchard est aujourd'hui professeur de chant au Conservatoire de Musique.

Lyon nous a donné un autre chanteur nommé DARNOVILLE. *Gulistan*, ou *le Hulla de Samarcande*, était son rôle de prédilection; aussi promena-t-il cet opéra de ville en ville; il lui servait de passe-port, et son talent de comédien, la hardiesse avec laquelle il attaquait un rôle ou un morceau musical, lui faisaient pardonner ses roulades sans fin et les *fioritures* de mauvais goût qu'il introduisait dans la musique de Grétry ou de Boïeldieu. Sa rage de se mêler de politique le força de quitter Lyon, puis Paris, puis la France. Après la retraite de MARTIN, Huet fut chargé de ramener Darboville à l'Opéra-Comique, où il rentra guéri de sa fièvre de politique, acteur de mérite, chanteur agréable, mais bien loin de Martin, qu'il n'a pas remplacé.

Messieurs et chers camarades, dit le fondateur, notre chère camarade Mlle Séphélie est fatiguée; pendant qu'elle va se reposer et interroger ses souvenirs, je vais vous faire part de quelques réflexions que me font faire ces derniers mots de l'orateur : « Mais bien loin de » Martin, *qu'il n'a pas remplacé.* »

Heureusement pour l'art et pour l'Opéra-Comique, le public commence un peu à perdre l'habitude de vouloir, lorsqu'un artiste aimé quitte le théâtre, que celui qui est appelé à le remplacer ait exactement la même voix, le même talent, les mêmes gestes, les mêmes défauts. Ainsi autrefois à Paris, et maintenant encore dans les villes de province, il fallait un Elleviou, un Trial, un Martin, une Dugazon, une Gavaudan, un Potier, un Tiercelin, un Vernet, etc., etc., et les jeunes adeptes de l'art dramatique s'étudiaient à imiter le son de voix, la manière et jusqu'à la tournure de celui dont ils voulaient prendre l'emploi. Nous avons vu des acteurs boiter quand ils jouaient un rôle de Lefèvre, des Variétés, ou bien se retrousser le nez avec un bout de fil quand c'était un rôle d'Odry; d'autres parlaient du nez pour jouer le *Ci-devant jeune homme*, parce que Potier avait créé ce rôle. Et tous ces acteurs croyaient avoir le talent quand ils n'imitaient que les défauts des artistes dont ils faisaient la parodie de la meilleure foi du monde.

Et à propos de ces imitateurs dont le public ne veut

plus, nous émettrons notre opinion sur un nouveau genre de parodistes, dont le principal talent consiste à faire la *charge* de leurs camarades, et à faire ressortir les défauts qu'à force d'études consciencieuses, de talent ou de travail, les vrais artistes sont parvenus à voiler aux yeux du public ou à les lui faire oublier.

Alexandre, qui maintenant fait des imitations en Russie; Villars, qui n'a pas su conserver une place à Paris; Fontallard, qui a été forcé de renoncer au théâtre; Neuville, qui regrette déjà son public du boulevard; Laferrière lui-même; et madame Bligny qui a eu tant de peine à trouver un engagement sortable, et que les Variétés viennent de quitter malgré la protection d'un vaudevilliste qui dirigea l'Ambigu pendant trois ans; voilà ceux qui se sont fait un métier de leur facilité à imiter, en les forçant jusqu'à la parodie, l'intonation, les gestes, la prononciation des artistes les plus justement aimés. Comment n'ont-ils pas craint de perdre l'avenir, l'état de leurs camarades, en disant au public : « Tel artiste que vous aimez, que vous applaudissez chaque soir; eh bien! tenez, il parle du nez, il grasseye, il a les bras trop longs ou le dos voûté; il louche, il escamote une note difficile, etc., etc. Tous ces défauts qu'il a su rendre imperceptibles, je vais vous les montrer au microscope, de manière que lorsqu'il sera devant vous, ces défauts vous apparaissent plus saillants qu'ils ne sont en effet, et que vos bravos, paralysés par le souvenir de nos *imitations*, ne viennent plus récompenser l'artiste consciencieux qui rentrera chez lui avec des larmes dans le cœur, et finira par recevoir de son directeur une lettre très-polie, qui lui apprendra que son engagement n'est pas renouvelé. » Il est temps enfin de faire justice de ces *farceurs*, qui, au lieu de s'appliquer à imiter le talent, n'ont que le talent de l'imitation. C'est un triste avantage que de savoir tout parodier. Souvent c'est une mauvaise action.

Je sais fort bien que ce talent d'imitation, si toutefois c'est un talent, amène quelques bonnes aubaines à ceux qui le possèdent. Ainsi on les appelle dans un bal, à une soirée, à une fête aristocratique ou financière, pour *amuser* la société ; et moyennant une somme de dix à cinq cents francs, suivant l'importance de l'amphitryon ou de l'imitateur, des artistes qui ont une position honorable vont faire concurrence à la lanterne magique ou à l'homme à la poupée !...

Je vais vous conter une des meilleures aubaines que ce talent, que je n'ai jamais envié, a valu à un artiste français en Russie :

Le czar a frappé de sa disgrâce un des plus riches seigneurs de sa cour ; le crime du boyard n'est pas bien grand, il paraît, puisqu'il n'est pas en Sibérie. L'empereur se contente de donner en toute occasion des marques de sa haute animadversion à son noble sujet le comte de Somaïloff, qui se console en homme d'esprit et en philosophe, des coups d'épingle que son auguste souverain daigne lui administrer.

Dernièrement le czar, flânant comme à son ordinaire dans les coulisses du théâtre impérial, prit à part l'acteur Alexandre, et lui dit : « Voyons, toi qui imites si bien tes camarades, pourrais-tu reproduire exactement un des personnages de ma cour ?

— Si votre majesté l'ordonne, répondit l'acteur, je suis sûr de réussir ; qu'elle me désigne l'original, et je lui fournirai la copie.

— L'original que je te livre pour que tu fasses sa charge, c'est le comte Somaïloff.

— Ce sera facile; le comte prête merveilleusement à l'imitation, c'est un bon type, je le reproduirai fidèlement.

Le surlendemain, lorsque l'acteur Alexandre entra en scène, l'illusion fut complète : c'étaient la tournure, la figure, les gestes et le son de voix du comte Somaïloff. L'empereur sourit, fit un signe d'approbation, et les bravos retentirent. Le comte était présent et se mêla lui-même aux applaudisseurs. Après la représentation, Alexandre reçut une gratification de l'empereur et un billet du comte: le billet était ainsi conçu :

« Vous avez été délicieux et vous m'avez beaucoup di-
» verti. Loin de vous en vouloir, je vous prie de venir
» déjeuner avec moi demain à mon palais d'été. »

L'artiste se rendit au déjeuner, qui fut très-gai. Au dessert, le comte parla de la représentation de la veille aux convives qu'il avait réunis, et demanda à l'acteur la permission de lui adresser une légère critique.

— Vous en avez le droit, répondit Alexandre.

— Eh bien! je n'ai pas trouvé mon portrait d'une exactitude parfaite : les manières, la tournure, le son de la voix étaient bien; mais il manquait quelque chose au costume. Par exemple, j'ai l'habitude de porter à mon jabot les trois boutons en diamants que vous y voyez; veuillez les accepter, afin que rien ne manque à mon portrait.

Et le comte détacha les diamants et les donna au comédien, qui fut un peu confus. Le cadeau valait plusieurs mille francs.

C'est là une bonne aubaine, sans doute, mais on n'a

pas toujours des boyards à contrefaire; c'est là un coup de loterie. Je connais des gens qui ont gagné un quaterne et qui rougissent quand on leur demande l'origine de leur fortune. D'ailleurs il ne s'agissait point là d'un homme appartenant au public, d'un artiste, d'un camarade, dont le talent est la seule fortune, et dont on ose compromettre l'existence en faisant sa charge en plein théâtre. —

Le fondateur en était là de sa digression, quand un gaillard aux formes athlétiques entra dans la salle; et d'une voix qui fit trembler les vitres et vibrer la sonnette du fondateur, répondit au chef d'ordre qui lui demandait son nom : BOURDON-DESROCHES, artiste dramatique. C'est le fils de mademoiselle Séphélie, c'est le choriste de l'Opéra-Comique, basse-taille modèle, donnant le *do* grave, six octaves au-dessous du niveau de la mer.

Après un toast porté au nouveau venu, qui y répond en faisant une large libation dans un verre dit omnibus, vu sa vaste contenance, la parole est donnée à M. Bourdon, à qui le fondateur recommande de baisser la voix et de causer *piano, pianissimo*. Ces deux mots paraissent flatter beaucoup la basse-taille modèle.

Messieurs, dit le visiteur, il y a quinze ans que j'appartiens à l'Opéra-Comique; engagé comme simple choriste, je suis devenu, grâce à mes études et à ma belle voix, *chef d'attaque* des basses. Ne confondez pas ces fonctions artistiques avec celles du lieutenant des romains que l'administration prévoyante place le soir au parterre : celui-là est chargé de m'applaudir, et moi j'attaque vivement la première note de la phrase musicale écrite pour voix de basse; je compte les mesures de réplique, et je puis me flatter de n'avoir pas besoin de regarder la baguette du chef d'orchestre pour attaquer franchement. J'ai du talent, mais je suis modeste.

Avant de vous parler de mon théâtre, de mon directeur et des artistes, permettez que je parle un peu de moi, de mon état, de ma position d'artiste. Les autres viendront ensuite. Charité bien ordonnée commence par *moi-même*.

Fils d'une artiste dramatique qui compose à elle seule toute ma famille, comme elle je me suis voué au théâtre, et j'ai dû à ma profession assez bon nombre de bonnes fortunes et de conquêtes; c'est pour l'artiste dramatique que l'on a inventé cet adage placé au-dessous de toutes les statues de l'amour:

<blockquote>
Qui que tu sois, voilà ton maître:
Il l'est, le fut, ou le doit être.
</blockquote>

Tout ce qui tient au théâtre aime, a aimé ou aimera; je ne parlerai donc point de mes conquêtes théâtrales, elles sont trop connues; et sans fatuité, j'ai fait parler de moi au théâtre. Je n'ai pas toujours eu l'honneur de paraître sur un théâtre royal, j'ai voltigé de scène en scène, et comme *Joconde*,

<blockquote>
J'ai longtemps parcouru le monde,
Et l'on m'a vu de toutes parts, etc., etc.
</blockquote>

Mais j'ai vu les théâtres du boulevard, et je n'y retournerai pas : le pauvre choriste y est trop malheureux; souvent on l'assimile au figurant; or, savez-vous ce que c'est qu'un figurant? Le figurant est un comparse, un pauvre diable à qui l'on donne soixante-quinze centimes par soirée, quand le chef des comparses ne lui rogne pas dix ou quinze centimes, ce qui lui fait un assez joli denier au bout du mois. Le figurant a ou doit avoir un état qu'il exerce dans le jour, et le soir il vient se revêtir des haillons que le costumier n'a pas pu faire mettre aux choristes. Jamais un figurant n'a vu la rampe de près; il est relégué pour toujours au fond du théâtre, et il semble que sur le dernier plan des coulisses on ait écrit pour lui l'inscription gravée sur les colonnes d'Hercule : *Tu n'iras pas plus loin.*

Le figurant n'a pas plus le droit d'approcher une choriste que le devant de la scène. On a vu souvent un jeune fou se faire figurant pour quelques jours, dans l'espérance de causer avec une choriste ou une artiste qu'il a convoitée de la salle. Il est bientôt désabusé : on l'affuble d'un costume sale, déchiré, trop long ou trop large, qu'importe; on lui pose sur la tête un casque en carton dédoré, ou un vieux chapeau d'invalide; ainsi vêtu, il est répugnant à voir; et au lieu de figurer parmi les élus auxquels l'actrice ou la choriste distribue des œillades ou laisse prendre quelques libertés, le pauvre garçon reste au milieu des figurants. Vous figurez-vous la figure qu'il peut faire?

Le figurant est plus loin du choriste que celui-ci n'est loin de l'artiste dramatique. Jamais, au grand jamais, un figurant ne s'est vu honorer d'un coup d'œil par une choriste, encore moins par une actrice même du septième ordre. La choriste élève ses vues plus haut, et le moins qu'elle puisse prendre c'est un artiste qui devient son protecteur, son palladium, lui fait avoir ses entrées au foyer, et la protége contre la jalousie de ses compagnes ou les épigrammes des figurants.

Quelquefois la choriste fait la conquête du directeur, du régisseur général ou d'un auteur en pied dans la *boutique*, comme on dit; alors elle est fière, rêve un rôle dans la pièce nouvelle, des débuts et le bonheur de voir son nom sur une affiche, dans les journaux et sur la brochure en tête de laquelle l'auteur aura écrit *de sa main* :

A Mlle Euridice, remerciement de l'auteur.

Dans les théâtres secondaires les appointements d'un choriste sont de quarante francs par mois; avec cela, il faut qu'il se fournisse de rouge, de blanc, de chaussure. Aussi Dieu sait quel effet la chaussure fait sous l'uniforme d'un officier ou le bas de soie d'un grand seigneur.

Pour le choriste, il n'y a point de secrets au théâtre; il connaît les intrigues amoureuses presque aussi vite que ceux qui en sont les héros; il sait l'âge de la jeune première, il sait à quel endroit le maillot du jeune premier est garni, d'où vient l'enrouement de la soubrette, et quelle est la cause des spasmes de la grande coquette.
— Et il se venge du dédain des artistes en dévoilant toutes ces choses; car par état, par instinct, il est l'ennemi intime des acteurs dont le rang et les succès le blessent, l'importunent; aussi quand on applaudit celui ou celle qu'il a pris en aversion, ne manque-t-il pas de dire tout bas à ses camarades : Il paraît qu'un tel a donné des entrées au chef de claque; voilà les romains qui marchent!

Mais dans le monde le choriste reprend sa dignité, il est recherché, on l'invite chez sa concierge, chez la blanchisseuse de linge fin, dans les soirées chantantes, pour l'entendre donner quelques notes d'opéra ; on lui dit gentiment : « Vous qui êtes de théâtre, chantez-nous donc quelque chose. » S'il appartient à un théâtre de Vaudeville, il entonne :

> Ah ! monseigneur,
> Ah ! monseigneur,
> Je suis à vous de tout mon cœur.
> Ah ! monseigneur,
> Ah ! monseigneur,
> Je suis à vous de tout mon cœur.
> Je suis à vous de tout mon cœur.
> De tout mon cœur.
> De tout mon cœur.
> De tout mon cœur.

Et les convives applaudissent ces chœurs de tout leur cœur.

Si le choriste invité appartient à l'Opéra-Comique, il entonne un de ces refrains guerriers des opéras du temps de l'empire, comme celui de la *Maison isolée*, par exemple :

> Je suis militaire,
> C'est un bel état,
> Je vivrai, j'espère,
> Et je mourrai soldat.

Alors tout le monde se lève ; hommes, femmes, enfants, vieillards, marquent le pas comme une légion de la garde nationale ; tous les convives sont électrisés, et on dit au choriste : Dites-nous donc un de vos rôles. — Je vais vous donner quelque chose du *Chaperon rouge*, répond-il en se posant. — Et il chante sa partie dans un chœur général, en comptant les mesures tout haut :

Une, deux, trois.

Dans ses yeux quelle co—,
Dans ses yeux quelle colère,
Quel dessein remplit son cœur...

Une, deux, trois.

Dans ses yeux quelle co—,
Dans ses yeux quelle colère,
Dans ses yeux quelle fureur...

Une, deux, trois.

Courez, courons,
Qu'on la ramène.
Courons,
Courons,
Courons.

Il dit quatorze fois de suite ce charmant mot : Courons! comme à l'Opéra-Comique, où on le dit quatorze fois sans bouger de place.— Le choriste est triomphant, on applaudit sa voix puissante, il se dandine avec complaisance; il répond aux compliments qu'on lui adresse : « Nous autres artistes lyriques nous ne chantons pas » comme tout le monde. Ne dites à personne que vous » m'avez entendu faire usage de mes talents; on me » mettrait à l'amende; cela nous est défendu par le rè- » glement. »

Voilà le figurant, voilà le choriste; vous connaissez ses devoirs, ses ennuis, ses plaisirs; maintenant je vais tâcher de vous faire faire connaissance avec la troupe actuelle de l'Opéra-Comique, mon théâtre.

Le théâtre Feydeau devait être démoli pour faire place à la rue de la Bourse; une société fit construire pour l'Opéra-Comique la magnifique salle Ventadour, où il s'installa en 1829. Mais le public, occupé des événements qui éclatèrent l'année suivante, négligea le théâtre, qui ne put lutter longtemps contre les temps mauvais ; et le second théâtre lyrique de France fut, dans un moment de crise et d'économie, forcé de se réfugier dans la petite salle des Nouveautés, où il retrouva un peu de fortune. — La salle Favart, construite en 1783, pour l'Opéra-Comique, servait de temple aux *dilettanti* amateurs de la musique et des chanteurs italiens, lorsqu'un violent incendie, qui coûta la vie à l'un des directeurs, vint chasser la troupe italienne et détruire la salle Favart, dont il ne resta que les gros murs. — Le 16 mai 1840, l'Opéra-Comique rentra en possession de son ancien domaine, dont on a fait une salle magnifique, ruisselante de dorures que le gaz a déjà un peu noircies, et où les spectateurs sont placés confortablement dans des loges et des stalles décorées avec goût et magnificence.

La salle de l'Opéra-Comique est richement ornée, je l'ai dit : Au plafond, des écussons rappellent le nom et les œuvres des compositeurs célèbres français et italiens; au-devant de la première galerie, on a placé des amours tenant des instruments, qui donnent un avant-goût de la musique actuelle : plus de ces fades pipeaux, de ces flûtes de Pan, de ces galoubets, qui donnent tant de grâces et de douceur aux œuvres de Gluck, de Grétry, de Boïeldieu; arrière la mélodie. — Les amours de M. Crosnier sont bien d'autres gaillards, ma foi ; ils ont empoigné les cymbales, les timbales, les cors de chasse, l'ophicléide, le bugle, le trombonne, et autres instruments sonores dus au génie musical des Rossini, des Meyerbeer, des Auber, des Adam (qui n'est pas le père de la musique); encore quelques mois et l'orchestre de l'Opéra-Comique possédera des cloches, trois cents tambours de la garde citoyenne, et des feux d'artifice, comme Julien de bruyante mémoire en avait fait placer dans ses concerts du jardin Turc ; on ira peut-être jusqu'à l'obusier !...

La musique a fait de brillantes conquêtes dans les instruments de cuivre ; on sort maintenant d'un concert les oreilles en sang ; on n'aura bientôt plus besoin de chanteurs, les ténors ne seront plus hors de prix, les prima donna se donneront pour rien ; de bons mimes suffiront : Deburau jouera Pierrot du *Tableau parlant*; Laurençon, le bailli du *Devin de village*, dont Jean Jacques Rousseau a fait la partition avec des chiffres,— et qui n'en est pas moins harmonieuse.

Maintenant l'orchestre assourdit, et les prima n'ont plus qu'à ouvrir la bouche, le bugle fera le reste. C'est un moyen comme un autre de conserver *la voix* ; mademoiselle LAVOIX en use, RICQUIER en abuse.

Entrons un moment dans la salle pour entendre l'ouverture. On joue le *Déserteur*; si l'on pouvait jouer avec cela *la Dame Blanche* ou *le Chalet*, ce serait vraiment une soirée musicale. — Les romains sont à leur poste ; un monsieur au crâne nu, et qu'au premier examen on reconnaît pour un fils de Moïse, donne ses ordres, et dit aux siens ce vers de *la Parisienne de* 1830:

Serrez les rangs, qu'on se soutienne !

Le public qui paye, arrive, se place s'il peut, cela ne regarde pas le *lieutenant* israélite. Mais un homme fait irruption sur le dossier des banquettes, il va là-dessus comme madame Saqui sur la corde roide, sans balancier, et crie : Allons, messieurs, appuyez, appuyez; et s'adressant à l'homme chauve, lui crie : Nathan, faites donc serrer vos hommes. — A la bonne heure, on sait au moins à qui l'on a affaire ; tous ces messieurs, qui ont les meilleures places, sont des claqueurs, M. Nathan en est le chef ; il riposte au placeur : Nous zommes zerrés gomme tes sarengs. — Et un monsieur dit : Voilà le roi des romains qui se dispute.

Le grelot se fait entendre, M. Gérard agite sa baguette musicale ; l'orchestre exécute l'ouverture.

Maintenant passons au personnel, il faut tout connaître. — Donnons d'abord un souvenir à ce bon Génot que la mort vient d'enlever ; M. Crosnier a perdu un excellent régisseur ; les artistes, un bon camarade ; le monde, un honnête homme.

M. Saint-Hilaire a quitté son intendance militaire pour venir s'emparer du sceptre régissorial ; c'est la seconde fois que cet homme de lettres occupe ce poste administratif. Il faudrait cependant savoir ce que vous voulez, M. Saint-Hilaire : à qui vous consacrez-vous ? à une division militaire ou à la division des beaux-arts ?

Devine si tu peux, et choisis si tu l'oses.

M. l'intendant-régisseur quitte tout bien facilement. Demandez plutôt à la mère de mademoiselle Amélie, des Variétés.

M. Crosnier, directeur habile entre les habiles, est trop connu pour que je cite ses actes administratifs ; c'est sur le choix des pièces et des artistes que le public juge du directeur ; et le public prouve à M. Crosnier que le jugement est favorable.

L'association des artistes dramatiques a trouvé des sympathies chez presque tous les directeurs, mais

M. Crosnier s'est montré le plus généreux. Cette année, il a offert la salle de l'Opéra-Comique pour le bal annuel au bénéfice de l'association; il a tout donné, sans prélever aucuns frais, même pour l'éclairage; et il a encore envoyé 500 francs pour sa cotisation. — Raconter de pareils faits, c'est faire un grand éloge.

L'association des artistes avait, il faut le dire, un avocat éloquent auprès de M. Crosnier. HENRI, que les comédiens ont nommé membre de leur commission, Henri est le dévouement personnifié; c'est un bon et loyal camarade toujours prêt à rendre service. Ce n'était point assez pour lui de l'association des acteurs dont il s'occupe sans cesse, il a été nommé secrétaire du comité et de la caisse de prévoyance des musiciens. Henri est toujours prêt à courir, malgré son volumineux abdomen, lorsqu'il s'agit d'une amélioration à apporter dans les deux associations, d'un service à rendre, d'un rôle à créer; comédien remarquable et amusant, il est engagé pour toute la durée du privilége de M. Crosnier; c'est que l'artiste est estimé autant que l'homme; tant mieux pour l'artiste, car tout le monde aime ce bon gros Henri. —Tout le monde, entendez-vous..... Si j'étais indiscret je nommerais de jeunes et jolies femmes à qui la rotondité de Henri ne fait pas peur, et qui connaissent assez la puissance de leurs beaux yeux sur les artistes... Or Henri est artiste et gaillard... le vrai philanthrope aime tout le genre humain.

Puisque je parle de femmes jolies, je nommerai tout de suite madame ANNA THILLON.—Les brouillards de la vieille Angleterre étaient lourds pour la douce fauvette que Calcutta avait vue éclore en 1819; elle prit son vol et vint se poser sur le théâtre de la Renaissance. Brahma métamorphosant le gentil oiseau, l'offrit aux Parisiens sous les traits gracieux de *Lady Melvil*, et tout en gazouillant son langage gallo-britannique, enrichi de gracieuses roulades, la jeune lady s'acclimata vite à Paris. C'est que la France est la patrie des beaux-arts, et que là comme en Italie, le ciel est bleu, l'air est pur, et que pour les artistes le soleil y répand de beaux rayons dorés.

Après Lady Melvil, apparut la *Lucia di Lammermoor*, cette délirante Lucie aux élans passionnés, aux brûlants regards, aux larmes puissantes. — Et ce fut un concert général d'applaudissements; toutes les mains et tous les cœurs battaient à la fois; les fleurs, les billets d'amour tombaient aux pieds de la prima dona; mais la Lucie fut insensible à tout cela, et continua de roucouler avec *Edgar-Richardi*. Puis madame Thillon joua la *Chaste Suzanne*, et la joua bien. M. Auber, le savant maëstro, vit cette Suzanne si bien faite pour enflammer les vieillards de la Bible; il monta sa lyre, et se mit à l'œuvre pour doter l'Opéra-Comique d'un nouveau chef-d'œuvre et d'une jolie cantatrice. — *L'Eau merveilleuse* coulait à grands flots au théâtre Ventadour; et la nouvelle création de la prima porta dans l'âme du célèbre compositeur le désir de faire vibrer lui-même cette harpe éolienne.

Après le *Naufrage de la Méduse*, et celui du théâtre de la Renaissance, M. Auber fut pour madame Thillon une planche de salut. *Lestocq* lui ouvrit les portes de l'Opéra-Comique, et le compositeur lui offrit les *Diamants de la Couronne*... la jolie Anna-Thillon fut tout à fait naturalisée avec la musique française. — Chaque jour le maëstro prodiguait à la cantatrice les soins les plus paternels; il craignait pour elle et pour ses opéras le plus petit enrouement et la moindre humidité. — La fauvette ne s'élevait plus dans les airs depuis la métamorphose due à Brahma, mais chaque jour elle rasait rapidement le sol.... dans la voiture de M. Auber. — Pourtant hier j'ai rencontré madame Thillon dans un modeste cabriolet de place avec son mari! — Et un peu plus loin j'ai vu M. Auber, dans sa voiture, auprès d'une jeune élève du Conservatoire à qui le compositeur inculque, dit-on, les premiers jets d'une partition nouvelle. — L'illustre maestro pense qu'il n'y a jamais assez de jolies cantatrices, il cherche à en découvrir partout, et ne juge pas toutes les prima dona sur l'*échantillon*.

Chollet est une des colonnes les plus solides du théâtre de M. Crosnier, et un des acteurs les plus aimés du public. Fils d'un musicien, et initié presque en naissant dans l'art du solfège, à huit ans il était enfant de chœur à Saint-Eustache, et chantait la prose, au grand ébattement des dévotes et du curé; puis il se fit instrumentiste, et serpent... de sa paroisse. En 1815, il délaissa le Créateur pour s'occuper un peu de la créature: il fut reçu choriste à l'Opéra-Comique. Mademoiselle Wenzel, actrice du Théâtre-Français, distingua le jeune choriste, s'intéressa à lui, et le poussa au théâtre. — Du Havre, où il commença sa vie artistique, Chollet alla à Bruxelles, d'où il revint à Paris prendre un rôle de ténor que Hérold écrivit pour lui dans sa belle partition de *Marie*. — *Fra Diavolo*, les *Deux Nuits*, *Zampa*, et tant d'autres partitions dont le titre m'échappe, sont venues former autant de fleurons à la couronne lyrique de notre artiste. Enfin le nom de Chollet acquit une

popularité européenne avec le *Postillon de Lonjumeau!*
Toutes les femmes chantèrent :

> Oh! qu'il est beau
> Le postillon de Lonjumeau!

Et Dieu sait combien le lui prouvèrent.

Mais parmi toutes ces beautés qui se disputaient le cœur de Chollet, aucune ne parvint à le fixer, excepté la charmante artiste qui créa le rôle de *Marie*, avec

> Une robe légère
> D'une entière blancheur;

mademoiselle Prévost, qui n'avait pas besoin que l'on fit pour elle ce refrain que tous les échos ont répété, et qui avance comme pensée philosophique,

> Que toujours la nature
> Embellit la beauté.

Mademoiselle Prévost, qui vient de créer un rôle marqué dans la *Sirène*, est elle-même la sirène qui a su attirer Chollet, et l'égarer dans le labyrinthe du ménage, dont il avait déjà eu, dit-on, un avant-goût peu agréable.

J'ai parlé de la *Sirène;* le nom de mademoiselle Lavoye vient de lui-même se placer ici. — Mademoiselle Lavoye est une jeune personne qui possède une assez jolie voix à roulades et à fioritures qu'elle prodigue un peu trop, par parenthèse; elle est jeune, et pourtant au moment des cadences perlées, le timbre est *un peu filé;* on lui conseille de laisser à sa voix toute sa pureté, toute sa plénitude. Tout le monde y gagnera. Mademoiselle Lavoye chante bien, et possède un nez à la Roxelane, qui donne beaucoup de piquant à son gentil visage.

Grignon vient se présenter à mes souvenirs, et je le nomme après mademoiselle Lavoye, non pas parce qu'il aime les minois piquants, car on dit que le gaillard préfère les sauces piquantes... il n'a pas toujours dit cela. — Mais maintenant Grignon, artiste travailleur et consciencieux, comédien et chanteur de mérite, aime son art et la table par-dessus toutes choses.

Passons à un contraste, et citons Roger, qui aime son art par-dessus tout, et les femmes autant que son art. — Disons tout de suite que Roger est jeune, qu'il a une belle voix, de la verve, de la chaleur, et avec cela une bonne méthode; il y a là tout un avenir; il vient de créer d'une manière brillante dans la *Sirène* le rôle de Scopetto. — Ricquier, comédien très-amusant, joue dans cet opéra un rôle de gouverneur, et s'y montre très-comique. On m'a assuré qu'il pouvait chanter, et nous le croyons; en bon camarade, Ricquier mime quelques paroles qui ne parviennent pas jusqu'à l'orchestre, et cela, sans doute, pour ne pas couvrir la voix sonore de Roger.

Roger comprend la vie en grand seigneur; il a une maison montée, donne des *media-noche*, des *raouts*, et reçoit dans son boudoir grisettes, lorettes, danseuses et choristes; il suffit d'être jolie pour être admise dans le sanctuaire...—On dit même qu'une comtesse... pourquoi pas?—Les grandes dames aiment parfois *déroger*.

Masset, qui de l'orchestre des Variétés qu'il dirigeait avec talent, s'est un jour avisé de s'écouter chanter, découvrit en lui une voix de ténor assez confortable, s'élança un beau jour par-dessus la rampe, et vint enrichir la scène de l'Opéra-Comique. — Un beau jour aussi M. Crosnier s'avisa d'exhumer des archives empoussiérées, la partition et le libretto de *Richard Cœur-de-lion*, et de donner le rôle de Blondel à Masset. — Ce jour-là, M. Crosnier eut une idée qui lui rapporta deux cent mille francs.

J'ai parlé de la fauvette de l'Opéra-Comique, il me reste une couronne à tresser au rossignol français que les Italiens avaient volé à notre musique nationale. Madame DAMOREAU-CINTI, la belle cantatrice qui depuis trente ans fait croire à ces êtres surnaturels, ombres créées par Ossian, pour mêler aux concerts des anges leur voix pure, sonore, mélodieuse, aérienne.

Madame Damoreau (*Laure* CINTHIE) a marché de triomphe en triomphe depuis trente ans. A douze ans elle était la *jolie petite virtuose* bien-aimée de la reine Hortense, à quarante ans elle est encore la cantatrice bien-aimée du public. Depuis le page des *Nozze di Figaro*, jusqu'au *Domino noir*, qui a eu autant de représentations que la *Tour de Nesle*, chaque rôle créé par madame Damoreau lui valut une couronne.

— Professeur au Conservatoire, madame Damoreau nous a donné mademoiselle Nau de l'Opéra et mademoiselle Lavoye. Elle se consacre avec amour à l'éducation musicale des jeunes cantatrices admises dans la pépinière artistique de la rue Bergère.

MOREAU-SAINTI, le premier chanteur de l'Opéra-Comique, d'après ce qu'il dit, est aussi bel homme qu'un colonel de carabiniers, et aussi coquet qu'un sous-lieutenant de hussards... mais par malheur à la scène son ramage ne ressemble pas à son plumage.

— Auprès de ce Faublas de quarante-huit ans, viennent se grouper AUDRAN, petit ténor, petit chanteur aussi maniéré que LAFEUILLADE; GRARD, qui a quitté son régiment de lanciers pour donner essor à ses puissants poumons; PALIANTI, régisseur-bibliophile; et SAINTE-FOY, qui voudrait nous rappeler FÉRÉOL.

J'ai gardé pour la bonne bouche, comme on dit, mon acteur aimé, mon chanteur à moi, mon brave et loyal MOCKER, qu'une vocation décidée pour le théâtre a enlevé à l'état ecclésiastique. Je ne sais pas si Mocker aurait été bon prêtre, mais il est trop beau cavalier, trop ami de la vie artistique pour fuir le monde qui le recherche pour sa gaieté, son bon naturel et son esprit. — Le diable est bien fin; et damné pour damné, il a pensé que Mocker était plutôt destiné à être un artiste franc et jovial, plutôt qu'un tartufe. — Le diable en sait souvent plus que nous.

Avant de terminer, dit la basse-taille, M. BOURDON-DESROCHES, je désire porter un toast à mademoiselle DARCIER, qui comme femme et comme actrice mérite bien une mention honorable; à mesdames Révilly et Potier; puis à mademoiselle Sarah et à madame Casimir! — Elles sont femmes, elles sont jolies, et nous sommes Frrrançais!

Gloire aux arts!
Hommage aux belles!

— Ohé ! la gigotteuse, assez de polka comme ça, faudrait valser d'ici maintenant.

— On s'en ira si j' veux.... tiens, c' gamin, fait-y donc sa tête parce qu'il est i' garçon de recettes du théâtre !...

THÉATRE DES VARIÉTÉS.

La septième séance est ouverte : un homme de cinquante-cinq ans environ est debout devant le bureau ; il est tourné du côté de la salle, et sa physionomie exprime le plaisir qu'il éprouve en se voyant l'objet de l'attention générale. Voici le signalement du nouveau visiteur que tout Paris doit connaître : nez gros, bouche grande et démeublée, yeux verts, habit bleu de ciel, pantalon de nankin, un peu court, avec sous-pieds de seize à vingt centimètres de long, gilet à palmes, bottes plissées sur le pied, trop longues, retroussées vers le bout et imitant le bec de dauphin. Il répond au nom de LAMIRAL, et se dit littérateur et filleul du comte d'Artois et de mademoiselle Montansier, ancienne directrice du théâtre des Variétés : c'est lui qui est chargé de la physiologie du théâtre des Panoramas.

— Messieurs, dit Lamiral après avoir fait les trois saluts méthodiques d'un acteur qui va faire une annonce, habitué à parler devant un public nombreux et éclairé, je me trouve devant vous tout à fait à mon aise, bien que ce soit aujourd'hui la première fois que j'aie l'honneur de siéger dans cette enceinte. Je suis fort, c'est vrai, mais j'ai encore besoin d'appui. Le *fort* protége l'*enceinte*, je le sais, mais ce soir ce sera le contraire ; je demande un verre de trois-six pour *fortifier* mon esprit, et j'exhume mes souvenirs.

Mademoiselle Montansier, qui a donné son nom au théâtre et à la troupe qu'elle dirigeait en 1789, commença par jouer la comédie; elle avait de l'esprit, une jolie figure et du bonheur : avec cela on fait vite fortune. La reine Marie-Antoinette distingua mademoiselle Montansier, et lui fit donner la direction du théâtre de Versailles, qu'elle entreprit en même temps qu'elle dirigeait les troupes de Rouen, du Havre, de Nantes et tous les théâtres de la cour.

Quand la cour quitta Versailles, mademoiselle Montansier vint à Paris et y acheta, de Delomel, la salle des *Beaujolais*, qui avait été bâtie pour des comédiens de bois; les marionnettes paraissaient sur le théâtre, et des acteurs parlaient et chantaient dans la coulisse. Mademoiselle Montansier ouvrit son théâtre à Pâques 1790, avec une troupe de tragédie, de comédie et d'opéra. C'est dans cette salle, agrandie et réparée, que des acteurs dont le nom est devenu célèbre ont commencé leur carrière artistique : mademoiselle Mars y créa son premier rôle étant enfant; elle y joua le petit frère de *Jocrisse*, et Baptiste cadet y créa le rôle de Dasnières, du *Sourd ou l'Auberge pleine;* Damas fut l'un des pensionnaires de mademoiselle Montansier, ainsi que Caumont l'honnête homme, et Grammont, qui joua un si grand rôle pendant la terreur, qu'il y laissa sa tête et celle de son fils, dont il avait fait son aide de camp.

Ce fut à peu près à l'époque de l'ouverture du théâtre Montansier que je vins au monde, dit Lamiral en se caressant le menton ; mademoiselle Montansier, qui avait souvent la faveur d'être admise chez la reine, obtint de S. A. R. monseigneur le comte d'Artois, que j'aurais l'honneur d'être tenu sur les fonts baptismaux par un fils de France, et une des plus sémillantes actrices de cette époque. Le prince était vert galant, Mlle Montansier était jolie, je fus leur *filleul.* — J'aurais pu, lors de la restauration, invoquer cette circonstance, me faire connaître de mon royal parrain, et Lamiral serait peut-être devenu ministre de la marine ou débitant de tabac. — Mais je suis né artiste, j'ai voulu vivre indépendant. — D'ailleurs mon acte de baptême est devenu la proie des flammes révolutionnaires, et j'ai craint que Charles X ne s'écriât : « Ce n'est pas au roi de France à payer les dettes du comte d'Artois ! » — Élevé par les soins de mademoiselle Montansier, je ne sais à qui j'ai dû le jour, et, bien jeune encore, j'entendis ces terribles mots résonner à mon oreille : Lamiral ne connaîtra jamais la *mère* qui l'a porté. — Je me le suis tenu pour dit, j'ai grandi avec la pensée que j'étais fils de l'amour et qu'un sang noble coulait dans mes *vaisseaux* ; je n'en fus pas plus fier pourtant, car je le sais, messieurs :

Ce n'est pas la naissance,
C'est la seule vertu qui fait la différence.

Je vous demande pardon de cette digression qui m'est toute personnelle ; je reviens au théâtre et à sa directrice. Mademoiselle Montansier, dont le nom de famille était *Brunet*, naquit à Bayonne vers 1730 ; gentille brunette, elle avait quitté son pays fort jeune pour se faire comédienne à la Guadeloupe ; puis elle revint en France se faire directrice. Mademoiselle Montansier avait acheté, avec le théâtre des Beaujolais, les arcades du café de Chartres ; elle y logeait au premier étage, et son salon était le véritable *pandémonium* de l'époque. Le tiers-état, les beaux esprits, la noblesse, et jusqu'au clergé, s'y donnaient rendez-vous ; c'était un pêle-mêle, un tohu-bohu politique, dans lesquels la gaieté avait seule le pouvoir de faire régner l'harmonie.

Barras occupait, avant d'habiter le palais du Luxembourg, deux petites chambres que lui louaient mademoiselle Montansier ; les conciliabules politiques se tenaient là, et les réceptions d'apparat avaient lieu dans le salon de la directrice ; le théâtre s'appelait alors *théâtre de la Montagne*. Un jour, Dugazon et Barras présentèrent à mademoiselle Montansier *le petit Bonaparte*, qu'on appelait dans les coulisses de la Comédie Française, *la Culotte de peau*. Barras voulut faire la fortune de son ami Bonaparte, et lui proposa d'épouser mademoiselle Montansier...... Le républicain Barras avait arrangé un souper pour négocier cette affaire, qui manqua par la volonté mutuelle des deux futurs. — Mademoiselle Montansier avait alors près de soixante ans, et l'adjudant-commandant Bonaparte en avait vingt-cinq. La disproportion d'âge était trop grande. Trente années de moins, et la directrice du théâtre des Variétés fût peut-être devenue Impératrice!..... — A quoi tiennent les destinées d'un empire !

Mademoiselle Montansier épousa, quelque temps après, le comédien Neuville ; cet acteur, dont le véritable nom était *Bourdon*, avait été capitaine de cuirassiers au service de l'empereur d'Autriche. Après la mort de Neuville, elle épousa secrètement, dit-on, le fameux danseur de corde Foroso ; elle avait soixante-dix-huit ans lorsqu'elle en devint amoureuse. Les frères Ravel avaient défié Forioso ; mademoiselle Montansier le vit le jour de l'*Ascension* prouver à ses rivaux qu'ils n'étaient que de la *Saint-Jean*, et elle épousa le vainqueur de la *trinité* acrobate le jour de la *Circoncision*.

— Messieurs, dit Lamiral en se dandinant d'un petit air fat, je vous prie de me pardonner s'il se glisse quelques calembours, quelques jeux d'esprit, dans mes récits ; mais je suis venu au monde du temps où brillaient les Janots et les Jocrisses, et je parle des Variétés. — Si j'ai un peu négligé le théâtre pour la directrice, c'est que je devais un hommage à celle qui m'a débarrassé du péché originel, et qui seule a connu mon origine, elle !

Après la terreur, le *théâtre de la Montagne* reprit son nom de théâtre des Variétés ; mais il continua à être connu sous celui de sa directrice. Alors vint le bon temps : la bonne gaieté française reparut vive et folle, et créa deux types ravissants, *Jocrisse* et *Cadet Roussel*; Jocrisse, ce valet si naïf, si spirituellement bête, dû à Dorvigny, qui nous a donné aussi cet excellent M. Duval, autre type de bonhomie, qu'un acteur nommé DUVAL jouait avec un naturel qui faisait penser que le personnage avait été calqué sur l'acteur... Et puis Brunet, ce bon Brunet, dont je vous parlerai plus tard, comme il s'était identifié avec le Jocrisse enfanté par Dorvigny !...

Cadet Roussel eut une large part dans la faveur du public ; Cadet Roussel est resté dans nos souvenirs, et son nom survivra au nom de son auteur, AUDE, l'écrivain original, dont je vais vous conter une ou deux excentricités.

Aude avait l'habitude, ainsi que presque tous ses confrères et bon nombre d'hommes d'état et d'artistes, d'aller aux Porcherons. Un jour, en entrant au cabaret il voit un ouvrier se disputant avec une jeune femme qui paraissait être la sienne : « Comment, disait l'ouvrier, je ne trouverai personne qui veuille me débarrasser de ma femme! je la céderais à bien bon compte. — Combien en voulez-vous? dit l'auteur en s'approchant. — Ah! mon Dieu, donnez-moi un écu de six francs, et elle est à vous. » Aude, qui voulait s'amuser, en offrit douze à ce mari anglomane. L'ouvrier prend l'argent, frappe dans la main de l'auteur, et lui dit : « Touchez là! marché conclu, la femme est à vous, et je vais vous payer quelque chose. » Le trio entra au Coq-Hardi. Après maintes libations, le père des Cadet Roussel emmena la belle, qui le suivit volontiers..... et il la garda pendant quarante ans!

Devenu très-vieux, Aude s'est vu forcé d'avoir recours à la caisse de l'association des auteurs dramatiques, qui s'ouvrit souvent pour lui; mais le pauvre homme de lettres avait conservé ses goûts de viveur; les secours étaient vite épuisés et les besoins étaient incessants. Enfin, le comité de l'association, qui avait ouvert au vieil écrivain un crédit chez divers fournisseurs, se vit contraint d'arrêter le crédit partout; on n'en excepta qu'un pharmacien, qui eut ordre de donner au père Aude tout ce dont il aurait besoin. Quatre mois après, le pharmacien présentait à la caisse de l'association une note de trois cents francs : Aude avait bu pour cent écus d'élixir de Garrus!!...

Il y avait aussi à ce théâtre Montansier un autre personnage dont le nom rivalisait de popularité avec Jocrisse et Cadet Roussel; je veux parler de *Janot*, ce niais à qui VOLANGE avait prêté son masque comique et son talent si plein de vérité. C'est en 1798 que Volange vint apporter au théâtre des Variétés son bagage théâtral : *Jérôme Pointu*, *l'Intendant comédien*, *On fait ce qu'on peut*, Bécare dans *le Sculpteur*, et surtout son fameux *Janot ou les Battus payent l'amende*, créé en 1779 au théâtre des Variétés amusantes, que le sieur Lécluse avait fait construire rue de Bondy, devant l'emplacement où est aujourd'hui l'Ambigu-Comique.

Janot eut alors un succès fou ; ses lazzis étaient répétés partout ; l'incident principal de la pièce était emprunté à la vieille comédie. Janot recevait d'une fenêtre ce que reçoit Mascarille dans *l'Étourdi*, et cela amenait des scènes très-comiques. Le mot : *c'en est!* fut répété jusque dans les boudoirs les plus musqués ; il nous a été transmis par nos pères ; et ce mot fait encore parfaitement sentir aujourd'hui ce qu'on n'oserait dire en société.

En 1805, Volange parcourait la province avec une petite troupe nomade, composée de sa femme, gigantesque amazone, d'une jeune personne, et d'Émile Cottenet, son élève. Il est mort quelque temps après, fort peu fortuné, et âgé d'environ soixante ans.

Le vaisseau voguait à pleines voiles, on n'allait à l'Opéra ou aux Français que lorsqu'il n'y avait plus de place aux Variétés.

C'est que là régnait ce bon, cet excellent Brunet, le roi des calembours comme M. de Bièvre en était le dieu. Brunet, le Jocrisse timide, le bouffon simple et candide, le Cadet Roussel, qu'une gaucherie modeste, un air de chasteté malicieuse, ont rendu si populaire.

Tous les calembours, les feintes bêtises que l'épigramme politique enfantait dans les salons, dans les cafés, étaient tous mis sur le dos de Jocrisse ou de

Cadet Roussel. « Brunet vient d'être arrêté. — Qu'a-t-il donc fait? — Dans *le Sourd ou l'Auberge pleine*, il a dit au papa Doliban : « Vous ne savez pas, papa Doliban? avant
» de penser à épouser votre fille, je pensais à me faire
» *tribun*. — Pourquoi cela ? — C'est que ma femme
» eût été *tribune*, et nous aurions fait des *petits tribu-*
» *naux.* »

Sous l'empire, on disait qu'il avait été mis en prison pour avoir dit sur la scène, à propos d'une voiture qui ne pouvait pas entrer sous une porte cochère : « Il faut mettre à bas l'*impériale*. » Puis, ajoutait-on, M. Dubois, préfet de police, l'a menacé de lui interdire le théâtre, et lui a demandé ce qu'il ferait alors, et Brunet a répondu : Je scierai *du bois*. Enfin on faisait arrêter régulièrement deux ou trois fois par mois le pauvre artiste qui jamais n'a couché en prison de sa vie, et qui demandait avec bonhomie aux faiseurs de nouvelles : « Pour-
» riez-vous m'apprendre si j'ai été arrêté hier au soir ? »

La troupe était quelquefois appelée à l'honneur de divertir la cour impériale, et dans ces jours de solennités Brunet était toujours particulièrement désigné par l'empereur ou par Joséphine.

On touchait à la fin de 1809 ; l'empereur, après une partie de chasse, devait venir à Gros-Bois, chez le prince Berthier ; pour distraire Napoléon, alors occupé d'un projet où la politique imposait silence aux émotions du cœur, le maréchal avait fait préparer un spectacle, et Brunet devait, avec quelques acteurs des Variétés, y jouer ce soir-là *Monsieur Vautour* et *Cadet Roussel professeur de déclamation*.

Il était alors question, mais très-mystérieusement, du divorce de Napoléon avec Joséphine.

Après le dîner, le spectacle commença ; l'empereur et l'impératrice, entourés des princes, princesses et grands dignitaires, entraînés par la verve comique de Brunet, se livraient à un rire de bon aloi, l'étiquette était oubliée, lorsque deux phrases vinrent arrêter le rire et glacer de terreur toutes les physionomies.

Blanchet, amoureux de Manon, femme de Cadet Roussel, s'est introduit dans la maison sous le prétexte d'apprendre à déclamer ; son père survient et dit au professeur :

— « Est-ce que tu crois que c'est pour ta déclamance
» qu'il vient ici ? c'est pour t'enlever ta Manon et te
» mettre dans le cas de demander ton divorce.

— » Est-ce que vous croyez, répond Cadet Roussel,
» que c'est pour le plaisir que je me suis marié ? c'est
» pour le solide ; c'est pour ne pas laisser finir la per-
» pétuité de ma famille, pour me voir renaître en moi-
» même et avoir des prédécesseurs. »

Ces paroles prononcées par Brunet avec l'emphase la plus comique produisirent sur l'assemblée l'effet de la foudre. Le spectacle finit au milieu de la contrainte générale.

Rentré dans les appartements avec toute la cour, Berthier fit à M. de Saint-Cyr, chambellan, le reproche de n'avoir pas examiné à l'avance ce que Brunet devait dire. L'empereur prit la parole et dit : « Je vois, mes-
» sieurs, que mon secret a été bien gardé, car si ces
» bonnes gens en avaient eu la moindre idée, ils ne
» m'auraient certainement pas débité ce que je viens
» d'entendre. »

Lorsque le divorce de l'empereur fut connu, Brunet comprit toute la portée de son allocution, et craignit que l'empereur ne lui gardât rancune; Napoléon prouva le contraire en le revoyant avec plaisir, en 1811, chez la reine Hortense.

On jouait ce jour-là *Cadet Roussel beau-père*; les nobles spectateurs avaient beaucoup ri, et Brunet s'avança pour débiter cette maxime burlesque qui est la morale de la pièce :

« Ne donnons jamais rien à nos enfants, si nous vou-
» lons qu'ils aient pour nous une reconnaissance égale à
» nos bienfaits. »

Croyant s'apercevoir que Napoléon faisait une petite grimace, et se rappelant que l'empereur venait de faire de son fils un roi de Rome, le candide Brunet ajouta : « Excepté quand nous pouvons leur donner un trône. »

A cette boutade inattendue, Napoléon partit d'un éclat de rire, et dit à la reine Hortense : « Cet homme-là est un grand politique. »

Les comédiens français prétendaient que le voisinage du théâtre des Variétés leur était nuisible; que le public courait voir Jocrisse, écouter les lazzis de Cadet Roussel, et délaissait les beautés de la littérature française. Une croisade, commandée par le préfet de police Fouché, fut entreprise par tous les journaux contre le théâtre de mademoiselle Montansier; et un décret de l'empereur ordonna à la troupe des Variétés de quitter le Palais-Royal le 1er janvier 1807. Brunet disait : « Comment puis-je faire du tort à Talma?... Nous ne jouons pas le même emploi. »

Et pourtant une révolution s'opérait dans le genre exploité par les Variétés : les *Chevilles de Maître Adam* obtenaient un succès prodigieux, et Jocrisse allait être détrôné. On criait *à bas les calembours! à bas le pan-*

tin!... Et le pauvre Brunet était traité comme un ambassadeur anglais ou comme un ministre poursuivi par l'animadversion publique.

Enfin, le 31 décembre 1806, toute la troupe quitta le théâtre Montansier et se dirigea vers celui de la Cité, en attendant la salle qu'on lui bâtissait sur le boulevard Montmartre.

Les interprètes de la bouffonnerie et du gros sel attique étaient mal à l'aise dans le vieux quartier de l'antique Lutèce; l'air manquait aux poumons de nos artistes, les vaudevillistes sentaient se refroidir leur verve joyeuse à l'aspect de la rivière qu'il fallait traverser pour aller aux Variétés..... Le public faisait comme les pères du flon flon, il délaissait le théâtre de la Cité, lorsque parut *la Famille des Innocents*. Brunet retrouva ses beaux jours, le théâtre son public, et la caisse administrative se gonfla de trois cent mille francs en trois mois. Et cela avec un pauvre petit acte de MM. Sewrin et Chazet. — Mais Brunet était là, avec sa face candide, sa bêtise admirable. Je me rappelle encore son air étonné lorsqu'il interrogeait sa prodigieuse montre de ferblanc. Il la faisait sonner et comptait les coups avec un calme parfait. — Mais, lui disait VAUDORÉ, ta montre sonne treize heures. — C'est qu'elle avance d'une heure, répondait Innocentin. — Il est impossible d'être plus naïvement bête, et de montrer une bonhomie plus parfaite.

Brunet, que l'ambition avait gagné, voulut devenir un des dictateurs de la république chantante où il avait conquis or et couronne; il menaça de quitter le théâtre si on ne lui donnait point une place au comité directorial; il avait une somme assez ronde à verser dans la caisse; Cadet-Roussel-Jocrise devint administrateur.

Enfin le jour de la résurrection a lui : une nouvelle salle reçoit les joyeux exilés de la Cité : le 24 juin 1807 est un jour de triomphe pour les artistes des Variétés, et leur installation au théâtre Montmartre est saluée par une société nombreuse et brillante.

Il faut dire aussi qu'avec Brunet se trouvaient des artistes d'un talent incontestable et qui ont fait époque dans l'histoire théâtrale de l'empire et de la restauration.

Tiercelin, l'acteur peuple, le Taconet de l'époque, partageait avec Brunet le sceptre de la gaieté et du rire délirant ; il excellait dans les rôles d'Auvergnats, de forts de la halle, de mariniers, et surtout dans les caricatures, qu'il poussait jusque dans leurs dernières limites : *le Chaudronnier de Saint-Flour; les Aveugles Mendiants; Cricri ou le Mitron de la rue de l'Oursine, le Suicide de Falaise*, et tant d'autres créations originales, ont placé Tiercelin en haut de l'échelle. Tout Paris l'a vu dans Malassis *du Coin de rue*. C'était le débraillé le plus désopilant, le plus bouffon... Sa culotte descendait au-dessous des mollets, ses bas se roulaient en spirale, il marchait les genoux en dedans, il se tordait la bouche et le corps ; et tout cela était d'un bouffon inexprimable. En général, les haillons lui allaient mieux que les habits; et pourtant à la ville sa toilette était recherchée; il avait été muscadin, mais muscadin crâne, avec le chapeau sur l'oreille, et souvent prêt à demander raison d'un regard qui lui semblait impertinent; il disait alors : *Nous allons hacher du persil!* — Voyez-vous Malassis et mademoiselle Françoise des *Bonnes d'enfants*, le jarret tendu et flamberge au vent...

Tiercelin aimait la guitare et roucoulait la romance avec toute la grâce d'un ménestrel. Un soir, M. Dumersan, l'auteur fécond et facile, qui conserve mieux les traditions du vieux vaudeville que les médailles de la Bibliothèque royale, M. Dumersan entend sortir de la loge d'un acteur des accords qui accompagnaient une voix langoureuse chantant ces paroles :

> O guitare enchanteresse !
> Interprète des amours !

Le vaudevilliste pousse la porte de la loge et voit Tiercelin affublé de l'horrible costume de l'*Ogresse*, et dans une attitude sentimentale, qui formait le contraste le plus extraordinaire avec l'effroyable visage grimé et ridé de l'Ogresse.

Un jour, Tiercelin qui avait joué cent cinquante fois le *Coin de rue*, déclara à l'auteur qu'il ne voulait plus jouer son rôle parce qu'il lui fatiguait trop les rotules.

La pièce qui mit le sceau à la réputation de Tiercelin fut *Préville et Taconet ;* il était d'un naturel et d'un comique vraiment admirables dans le rôle du savetier.

C'est pour Tiercelin que les auteurs de ce joli vaudeville ont fait ce couplet que Préville adresse à Taconet :

> Vous peignez si bien la nature
> Dans un rôle de savetier,
> Que vous seriez, je vous l'assure,
> Déplacé dans un cordonnier.

Tiercelin est mort à soixante-quatorze ans, en 1837. Trois jours après sa mort, on jeta sur la scène du théâtre des Variétés une couronne d'immortelle, avec ces mots :

> *Aux mânes de Tiercelin,*
> *Le public reconnaissant.*

— Cet hommage rendu au Taconet des Variétés, dit Lamiral d'une voix grave, prouve que le besoin d'un acteur comme lui se fait généralement sentir. — Poëte et comédien, j'ai fait une petite pièce intitulée : *le Savetier en goguette*. Je n'ai pas voulu priver le public du plaisir d'applaudir la pièce et l'acteur, et un jour de représentation solennelle au théâtre de madame Saqui, j'ai consenti à jouer moi-même cette spirituelle composition. — Jamais l'enthousiasme ne fut porté aussi loin; c'étaient des applaudissements frénétiques, des hourra, des bravos, des *bis*..... Ce n'était plus l'homme de lettres, aux manières aisées et de bon ton; ce n'était pas un acteur que le public admirait. Je puis dire que j'ai joué comme un véritable savetier..... Les spectateurs couraient en foule sur le boulevard pour trouver des fleurs et des couronnes; et, dans leur joie immense, ils m'accablèrent de gâteaux et de gros sous; à défaut de fleurs, on tressa des couronnes avec du foin, on fit pleuvoir sur la scène des carottes, des pommes et des pommes de terre. C'était un véritable délire excité par le talent et le véritable comique que j'avais déployés. — Et ce jour-là je fus heureux de me souvenir que Tiercelin avait terminé sa carrière; cela lui aurait fait trop de mal.

Le directeur des beaux-arts était mon protecteur; il voulut connaître mon œuvre, et je fus appelé au ministère pour y donner une représentation de mon *Savetier en goguette;* le succès n'était pas douteux; le triomphe fut complet, et, dès ce jour, M. le chef des beaux-arts devint mon ami. — Les gens d'esprit sont faits pour s'entendre.

J'obtins quelque temps après un privilége pour ouvrir un théâtre auprès de la Madeleine ; je cherche maintenant un emplacement convenable et les sommes nécessaires. Je puis disposer déjà d'une quarantaine de sous, mais les fonds ne se feront pas attendre. — Je serai auteur et acteur, les bâilleurs ne manqueront pas. — Alors, messieurs, je vous promets à tous une place proportionnée à vos mérites incompris. Trop longtemps, vous et moi, avons été méconnus ; le jour de la réparation approche : espoir et courage !

—Revenons aux Variétés.—Mademoiselle Montansier aimait beaucoup les artistes.—Elle éprouva une affection toute particulière pour un de ses pensionnaires les plus recherchés du beau sexe :

Bosquier Gavaudan, l'homme de France qui a le mieux chanté le vaudeville, dit Brazier, égayait, avec Brunet et Tiercelin, le public des Variétés, qu'il enchantait par son entrain, sa rondeur (je ne parle pas de celle physique), sa verve, sa voix pleine et sonore, son débit vif et accentué. Il phrasait un couplet de façon qu'on ne perdait pas une syllabe ; les couplets de facture étaient dits par lui avec une facilité admirable, et, lorsqu'il jouait un maréchal de France, un soldat de l'empire, il chantait avec chaleur :

>   Les braves guerriers,
>   Couverts de lauriers,
>   Qui rentraient dans leurs foyers,
>   En célébrant les hauts faits,
>   Les succès
>   Des Français,
>   Qui se couvraient de gloire
>   Aux champs de la victoire,
>   Pour inscrire leurs noms au temple de mémoire !

Avec des bouts rimés nationaux et militaires, Bosquier a fait applaudir à tour de bras plus de mille couplets.

L'Éveillé, de *la Chercheuse d'esprit*, a prouvé que Bosquier aurait très-bien tenu sa place à l'Opéra-Comique ; il aima mieux rester aux Variétés, et le public l'en a récompensé en l'accueillant comme un artiste justement aimé et toujours applaudi. — Il adorait les rôles d'officier supérieur, et ne manquait jamais de mettre un ruban rouge à sa boutonnière aussitôt qu'il avait à jouer un rôle en bourgeois ; on dit même que l'habitude de porter le ruban de l'honneur était tellement nécessaire à l'existence de Bosquier, qu'on le voyait quelquefois chez lui, en robe de chambre, avec la précieuse décoration.

Puis venait l'excellente mère BAROYER, qui, pendant soixante-huit années, se fit remarquer au théâtre par sa verve comique et par un jeu qui, pour être plaisant, ne descendait pas aux charges de mauvais goût, et ne cessa jamais d'être décent.

En 1789, madame Baroyer voyageait avec la troupe de mademoiselle Montansier ; parmi les artistes qui en faisaient partie, se trouvait une petite actrice de neuf ans, nommée Hyppolite ; elle annonçait un talent précoce, et madame Baroyer lui fit répéter et étudier le rôle de Babet, dans *la Fausse Agnès* ; cette enfant, à qui madame Baroyer donna les premières leçons, c'était notre grande et inimitable comédienne, *mademoiselle Mars*.

Madame Baroyer avait, dit-on, été trouvée jolie par le comte d'Artois, et le prince le lui avait prouvé en 1782. Quarante-six ans plus tard, elle fut appelée pour jouer à l'Élysée devant la cour ; Charles X reconnut l'actrice septuagénaire, et lui adressa la parole : « Nous sommes

» de vieilles connaissances, lui dit-il, et je vois avec plai-
» sir que votre talent brille toujours du même éclat. »
Ce prince promit alors de lui donner une pension sur la
liste civile, mais les événements de 1830 ne lui per-
mirent pas de réaliser sa promesse.

En 1809, un acteur, dont le nom est encore révéré
par tous les artistes et cité comme celui d'un comédien
de premier ordre, vint frapper à la porte du théâtre des
Variétés. C'était un homme frêle et délicat, espèce de
roseau, que ses parents avaient d'abord destiné à l'état
militaire, mais qui, trouvant le mousquet trop lourd,
l'abandonna après l'avoir porté sur les champs de bataille de Jemmapes et de Valmy. Le nom de cet artiste
qui venait audacieusement s'asseoir à côté de Brunet et
de Tiercelin, a retenti dans toute l'Europe : c'était *le
Ci-devant Jeune homme*, *le Prince Mirliflor*, *Werther*,
le Conscrit, *l'Homme de soixante ans*, *Bonardin*, *le Bé-
néficiaire*, *M. Pinson*, *le Bourgmestre de Saardam*,
le Père Sournois, etc., etc...... C'était POTIER.

Le talent et le souvenir de Potier sont encore trop
vivaces pour qu'il soit besoin d'en parler; je dirai seulement qu'il fut sifflé à ses débuts dans le rôle de *Maître
André*, créé par Brunet. Le parterre n'est pas indul-
gent pour un acteur qu'il ne connaît pas. Potier dit alors
en souriant : « Bah ! les Parisiens me prendront comme
» cela, ou je reprendrai le chemin de la province. »

Quelques années auparavant, Potier avait joué au
théâtre des Victoires nationales, *Dasnières*, si bouffonnement créé par Baptiste cadet. Il chantait alors avec
beaucoup de modestie la gloire de celui qu'il imitait; au
moment de se coucher, il disait :

Mon bonnet, loin d'être élégant,

> N'est qu'une faible parodie
> De cet acteur dont le talent
> Fait aimer la moindre saillie.
> Sans prétendre lui ressembler,
> En vain je le suis à la piste ;
> Ce chiffon peut-il égaler
> Le charmant bonnet de Batiste ?

Potier ne fut pas toujours aussi modeste, et refusa souvent l'appui de son talent à ceux de ses camarades qui avaient besoin d'une représentation à bénéfice. Il était entaché d'un peu d'égoïsme, et fort de la belle part pécuniaire que lui avaient faite son talent et sa position d'artiste hors ligne, il vécut un peu en père sournois. Forcé par une santé affaiblie de renoncer au théâtre, il se retira dans une maison de campagne à Fontenay-sous-bois, où il est mort à soixante-quatre ans.

Le jour du convoi de Potier fut encore un jour de gloire. Une foule de gens de lettres et d'artistes est venue saluer une dernière fois le comédien du grand monde et du peuple, l'acteur aux nuances délicates, au goût exquis, à la verve si comique. Brunet, malgré son grand âge et une pluie battante, a voulu accompagner Potier jusqu'à sa dernière demeure.

Le nom de Brunet amène dans mes souvenirs celui d'une femme à laquelle il a consacré une partie de son existence. Mademoiselle Pauline, qui a été pendant trente ans l'actrice à la mode, naquit en 1784 ; en 1832 elle jouait encore les ingénues, c'était la Mars des Variétés ; elle était jolie, gracieuse, brune et ardente comme une Andalouse ; elle avait un cœur très-compatissant, et donnait à chacun de ses amis son portrait, qu'il était de bon ton de posséder chez soi ; et Dieu sait combien elle en donna !

Deux femmes jolies et d'un commerce facile disputaient à Pauline la palme de la beauté et les conquêtes de MM. les gardes du corps : ALDÉGONDE, l'actrice la plus vive, la plus égrillarde du théâtre des Variétés, il y a vingt ans ; et CUIZOT, une des plus jolies femmes de Paris. Tout ce qu'il y avait de cœurs disponibles dans la capitale était accaparé par ces deux prêtresses de Vénus. Bien persuadées que le cœur est indivisible, Cuizot et Aldégonde donnaient à chacun de leurs adorateurs, mais pour quelques heures seulement, leur cœur tout entier. Les médisants disaient qu'elles comprenaient le cœur comme le chevalier de Boufflers.

On chantait tout haut dans le foyer le couplet suivant :

AIR : *C'est l'amour, l'amour.*

Que fait la gentille *Pauline*
Avec d'Artois, son doux ami ;
Que fait *Cuizot*, la libertine,
Avec maint et maint favori ;
Que fait *Flore*, la blonde,
Avec certain banquier ;
Et que fait *Aldégonde*
Avec le monde entier ?
C'est l'amour, l'amour,
Qui fait le monde à la ronde ;
Et chaque jour à son tour
Le monde fait l'amour.

Mademoiselle Cuizot avait su plaire à l'archichancelier Cambacérès, qui passait pour ne pas sacrifier à l'amour les intérêts de l'empire.

Il fit demander à l'actrice la faveur d'être admis dans sa loge; et mademoiselle Cuizot répondit : « Allez dire » à Monseigneur que je ne reçois personne derrière le » théâtre, et que s'il veut me voir, il faut qu'il aille par » devant. »

Mademoiselle Cuizot avait pour domestique une toute jeune fille qui puisa chez sa maîtresse le goût du théâtre. Mademoiselle ADELINE, que l'on a vue aux Variétés, à la Porte-Saint-Martin, au Gymnase, était une fort jolie personne, je m'en vante, dit Lamiral; nous autres jeunes gens, nous avons toujours poussé les jolies filles, et mademoiselle Adeline fut lancée.

Voici, dit l'orateur, à quelle occasion je fis connaissance de la jeune fille. Un jour je m'étais enfoncé dans le bois de Romainville pour chercher des simples. — Je vous prie, messieurs, de ne pas comprendre ce mot d'après M. Eugène Sue. — J'allais m'instruire dans l'art de Linnée, j'allais herboriser enfin; je vois tout à coup accourir vers moi un âne qui avait pris le mors aux dents; une jeune personne qui se cramponnait après le cou de la bête emportée, perd l'équilibre, et tombe au pied d'un chêne; j'avais été assez heureux pour amortir le coup, et la chute fut légère.

Un moment après, mademoiselle Adeline était retrouvée par ses compagnes, presque sans connaissance, la tête penchée sur le gazon, et les bras étendus autour du cou...

— De l'âne?... s'écrie une dame!

— De votre serviteur, belle dame, reprend Lamiral en baissant les yeux. La journée avait été bonne pour le botaniste; j'avais découvert une rose sous un chêne!

Adeline a toujours été citée pour ses naïvetés; c'est

elle qui disait : J'ai pris aujourd'hui du café fort......
comme un Turc. — Le pavé est gras..... comme un
moine. — J'ai faim... comme un cheveu ! — C'est elle
aussi qui écrivait à l'un de ses protecteurs :

« Ne venez pas demain sans m'apporter cinq cents
» francs dont j'ai besoin.... je ne pourrais pas vous re-
» cevoir sans cela... pas d'argent, pas de Suisses. »

Comme l'éducation grammaticale de l'actrice avait été
un peu négligée, elle avait commencé son mot Suisses
par un C.

Elle écrivait aussi à sa couturière :

« Envoyez-moi ma robe de satin. »

En suivant sa manière d'orthographier, elle écrivait
satin avec un C.

A part cela, Adeline était fort amusante; aussi était-
elle fort aimée de ses camarades, qui lui passaient volontiers la langue française, pour ne s'occuper que de
son cœur, qui était très-humain.

Cazot, ce bon gros Cazot, a été un des heureux gaillards qui ont connu Adeline. Alors Cazot avait la chevelure noire et le jarret tendu; il était grand amateur
du beau sexe, et d'une humeur un peu gasconne, il jurait
fidélité à toutes les belles; c'était un Faublas de second
ordre.

A propos de Faublas, je connais un Joconde, un Don
Juan, bien plus cité, plus choyé, plus fêté, plus connu,
surtout dans les ruelles et dans les boudoirs aristocrati-
ques, financiers et artistiques : Lafont, qui depuis
bientôt trente ans joue les amoureux; depuis plus longtemps encore il joue les amoureuses, et le coquin les
joue sous jambes.

Jenny-Colon, cette délicieuse artiste que la mort est

venue arracher à notre admiration, a éprouvé le pouvoir de Lafont sur le cœur des femmes. Un beau jour elle partit pour l'Angleterre, avec Lafont son bien-aimé ; là, comme deux jeunes fugitifs qui vont, échappant à l'autorité paternelle, s'agenouiller devant le forgeron de Great-Green, le fabricant de mariages clandestins, Lafont et Jenny contractèrent chez nos voisins de la Grande-Bretagne un mariage dont ils eurent tous deux le bon esprit de ne plus se souvenir en France. — Chez Lafont le cœur est oublieux : les serments faits sur l'autel de l'hymen eurent le sort des serments prononcés sur l'autel de l'amour ; et Jenny-Colon, qui avait été quelques mois madame Lafont, est devenue plus tard madame Leplus. On dit que dans son nouveau ménage ce n'était pas elle qui aimait *le plus*.

Ce n'est pas moi, messieurs, qui fis ce jeu de mot ; il est l'œuvre d'une de ses camarades qui aurait bien voulu n'avoir jamais contracté de mariage plus sérieux que celui de Lafont et de Jenny-Colon. Madame HERFORT, dont le vrai nom est madame GODARD, épousa il y a vingt ans un épicier qui fit sa connaissance à l'Ermitage d'hiver, rue de Provence ; la jeune Julie ferma les yeux sur l'étrangeté du nom que lui offrait le marchand de réglisse des bons gendarmes, elle épousa ; mais les émanations de l'épicerie pesaient à la jeune folle ; elle voulut se faire comédienne ; l'époux débonnaire y consentit ; la dame était gentille, on s'empressa de lui faire ouvrir les théâtres de la banlieue. Mais on ne pouvait pas mettre ce nom de *Godard* sur une affiche de théâtre ; on prit celui d'Herfort. Le nom une fois répudié, il en fut bientôt de même de l'époux, et le pauvre épicier vint demander aux tribunaux le pouvoir de faire rentrer sa femme au domicile conjugal. Nous l'avons dit, madame Godard était jolie ; elle se donna beaucoup de mouvement pour gagner sa cause ; un jugement l'autorisa à se consacrer entièrement au plaisir du public des Variétés. Quelques années après, madame Herfort apparut à l'Ambigu-Comique, où elle ne fit que passer ; mais ce n'était plus la jeune et gentille actrice ; sa voix était devenue rauque et désagréable ; elle fut enfin forcée de quitter le théâtre où elle se montrait trop souvent *enrouée*.

Pour faire une opposition au tableau, je vais placer un artiste que tout le monde aime, comme homme et comme acteur : LEPEINTRE *aîné*. Issu d'une famille d'artistes, Lepeintre fut d'abord destiné à la peinture ; c'était rationnel, quant à son nom ; mais il en fut autrement, ce dont les amis de l'art théâtral se félicitent. L'aïeul de notre artiste était peintre du duc d'Orléans, père du roi ; son oncle est peintre aussi ; son cousin germain, M. Larivière, a fait plusieurs tableaux pour le musée de Versailles : Lepeintre aîné commença la peinture avec son cousin, et son goût pour la comédie lui fit quitter *Larivière* pour la *scène*.

Désaugiers avait fait son ami de Lepeintre aîné ; le spirituel chansonnier était alors chef d'orchestre à Marseille ; à l'époque où il devint directeur du Vaudeville, Désaugiers écrivit à Lepeintre : « N'oublie pas que mes » bras, mon cœur et mon théâtre te sont ouverts. Si le » souvenir de nos anciennes compagnies se réveille dans » ton cœur, je te recevrai dans mes rangs comme un » vieux soldat, l'honneur de mon armée. Sur ce, joie et » santé, et crois-moi comme auteur, acteur et directeur, » ton meilleur ami. »

Lepeintre était aussi, à Marseille, l'ami de M. de Martignac, avocat, qui douze ans plus tard, devenu ministre, accueillit l'artiste avec la même cordialité. Lors de la nomination de M. de Martignac, Lepeintre s'empressa d'aller le féliciter; ne pouvant se défendre d'une certaine émotion puisque c'était la première fois qu'il parlait à un ministre, il l'aborda en lui disant : « Pardon, » monseigneur, je tremble comme à une première re- » présentation.—Eh bien, rassurez-vous, répondit le mi- » nistre; supposez que vous êtes devant le public; vous » savez qu'il vous aime. »

Comme acteur, Lepeintre aîné est connu; depuis longtemps il est placé au premier rang des comédiens, et nous ne voulons pas analyser tous les fleurons de sa couronne. Mais nous parlerons toutefois du *Soldat laboureur*. A dater de la création de cette pièce, en 1818, le talent de Lepeintre le plaça au premier rang. Lagingeole de *l'Ours et le Pacha*, le *Hussard de Feilsheim*, le *Camarade de lit*, et deux cents autres créations l'ont montré ce qu'il est : un excellent comédien.

Tournant le couplet avec facilité, et renommé par de nombreux calembours, ses épigrammes sont toujours de bon goût, et ses jeux de mots sont toujours spirituels.

Un jour, rencontrant Talma qui avait un bouquet à sa boutonnière, Lepeintre lui dit : « Vous êtes ambitieux; » vous ne vous contentez pas d'être Talma, vous voulez » être *fleuri*. »

Après avoir joué le rôle de Dugazon, dans *le Duel et le Déjeuner*, on le félicitait sur la manière dont il avait représenté son personnage; il répondit que l'acteur qui ressemblait le plus à *Dugazon* était *Vertpré*.

Une de ses camarades des Variétés lui disait dernièrement qu'elle venait d'acheter une maison de campagne. Lepeintre lui demanda : « Est-ce avec *terrain* que tu l'as » achetée ? »

Lepeintre aîné a de l'esprit, un cœur excellent, une gaieté et une verve entraînantes. Son penchant pour le calembour lui a fait dire que partout où il allait il portait l'abondance, puisqu'on y voyait le *pain traîner*, et que pour lui, il n'en aimait que l'*ami*.

Propriétaire d'une jolie maison qu'il a fait construire à Passy, il y demeure avec sa femme. Lepeintre a recueilli chez lui la veuve de Rosière, le fondateur du Vaudeville; il a dit qu'il se faisait un honneur de recevoir chez lui une *rosière*.

Personne n'a mieux compris l'amitié fraternelle que cet excellent Lepeintre aîné.—Un jour un de ses frères, le deuxième du nom, arriva de province avec sa famille; il venait aux Folies-Dramatiques, où il était engagé. L'artiste n'avait guère fait d'économies en province. Son frère aîné le savait, et invita le nouveau débarqué à venir dîner chez un ami, près du boulevard du Temple. A l'heure dite, l'artiste arrive avec sa femme à l'endroit désigné; il sonne. Lepeintre aîné ouvre, et dit à son frère que son ami est absent, mais qu'il va lui faire les honneurs du logis. Il mène Lepeintre cadet de la salle à manger dans un petit salon, puis dans la chambre à coucher; le tout était meublé sans faste, mais avec goût. Dans la cuisine les casseroles frémissent, la broche tourne, le bûcher est garni, la cave contient une pièce de bourgogne. « — Tout cela est bien, dit Lepeintre cadet; » mais l'amphitryon devrait bien venir chanter :

J'ordonne donc qu'on serve le dîner.

« — Tu vas être obéi, répond Lepeintre aîné; car
» l'amphitryon, c'est toi : il n'y a pas ici d'autre maître
» que toi; c'est toi qui nous offres à dîner. — Voilà ton
» petit ménage. Puisse ta femme l'entretenir! puisse ton
» talent l'augmenter ! »

On ne qualifie pas de pareilles actions; on les raconte,
et on applaudit.

LEPEINTRE JEUNE, qu'il ne faut pas séparer de son
frère parce qu'ils s'aiment tous dans cette famille, Lepeintre *jeune* joue la comédie depuis trente-huit ans; à
neuf ans il était svelte et frêle, et jouait les Cassandres
au théâtre des Jeunes-Artistes. A quinze ans (je vais
tâcher de vous dire cela sans rire), il se distinguait
par une taille fine comme celle d'une guêpe, souple
comme un roseau. Sa nourrice disait dernièrement :
« Ah! monsieur, si vous l'aviez vu ce cher petit, on
» l'aurait fait passer par le trou d'une aiguille !.....
» Comme les années vous changent un homme !... La
» taille de guêpe est devenue celle d'un éléphant !.....
» comme ça trompe! »

Lepeintre jeune, cette fabuleuse masse qui peut à
peine se mouvoir, est l'être le plus gai que je connaisse.
Sans cesse aux prises avec les huissiers, menacé chaque
jour d'aller emplir la maison d'arrêt de la rue de Clichy,
notre Falstaff rit de tout, chansonne tout, fait des calembours sur tout. — C'est un feu roulant continuel;
il dépense en calembours plus d'esprit qu'il n'en faut
pour être membre de l'association des gens de lettres. Un
jour, M. Comte, le physicien, donnait un banquet dans
sa propriété aux Batignolles; c'était le jour de sa fête;
chacun le complimenta; Lepeintre jeune improvisa ce
quatrain :

> Un doux prestige t'accompagne,
> De tes tours chacun est surpris;
> Ta *demeure* est à la campagne
> Et ton *adresse* est à Paris.

S'il avait autant d'ordre que son frère aîné, Lepeintre jeune serait parfaitement heureux; car c'est un bon vivant, un viveur, un épicurien, ami de la bouteille, de la chanson, de la table et de la joie.

Tout à l'heure à l'occasion d'un jeu de mot de Lepeintre aîné, j'ai cité le nom de Vertpré, et je me suis souvenu d'une petite perle qui brilla longtemps aux Variétés par sa gentillesse, son talent, son jeu fin et délicat: JENNY VERTPRÉ, la *Servante justifiée*, la *Chercheuse d'esprit*, la *Fille mal gardée*. Cette charmante artiste aux allures si vives, à l'œil provocateur, au langage spirituellement léger, qui a fait soupirer tant de cœurs, qui a fait la fortune de tant de marchandes de fleurs et de couronnes, a épousé un vaudevilliste dont le nom est bien connu; elle se nomme maintenant madame CARMOUCHE. Le jour où l'on vint lui proposer d'épouser cet auteur, l'espiègle Jenny s'écria : « Pour mon honneur, *quel est ce Carmouche?* »

Madame Carmouche, qui compte tout près d'un demi-siècle, a depuis longtemps quitté la scène; elle donne maintenant des leçons à de jeunes adeptes de l'art théâtral. — Elle en est parbleu bien capable!

A côté de la *Chercheuse d'esprit*, il faut nommer VERNET, comédien habile entre les plus habiles, observateur exercé, d'un naturel exquis, d'une naïveté parfaite; pendant trente ans il a enregistré plus de triomphes que Napoléon n'en a compté; depuis le *Petit Pinson* jusqu'à *Madame Pochet*, de *Mathias l'invalide* à *M. Cagnard*,

Vernet a tout joué, tout imité, et tout cela avec un talent admirable.

Mal marié d'abord, Vernet a fait justice de l'humeur atrabilaire de sa moitié, et s'est adjugé une autre compagne qui le gronde bien un peu quand il veut écouter sa générosité naturelle, mais avec laquelle il se console de nous avoir privé sitôt d'un artiste aimé de tous les amateurs du vrai comique, de la nature prise sur le fait et calquée sur les modèles les plus saillants, de la gaieté sans grosse charge; un vrai comédien, enfin.

Vernet, que la goutte tourmente fort, a été contraint par elle de quitter le théâtre pour aller se reposer dans une jolie propriété à Charenton.

Vernet, qui était un des plus jolis garçons de son époque, a fait naître beaucoup de grandes passions et de caprices; il n'était pas sauvage; il courait de belles en belles; et... maintenant il a la goutte! — *Fructus belli*.

En ce temps-là brillait une bonne réjouie, à la physionomie enjouée et plébéienne, aux yeux doux et limpides, aux lèvres roses et toujours entr'ouvertes pour recevoir un baiser qu'elles semblaient appeler. C'était FLORE, la *Marchande de goujons*, mademoiselle Victoire des *Cuisinières*, qui est maintenant la géante des *Saltimbanques*, madame Picpus de la *Canaille*.

Flore a été enlevée, ma parole d'honneur, enlevée par un amoureux, que son entrain, son minois agaçant, avait mis en émoi. — C'était avant la naissance du roi de Rome. — Elle n'était pas aussi puissante comédienne qu'elle l'est aujourd'hui, mais la puissance de ses charmes ne s'en faisait pas moins sentir. Toujours est-il qu'un séducteur l'a enlevée!... Je le donne aujourd'hui au plus fort.

Flore, qui donne volontiers une franche accolade à un verre de champagne ou de bordeaux, fait encore des passions. On m'a raconté qu'un soir après boire, son camarade Villars, animé par un vin chaud et généreux, la reconduisait chez elle; le gaillard voulait pénétrer jusque dans le sanctuaire; mais Flore s'y opposait de toutes ses forces. Villars insiste, Flore résiste; enfin on arrive au pied de l'escalier; l'acteur voulait absolument monter, et son amour s'animant par *degrés*, il osa dérober à sa tremblante compagne le plus audacieux des baisers..... Et madame Batifol des *Matelots et Matelottes* regagna en soupirant son alcôve déserte. Le lendemain, l'audacieux Villars adressait à peine à sa compagne de la veille un simple bonjour de camarade !

Les hommes la plupart sont étrangement faits.

Quelque temps avant la révolution de juillet, il arriva aux Variétés une actrice majeure, nommée MADEMOISELLE JOLIVET; elle venait de Toulouse et avait exercé à Bordeaux ce que la galanterie me fera appeler son talent. Maniérée au théâtre comme à la ville, mademoiselle Jolivet a cru qu'il suffisait d'avoir des yeux bien langoureux pour être comédienne; elle se posa en victime et elle concourt encore, dit-on, pour être couronnée à Salency ou à Surène. — Elle aura déjà, pour obtenir la rose, la voix de ses quatre enfants; elle peut donc espérer.

—Messieurs, dit Lamiral en s'inclinant, si vous voulez bien le permettre, je vais reprendre *haleine*, comme lorsque je jouais *le Savetier en goguette*. J'ai parlé des artistes qui *tranchaient* le plus il y a quelque temps; nous irons trouver les autres dans leur *quartier ;* car puisque l'on est aux Variétés, il faut que l'on *en peigne* tous les artistes, et que l'on trouve en *soi* la conviction d'être vrai avant tout, et de ne pas parler à propos de *bottes*, et comme un *tyran* peu délicat. Je me repose un moment et je reprends le *fil* de mes observations qui *se mêlent* dans ma mémoire. Si vous y trouvez quelques *pointes*, songez que l'on m'accuse d'avoir un petit *coup de marteau* et que je n'ai point le mérite littéraire de M. Frédéric *Soulié.*

— Messieurs et chers camarades, dit le vénérable fondateur, pendant que M. Lamiral se repose je vais continuer la revue pittoresque du théâtre des Variétés.

M. NESTOR ROQUEPLAN, qui s'est fait un nom comme écrivain, dirige aujourd'hui le théâtre des Panoramas, vous le savez; s'il faut en croire le chiffre des recettes actuelles, la direction est bonne et capable; et cela est en effet : il n'est pas dit parce qu'on est un viveur, qu'on ne peut pas être un bon administrateur. — M. Roqueplan prouverait la fausseté de cette opinion; il a eu la meilleure pensée qui puisse jamais éclore dans un crâne de directeur; c'est d'enlever à M. Poirson l'acteur dont le nom seul est une fortune pour un théâtre. M. Roqueplan a fait mieux, il a enlevé au Gymnase *le Gamin de Paris, la Fille de l'Avare, Michel Perrin* et *le Père Turlututu,* et avec cela le comédien de l'époque actuelle, celui que tout Paris va voir et applaudir avec son vieux bagage, comme s'il avait apporté aux Variétés tout un répertoire nouveau.

BOUFFÉ a donné cent mille francs à M. Poirson pour quitter le Gymnase, où il ne pouvait plus vivre. L'interdiction pèse encore sur le théâtre Bonne-Nouvelle, et les tailleurs qui ont l'habitude de travailler pour Bouffé ne voulaient plus lui apporter de nouveautés. L'artiste n'avait plus que de vieux habits à sa taille, il alla les porter dans une réunion où il pensa qu'ils seraient reçus comme neufs. La prévision s'est réalisée.

Bouffé, qui joue un peu le malade imaginaire, s'est fait un appui de cette faiblesse apparente de santé; c'est un enfant gâté qui se dit malade pour être choyé davantage; on l'aime, il le sait, et il veut que la crainte de le perdre lui fasse donner toujours la plus belle part. Il lui faut plus que cela, il lui faut la seule belle part; c'est toujours l'enfant gâté qui, accablé de gâteaux, ne veut pas que l'on donne un biscuit à ses camarades. C'est un peu de jalousie, c'est une faiblesse; mais cela est racheté par un talent éminent, profond, observateur, consciencieux jusqu'à la minutie.

A l'arrivée de Bouffé aux Variétés, le *cancan*, la *cachucha parisienne*, ont été détrônés, et c'en était fait de la danse décolletée si la POLKA n'était venue s'imposer impérieusement avec ses éperons et sa désinvolture.

Bouffé est né en 1800, et il compte vingt-trois ans de comédie. En 1821, il était engagé au Panorama-Dramatique avec trois cents francs d'appointements par année; il gagne maintenant cinquante mille francs par an!... Ce n'est pas trop pour son talent et pour les recettes qu'il fait faire à M. Nestor Roqueplan.

— Lamiral reprend la parole et remercie le fondateur d'être venu à son aide; il se drape dans son habit bleu, et dit:

Bilboquet, l'illustre Bilboquet, le roi des *saltimbanques*, avait des droits pour apparaître un des premiers dans nos causeries sur le théâtre des Variétés.—Pardon,

Odry, pardon, ô grand homme! je ne t'ai point méconnu; mais il est écrit dans les livres saints que les premiers seront les derniers.

Poëte audacieux qui chantas si bien les bons gendarmes enrhumés, faut-il monter ma lyre pour te chanter?—Oui, car on ne peut parler de toi qu'avec *délire*, ou avec un couvreur.—Odry, bouffon sublime, être incompréhensible, indéfinissable, tu défies, comme homme et comme artiste, le scalpel et l'analyse :

> C'est toi qui le premier, ou du moins je le pense,
> Fis rimer *castonade* avec *intelligence*.

C'est toi qui reculas aussi les bornes de la bêtise, de la drôlerie balourde et pleine d'une importance fantastique.—Marescot, Parisien, François, John, Picpus, Bilboquet! je te salue! je te salue! je te salue.—Je l'ai dit trois fois : ce n'est pas trop pour toi, triple essence du comique, de l'absurde et de la bouffonnade.

Acteur, poëte, conteur. —Et tout cela se trouve sous une seule enveloppe, ornée de deux yeux dépareillés, d'un nez à la Roxelane, de soixante et quelque sept ans, et d'un chapeau terrible.—Et tout cela, qui ornait si bien la scène des Variétés, se trouve relégué chez un gargotier de Courbevoie!!... Odry est électeur; il est éligible; s'il pouvait devenir député et discuter le budget!... au moins nous ririons pour notre argent.

Rassure-toi, Odry, ton nom ne périra point. Tu as importé aux Variétés un genre à part. HYACINTHE est ton digne continuateur; il menace d'être aussi bête que toi; il n'a pas, comme toi, ce regard vagabond, ce rire extraordinaire; mais il est niais avec aplomb, avec conviction, avec bonhomie; et, s'il voulait y mettre un peu plus de bon vouloir, n'avoir pas l'air de jouer les mains dans ses poches, il nous ferait encore rire comme tu le faisais, ô grand saltimbanque!

Zéphirine, la jolie Zéphirine vient, sous les traits fins et gracieux de mademoiselle Esther de Bongars, me crier quand je parle de saltimbanque:

— Eh bien oui, je *la* suis..... Et puis après?..... — Phrase sublime, qui rappelle le *qu'en dis-tu?* de Talma. Il fallait voir Mlle Esther, avec son joli visage aux traits réguliers, ses beaux yeux noirs comme ses cheveux, son pied si petit, sa main si blanche; mademoiselle Esther de Bongars, coiffée d'un foulard jaune, comme la Goualeuse que M. Sue a dû copier sur elle; Zéphirine était adorable de beauté, de laisser-aller, de grâces. C'était la Bohémienne des boulevards, c'était canaille sans être repoussant... Elle était si jolie!.... Zéphirine des *Saltimbanques*, *Roquet*, ce voyou de la *Canaille*, avaient pour interprète une actrice jeune, jolie, et descendant d'une des plus nobles maisons de France. Son blason est surmonté d'une couronne de marquise ; elle porte: *De gueules à la fasce d'or.* — *Ecartelé de sable à trois molettes d'or, surmontées de trois mouchetures d'hermine de même au chef, cousu de gueules à trois têtes de léopards d'or.* Avec cette devise à l'exergue :

BON SANG NE PEUT MENTIR!

Et la devise a eu raison. Si le sang de mademoiselle de Bongars est noble, son cœur est noble aussi; car elle est bonne, elle est charitable, elle compatit à toutes les infortunes. — Et je répondrai à ceux qui lui reprocheront d'avoir beaucoup aimé, que si, comme le dit l'Église, le péché se rachète par l'aumône, tous les péchés de mademoiselle Esther lui seront remis; une grande partie de l'or que viennent apporter à ses pieds les hauts et puissants seigneurs et les princes de la finance, est allé bien des fois secourir et consoler la misère sur les grabats. Mademoiselle Esther peut dire aux puritains qui lui jettent blâme ou anathème :

> Avec le prix d'une caresse
> Souvent j'ai sauvé la vertu.

Je cite un trait entre trois cents : Édouard, acteur secondaire des Variétés, meurt dans la misère, son cadavre allait être jeté dans la fosse commune. Mademoiselle Esther de Bongars l'apprend : elle se hâte, elle accourt, elle monte au sixième étage; elle suspend les tristes préparatifs, fait apporter une bière, elle demande un corbillard, les prières de l'Église, elle achète un terrain dans le champ du repos; et aujourd'hui une croix de bois, dans un enclos modeste, dit à la vieille mère où repose son fils, et la pauvre femme adresse au ciel des vœux pour la comédienne qui a donné une tombe à son enfant bien-aimé.

J'ai trois cents faits comme cela à citer. Et maintenant voyez si vous aurez le courage de blâmer la jeune artiste que la Russie vient de nous prendre.

A côté de mademoiselle Esther, plaçons mademoiselle BOISGONTIER, autre excentricité; jolie fille, luronne bien décidée, aimant, buvant, cancanant, chantant de manière à faire tourner bien des têtes, à faire naître bien des désirs; avec cela bonne fille s'il en fut, n'ayant rien à elle, donnant tout, ou laissant tout prendre. C'est elle qui m'a appris ce couplet qui la peint assez bien :

Air : *Eh quoi! vous ne me dites rien?*

Connaissez-vous la Boisgontier?
C'est une femme un peu chicarde,
Une luronne, une gaillarde
Qui ne se mouche pas du pied.
A tous les plaisirs tenant tête,
Ne se faisant jamais prier,
Mais rageuse quand on l'embête.
Voilà, voilà, la Boisgontier.

Madame CHARLET-MARTIN est une gentille et gracieuse personne, fille d'un instituteur du deuxième arrondissement. Fort jeune encore, mademoiselle Joséphine Charlet contracta un mariage dont elle n'eut pas lieu de s'applaudir. Elle avait une belle voix, elle était musicienne, avait de beaux yeux, une physionomie toute gracieuse; on lui conseilla de se mettre au théâtre, ce qu'elle fit au grand plaisir des amateurs de l'art et des femmes jolies. Elle a débuté à l'Opéra-Comique, et est revenue aux Variétés prendre la place qu'avait laissée libre mademoiselle OLIVIER, la brune et piquante jeune fille, qui s'est consacrée comme une châtelaine à l'amour *du manoir*.

Mais l'heure s'avance; je me hâte d'envoyer mille baisers à madame BRESSAN, qui ne pleure plus l'absence de son mari; à l'espiègle AMÉLIE SAINT-HILAIRE, à mademoiselle OZY, qui a gagné ses éperons, et à plusieurs autres jolies actrices dont le nom m'échappe.

Puis une bonne poignée de main à LIONEL, le bon camarade; à l'amusant HOFFMANN, à NEUVILLE, qui, je l'espère, renoncera à parodier ses camarades en public; et à CHARLES PÉREY, à qui je souhaite de prendre aux

Variétés la place qu'il s'était faite à l'Ambigu, où, pendant quatre ans, il s'est fait applaudir, et où il a brillamment fait ses adieux au public du boulevard par le rôle d'André dans *Madeleine*.

— Le fondateur lève la séance, et invite Lamiral à venir apporter un nouveau tribut à la société cancannière.

SOUHAITS D'UNE CÉLÈBRE TRAGÉDIENNE EN DÉLICATESSE AVEC LA COMÉDIE FRANÇAISE.

Puissé-je de mes yeux y voir tomber la foudre,
Voir ta maison en cendre et tes lauriers en poudre;
Voir le dernier romain à son dernier soupir,
Moi seule en être cause et mourir de plaisir!

THÉATRE-FRANÇAIS.

Le petit salon de la *Boule-Noire* était éclairé plus fastueusement qu'à l'ordinaire dans la soirée du lundi de la Pentecôte, 26 mai 1844; deux girandoles à quatre branches avaient remplacé sur le bureau les minces bougies qui jetaient leur clarté tremblotante sur les dignitaires du champ des martyrs. Le fondateur était là en habit noir et cravate blanche. Le jeune Romain, secrétaire de la société cancannière, était orné d'un jabot, sur lequel brillait deux boutons en nacre de perle, représentant deux battoirs posés en croix, étreignant la foudre. M. Lamiral occupe le fauteuil du vice-président (on remarque que ses bottes sont cirées, et qu'il porte un pantalon de basin à côtes, qui a la prétention d'être blanc); mademoiselle Séphélie Desroches et l'ex-déesse de la Liberté, en grande toilette, occupent les places d'honneur auprès du bureau; les deux tables sont garnies de nombreux spectateurs. MM. Bourdon et Smaltzbraoum, ayant tous deux un ruban au bras, font les fonctions de censeurs. — Tout annonce une séance solennelle.

Le fondateur frappe les trois coups, ouvre la séance, et prend la parole en ces termes :

Messieurs et chers camarades,

L'association dont je m'honore d'être le fondateur accomplit aujourd'hui les deux tiers de sa tâche. Cette huitième séance, qui doit être un peu plus grave que les précédentes, a été consacrée au THÉATRE-FRANÇAIS... la gloire de l'art dramatique et de la littérature nationale.

Trop de savants bibliophiles, historiographes, publicistes, aristarques et biographes, ont écrit l'histoire et l'origine du théâtre en France, pour que nous entreprenions une dissertation, une narration, ou même un simple aperçu scientifique sur cette matière si intéressante, traitée par tant d'écrivains qui ont honoré la république des lettres, depuis Ronsard jusqu'à M. Hippolyte Lucas.

Nous nous occuperons donc spécialement du théâtre de la rue Richelieu, depuis son ouverture au mois de mai 1790, sous le nom de théâtre du Palais-Royal : MM. Gaillard et Dorfeuil attendaient, pour ouvrir cette salle, le décret sur la liberté des théâtres. Là se trouvèrent MICHOT, mademoiselle FIAT, SAINT-CLAIR, MONVEL, FUSIL, NAUDET, BAPTISTE aîné, BAPTISTE cadet ; puis vinrent mademoiselle DESGARCINS, madame VESTRIS, la tragédienne, DUGAZON et TALMA. Nous ne nous sommes point assemblés pour traiter de l'art en général et de la littérature ; nous ne sommes ni assez savants ni assez graves. C'est donc des artistes seuls que nous avons à nous occuper, et si dans nos souvenirs nous préférons les portraits et les anecdotes, nous ne négligerons point les pensées que nous croirons utiles aux comédiens ; il s'agit du premier théâtre de la France, et nous devons une place dans nos souvenirs aux artistes que nous avons connus. — Chacun de vous, mes chers camarades, est invité à prendre la parole pour citer un trait, une anecdote de la vie artistique ou de la vie privée des comédiens français qui ont précédé les sociétaires actuels du théâtre de la rue Richelieu. Les esquisses sur ces derniers seront confiées à l'un de nos nouveaux sociétaires, le père Piquant, ancien ex-officier, ancien ex-sigisbé de madame Dorval, ancien ex-littérateur, actuellement frotteur d'un comité moral; le récipiendaire a des droits pour être admis dans la société de la *Blague théâtrale*. C'est un gaillard qui *boit et mange bien*, qui blague bien, et qui cache sous sa moustache grise les quelques dents qui lui suffisent pour manger à plusieurs râteliers.

J'apporte mon tribut, dit le fondateur, et je commence :

Mes souvenirs les plus éloignés sur le Théâtre-Français datent de mon arrivée à Paris en 1792. Je vous ai dit que j'y connus tout d'abord mademoiselle Clairon; c'est à elle que j'emprunterai les anecdotes biographiques de quelques-uns des artistes qui brillèrent les premiers sur la scène de la rue Richelieu. Je vais commencer par elle mes excursions rétrogrades :

Hippolyte Claire de la Tude, dite Clairon, née en 1743, à Condé, dans le Hainaut, m'a raconté elle-même les circonstances de son baptême, qu'elle a consignées ainsi dans ses Mémoires : « L'usage de la petite
» ville où je suis née était de se rassembler en temps de
» carnaval chez le plus riche bourgeois, pour y passer
» tout le jour en danses et en festins. Loin de désap-

» prouver ce plaisir, le curé le doublait en le partageant,
» et se travestissait comme les autres. Un de ces jours de
» fête, ma mère, grosse de sept mois, me mit au monde
» entre deux et trois heures après midi. J'étais si ché-
» tive, si faible, qu'on crut que très-peu de moments
» achèveraient ma carrière. Ma grand'mère, femme
» d'une piété vraiment respectable, voulut qu'on me
» portât sur-le-champ même à l'église, recevoir au moins
» mon passe-port pour le ciel; mon grand'père et la
» sage-femme me conduisirent à la paroisse; le bedeau
» même n'y était pas, et ce fut inutilement qu'on alla au
» presbytère. Une voisine dit qu'on était à l'assemblée
» chez M***, et on m'y porta. Le curé, mis en Arlequin,
» et son vicaire en Gille, trouvèrent mon danger si pres-
» sant, qu'ils jugèrent n'avoir pas un moment à perdre.
» On prit promptement sur le buffet tout ce qui était né-
» cessaire; on fit taire un moment les violons, on dit les
» paroles requises, et on me ramena à la maison. »

Mademoiselle Clairon fut longtemps connue à Rouen, puis dans le monde, sous le nom de Frétillon, avant de venir faire les délices de la capitale par son beau talent. Gâtée par les applaudissements du public et par les adulations de la société, elle se croyait une puissance qui ne devait connaître aucune subordination. Elle fit un soir manquer le spectacle annoncé, en refusant d'entrer en scène, parce que l'on n'avait pas voulu renvoyer un acteur qui avait le malheur de lui déplaire. Elle fut en conséquence condamnée à passer un mois au For l'Évêque. L'inspecteur de police chargé de la conduire lui ayant signifié l'ordre dont il était porteur : « Monsieur, lui
» dit-elle avec une dignité théâtrale, je ne peux me
» dispenser de me soumettre à l'ordre du roi; il peut

» disposer de mes biens, de ma liberté, de ma vie même ;
» mais il apprendra qu'il ne peut rien sur mon honneur.
» — Mademoiselle, vous avez raison, répliqua l'inspec-
» teur ; où il n'y a rien, le roi perd ses droits. »

Mademoiselle Clairon était d'une taille médiocre, mais sa physionomie était très-mobile et son œil très-expressif ; des gestes d'une noble régularité, des attitudes savantes, et en même temps naturelles, rendait l'ensemble de cette artiste rempli de dignité.

Les artistes dont mademoiselle Clairon avait conservé l'amitié la venaient voir dans son modeste logis, et recueillaient auprès d'elle les conseils d'une actrice que son talent et son expérience ont rendue justement célèbre. Monvel, Naudet, Michot, Fusil, Baptiste cadet, étaient les plus assidus auprès de mademoiselle Clairon, qui m'a conté quelques faits qui les feront connaître.

Monvel était fils d'un acteur de mérite ; il fut reçu à la Comédie Française en 1772, et il s'y fit remarquer par un véritable talent dans la tragédie et la comédie.

Monvel se fit aussi une réputation comme littérateur, et il a composé une foule de petites pièces de vers pleines d'esprit, de goût et de grâce, des opéras, des drames et des comédies.

Le jour de la première représentation de *Blaise et Babet*, charmant opéra-comique dont Monvel est l'auteur, il jouait le métromane dans la *Métromanie*, et ne put assister à la représentation de sa pièce ; au dénouement, lorsque la soubrette dit en le désignant :

Tenez, voilà l'auteur que l'on vient de siffler,

un amateur tout essoufflé, qui arrivait de l'Opéra-Comique, s'écria :

« Non, non, qui vient de réussir! »

Alors trois salves d'applaudissements accueillirent cette nouvelle. Monvel fut embrassé par tous les acteurs qui étaient sur la scène, et l'enthousiasme fut général.

Des jeunes gens voulurent un jour lui jouer le même tour qu'on joua jadis à Gallant, l'auteur des Mille et une Nuits. Dans l'opéra, Babet chante trois couplets qui ont pour refrain :

<blockquote>
Il répétait sur sa musette
La chanson que chantait Lisette.
</blockquote>

Ces jeunes farceurs, dont M. Romieu, le préfet, fut le digne imitateur, allèrent réveiller Monvel au milieu de la nuit, et lui crièrent : « Monsieur Monvel, pourriez-vous nous dire quelle était la chanson que chantait Lisette ? » — L'artiste prit fort bien la plaisanterie, et comme il commençait à pleuvoir, il les engagea à monter chez lui ; car, leur dit-il, c'est :

<blockquote>
Il pleut, il pleut, bergère.
</blockquote>

Il fit servir des rafraîchissements à ces étourdis, qui furent enchantés de lui et se confondirent en excuses, lui disant qu'ils n'avaient pas cependant le courage de se reprocher une folie qui leur avait procuré le plaisir de passer une heure si agréable.

NAUDET, l'ami de Monvel, était un comédien de mérite, et l'un des hommes les plus recommandables par sa probité sévère, sa franchise et sa loyauté à toute épreuve. C'est lui qui a créé le père Laurent des *Victimes cloîtrées*; il y développait une hypocrisie et une onction admirables; son visage se prêtait à tous les tons de sa diction tantôt insinuante et tantôt atroce, qui contrastait avec la pureté de ses mœurs et la franchise de son caractère.

Naudet, qui a quitté le théâtre en 1806, est mort à Passy, où il a laissé une réputation d'honnête homme, après avoir eu celle d'un des acteurs les plus estimables. Naudet était oncle de Guyon, actuellement sociétaire de la Comédie-Française.

Michot et Fusil ont tenu la conduite la plus honorable pendant la terreur, et s'attachaient tous deux à arracher des victimes aux massacres et à l'échafaud. Pendant la journée du 10 août, ils faillirent être mis en pièces par la populace pour avoir voulu sauver des Suisses. Les deux artistes étaient gardes nationaux; dès la veille ils avaient pris les armes et ne les avaient point quittées. Baptiste cadet vint aussi en uniforme les chercher chez eux. Mademoiselle Fleury, qui avait épousé Fusil, demanda si c'est que tout le monde était de garde ce jour-là. « De garde! répondit Baptiste cadet, avec cet air niais » qui le rendait si drôle, je ne sais pas trop si nous se» rons *de garde!* »

Fusil, qui avait embrassé avec chaleur le parti de la révolution, fit la guerre de la Vendée, comme aide de camp du général Turreau; il fut alors le sauveur de M. d'Autichamps; quelque temps auparavant il avait favorisé la fuite de Martainville, qui oublia ce service.

Mademoiselle Clairon m'a bien souvent parlé d'un artiste qui fut son élève et son favori. Larive avait un très-beau physique, mais il manquait de ce feu sacré qui seul fait le véritable artiste. On disait de lui que pour être un acteur parfait il aurait fallu qu'il avalât

Monvel : dans le monde on appelait Larive un corps sans âme et Monvel une âme sans corps.

Après la mort de Lekain, des plaisants avaient écrit qu'en traversant l'Achéron il n'avait pas laissé son talent sur *la rive*. Placé entre les deux rois de la scène tragique, Lekain et Talma, le règne de Larive est resté étouffé comme celui de Louis XIII entre les règnes de Henri IV et de Louis XIV. Cependant Larive avait du talent ; l'ironie amère, le sarcasme, l'héroïsme chevaleresque, étaient rendus par lui avec une supériorité remarquable ; il avait un très-beau physique, des traits nobles, un organe sonore, flexible, plein et harmonieux, et son buste était superbe ; aussi fut-il le héros de bon nombre d'aventures galantes. Parmi ces aventures j'en citerai une qui donne une idée de la manière dont quelques grandes dames comprennent l'amour.

Un jour Larive reçoit un petit billet parfumé contenant ces mots : « Monsieur Larive est prié de passer aujourd'hui à midi chez madame la duchesse de M.. , en son hôtel rue des Petits-Augustins. » La missive parait bizarre à l'artiste, et quoiqu'il en devine la signification, il fait une belle toilette et se rend à l'heure indiquée au lieu du rendez-vous. On l'introduit dans un magnifique boudoir où la duchesse était demi-couchée sur une ottomane ; la dame l'ayant fait asseoir lui dit sans plus de préambule : « Monsieur, votre présence ne dément pas
» l'idée que je me suis faite de vous en vous voyant
» jouer Tancrède. Je crois que vous êtes ce qu'il me
» faut. Voici le fait : je suis souffrante, malade, je perds
» l'appétit, la gaieté, j'ai des vapeurs. Mon médecin at-
» tribue mon état de langueur aux négligences trop pro-
» longées de monsieur le duc ; il m'a dit qu'un amant

» m'était nécessaire, et j'ai pensé à vous, parce que
» cela sera sans conséquence et que le monde n'en saura
» rien. » La duchesse, quoique belle, avoisinait la quarantaine : Larive sentit faiblir son courage, et s'approchant d'une fenêtre dont il entr'ouvrit les rideaux : « Madame la duchesse, dit-il du ton le plus respectueux,
» je suis on ne peut plus incapable d'opérer la guérison
» que vous me faites l'honneur d'attendre de moi ; j'a-
» perçois au coin de la rue deux commissionnaires qui
» me paraissent de fort habiles docteurs ; je vais vous
» envoyer le plus robuste. » Cela dit, Larive s'enfuit au plus vite sans laisser à la duchesse le temps de manifester sa colère.

Larive avait la manie de haranguer le public, c'était l'orateur de la troupe, et souvent au milieu d'une tragédie il interrompait la scène pour causer avec le public. Cette manie, que beaucoup d'artistes ont encore à Paris, est non-seulement ridicule, elle est encore blâmable ; elle retire au public tout le charme et l'illusion du théâtre, où il vient voir le personnage que l'on a mis en scène, et non pas l'acteur, homme privé. C'est, suivant nous, manquer aux convenances et à la dignité.

Le comédien doit au public respect et soumission ; c'est un devoir dont il ne devrait jamais s'écarter ; mais le public doit au comédien consciencieux justice et respect ; l'acteur qui est en butte aux insultes et aux humiliations du parterre n'exerce plus un art, mais un métier dégradé. Il est vrai, et nous l'avouerons, que des acteurs ont osé oublier en scène ce qu'ils devaient au public et à leur propre dignité ; mais pour quelques rares exceptions faut-il faire une règle générale de proscription pour tous ceux qui exercent un art que Louis XIV avait

15.

jugé n'être pas incompatible avec la noblesse? Rien ne nous semble plus fâcheux que les altercations entre le public et l'acteur; il doit toujours y avoir entre eux un mur que nul n'a le droit de franchir : ce mur, c'est la rampe. Un acteur ne devrait jamais oublier que sur la scène il n'est plus lui, mais bien le personnage qu'il représente. Il y a-t-il quelque chose de plus extraordinaire que de voir Cinna ou Joad, Béverley ou Alceste, prenant la parole pour défendre M. Saint-Eugène ou M. Edouard?

Un jour un de nos plus grands comédiens ne parlait pas assez haut pour être entendu de toute la salle; un spectateur lui cria : « Plus haut! — Et vous, plus bas! » répliqua impérieusement le comédien. Le spectateur était dans son droit en criant *plus haut*, et l'artiste n'aurait pas eu à se plaindre si on l'eût fait repentir de son impérieuse réplique.

Rien n'est plus humiliant non plus que ces excuses qu'un acteur était forcé de faire, et souvent à genoux, devant le public; la raison, la dignité, ont fait justice de ces humiliations devant lesquelles un acteur était forcé d'oublier qu'il était homme.

Je me rappelle l'excuse que fit Dufresne; elle commençait par ces mots : « Messieurs, je n'ai jamais mieux senti la bassesse de mon état que par la démarche que je fais aujourd'hui... » Et le public d'applaudir.

Mademoiselle Georges dit au parterre de l'Odéon, qui lui demandait des excuses après une représentation d'*Iphigénie en Aulide*, pendant laquelle elle avait quitté la scène : « Si j'avais cru manquer au public je ne me serais pas permis de reparaître devant lui. »

On demanda aussi des excuses à Perlet, au Gymnase, pour n'avoir pas voulu chanter deux couplets anglais qu'on avait intercalés dans son rôle du *Comédien d'Étampes*. L'artiste, qui n'avait point manqué au respect dû au public, ne voulut pas subir cette humiliation; il s'avança avec dignité sur le devant de la scène, et dit: « Messieurs, dès aujourd'hui je ne suis plus comédien. » Et il tint parole.

Un acteur sifflé obstinément le jour de son premier début, s'avança pour parler au public; on fit alors un grand silence, et il dit avec beaucoup de sang-froid: « Messieurs, ménagez vos moyens, je vous prie; je suis engagé à ce théâtre pour cinq ans. »

Un autre acteur qui jouait de tout, sans rien jouer de bien, s'avisa un jour de haranguer le public qui le traitait avec rigueur:

« Je ne sais, messieurs, dit-il, comment j'ai eu le malheur de vous déplaire; je fais tout ce que je peux, et je me prête à tout sans pouvoir vous contenter: je joue dans le tragique et dans le comique.

— Tant pis, lui répondit-on.

— Je joue des premiers, des seconds, des troisièmes rôles.

— Tant pis! »

Alors, fixant le public d'un air attendri, il s'écria:

« Ingrat parterre! tu me forceras à m'en aller.

— Tant mieux! »

Et chaque raison ainsi alléguée était toujours ripostée par un tant pis ou un tant mieux. A la fin, excédé, hors de lui, et ne sachant plus que dire, il s'oublia au point d'envoyer tout crûment le parterre..... où la politesse ne me permet pas de vous dire.

« Tant mieux, » répond encore un plaisant.

Cependant l'acteur se tournant tout de suite par réflexion vers les loges, dit fort poliment : « Mesdames, ce n'est pas pour vous que je parle, au moins!

— Tant pis! » répond une petite voix flûtée qui partait du fond d'une loge.

Et cette scène dura près d'un quart d'heure au milieu des rires et des brouhahas réitérés du public.

Je vais citer encore un autre acteur qui montra un peu plus de sang-froid ou d'audace. On le sifflait à outrance, et ne pouvant parvenir à conjurer l'orage, il dit au public : « Messieurs, je mérite peut-être d'être sifflé, mais » permettez-moi de vous le dire, vous ne savez pas sif- » fler; voici comment il faut s'y prendre. » Et il se mit à siffler plusieurs airs très-difficiles et très-jolis qui le firent enfin applaudir. Cette bizarrerie le fit recevoir, et il arrivait souvent qu'au milieu d'un de ses rôles, on l'interrompait pour lui crier : « Sifflez-nous quelque chose; » ce qu'il était obligé de faire; puis il continuait la scène...

Ce sont là les misères du métier, la honte de l'artiste qui n'a pas su conserver sa dignité en face du public, qu'il doit respecter avant tout ;

> Car le public est un juge suprême
> Dont les arrêts doivent être écoutés,
> Et les premiers respectons-le nous-même
> Si nous voulons en être respectés.

— A propos d'excuses, dit Lamiral en se levant, je demande à citer un trait d'un de mes anciens camarades. Lacase, que l'on a vu au théâtre des Nouveautés, et qui depuis retourna à la banlieue, d'où il était sorti, jouait un jour ou plutôt un soir, *le Cuisinier de Buffon*, sur le théâtre de Montmartre. Lacase était grand ami du jus divin inventé par Noé, il en prenait parfois outre mesure; ce soir-là il était dans l'état où se trouve Larissole, du *Mercure galant*; sa langue était épaisse, et ses jambes faisaient du feston, comme disait Vernet dans l'*Ecole des ivrognes*. Le public avait d'abord ri de voir l'acteur en cet état, mais il finit pas siffler violemment. Les camarades de Lacase coupaient le plus qu'ils pouvaient du rôle du cuisinier; enfin, on arrive à la fin de la pièce... le malheureux Lacase s'avance pour chanter le couplet au public; il balbutie, patauge, et recommence par trois fois le couplet sans pouvoir l'achever. Les sifflets redoublent... alors Lacase prend son bonnet de coton, le jette dans le parterre, et crie : « Je n'en joue plus... au rideau!... » — Le tumulte est à son comble; on crie : Des excuses! des excuses! — L'acteur répond par un geste de faubourgs, qui consiste à frapper le derrière de sa tête avec la main gauche, tandis que la droite s'avance comme pour narguer le public, puis il s'écrie : « Des excuses... Lacase!... jamais!... » Le lendemain on le contraignait à faire à genoux des excuses justement exigées!

— Assez, dit le vénérable fondateur!... Ces choses répugnent à dire et à penser... Honte au comédien qui se déshonore ainsi!... heureusement ces exemples sont excessivement rares. Le blâme ne doit point retomber sur la grande famille des artistes que le public aime et honore. — Une brebis malade ne fait point mettre à mort tout un troupeau; — et pour un fait de ce genre, les annales dramatiques fourmillent de traits dont les hommes les plus honorables et les plus purs se glorifieraient à bon droit.

Revenons au Théâtre-Français, et hâtons-nous de

parler des artistes que nous avons connus, et dont les noms ont illustré le plus la scène française.

Mademoiselle Raucourt avait rassemblé au théâtre Louvois une partie des comédiens français que les événements révolutionnaires avaient dispersés ; cette artiste d'un grand talent passa au théâtre de la rue Richelieu, lors de la réunion générale des artistes.

— Le théâtre prit alors le titre de Théatre de la République, dit la dame au costume grec ; c'est à ce moment que je représentais la déesse de la Liberté sur une scène plus vaste et peut-être plus dramatique : mon char roulait pompeusement dans Paris pendant le jour, et le soir on me voyait en grand costume dans une loge du théâtre sur lequel on représentait *l'Ami des Lois* et *le Tartufe révolutionnaire*.

Si notre vénérable fondateur le permet, continue la ci-devant déesse de la Liberté, je parlerai de deux ou trois grandes actrices, mes contemporaines ; j'ai été admise dans leur intimité, et je conterai quelques faits peu connus.

La parole est accordée à l'orateur féminin, qui relève son voile pour être mieux entendue, et dit :

— Tout à l'heure on a parlé de mademoiselle Raucourt. Cette artiste, qui avait acquis une très-grande réputation, était cependant loin d'être une tragédienne parfaite ; mais elle était magnifique dans les rôles de force, de représentation et de magnanimité. C'est à elle que Napoléon avait accordé le privilège des théâtres français dans le royaume d'Italie.

Mademoiselle Raucourt est morte le 15 janvier 1815, et son convoi a été la cause d'un scandale dans lequel tout Paris a pris parti contre le curé de Saint-Roch. Les dernières années de mademoiselle Raucourt furent marquées par de nombreux bienfaits ; peu de jours avant son trépas elle avait donné mille francs au curé de sa paroisse pour qu'il les distribuât aux indigents. Ce prêtre, qui recevait les fréquentes aumônes de l'actrice, et qui allait souvent chez elle, refusa de recevoir dans son église le corps de celle dont il aurait dû honorer la mémoire. Plus de quinze mille personnes indignées de la scandaleuse intolérance du curé, enfoncèrent les portes de l'église, brisèrent les chaises, allumèrent tous les cierges, et réclamaient à grands cris le curé, qui s'était réfugié au fond de la sacristie. Enfin un ordre du roi arrive, prescrit au curé de *rendre à mademoiselle Raucourt les devoirs funèbres dus à tous les chrétiens*. Et le convoi de l'actrice, qui pouvait devenir le sujet des événements les plus graves, s'achève au milieu du calme et du recueillement ; et cela malgré la volonté d'un prêtre, et par ordre d'un roi et de quinze à vingt mille personnes.

A côté du nom de mademoiselle Raucourt, un grand nom d'artiste vient se placer de lui-même, mademoiselle Duchesnois, qui a tenu si dignement le sceptre tragique pendant vingt-cinq ans.

Joséphine Rafuin Duchesnois est née à Valenciennes ; elle débuta au Théâtre-Français en 1802, et prit dès lors la première place sur le trône de Melpomène, qu'elle occupa avec Talma, le grand tragique.

Voici des vers de Legouvé (1) qui nous ont paru très-

---

(1) Legouvé, l'auteur du *Mérite des femmes* et de la tragédie *la Mort d'Abel*, était professeur de l'art théâtral ; mademoiselle Duchesnois fut son élève, et il lui portait le plus vif intérêt.

beaux, et qui parleront mieux que nous du talent de mademoiselle Duchesnois :

> Joséphine, si chère aux beaux-arts, à l'amour,
> Le plus brillant succès partout vous environne ;
>   Melpomène met chaque jour
> Sur votre noble front sa pompeuse couronne.
> Chaque rôle, de l'art vous assure le prix :
> Vos regards pleins de feu, votre accent plein de charmes,
> Excitant les transports, faisant couler les larmes,
> Entraînent tous les cœurs, frappent tous les esprits.
>   C'est vous que devinait Racine
> Quand il retraça Phèdre en de sublimes vers ;
>   Il jugeait cette ardeur divine
> Dont vous exprimeriez ses feux et ses revers.
> De vos lauriers futurs il sentait le présage,
> Lorsque dans ce beau style au théâtre si cher
> De l'ardente Hermione il dépeignait la rage,
> Les fureurs de Roxane et les larmes d'Esther.
> Voltaire, plein de vous, créait Aménaïde,
> D'Alzire imaginait la tendresse intrépide ;
> Il demandait l'éclat de vos sons enchanteurs
> Pour les faire passer l'une et l'autre en nos cœurs.
> Oui, vous reproduirez dans votre jeu sublime
> Les plus fameux talents que la scène ait unis,
>   Les Clairons et les Duménils,
> Et conquérez d'avance une éternelle estime.
> Ah ! consulté par vous, je fus assez heureux
>   Pour deviner dans le silence
> Ce talent dont l'Envie, aux complots ténébreux,
>   Voulait arrêter l'espérance.
> J'en déployai le germe, en cultivai les fruits ;
> Et quoique Melpomène accordât son suffrage
> Aux tragiques tableaux que ma muse a produits,
>   Vous êtes mon meilleur ouvrage.

Mademoiselle Duchesnois et mademoiselle Georges

avaient divisé en deux camps les amateurs de la tragédie; mademoiselle Raucourt, qui avait donné des leçons à mademoiselle Georges, la fit débuter douze jours après l'élève de Legouvé. Chacun prit parti pour une des deux tragédiennes; la querelle fut vive; on en vint aux mains, on escalada le théâtre; enfin mademoiselle Duchesnois l'emporta, et resta seule en possession du sceptre de Melpomène. Le plus célèbre des critiques du temps, celui que l'on aurait pu alors appeler le *prince des critiques*, Geoffroy, disait, en parlant de mademoiselle Duchesnois et de mademoiselle Georges, que l'une était si bonne qu'elle en était belle, et que l'autre était si belle qu'elle en était bonne.

Mademoiselle Duchesnois était en effet si bonne, si obligeante, qu'un jour, n'ayant pas d'argent, elle mit ses diamants en gage pour empêcher madame de Genlis d'être arrêtée par des créanciers. La grande tragédienne avait connu l'auteur des *Souvenirs de Félicie* chez madame de Montesson, où l'on jouait la comédie. C'est là que mademoiselle Duchesnois fit ses premiers essais dramatiques, sous la protection du comte de Valence, qui fut longtemps son amant et toujours son ami. Le ministre de la police, Fouché, rechercha mademoiselle Duchesnois, en fit sa maîtresse, et profitant de la simplicité et de la bonté de l'artiste, il tirait d'elle une foule de révélations sur la nombreuse et aristocratique société qui se réunissait chez madame de Montesson. Mademoiselle Duchesnois est morte sans s'être jamais doutée qu'elle avait été ainsi la cause involontaire et bien innocente de plusieurs arrestations.

Une autre célèbre actrice débuta à la Comédie-Française deux ans après mademoiselle Duchesnois. Mademoiselle Bourgoin, qui fut, comme madame Dubarry, une modeste blanchisseuse. Rien n'était plus joli que mademoiselle Bourgoin à ses débuts, et vingt-cinq ans après elle était encore une des plus belles actrices de la Comédie-Française; elle avait un esprit vif, fin, mordant et excessivement enjoué; aux manières les plus élégantes elle joignait un laisser-aller qui sentait un peu trop son origine; mais avec cela, des yeux à faire damner un archevêque, un corps admirable et de l'esprit comme Sophie Arnould; c'en était plus qu'il ne fallait pour plaire et trouver des protecteurs. Le comte Chaptal, ministre de l'intérieur, le maréchal duc de R***, et un jeune homme nommé M. de Reuilly, devinrent presque en même temps les heureux protecteurs de la jeune et jolie Thérèse Bourgoin. Elle fut un jour la cause involontaire d'un duel entre le maréchal et M. de Reuilly; celui-ci fut blessé et mourut des suites de sa blessure en 1808; il était alors préfet de Florence.

La liaison de mademoiselle Bourgoin avec le comte Chaptal était chose publique; personne n'en faisait mystère, et comme le Théâtre-Français était dans les attributions du ministère de l'intérieur, mademoiselle Bourgoin était devenue une puissance. Un poète fit à ce sujet ce distique, dans lequel la rime est aussi riche que plaisante :

Tremblez tous devant moi, Fleury, Lafon, Talma;
Tremblez tous devant moi, car monsieur Chaptal m'a!

La double protection du ministre et du maréchal donna un fils à mademoiselle Bourgoin. On raconte que lorsque cet enfant eut atteint l'âge de cinq ou six ans, elle l'envoyait au premier janvier souhaiter la bonne année à ses deux pères putatifs. Quand il revenait de chez son *papa Chaptal*, et qu'elle n'était pas contente du cadeau qu'il en rapportait, « Allons, lui disait-elle, va à présent chez ton *papa R****, pour voir s'il sera aussi ladre que l'autre. »

Il y a dans la vie de mademoiselle Bourgoin une infinité d'aventures assaisonnées de bons mots très-difficiles à raconter, tant ils sont décolletés. Un jour elle s'était prise de querelle avec mademoiselle Duchesnois, qui, comme on le sait, était loin d'être jolie; celle-ci la traita de femme légère.—Il n'y a pas de doute, répliqua mademoiselle Bourgoin sans se déconcerter; j'en suis une et tu en es une autre; mais du moins, moi, j'ai le physique de l'emploi.

Mademoiselle Bourgoin a montré dans mainte occasion qu'elle était la meilleure personne du monde, autant que femme d'esprit. Un jour un jeune commis de son banquier se présente chez elle, et après lui avoir présenté ses hommages, ouvre son portefeuille, contenant 4,000 francs, qu'il était chargé de lui porter. Le jeune homme s'aperçut, à la manière dont il était reçu, qu'on prenait le change sur l'objet de sa visite, et qu'on le prenait pour un jeune diplomate, le vicomte de B***. Il résolut sur-le-champ de profiter de la méprise, et rendit l'erreur si complète, que deux heures après le commis de banque sortit du boudoir aussi heureux que l'eût été le vicomte de B***, et laissant le plus touchant souvenir de sa libéralité. Le lendemain, mademoiselle Bourgoin avait appris que les 4,000 francs lui appartenaient plus légitimement qu'elle ne croyait; mais elle trouva le tour plaisant et ne garda point rancune à l'audacieux jeune homme; la méprise eût-elle été réparable, il est douteux qu'elle eût consenti à la séparer.

On dit que Jérôme Bonaparte fut le protecteur de mademoiselle Bourgoin, au moment où il venait d'être nommé roi de Westphalie. On a donné aussi à mademoiselle Bourgoin Napoléon et l'empereur Alexandre.

Un éloge que l'on doit faire de mademoiselle Bourgoin, c'est que presque tous ceux auxquels elle a accordé ses bonnes grâces sont restés ses amis; les plus dévoués étaient le duc de C..... et le comte de T....., ministre espagnol, qui lui furent fidèles jusque dans les dernières années de sa vie; il est vrai qu'elle aussi leur avait été fidèle à tous deux à la fois pendant dix ans, sauf ce qu'elle appelait des escarmouches.

Puisque nous en sommes sur les artistes tragiques, permettez-moi de vous parler du plus bel homme que j'aie jamais connu, dit en baissant les yeux la dame au voile vert; je veux parler de LAFON, dont les eaux de la Garonne ont effacé le péché originel. Les heureux Bordelais ont vu éclore ce phénix tragique, dont les débuts à Paris firent une telle sensation, que les feuilles quotidiennes l'avaient surnommé tout d'abord le favori de Melpomène. — Avez-vous vu le bel acteur Bordelais? tel était le refrain de tous les cercles. — On se disputait les loges le jour où il jouait. On avait fait pour lui une variante à l'idée de Sganarelle, et l'on s'écriait :

Qui n'a pas vu *Lafon* est indigne de vivre.

La scène française est sauvée, écrivait un journaliste. — Nous avons deux Talma, disait un autre aristarque. — Les femmes en raffolaient; les maris s'inquiétaient; les jeunes filles tombaient malades.

Le favori de Melpomène et de tant d'autres dames exigeait de chacune de celles qu'il honorait de sa faveur, qu'elle lui fît le sacrifice de l'anneau conjugal qu'elle avait reçu au pied des autels. En peu de temps la récolte fut si abondante, que ces anneaux, unis ensemble, avaient formé la longue chaîne qui supportait l'épée de chevalier du beau Tancrède.

Une dame, que votre galanterie me permettra de ne pas nommer, je l'espère, se prit d'une violente passion pour le nouvel Orosmane, et combattit plusieurs jours l'aimant qui l'attirait vers l'artiste que chaque soir elle allait applaudir. Un beau jour Lafon reçoit un billet ainsi conçu :

« Monsieur, un individu offensé par vous exige une » réparation, demain entre sept et huit heures du ma- » tin, au bois de Boulogne, près de la route dite de la » Muette ; on vous attendra, se confiant à votre loyauté ; » l'inconnu est sans témoin. »

Lafon, qui, la veille, avait eu une petite altercation avec un jeune homme, se trouva au rendez-vous ; un jeune officier l'avait devancé ; l'artiste s'avance au devant de son adversaire ; et celui-ci lui tendant la main, l'emmène dans le fourré le plus épais, d'où les antagonistes ressortirent deux heures après, tous deux pleins de vie et de gaieté, et se quittèrent en échangeant un baiser très-intime. — C'était un peu moins de dix mois avant la naissance de mon fils le plus jeune, qui est un beau garçon, il peut s'en vanter.

— Ici l'ex-déesse de la Liberté ne peut cacher son émotion ; elle s'assied, baisse son voile, et prie l'assemblée de lui permettre d'interrompre sa revue artistique.

— Lamiral se hâte de lui offrir un rafraîchissement,

et mademoiselle Séphélie Desroches demande à continuer la narration sur Lafon, qu'elle a connu, dit-elle, en tout bien tout honneur. — Sur l'invitation du fondateur, mademoiselle Séphélie se lève en lançant un coup d'œil narquois à la vaporeuse dame que Lamiral entoure de petits soins, et dit :

L'enthousiasme que Lafon avait produit s'évanouit vite ; les dames se lassèrent d'implorer un regard du dédaigneux sultan Orosmane, et les vrais amis de l'art, désillusionnés, désabusés, cessèrent de regarder une diction emphatique et boursouflée comme la véritable éloquence tragique. Le desservant de Melpomène, déifié à ses débuts, fut contraint de reléguer au second rang son accent gascon et son beau physique.

Un jour, COLSON contrefaisait Lafon au foyer; on riait beaucoup, lorsque ce dernier, qui avait entendu, dit à celui qui le parodiait : « *Mon bon*, tu devrais jouer tes » rôles comme cela, tu serais applaudi tous les jours. »

Une autre fois le célèbre tragédien entre avec son enfant chez un tailleur du Palais-Royal. — « Montrez-» moi, *mon bon*, des manteaux pour ce jeune homme, » pour mon fils. » — Le choix fait, le prix convenu, l'artiste dit : « Vous m'enverrez cela aujourd'hui ; je suis » monsieur Lafon. — Monsieur veut-il me laisser son » adresse? — Comment, *mon bon*, vous ne savez pas où » je demeure?... Viens, mon fils; cet homme ne connaît » pas Lafon, des Français. »

— Assez, madame, assez, s'écrie en se levant la dame au voile vert; ne calomniez pas le plus bel acteur du globe; sachez respecter ce que vous n'avez pas pu obtenir.

Vous en diriez du bien s'il vous avait aimée!

— C'est donc pour cela que vous le vantiez si fort tout à l'heure, répliqua mademoiselle Séphélie !...

— Respectez mon honneur, madame !

— Madame est bien d'âge à le faire respecter...

La scène allait devenir vive et peut-être scandaleuse, lorsque le vénérable fondateur imposant silence aux deux dames, dit d'une voix ferme :

— Laissons là votre honneur, mes bonnes camarades ; nous n'avons pas de temps à perdre...... Je vais parler du plus grand tragédien de votre époque, du Roscius français devant lequel toutes les gloires tragiques sont venues et viennent encore s'éclipser :

TALMA !...

A peine ce nom est-il prononcé que tous les sociétaires présents à la séance se lèvent comme un seul homme, toutes les mains applaudissent sans que le *jeune romain* en ait donné le signal, et une couronne tombe sur le bureau du fondateur. Cette couronne sera, dit-on, déposée sur le piédestal de la statue de TALMA, dans le vestibule du théâtre de la rue Richelieu.

Après cet incident le fondateur continue :

— François-Joseph Talma naquit à Paris le 15 janvier 1766 ; son père, qui était dentiste, ayant cru devoir se fixer à Londres, le laissa dans une pension pour y faire son éducation. Il avait à peine dix ans lorsque l'on fit jouer par les élèves du collège où il étudiait une tragédie intitulée *Tamerlan*. Le jeune Talma, qui devait, dans son rôle, décrire la mort du héros, s'identifia tellement avec l'action, qu'il fut suffoqué par ses sanglots et ne put continuer. On le porta hors de la scène ; on s'efforça de le désillusionner, tout fut inutile ; il était inconsolable, et le temps seul put apaiser sa douleur.

Après avoir suivi son père à Londres, il se réunit à de jeunes Français qui jouaient la comédie; là il se fit tellement remarquer que le prince de Galles et lord Harcourt le pressèrent de se consacrer à la scène anglaise. Heureusement il revint à Paris, suivit les classes de déclamation dirigées par Molé et Dugazon, et débuta par le rôle de Séide, le 27 novembre 1787, sur le Théâtre-Français, où bientôt il opéra dans le costume tragique la révolution qu'avaient vainement essayée Lekain, mademoiselle Clairon et mademoiselle Saint-Huberty. Le premier il parut dans Brutus avec une véritable toge romaine, et excita une rumeur générale parmi les spectateurs, accoutumés à voir des héros de la Grèce et de l'ancienne Rome affublés de manteaux de satin, de culottes à jarretières, de talons rouges et de perruques à tresses flottantes ou poudrées.

Talma se lia étroitement d'amitié avec Mirabeau. Le Démosthène français mourut dans une maison appartenant au Roscius moderne; cette maison, située rue de la Chaussée-d'Antin, subsiste encore; Talma y fit placer ce distique dont il est l'auteur :

    L'âme de Mirabeau s'exhala dans ces lieux :
    Hommes libres, pleurez! tyrans, baissez les yeux!

Je ne dirai rien du talent de Talma, dont le nom devint alors universel; il effaça le nom de tous ses rivaux qui voulaient s'approprier le sceptre de Lekain. Tous nous l'avons vu, et tous nous avons admiré le plus grand artiste dont le Théâtre-Français puisse s'enorgueillir au dix-neuvième siècle.

En butte à la critique intéressée de l'abbé Geoffroy, notre grand tragique avait su administrer une correction assez vive à ce donneur de férule. L'empereur aimait, honorait Talma, dont il avait adopté les manières, les gestes et les attitudes; de son côté l'artiste disait que dans la création de ses rôles de héros ou d'empereur, la pensée de Napoléon lui était toujours présente.

Talma avait épousé une femme célèbre par sa beauté et jouissant d'une belle fortune, Julie Ségur. Mademoiselle Vanhove, fille de l'acteur de ce nom, et artiste elle-même, devint éprise de Talma. Après un divorce auquel Julie Ségur consentit non sans peine, mademoiselle Vanhove, qui avait été madame Petit, devint madame Talma. La pauvre Julie mourut de chagrin, dit-on; elle avait trop compté sur ses forces. Talma la voyait quelquefois, mais en cachette de sa seconde femme. Un jour il voulut lui rendre visite avant d'aller jouer Néron dans *Epicharis et Néron* de Legouvé; en arrivant il voit une bière sur la porte, il demande qui est mort dans la maison; la personne à qui il s'adresse, ne le connaissant pas, lui dit : « C'est madame Talma. » Frappé comme d'un coup de foudre, Talma s'enfuit, arrive au théâtre, où il veut se contraindre; mais l'effort a été trop grand : à peine entré en scène il est atteint de vertiges, et on fut obligé d'interrompre le spectacle. Telle fut la cause peu connue de la maladie nerveuse qui tint Talma éloigné de la scène pendant plus de six mois.

Les jours de relâche, Talma passait ses soirées à sa campagne de Brunoy, où Napoléon vint le visiter plusieurs fois; et vous ne devineriez jamais à quelle sorte de divertissement Talma se livrait avec passion : déposant la tunique romaine, le grand tragique, revêtu de la petite veste et de la queue rouge de Jocrisse, jouait devant ses amis *le Désespoir de Jocrisse*, ou *Cadet Roussel estur-*

geon; et après, Talma disait avec orgueil: « N'est-ce pas que je suis meilleur que Brunet? »

Talma est mort en laissant le plus beau nom comme artiste et comme homme de bien.

Après ce grand nom il faut placer un grand nom en regard, et nous n'en connaissons pas de plus digne de cet honneur que celui de mademoiselle MARS.

Née le 10 février 1779, mademoiselle Hippolyte Mars, fille de Monvel, a régné en souveraine et sans rivale sur le trône de Thalie jusqu'en 1841. Tout a été dit sur le talent de cette grande actrice, qui est restée un demi-siècle sur la scène française comme ces brillants météores qui apparaissent pour nous donner le plus beau spectacle de la puissance de la nature et du Créateur. Mademoiselle Mars a atteint les limites que l'intelligence humaine ne pourra jamais dépasser. Sa voix si suave, sa grâce infinie, feront toujours vibrer les cœurs de ceux qui ont vu notre inimitable comédienne. Un de nos poëtes les plus gracieux lui a adressé les vers suivants, que je cite entre les mille pièces de poésie qu'elle a inspirées :

> Qu'il sied bien à tes jolis doigts
> Le sceptre de la comédie!
> Ta voix est une mélodie,
> Et ton regard est une voix.
> Belle Mars, le charme ineffable
> De tes accents pleins de douceur
> Nous rappelle ce vers aimable :
> L'oreille est le chemin du cœur.

Mademoiselle Mars n'est pas seulement une grande actrice, c'est encore une des femmes les plus spirituelles de notre époque. On cite d'elle une foule de mots ou de reparties heureuses.

Notre *Elmire* se trouvant un jour à Lyon, un riche particulier la conjura dans les termes les plus pressants de lui accorder le bonheur de passer quelques instants près d'elle : « Vingt-cinq minutes, lui écrivait-il, et ma fortune entière... » Mademoiselle Mars lui répondit : « Mon» sieur, l'accueil gracieux que j'ai reçu des Lyonnais me » fait un devoir de consacrer tous mes instants à mériter » par mon travail la continuation de leurs faveurs ; les » vingt-cinq minutes que je vous accorderais leur ap» partiennent. Vous ne voudriez pas faire un vol à vos » compatriotes. »

Un jour Thénard refusait de fermer la porte du foyer : « C'est juste, dit mademoiselle Mars ; depuis Préville il » n'y a plus de valets à la Comédie-Française. »

Une autre fois, voyant son camarade Armand jouer fort bien et très-passionnément un rôle d'amoureux, elle se mit à dire : « Où et comment peut-il apprendre cela ? » Cet acteur arrivant en retard à une répétition s'excusait en disant qu'il avait été retenu chez lui par des dames. Mademoiselle Bourgoin lui répliqua : « Quand » on a des dames comme cela chez soi, on les prie poli» ment de prendre leurs cannes et leurs chapeaux, et » l'on vient répéter. »

Le peintre aîné vint un soir dans les coulisses du Théâtre-Français. « Fermez vite les portes ! s'écria mademoiselle Mars ; nous le tenons enfin, nous ne le laisserons pas échapper. »

Florence, professeur de mérite plus que bon comédien, disait de mademoiselle Mars : « Elle n'a qu'un défaut... c'est de n'en pas avoir. »

Je n'ai pas le courage, après avoir cité ces deux gloires de la Comédie-Française, de parler des artistes leurs contemporains. Je vais, dit le fondateur, passer la parole au père *Piquant*; c'est lui qui nous fera connaître les artistes actuels du Théâtre-Français.

— Messieurs, dit l'honorable fonctionnaire, avant de vous faire quelques petites révélations sur les comédiens d'aujourd'hui, permettez-moi de citer un nom que je ne puis laisser dans l'oubli, celui d'un ami et du tragédien qui seul parvint à cueillir une partie de l'héritage de Talma. C'est de JOANNY que je veux parler, messieurs, et vous direz avec moi qu'il soutint dignement le fardeau que la gloire de Talma faisait peser sur son successeur. Procida des *Vêpres siciliennes* et Ruy-Gomez d'*Hernani*, suffiraient à illustrer un tragédien; Joanny peut donc revendiquer une place au Panthéon ouvert aux artistes d'un vrai talent.

Et maintenant je vais, ne suivant ni la chronologie d'admission ni la hiérarchie artistique, prendre mes souvenirs au hasard et sans ordre.

Il y a un nom de femme qui, depuis 1816, résonne sans cesse dans mon cœur, comme le souvenir de celle qui le porte est présent à ma pensée et me suit jusque dans mes rêves qu'il a rendus souvent délicieux. Ange ou démon, femme ou comédienne, mademoiselle ANAIS AUBERT est ce qu'il y a de plus sémillant, de plus lutin, de plus piquant au Théâtre-Français. Quand je la vis pour la première fois, elle avait quinze ans; à la voir, il me semble que c'est hier; il est vrai de dire aussi que j'ai la vue un peu basse; mais ce que je puis affirmer, c'est que sa malice, sa gentillesse, son talent souple et frais, en font une des perles les plus attrayantes de la Comédie-Française. Je sais fort bien qu'elle n'a pas fait un vœu de chasteté, mais elle est si gentille, si croustillante (passez-moi le mot), que je donnerais ma moustache pour l'embrasser de très-près. Dieu sait combien de grands seigneurs, de riches capitalistes lui ont offert plus que cela, et le démon qui a un cœur excellent, acceptait tout. Depuis le garde du corps de Louis XVIII jusqu'au dernier des descendants (rive gauche) du plus grand capitaine du siècle, mademoiselle Anaïs a reçu les hommages de bien des fils de famille, des poëtes, des artistes et des banquiers. Poésies et dévouements, billets de banque et bouquets, cachemires et couronnes, ont été tour à tour déposés aux pieds de la gentille Denise de *Dominique le Possédé* et de l'espiègle novice de *Don Juan d'Autriche*.

La tante putative de mademoiselle Anaïs, qui fait avec elle le métier de mère d'actrice, a la matrimoniomanie très-prononcée; c'est un M. Villiaume en jupon. N'ayant pas pu marier sa nièce, qui se moque du mariage comme de colin-tampon, cette dame se fait volontiers l'intermédiaire des futurs, et est assez complaisante pour se charger d'offrir les présents de fiançailles aux jeunes filles ses amies; c'est que dans cette maison-là tout le monde a bon cœur.

BEAUVALLET partage maintenant avec LIGIER le trône laissé libre par Talma, et que Joanny a occupé seul. Ces deux tragédiens sont artistes de talent, artistes prenant à cœur leur art et leurs rôles; ce sont les deux premiers tragiques de la scène française. Ligier, que les créations de Marino Faliero, Louis XI et Glocester, ont élevé, malgré sa taille exiguë; Ligier a prouvé que sans beaucoup d'originalité de conception, sans un génie poétique très-prononcé, on pouvait prétendre aux faveurs de Melpomène.

Beauvallet, avec les mêmes défauts physiques, une force de poumons extraordinaire pour un corps si frêle, j'allais dire si grêle, a voulu aussi la première place au banquet tragique : Marat, Didier, Yacoub, Angelo, et la dernière création de Ivan dans *Catherine II*, ont donné à Beauvallet des droits à la couronne oubliée par le grand tragédien.

Ligier, qui est un peu jaloux, craint à chaque instant de voir diminuer son crédit auprès de M. Buloz, le commissaire du roi, et au comité de la Comédie-Française. Beauvallet se soucie peu de ce crédit; il en préfère un autre; malheureusement les Turcarets parisiens lui crient à l'oreille cette devise peu philanthropique d'une image populaire :

Crédit est mort, etc., etc.

Beauvallet possède aussi du talent comme peintre. C'est un grand amateur de curiosités, de meubles gothiques et d'armures moyen âge.

La retraite de MENJAUD laissait une place vacante sur la scène française; il fallait pour l'occuper un artiste jeune, beau cavalier, avec de bonnes manières et de récentes et bonnes études. BRINDEAU avait tout cela; il guettait la place depuis longtemps; il l'emporta d'assaut, et tout le monde s'en félicite. Des gens qui cherchent à nuire à tout ce qui annonce une envie de faire bien et de prendre un rang honorable, se sont faits les ennemis de Brindeau. Les Basiles du jour ne lui ont pas épargné la calomnie... Mais Brindeau, joyeux viveur, ami du champagne et des belles, se rit de ceux qui répandent leur fiel çà et là, et les nargue en vidant un verre d'aï mousseux ou en échangeant un baiser sur des lèvres purpurines... Interrogez les nombreuses dames que Brindeau a enchaînées à son char de triomphe, et toutes vous répondront que le jeune artiste est un cavalier charmant, un amoureux parfait ; c'est de plus un garçon de cœur et un bon camarade.

Mademoiselle AVENEL, mademoiselle ARALDI et mademoiselle GARIGUE, sont les satellites pleins de grâces qui gravitent sans cesse autour du jeune premier rôle de la comédie et du drame ; elles sont jeunes, elles sont jolies, et n'ont pour rivales que mademoiselle DENAIN, autre bijou de la rue Richelieu, qui va cesser de jouer les Agnès pour prendre l'emploi des grandes coquettes. On m'a dit qu'elle étudiait *les Jeux de l'amour et du hasard*.

Mademoiselle Avenel parle de marine comme l'amiral Mackau ou le capitaine Marryat, et de poésie comme Dorat ou la concierge de Lamartine.

Mademoiselle Garrigue, qui, de la loge de sa mère, s'est élancée dans une loge d'artiste, va, dit-on, épouser PAUL LABA, jeune Damis plein de convenances, disant bien et avec chaleur ; c'est un transfuge de l'Ambigu, et le Théâtre-Français a bien fait de ne pas laisser Paul là-bas.

Mademoiselle Araldi, jeune premier rôle qui joue aussi les Agnès, était danseuse ; elle a fait une infidélité à Terpsichore pour Thalie ; elle dit que c'est la seule infidélité qu'elle ait faite ; elle doit le savoir, car cette jeune personne a de l'ordre ; elle a aussi un équipage, un groom, 2,000 francs d'appointements, et un père qui l'accompagne dans les coulisses.

FIRMIN, qui a prêté l'appui de son talent et de sa bouillante énergie au *Tasse*, à *Hernani*, *Henri III*, *Don Juan*, a montré qu'il possédait aussi une grande flexibilité de talent; *le jeune Mari, Bertrand et Raton, la Popularité*, sont autant de fleurons ajoutés à sa couronne.

Après lui est venu Geffroy, artiste chaleureux, observateur rigide du costume et des bonnes traditions. Acteur consciencieux, il est récompensé de son zèle et de ses études par des bravos; peintre de talent, il a reçu une médaille d'or pour son beau tableau représentant le foyer de la Comédie-Française.

Puis Mirecourt, artiste soigneux et intelligent; il a épousé mademoiselle Fresson, qui, du boulevard, a suivi son mari au théâtre de la rue Richelieu.

Périer, Provost, Joannis, sont trop connus pour des artistes de mérite pour que je vous parle de leur talent; ce sont des hommes sérieux, de véritables comédiens que l'on voit toujours avec plaisir. Ils me connaissent et ne trouveront pas mauvais que je les quitte pour aller au devant d'une femme jolie, bien qu'un peu minaudière, d'une comédienne gracieuse, de mademoiselle Plessy.

Élève de Michelot et de Samson, mademoiselle Plessy fut accueillie en 1834 avec toute la courtoisie que pouvait attendre une jolie fille de quinze ans, qui promettait de devenir une comédienne accomplie. — A-t-elle tenu tout ce qu'elle a promis ? Voici la question.

Une autre jeune fille est apparue sur le Théâtre-Français il y a quatre ans, sous les auspices les plus favorables. M. Samson et M. Jules Janin se sont faits les parrains de la jeune fille et en ont doté le théâtre. M. Jules Janin n'était encore que le critique joufflu, mais non marié; il n'avait pas encore écrit le spirituel feuilleton (il est convenu que tous les feuilletons signés J. J.

sont spirituels) dans lequel il initiait, comme un nouveau Candaule, les cinquante mille lecteurs du *Journal des Débats*, dans les détails de la nuit de ses noces; M. Janin écrivit à mademoiselle Mars pour lui recommander sa protégée; la grande comédienne devina ce que M. Jules Janin avait voulu écrire, l'enfant fut reçue avec bonté : des leçons furent données, et la jeune fille eut de brillants débuts.

Mademoiselle Doze vient de reparaitre pour la seconde fois à la Comédie-Française, encore toute parée des joyaux, des leçons et de la bienveillance maternelle de mademoiselle Mars.

A côté d'une petite fille, je vais placer un beau et brave artiste, une des meilleures conquêtes de la tragédie classique sur le drame.

Guyon, fils d'un receveur des contributions, fut d'abord professeur dans un pensionnat; mais l'air manquait aux poumons de l'homme qui se sentait une âme d'artiste; son cœur bondissait dans sa poitrine à la lecture des chefs-d'œuvre de Corneille et de Racine. Il se mit à l'œuvre, étudia les grands maîtres et se fit comédien. Cette inspiration fut heureuse pour Guyon et pour le théâtre; il entra à l'Ambigu en 1834, y créa vingt rôles qui lui firent une réputation; puis passa au théâtre de la Renaissance pour y créer Asthon dans *Diane de Chivry*, *le Proscrit*, *le Maître d'école*, de M. Frédéric Soulié, puis enfin *la Vieillesse du Cid*. Dès lors sa place fut marquée au théâtre Français; et après une apparition à l'Odéon, il prit possession de l'emploi des rois et des pères nobles de tragédie, avec le titre de sociétaire de la Comédie-Française.

En 1841, *Vallia*, cette tragédie élaborée dans l'âme

élevée d'un poëte aux croyances chrétiennes, fut donnée au Théâtre-Français par M. J. Latour. L'artiste s'éleva à la hauteur du génie poétique et des inspirations pieuses de l'écrivain. L'œuvre et l'acteur furent applaudis par tous les hommes qui préfèrent les pensées nobles, les actions grandes et simples au drame moderne qui nous a donné le goût de l'extraordinaire et du monstrueux.

Guyon porte bien le diadème et la toge; il est aussi dramatique dans le vieil Horace qu'il est beau dans Auguste. Quand la fougue et l'énergie de la jeunesse se seront un peu apaisées, Guyon sera un tragédien parfait.

Samson, qui de l'étude d'un avoué s'élança sur la scène où l'appelait son goût et son esprit, est un comédien spirituel, fin, au sourire malin et railleur, mais plein de rectitude, calme, réservé, et d'une causticité de bon ton. C'est un adepte fidèle de la haute comédie, un homme d'infiniment d'esprit, et un écrivain de mérite et de goût. Samson est vice-président du comité de l'association des comédiens depuis la fondation de cette association, dont le but, tout philanthropique, me paraît manqué jusqu'à présent. En effet, dans toutes les sociétés philanthropiques, si l'un des sociétaires tombe malade il a droit à une somme d'au moins deux francs par jour pendant le temps de sa maladie; des visiteurs spéciaux portent au malade la somme désignée à l'avance par le règlement, et le malade n'a point à rougir de recevoir ce qui lui revient de droit. Dans l'association des comédiens, s'il arrive malheur à un artiste, il est obligé d'écrire au comité pour demander un secours... L'aumône est discutée et cotée selon que le pauvre artiste compte plus ou moins d'amis dans le sein de la commission. On parle pourtant de pensions auxquelles tous les associés auront droit : c'est déjà mieux ; mais ce n'est pas encore assez pour la dignité des artistes dramatiques qui applaudissent chaque année à la lecture du rapport spirituel et consciencieux rédigé par Samson.

Régnier est venu recueillir la succession de l'infortuné Monrose, l'artiste si regrettable, le comique si vrai, si original ; Régnier, artiste plein de verve, de talent et d'avenir, se livre à des études profondes sur l'art qu'il professe aux applaudissements de tous. C'est lui qui a pris l'initiative de l'érection d'un monument à Molière ; les railleurs ne lui ont pas manqué. Régnier, disaient-ils, a inventé Molière, comme Christophe Colomb a inventé l'Amérique. — Oui, sans doute, mais il a pensé le premier à élever un monument au grand homme, et il a accompli la tâche qu'il s'était proposée.

J'ai gardé pour mon dernier mot le nom de la première tragédienne de la scène actuelle, mademoiselle Rachel, que tout le monde a vue, que tout le monde veut voir encore, et qui est maintenant le flambeau de la tragédie.

Toute la presse a raconté la vie primitive de la jeune Rachel, la pauvre petite chanteuse des cafés et des boulevards. Cette jeune artiste, que son père, digne enfant de Moïse, poussait dans la rue pour ramasser une aumône, est aujourd'hui la fortune du Théâtre-Français. — Le père Félix a bien rançonné le théâtre, c'est vrai, mais *c'être bas son faute... il être chuif!...* et il l'est ! plus que tous les fils d'Israël réunis.

On avait répandu ces jours-ci le bruit que mademoiselle Rachel allait quitter le théâtre pour défaut de santé ;

ces craintes paraissent heureusement mal fondées. Les uns disaient: « C'est encore une petite saignée que le » Père Félix veut faire à la caisse du théâtre. » Les autres disaient: « La jeune Melpomène veut se convertir ; » elle veut abjurer la religion juive, se retirer du » théâtre, et vivre en sainte pendant quelque temps. » Mais ce sont là de vains bruits, nous l'espérons pour le Théâtre-Français, pour mademoiselle Rachel et pour les admirateurs de son talent.

Le père *Piquant* cesse de parler; l'heure sonne... Et la séance est ajournée.

— Aujourd'hui la réouverture du Gymnase-Dramatique, ainsi nommé parce qu'il ne forme pas d'élèves. Grrrande représentation, quatre pièces nouvelles.

LE MARIAGE DE RAISON, de M. Scribe.

MALVINA, par M. Scribe.

AVANT, PENDANT, APRÈS et TOUJOURS, par M. Scribe.

Ce sera très-varié et très-amusant. Prrrenez vos billets.

— J'aime mieux aller faire un tour au Palais-Royal.

LE GYMNASE ET LE PALAIS-ROYAL.

Neuvième Séance.

Le fondateur a frappé les trois coups ; il vient d'entonner le chant d'ouverture, dû à l'inspiration poétique d'un membre honoraire, et mis en musique par M. Bourdon. — La neuvième séance est ouverte. — Auprès du bureau sont deux personnages nouveaux, de sexe différent, et que M. de Buffon ou le capitaine Levaillant appellerait tout naturellement le mâle et la femelle. Ce sont deux fiancés dont les noms ont été mis en cage dans le tableau des publications de mariage au troisième arrondissement de Paris. — Le futur est un gaillard au visage rubicond ; cheveux rares, dents *idem*, nez vulgairement nommé culotté, à cause de sa teinte violacée à moitié de sa protubérance, et qui le fait ressembler assez à une pipe d'habitué de tabagie. Il se nomme Durieux, professe le noble état de perruquier, qu'il n'échangerait pas contre celui de coiffeur; il a étudié son art sous un professeur allemand qui avait pour enseigne un tableau représentant Bernard-Léon dans *le Coiffeur et le Perruquier*, avec ces mots :

« Le fameux Lekain a passé sous ma houppe;
» Il n'en était pas plus mauvais pour cela. »

Durieux est bon enfant, un peu curieux, un peu bavard, mais adroit, vif, alerte, dévoué, et *soiffeur* par excellence; lorsqu'on lui reproche d'*écraser* trop souvent *son grain de chasselas*, il dit que la poudre lui sèche les amygdales, que d'ailleurs cette soif continuelle est la faute de sa nourrice, qui l'a élevé au biberon, et lui a fait un beau jour avaler l'éponge remplacée depuis par les biberons Darbo. — Durieux est coiffeur au théâtre de M. Dormeuil.

La fiancée de Durieux est une femme d'un âge encore honnête, portant la tête haute, l'œil vif, ardent, exercé, auquel rien n'échappe, ce qu'elle appelle œil américain; elle n'a ni trop ni trop peu d'embonpoint, a mis la timidité dans sa poche, et cause avec autant d'aisance avec un lion millionnaire qu'avec un artiste ou le sergent des sapeurs-pompiers. Madame Gossard, car enfin il faut bien avouer que la fiancée a déjà connu les douceurs de l'hymen, est veuve d'un grand et solide garçon qu'on avait surnommé Gaspard l'Avisé à cause de son goût pour le jeu de piquet; madame Gossard est cousine de la portière du théâtre Bonne-Nouvelle; elle a été bien souvent appelée à venir aider sa cousine, qui cumule avec cet important emploi de Cerbère théâtral un débit de limonade, coco, orgeat, et vernis supérieur pour les bottes.

— Messieurs et chers camarades, dit le fondateur, les visiteurs que j'ai l'honneur de vous présenter, et que vous voyez assis sur ces bancs, viennent de faire publier les leurs; ils attendent que M. le maire du troisième arrondissement leur ait signé un *bon pour aimer légalement*, extrait du registre de l'état civil. Ils désirent se marier sous les auspices de la société cancannière, et demandent à payer leur prime d'admission par un aperçu physiologique de leurs théâtres, et du personnel qui leur est connu.

La proposition est accueillie à l'unanimité.

Les dames devant toujours avoir le pas, et étant naturellement plus pressées de parler, continue le fondateur, nous nous occuperons d'abord du Gymnase, et la *visiteuse* nous parlera du personnel.

Le théâtre du Gymnase a été construit en 1819 sur l'emplacement de l'ancien cimetière Bonne-Nouvelle. Les moellons s'amoncelèrent vite, et un joli théâtre fut ouvert au public le 23 décembre 1820, par un prologue intitulé *le Boulevard Bonne-Nouvelle*, dû à la collaboration de MM. Scribe, Mélesville et Moreau. Louis XVIII, ce puissant roi qui accordait sa protection aux écrivains et aux artistes, accorda un privilége à M. de Laroserie, qui fonda le Gymnase, dont il céda la direction à MM. Delestre-Poirson et Cerfbeer; M. Dormeuil, ce bon M. Dormeuil, était régisseur général. Le vent de la faveur avait ouvert les portes du nouveau théâtre; mais le privilége était restreint : le Gymnase dramatique était réservé, aux termes du privilége, aux jeunes élèves du Conservatoire qui devaient s'y exercer avant de paraître dans une arène plus vaste. On devait jouer les pièces anciennes du Théâtre-Français et de l'Opéra-Comique, réduites en un acte; ce qui, par parenthèse, m'a paru une bouffonnerie atroce. Le public n'aurait pas souffert un pareil vandalisme.

Il s'est pourtant trouvé des hommes, des *écriveurs* qui ont osé mutiler ainsi quelques-uns des chefs-d'œuvre dont la scène française est enrichie. *Le Dépit amoureux* et *la Fée Urgèle* on été joués, raccourcis en un acte, sur le théâtre du Gymnase; et cette plaisanterie a fait justice du privilége primitif. Ceci me rappelle qu'en 1838, on a osé jouer sur le théâtre de l'Ambigu *l'Avocat Patelin*, de Brueys, *en un acte!* AVEC DES COUPLETS!!!...

Quoi qu'il en soit, le Gymnase faisait assez piteuse mine, malgré tout le talent de PERLET, que tout le monde vint applaudir dans *le Gastronome sans argent, la Maison en loterie, le Secrétaire et le Cuisinier, l'Artiste,* et surtout dans *le Comédien d'Etampes...* Perlet acquit alors la réputation d'un véritable comédien; mais un affront public et non mérité fit prendre à Perlet la résolution de renoncer au théâtre; puis lorsque les admirateurs du vrai talent s'efforçaient de prouver à l'artiste combien il était apprécié, les sociétaires de la Comédie Française lui font signifier, par le commissaire royal, qu'il doit quitter le Gymnase pour la rue de Richelieu. Perlet, qui préfère la position qu'il s'est faite au boulevard Bonne-Nouvelle au titre de comédien ordinaire du roi, refuse l'honneur qu'on lui propose et l'ordre qu'on lui donne. On lui défend de reparaître au Gymnase; l'artiste quitte le théâtre de sa gloire et va faire applaudir en province et en Angleterre l'un de nos premiers acteurs comiques, victime d'une injustice et de l'absurdité d'un arrêté ministériel. Perlet, possesseur d'une dizaine de mille livres de rentes, a épousé la fille de Tiercelin, et s'est retiré tout à fait du théâtre dans toute la force de l'âge et du talent.

En ce temps-là brillait, à côté de Perlet, un acteur plein de gaieté franche, gros garçon bien rond, je ne parle pas seulement de son physique; BERNARD-LÉON animait de son rire communicatif le théâtre où son camarade faisait admirer un bon ton de comédie et un jeu fin et spirituel bien qu'un peu froid; Bernard-Léon partageait avec Perlet le trône du Gymnase, et les deux artistes étaient les enfants chéris du public, et les premiers éléments de la fortune de M. Poirson. — Les jours étaient beaux pour Bernard-Léon, les appointements augmentaient vivement; et la caisse de l'artiste s'arrondissait à l'instar de son ventre. Les bravos le suivaient dans tous ses rôles; Poudret du *Coiffeur et le Perruquier*, *Vatel* et Bellemain de *l'Intérieur d'un bureau*, complétèrent sa réputation.

Mais avant de suivre le Gymnase dans toute sa carrière, nous prierons Mme GOSSARD, en sa qualité de concierge par *interim*, de nous faire connaître un peu le pilote auquel est confié ce navire, ses matelots et ses passagers.

Messieurs, dit la veuve Gossard, au jour d'aujourd'hui, un chacun veut savoir les tenants et les aboutissants, connaître chaque maison et ses locataires, ce qu'ils sont, d'où ils viennent, ce qu'ils font, et comment on les nomme; et personne ne s'occupe de la concierge, on croit connaître toujours assez ces êtres-là..... On se trompe; les portiers, je ne dis pas...... Mais savez-vous ce que c'est qu'une concierge de théâtre?—Je vais vous le dire en peu de mots. — C'est une puissante souveraine qui trône le matin, depuis onze heures jusqu'à trois (heures réservées pour les répétitions), et depuis le soir cinq ou six heures jusqu'à minuit. Dieu sait combien de courtisans viennent lui sourire et lui faire de petits présents pour pénétrer dans le sanctuaire; c'est une puissance occulte devant laquelle viennent s'abaisser bien d'autres puissances du monde. Dans cette loge enfumée, et parfumée par une odeur continuelle de ragoûts où l'oignon et l'ail jouent toujours le plus grand rôle, de hauts et nobles seigneurs, de riches banquiers, viennent, chapeau bas, pour essayer d'attendrir le Cerbère, ce qui n'est possible qu'avec de l'or; tous les Cerbères s'endorment à la vue de l'or; excepté le Cerfbeer qui croit administrer le Gymnase avec M. Poirson. — La concierge de théâtre est l'intermédiaire entre ceux qui paient et celles qui reçoivent; quelquefois sa loge ressemble au quai aux Fleurs, tant elle est garnie de bouquets adressés aux séduisantes actrices de son théâtre; sur la cheminée sont rangées par ordre les billets doux, les rendez-vous d'amour, les lettres carrées et épaisses d'un tailleur récalcitrant, les déclarations d'amour, et les oppositions aux appointements des artistes. — L'artiste qui veut se faire une réputation d'homme à bonne fortune doit commencer par être gentil avec la concierge, sans cela les billets doux ne seront pas reçus; on donnera des renseignements horribles sur son compte à ceux qui viennent le demander. Aux belles dames et aux grisettes on répondra brusquement qu'il est avec *sa* femme; aux créanciers (les créanciers se reconnaissent à la mine) on dira : Attendez, M. Saint-Aubin va sortir; aux amis on répondra qu'il en a encore pour trois heures à rester au théâtre et qu'on ne peut pas le voir, etc., etc. — La concierge a plus de pouvoir que le régisseur pour laisser pénétrer jusqu'à la loge de l'actrice qui fait tourner toutes les têtes. — Elle traite d'égal à égal les artistes qui ont moins de 1800 francs; elle aussi règle son accueil et ses prévenances sur la feuille d'émargement. — Elle a dans sa loge les portraits de *ses* principaux artistes, qu'elle a encadrés elle-même; souvent ces lithographies, empruntées à la *Galerie dramatique* de MARCHANT, ou à quelques journaux de théâtre, sont enrichies d'un autographe en forme de dédicace; c'est à cela surtout que la concierge attache beaucoup de prix; elle a vu chez les artistes que les lithographies sont toutes signées, et il faut lui signer les siennes, car elle dit qu'elle est artiste aussi. — Dans la loge de ma cousine on aperçoit tout d'abord le portrait de M°° Volnys, avec ces mots de la main de l'artiste:

A M°° GASPARD.

Souvenir d'amitié. LÉONTINE VOLNYS.

Et maintenant que vous connaissez la concierge, passons au *proprilliétaire*.

M. DELESTRE-POIRSON est fils d'un géomètre distingué, et fut d'abord appelé à continuer la réputation de son père; mais le jeune géomètre crut qu'il ferait plutôt son chemin dans la carrière des lettres; ses prévisions ne l'ont pas trompé. C'est à l'Odéon, au Vaudeville et à la Porte-Saint-Martin qu'il a fait ses premiers pas; et M. Scribe collabora avec lui pour la confection de plusieurs jolis vaudevilles. On m'a dit qu'en ce temps-là M. Poirson n'était pas toujours sûr de dîner, et que son propriétaire se plaignait de ne pas recevoir l'argent du terme très-régulièrement. C'est de la calomnie, j'en suis sûre : à voir l'amabilité de M. Poirson, on devine qu'il a toujours été riche, qu'il a toujours eu une voiture couleur chocolat, et qu'il n'a jamais eu de dettes.

Enfin, dit le fondateur, en 1820, M. Poirson devint directeur, et en homme d'esprit il accepta le privilége borné qu'on lui accordait; bien certain qu'un privilége est élastique, et qu'il trouverait bien moyen de l'étendre ; ce qu'il fit peu à peu en abandonnant la castration des pièces du répertoire classique.

M. Poirson gouvernait le Gymnase, où chaque soir trois ou quatre oncles d'Amérique dotaient de quelques millions leurs coquins de neveux, en chantant les couplets de M. Scribe l'académicien, qui écrivait pour le Gymnase :

> Dès que le tambour nous appelle,
> *Faut* sur-le-champ être sur *pié;*
> Adieu l'amour et l'amitié!

Et le couplet finissant par ces deux vers, que l'on pourrait attribuer à M. de la Palisse :

> Un vieux soldat sait souffrir et *se taire*
> Sans *murmurer.*

C'est très-bien de la part d'un soldat de savoir *se taire*, surtout *sans murmurer.*

Dans *l'Héritière*, M. Scribe, de l'Académie Française, a dit encore en parlant d'un lièvre :

> D'avoir pu le tuer *vivant*
> Je me glorifierai sans cesse;
> ....

Je voudrais bien savoir si M. Scribe pourrait tuer un lièvre mort.

M. Poirson vit la fortune se fixer au théâtre du Gymnase; le public arrivait en foule; chaque soir le parterre était comble, et toutes les loges occupées par l'élite de la société parisienne. C'est que la troupe était composée d'artistes de talent et de bon goût; c'était le vaudeville de bon ton, la comédie des boudoirs les plus gracieux : tout y était musqué, paré, fleuri; les soldats y étaient en grande tenue et en bas de soie, les villageois étaient revêtus de leurs habits de fête : là brillaient Gontier, Ferville, Paul, Numa, Legrand, Allan, Déjazet, Jenny Vertpré, Jenny Colon, Mmes Théodore, Julienne, Perrin, Dormeuil, Nadèje, etc., etc.

Parmi les spectateurs les plus assidus du Gymnase, on remarquait dans une loge décorée avec luxe une jeune femme blonde, souriant gracieusement aux *vivat* qui l'accueillaient et dont tous les artistes semblaient rechercher le suffrage; cette jeune femme, c'était une princesse des Deux-Siciles, la duchesse de Berry. Elle aimait le plaisir comme toutes les jeunes femmes, et son théâtre favori était le Gymnase. M. Poirson, homme d'esprit et de ressources, saisit un moment où la jeune princesse allait à Dieppe prendre des bains de mer; il expédia par les messageries royales la moitié de sa troupe, pour égayer les soirées de la duchesse, qui dès lors prit le Gymnase sous sa protection, et lui accorda la faveur de s'intituler : Théâtre de S. A. R. Madame la Duchesse de Berry. Ce haut patronage plaça le Gymnase immédiatement après les théâtres royaux; il prit rang avant le Vaudeville et les Variétés. Grâce à la protectrice, le privilège primitif fut anéanti; les plus jolies pièces, telles que *la Marraine*, *le Mariage de raison*, *la Chanoinesse*, *la Reine de seize ans*, *Malvina*, *le Vieux Mari*, et tant d'autres gracieuses productions, fixèrent la foule au boulevard Bonne-Nouvelle. M. Poirson devint riche; il voulut avoir des honneurs, que lui obtinrent de révérencieuses courbettes. Enfin, un beau jour le directeur du Gymnase obtint une décoration, non pas pour son théâtre, mais pour lui-même : la croix de la Légion d'honneur fut accordée à M. Poirson.... A quel titre? je l'ignore; et il a dû se chanter *in petto* ce refrain si connu :

> Ah! dis-moi, mon frère Jean Pierre,
> Où diable as-tu gagné la croix?

Des méchants disent que c'est en se courbant devant sa noble protectrice qu'il a ramassé une croix échappée de la poitrine de quelque courtisan.

La révolution de juillet vint de son souffle de géant effacer le titre du théâtre de S. A. R. Madame, il reprit celui plus plébéien de théâtre du Gymnase. M. Poirson en fut quitte pour retourner sa cocarde; il garda sa direction, sa croix et sa fortune; il continua de faire l'autocrate et parfois le galantin. Un beau jour, voulant frapper un coup d'état, il refusa le traité que lui offrait l'association des auteurs dramatiques. Le Gymnase fut mis en interdit; les auteurs qui avaient fait enrichir M. Poirson retirèrent leurs pièces; et le pauvre théâtre perdit en une année son répertoire, sa vogue, ses recettes, et Bouffé, qui emporta son bagage en jetant cent mille francs à M. Poirson pour le quitter au plus vite. — M. Poirson essaya de tenir tête à l'orage; il voulut soutenir la lutte, et appela à lui un littérateur distingué, qu'il nomma directeur de la scène. M. Fournier se fit transfuge de l'association des auteurs, qui l'avait précédemment condamné à une amende dont elle lui avait fait remise, parce qu'il avait invoqué sa bonne foi dans une infraction aux statuts de l'association. Un procès s'ensuivit. M. Poirson crut ainsi porter un rude coup à ses adversaires ; mais condamné deux fois par les tribunaux, il a bien fallu que M. Poirson et M. Fournier reconnussent la légalité de l'association dramatique.

Bientôt le Gymnase devint un désert, et cela devait être ; les actionnaires se fâchèrent, et M. Poirson s'est vu contraint d'abdiquer, et de céder la place à M. Montigny, homme habile et éclairé, qui va, nous n'en doutons pas, ramener au boulevard Bonne-Nouvelle le public qui s'en éloignait grâce à l'entêtement de M. Poirson et à la littérature de hasard qu'il avait introduite au Gymnase.

— Or, à présent que nous avons suffisamment parlé du théâtre et du directeur, passons aux artistes.

Madame Gossard, invitée à reprendre la parole, ne se fait pas prier, et dit :

De tous les artistes qui ont contribué aux succès du Gymnase, celle qui peut à bon droit revendiquer cette gloire, c'est sans contredit une petite fille adorable que la ville de Francfort nous a envoyée en 1821 pour notre très-grand plaisir ; c'était là vraiment une *petite merveille !* aussi ce nom lui a-t-il été donné par toute la France.

LÉONTINE FAY avait cinq ans lorsqu'elle parut pour la première fois sur la scène ! c'était en 1815, à Boulogne-sur-mer ; on jouait *Adolphe et Clara* ; le succès dépassa toutes les espérances ; l'artiste en herbe fut accueillie avec transport ; dès ce jour-là elle avait conquis sa place dans la grande famille des comédiens. — Un an après Léontine se faisait applaudir à Francfort dans le rôle de Colette du *Devin du village*.

La réputation de la petite actrice arriva jusqu'à Paris; M. Poirson envoya un émissaire pour lui amener la jeune artiste qui faisait retentir de ses éloges tous les journaux de la province. En 1821, elle arrive au Gymnase, y débute dans *la Petite Sœur;* puis M. Scribe écrit pour elle *la Petite Lampe merveilleuse, le Vieux Garçon* et *le Mariage enfantin*. Ce nom de petite merveille est répété par la capitale; et Martainville improvise pour elle ce quatrain :

<pre>
Vous qui cherchez une actrice parfaite,
   Allez au Gymnase, et soudain
   Vous retrouverez Saint-Aubin
En retournant votre lorgnette.
</pre>

En 1819, Fleury, du Théâtre Français, disait de Léontine Fay, qu'il venait de voir jouer *la Fée Urgèle* et *Adolphe et Clara :* « Cette enfant a douze octaves dans la voix perlée. » Plus tard, Talma qui l'avait applaudie dans *Alexis* et *le Vieux Garçon*, disait : « Cette petite a » un clavier d'une étendue immense. »

La petite Léontine avait beaucoup d'esprit, et madame Volnys est encore citée pour son esprit fin et gracieux.

Elle venait de jouer, à neuf ans, le rôle d'Alexis, dans une ville de province; un spectateur qui la rencontra avec son père lui dit : « Mademoiselle, vous m'avez fait verser des larmes; vous jouez demain *Paul et Virginie*, j'apporterai deux mouchoirs. — Monsieur, reprit Léontine, je vous conseille d'en apporter trois après-demain ; maman joue *Camille*.

Un journaliste, bien connu pour son impertinence envers les artistes qui ne se laissaient pas rançonner par lui, disait à la petite Fay : « Bonjour, mon petit chat.
— Je ne suis pas journaliste, Monsieur, répliqua-t-elle, je n'égratigne personne. »

En 1825, la petite merveille était devenue mademoiselle Léontine ; c'est là que l'attendaient les critiques; mais elle sut leur imposer silence par la manière dont elle créa Suzette du *Mariage de raison* et *Simple histoire*. Puis l'artiste soutint la réputation de la petite fille, le public continua de l'applaudir, en admirant son ton exquis, sa grâce et ses yeux si beaux, qu'ils enivrent et fascinent ceux qui osent les regarder... La tentatrice que Satan envoya à Saint-Antoine avait certainement les yeux moins beaux que ceux de Mme Volnys ; le saint n'aurait pas résisté, eût-il été plus sage qu'Abailard après la vengeance de Fulbert.

Volnys, artiste consciencieux, comédien de mérite, homme studieux et beau cavalier, fut choisi par mademoiselle Léontine Fay, au milieu des mille adorateurs qui mettaient à ses pieds leurs hommages, leur fortune et l'offre de leur main. Léontine devint Mme Volnys, et après avoir été faire une pérégrination au Théâtre-Français, où elle débuta sous son nom d'épouse, elle est retournée au Gymnase, où on lui fit l'accueil le plus flatteur en souvenir d'abord de la petite fille qu'on y avait tant *dorlottée, bonbonnée*, fêtée, adorée, mais encore pour le mérite de la comédienne, qui créa *Yelva*, et puis *la Grand-Maman*.

Mme Volnys, à qui l'on reproche de minauder un peu, n'est point cependant une prude ridicule; elle écoute et raconte même des petites anecdotes drôlatiques à la manière de mademoiselle Déjazet; mais pour cela elle choisit ses auditeurs; elle est assez pure pour ne pas craindre les méchants, et assez spirituelle pour ne pas leur prêter de quoi aiguiser leur stylet.

Numa, que le Gymnase a enlevé au département de Seine-et-Oise, où il s'était enfui en jetant par-dessus les ponts sa lancette et son scalpel, après avoir déserté l'amphithéâtre de l'École de médecine, Numa fut un des premiers camarades de Léontine Fay; il vint prendre sa place et l'héritage de Perlet, auprès de Gontier, ce comédien remarquable dont le souvenir est encore tout vivace pour ceux qui l'ont vu jouer Stanislas de *Michel et Christine*, Bertrand du *Mariage de raison*, etc., etc. Numa est très-amusant dans les rôles goguenards; mystificateur ou mystifié, il fait toujours rire par son sang-froid, qui a fait dire qu'il jouait toujours les mains dans ses poches.

Là aussi se trouvait Paul, fils de mademoiselle Caroline, charmante actrice des Variétés; la chronique de l'an 1800 donne pour père à Paul Bosquier-Gavaudan; on serait tenté de le croire en voyant l'embonpoint actuel de Paul. — Un excellent ton de comédie, une voix agréable, de la verve, du cœur, voilà ce qui a placé Paul bien au-dessus de son camarade Allan, qui a déserté le Gymnase pour aller affronter les vents septentrionaux à Saint-Pétersbourg. Paul aussi a quitté le boulevard Bonne-Nouvelle, pour aller à Lisbonne, où il est arrivé par un temps de révolution et de mauvais jours; il est revenu à son théâtre, où il a été reçu comme un enfant bien-aimé que l'on revoit avec bonheur, parce que

Paul est un bon et loyal artiste, causeur aimable et excellent camarade. Après avoir pris pendant quelque temps la direction du théâtre de Belleville, Paul a renoncé au théâtre. Son ami Tisserant lui a fait faire un mariage très-beau; il a épousé une femme jeune et jolie qui lui a apporté une vingtaine de mille livres de rentes. — Tous ceux qui connaissent Paul se réjouissent de son bonheur, car Paul est aimé de tous.

Je vais vous parler un peu d'une des colonnes les plus hautes, mais non moins solides, du théâtre Bonne-Nouvelle. KLEIN, qui était horloger, appelait à grands cris l'heure où il pourrait enjamber la rampe qui le séparait de Frenoy, il y a trente ans et plus. L'heure arriva, et Klein offrit au public un gaillard de six pieds de haut (mesure ancienne) sur dix-huit pouces de circonférence. Cette longue perche avait un aspect très-burlesque, et fit rire tout d'abord; c'est ce que Klein voulait; sa voix nasillarde et fausse, sa laideur, tout cela lui servit à devenir comique.

Un jour il jeta une jambe en avant, et passant par-dessus la porte Saint-Martin et la porte Saint-Denis, ce qui lui fut plus commode que de passer par-dessous, il arriva au Gymnase, où l'on rit de sa figure hétéroclyte, et où l'on aime en lui l'acteur de conscience et l'honnête homme. Klein est amusant au foyer comme à la scène; si on le trouve long, ce n'est pas quand il joue ou quand il cause.

Vous connaissez tous, messieurs, une jolie fille aux cheveux d'ébène, au sourcil arqué, à l'œil bien fendu, aux blanches et rondes épaules, qui, naguère encore jeune fille svelte et gracieuse, se posait comme une *fille de l'air*, et faisait des *folies dramatiques* : c'est mademoiselle Nathalie, qui, sachant qu'un Gymnase était ouvert aux jolies femmes, vint lever sa longue paupière sur l'autocrate de l'endroit, et prit avec lui un engagement, non pas de fidélité, mais d'artiste dramatique.

Or, à vous tous qui savez ce qu'elle est, c'est-à-dire une bonne fille bien humaine, incapable de refuser ce qui peut faire plaisir à celui qui peut reconnaître un service, je vous dirai d'où elle vient. Mademoiselle Nathalie Martel est née à Tournan, petit bourg de la Brie; son père, Figaro de village, rasait les gros mentons de l'endroit, et faisait très-bien une queue quand l'occasion se présentait. M. Monval, le régisseur, qui est très-instruit, dit-on aussi, disait à propos de cela :

Talis pater, talis filia!

Ce qui veut dire, je crois : Bon chien chasse de race.

Un jour, il y a quelque quatre ou cinq ans de cela, un jeune stagiaire devint épris des beaux yeux de mademoiselle Nathalie, et comme la jeune artiste était trop occupée pour écouter le disciple de Barthole, il résolut d'aller chez la dame de ses pensées plaider sa propre cause, la gagner ou mettre fin à ses jours; il s'était armé d'un pistolet. Le jeune fou est introduit, il s'explique, on ne veut pas l'entendre : il n'avait que son cœur à offrir. Alors, et n'écoutant que son désespoir, il dirigea contre la jeune fille le pistolet dont la balle alla briser une glace; celle du cœur de l'actrice ne se fendit point pour cela. Le jeune légiste fut mis en prison, d'où il sortit après que l'objet de ses vœux eut retiré sa plainte.

— Le jeune avocat a compromis sa carrière, et mademoiselle Nathalie a suivi la sienne, celle d'actrice amusante et de femme jolie.

Mademoiselle Nathalie a déjà eu un amant de cœur au moins ; mais elle réfléchit que chez son papa le perruquier elle a frisé la misère, et qu'elle ne veut plus s'y exposer pour un favori.

Mademoiselle Nathalie danse avec beaucoup de grâce la cachucha, le cancan et la polka ; elle est toujours gracieuse ; mais elle commence à prendre un peu d'embonpoint. L'autre soir elle jouait *la Marraine*; un monsieur placé à l'orchestre disait que l'imprimeur s'était trompé de titre et aurait peut-être dû mettre : *la Nourrice*, vaudeville en un acte.

C'est dans *Zélia la Danseuse* que mademoiselle Nathalie danse la fameuse Polka. Ce rôle a été créé par une débutante qui avait pris le nom de Octavie Bérard, et qui n'a pas pu rester au Gymnase. Cette actrice, dont le nom est LOUISE FOUARD, était à Reims sous M. Nestor, à qui elle fit avoir un duel avec un naturel du pays. — Elle était avant cela la maîtresse de Martin, le précurseur de Van-Amburg et de Carter ; c'est lui qui avait dompté ce cœur farouche, et qui l'a rendu fort peu sauvage.

Le danseur de polka de Zélia est un gros jeune homme solide et joufflu, qui vient d'épouser la fille de madame Dorval ; cette grande actrice, après avoir apprécié les qualités du jeune LUGUET, accueillit favorablement celui qui voulait entrer dans sa famille ; et elle en fit son gendre.

Il y a aussi dans cette pièce de Zélia un autre *polkiste*, mais celui-là n'est pas dangereux, bien qu'il se croie un séducteur. Cet intrépide danseur abuse de la laideur ; et je défie un cœur de femme, quelque brûlant qu'il soit, de battre quand RÉGARD fait le Faublas.

Un jour une dame du Gymnase souffrait de spasmes

violents; Rébard, qui s'attribuait ce malaise, courut chercher le docteur, et l'amena à la belle malade. — Ce docteur, m'a-t-on dit, est un poétique émule de Linnée, qui passe une partie de son temps à la campagne, où il cultive les fleurs de *la vallée*, et en arrache les simples.

Puis viennent LANDROL, qui joue les pères nobles avec beaucoup de bonhomie, et les pères dindons avec quelque noblesse. C'est un brave artiste qui s'est fait aimer à Paris autant qu'il l'était à Bordeaux. — Et SYL- VESTRE, que le public voit sur la scène avec infiniment de plaisir, et que ses camarades recherchent et estiment.

Deux artistes qui méritent une mention particulière, ce sont les deux jeunes premiers : RHOZEVILLE, qui n'a rien de *vil* du tout, puisqu'il se nomme *Rhoze*, et JULIEN DESCHAMPS, qui avec ses vingt-quatre ans et sa figure enfantine, est déjà époux et père de famille. Tous deux ont des manières distinguées, et charment à la fois spectateurs et spectatrices.

J'ai parlé d'artistes auxquels je dois une mention particulière; nul ne la mérite mieux que l'actrice charmante que la mort vient d'arracher au Gymnase : JULIENNE, qui s'est fait une réputation en jouant avec bonhomie les rôles visant un peu au sentiment, et avec une verve délirante les rôles comiques où la charge peut se pousser jusqu'à ses dernières limites. *La Chanoinesse*, *les Vieux Péchés*, *Sans nom*, ont prouvé ce que pouvait Julienne, comédienne de talent, souvent un peu forcée, mais n'ayant qu'un but, celui de faire rire, et atteignant toujours ce but.

Pour remplacer Julienne, M. Poirson ouvrit un concours où vingt-deux actrices furent admises à se faire entendre. Celle qui l'emporta sur ses rivales est madame

Lambquin, que tous les amis de la haute comédie et des bonnes traditions voyaient avec chagrin perdue au Cirque, au milieu des hennissements des chevaux, de la fumée de la poudre et du bredouillement de MM. Chéri-Meneau et Hoster.

Madame Lambquin avait montré à l'Ambigu qu'elle était appelée à tenir sa place parmi les artistes de premier ordre. Sa diction pure, sa physionomie animée, qui annonce la femme spirituelle, son organe sonore et comme il faut, son entente de la scène, sont garants qu'elle sera la meilleure duègne de Paris; le jour où M. Poirson a engagé madame Lambquin, il avait retrouvé Julienne et attaché à son théâtre une actrice digne de la Comédie Française. Pour son entrée au Gymnase, elle a joué tout de suite une douzaine de rôles appris en quinze jours, et s'y est fait applaudir, surtout dans *Georges et Thérèse*; elle vient de consolider ses succès dans *Philippe* et *Malvina*. Dernièrement madame Lambquin a joué sur le théâtre de la rue de Richelieu; c'est une imprudence de la part de M. Poirson : quand on a des voisins puissants, il ne faut pas leur montrer ses trésors, de peur qu'ils ne les envient. — Je sais de très-bonne part qu'il a déjà été question d'enlever au Gymnase la seule artiste appelée à jouer parfaitement madame Pernelle de *Tartufe*, madame Jourdain du *Bourgeois gentilhomme*, la *Comtesse d'Escarbagnas*, etc., etc. — Que M. Montigny prenne garde, le comité de la rue Richelieu a quelquefois de bonnes inspirations.

Madame Lambquin est toute jeune encore, son avenir est brillant, et sa route est toute tracée.

M. Poirson, qui croit qu'avec cent mille francs de rentes on peut tout faire, a voulu faire un Bouffé; il a pris au théâtre du Panthéon un artiste qui n'est pas sans mérite, c'est vrai, mais qui est loin de Bouffé comme M. Poirson, l'homme de lettres, est loin de Victor Hugo. — Delmas a montré dans *la Tante Bazu* qu'il aurait pu remplacer Odry dans *Madame Pochet;* mais *Jacquard* a prouvé que la tâche donnée par M. Poirson était trop lourde pour Delmas.

— M. Montigny, qui vient de prendre le sceptre de M. Poirson, a engagé un acteur de Rouen nommé Geoffroy; cet artiste, dont les Normands disent du bien (on sait que les Normands ne mentent jamais), n'a pas encore paru, et déjà on lit dans un journal de théâtre un puff en manière de réclame, qui dit que M. Montigny répondait à Geoffroy qui se présentait à lui : « J'aurais bien engagé un acteur de Rouen nommé Geoffroy, mais je l'ai trouvé trop âgé. — Monsieur, répondit le jeune artiste, c'est moi qui suis Geoffroy. » — Sans répondre, M. Montigny prit une plume et signa l'engagement. — Dans un autre journal on lit : « M. Scribe vient d'inviter à dîner le nouveau comique du Gymnase, pour lequel il doit écrire un rôle... »

— Le fondateur se lève et propose de renvoyer ces puffs à M. *Aymés*, président de la société du *Puff couronné*, qui tient ses séances au bureau du *Tintamarre*. — On pourrait, dit-il, faire un échange avec le rédacteur en chef. — *Commerçons.*

Il y avait en 1825, à Étampes, une troupe de comédiens jouant l'opéra comique, et dirigée par un artiste nommé Garcin. Dans cette troupe se trouvait Chéri Cizos, artiste aimé de ses camarades pour son caractère, et du public pour son application au travail. En cette année-là Chéri-Cizos vit s'augmenter sa famille d'une petite fille si petite, si petite, qu'on l'aurait crue la sœur du Petit-Poucet ; on la nomma tout d'abord Rose : à peine sut-elle marcher seule, qu'elle fredonnait des airs d'opéra, et balbutiait ce qu'elle avait entendu au théâtre où sa mère l'emportait pendant les répétitions.

A quatre ans, comme un autre Eugène de Pradel, elle improvisait des scènes d'un pathétique à mourir de rire, et plus d'une fois, dit-on, elle fut obligée de s'arrêter suffoquée par des larmes véritables, des sanglots venant du cœur. La petite fille avait une sœur de trois ans dont elle faisait son interlocutrice ; c'était ANNA CHÉRI.

En 1830, à Bourges, à l'occasion de la fête du chef de la famille, on fit jouer par les petits enfants *le Roman d'une heure* ; dans cette représentation sur un théâtre improvisé dans une alcôve, la petite Rose joua Lisette avec tant de malice, de gentillesse, que l'on pressa son père de la faire paraître sur un vrai théâtre. Ce fut un grand jour pour l'actrice lilliputienne que celui où elle se vit applaudir par tout un public. — Sa vocation était marquée ; elle était comédienne.

M. Chéri Cizos obtint un privilége, composa une troupe, dont ses deux filles n'étaient pas les moindres sujets ; et, de ville en ville, de succès en succès, la petite Rose, devenue une demoiselle, arriva à Paris avec une bonne recommandation pour un vaudevilliste, qui l'adressa à M. Poirson. — Quel bonheur pour la jeune artiste ! Elle fut admise à débuter sur le théâtre qui avait vu la gloire de Léontine ; elle joua *Estelle*, et le début fut heureux ; mais l'artiste était encore bien jeune, bien petite, l'engagement fut signé avec des appointements bien exigus. M. Poirson engagea les deux sœurs à la fois.

Tout était fait : le Gymnase était enrichi de deux jeunes personnes jolies et intelligentes; et la jeune Rose qui, par une suave idée d'enfant, avait pris d'abord le nom de Marie pour placer ses débuts sous la protection de sa patronne, reprit son nom de Rose qui lui va si bien, et un beau jour une indisposition de mademoiselle Nathalie donna à Rose Chéri l'occasion de prouver à la direction la mémoire et le dévouement de la jeune artiste, qui joua le soir même *la Jeunesse orageuse*, apprise en quelques heures. — Le lundi suivant, tous les journaux étaient unanimes pour lui adresser des éloges. Céline de *la Famille de l'Absent*, *la Marquise de Kantzau*, et surtout *Alberta I*, ont fait à la jeune comédienne une belle place au soleil des artistes, qui vient de faire éclore la Rose chérie du Gymnase.

M. Montigny vient d'engager Bernard-Léon, qui va revoir ses pénates. On monte pour lui *Marie Mignot*.

— Au dernier il est bon! Vous allez en juger : celui que j'ai gardé pour clore mes indiscrétions, c'est un homme comme je comprends l'homme de cœur et l'artiste, joyeux, bon viveur, affable, comédien d'un talent reconnu, mon roi des locataires, comme dirait madame Pipelet. — C'est TISSERANT.

Fils d'un jardinier de Meudon, TISSERANT fut d'abord peintre sur porcelaine. A vingt ans il quitta l'atelier pour monter sur les planches, et il fit très-bien, pour nous et pour lui; il avait trop de fougue artistique, trop de goût et d'esprit pour végéter en faisant des queues de rat et des filets sur une tasse à café. C'est un conteur désopilant qui ferait rire M. de Metternich, si ce sévère Autrichien l'entendait narrer l'histoire de Velu expiant ses crimes, ou s'il écoutait une des chansonnettes dont mon farceur de Tisserant est l'auteur. — Vous voudriez bien connaître certaine fable intitulée *le Nez et son Hôte*, et finissant par ce distique :

> De ceci la morale est qu'il ne faut aller
> Chez un peuple de loups que lorsqu'on sait hurler !

Tisserant, l'âme de tous les soupers de garçons et autres, de tous les bals d'artistes, de toutes les *Media-Notche*, vient, comme on dit, de faire une fin ; il vient d'épouser une petite femme charmante, mademoiselle Deslauriers. La veille de sa noce, Tisserant a reçu ce quatrain d'un de ses nombreux amis :

> Notre ami Tisserant, de la gloire idolâtre,
> Va bientôt de la sienne éclipser les guerriers,
>   Puisque chez lui, comme au théâtre,
>   Il aura toujours *des lauriers*.

Autrefois on n'allait pas voir Tisserant dans son réduit, qu'il appelait sa Tour de Nesle, sans qu'il offrît une douzaine d'huîtres, un œuf sur le plat et une bouteille de Chablis. — Aujourd'hui, il offre à ses amis un bouillon ou un verre d'élixir de Garrus. — C'est que sa nouvelle famille a apporté un remède à son insouciance, et que Tisserant a changé son verre à champagne contre un clyso-bol.

Tisserant, qui siège depuis quatre ans au comité de l'Association des artistes dramatiques, y représente la démocratie ; c'est lui qui est l'avocat des artistes modestes ou malheureux. Législateur, il cherche à réformer la charte des comédiens, décrétée ou plutôt octroyée par un comité provisoire qui craignait de voir l'autorité paralyser la pensée philanthropique à laquelle les comédiens doivent l'espérance d'un avenir à l'abri du besoin et des exactions directoriales. — Artiste et homme généreux, il est toujours le premier à contribuer à une bonne action, quelle qu'elle soit. Tisserant n'est pas seulement un homme d'esprit, un gai conteur, c'est encore un artiste à l'âme noble et aux inspirations élevées.

Au Gymnase, il a pris la place de Gontier qu'il remplit avec un talent dont le public lui tient compte en l'applaudissant tous les soirs.

— Madame Gossard s'assied, et pendant qu'on la félicite, son futur, écrase un grain de chasselas avec le fondateur, qui lui donne la parole pour raconter ce qu'il sait sur le THÉATRE DU PALAIS-ROYAL!

— Durieux, qui pendant toute la narration de la cousine de la concierge a vidé deux fioles tout seul, dans la crainte d'interrompre sa future, prie le fondateur de faire pour lui ce qu'il a fait pour elle, c'est-à-dire de parler du théâtre comme monument et comme genre ; il se charge du reste.

— Le vieux Comparse se rend à l'invitation du Napoléon de la perruque, et dit :

Messieurs et chers camarades,

Dans la septième séance, nous avons laissé le théâtre Montansier à un danseur de corde nommé Forioso; après lui vinrent les *puppi* et les *fantoccini*, marionnettes dans le genre italien, qui cédèrent bientôt la place à des chiens savants qui n..imaient de fort touchants mélodrames. Après les artistes quadrupèdes, on fit du théâtre un café, qui devint bientôt un café-spectacle.

Pendant les cent jours il était le rendez-vous de tous les partisans de l'empereur; et lors de la seconde restauration, des gardes du corps, des mousquetaires firent expier à la pauvre salle Montansier le tort d'avoir retenti des refrains bonapartistes; ils brisèrent tout dans le café, et quelques jours après on chantait en montrant les jeunes officiers de la maison du roi :

> Ce qu'ils ont fait, ils ont cassé les glaces
> Du café Montansier.

La salle Montansier fut fermée à cause de ce désordre.

En 1830, le ministre, M. Montalivet, accorda à MM. Dormeuil et Charles Poirson un privilége pour le *théâtre du Palais-Royal*, qui ouvrit ses portes le 6 juin 1831.

M. Dormeuil, dont le nom est *Contat-Desfontaines*, prit la direction de la scène, et tous les artistes applaudirent; car M. Dormeuil est un homme sage, bon, plein d'urbanité et de convenances, administrateur habile, et artiste avant tout. Tous ses pensionnaires lui rendent la justice qu'il mérite en lui vouant une haute estime et tout leur dévouement. — M. Dormeuil a épousé, il y a environ dix-huit ans, une jeune personne au visage poétique, à l'air très-distingué, que l'on voyait avec plaisir au Gymnase sous le nom d'Esther.

En 1814, M. Dormeuil était secrétaire à l'état-major de la garde nationale. En 1830, il sera chef de bataillon dans une légion de la banlieue, ou maire de sa commune..... — Voilà son horoscope.

M. Charles Poirson s'étant réservé spécialement la direction du contentieux à son théâtre, n'est pas de notre domaine; nous l'abandonnons donc aux jeunes débutantes qu'il protége tour à tour.

La parole est à Duricux, qui commence ainsi :

M. DERVAL est, suivant moi, celui qui doit occuper la première place parmi les artistes de mon théâtre; c'est que c'est lui qui porte le mieux la perruque habillée; quand je lui ai posé la perruque d'un gentilhomme du temps de Louis XV, ou celle d'un officier aux gardes, Fronsac et Richelieu lui céderaient le pas devant les beaux yeux d'une marquise. M. Derval, qu'un journaliste de mes amis appelait son collègue, parce que c'est un *raide acteur*, rappelle beaucoup Menjaud; il dit bien, mais il manque de chaleur. On dit qu'il a une dixaine de mille livres de rentes; tant mieux pour lui. A sa place, je quitterais le théâtre, et mon ambition se bornerait à dire : Je *vide* mes rentes.

— A propos, je vais peut-être vous faire quelques infâmes calembours tirés par les cheveux; mais je suis perruquier au théâtre où brillent Sainville, Grassot, Lhéritier, Alcide et Ravel!..... Et maintenant *parlementons*:

M. SAINVILLE, le plus puissant des acteurs du Palais-Royal, est à ce théâtre ce que le Lepeintre jeune était au Vaudeville; ceci est une règle de proportions. Un biographe l'a comparé à un gros éléphant à cause de son ampleur, de son intelligence et de sa finesse. M. Sainville joue énormément de rôles, ce qui le met sur les dents, car il est sans défense; il ne sait rien refuser aux auteurs et à la direction, c'est qu'il est artiste dévoué, travailleur et régisseur. — S'il y avait au théâtre du Palais-Royal plusieurs acteurs comme Sainville, la scène serait trop étroite ; on serait obligé de faire encore pour l'ancien théâtre Montansier des pièces à deux personnages; elles n'en seraient peut-être pas moins amusantes; car Sainville est très-comique. Nul ne peint mieux que lui la sottise personnifiée, la stupide suffisance, ce qui prouve qu'il est comédien ; car Sainville est loin d'être sot et stupide. Tant s'en faut.

Le théâtre est étroit; plaçons donc à côté de notre bon gros Sainville l'acteur le plus efflanqué que je connaisse après Klein : LEVASSOR.

— J'ai lu, messieurs, le procès-verbal de votre sixième séance, et je me suis étonné que le nom de Levassor ne fût pas mis dans l'acte d'accusation dressé contre ceux qui font en public des imitations burlesques de leurs camarades, de leurs amis. Levassor est plus acteur que comédien, et je vais essayer de le prouver. Un vieil adage a dit :

> La comédie est un miroir
> Qui réfléchit le ridicule.

Or, Levassor n'est pas le miroir où viennent se réfléchir les ridicules sociaux; au contraire, il réfléchit devant son miroir comment il pourra se rendre ridicule. C'est de la charge de convenance, et elle est si souvent maniérée, apprêtée, tirée à quatre épingles et à l'effet, qu'il est impossible d'y reconnaître la nature.

Potier dans le *Ci-devant Jeune Homme*, et dans les *Anglaises pour rire*, était comique, très-comique, et M. Levassor a voulu l'imiter; en dépassant les bornes qu'il s'était posées, il a dépassé le but. — On voit trop le travail de l'homme qui s'est dit : Je vais vous faire rire; regardez-moi, et voyez comme j'ai du talent. —

Quand il a vu qu'il ne produisait pas assez d'effet dans un vaudeville, il a créé un genre mixte, bâtard, qui tient de la comédie et de la parade : les *intermèdes*. Alors la chansonnette dialoguée est apparue, et est venue remplacer ces hors-d'œuvre qu'on appelait les *tout-seul*. — Et comme si ce n'était pas assez de cette dégradation de l'art et du comédien, Levassor s'est transporté tout fardé, tout grimé, tout déguisé, dans les salons du faubourg Saint-Germain, puis dans l'arrière-boutique du bonnetier de la rue Saint-Denis. Les éditeurs de musique faisaient l'article ; ils procuraient, pour bals et soirées, musiciens, instruments et comédiens. Ils distribuaient des adresses sur lesquelles on pouvait lire : « M. Levassor, artiste dramatique, chante dans les soi- » rées, joue des gobelets, imite le chant des oiseaux, le » cri du chien, le miaulement du chat, et amuse propre- » ment une société. — Il donne des leçons d'anglais et » *va-t-en ville!...* » Ainsi pour cinq cents francs ou pour vingt-quatre sous, le banquier millionnaire ou le marchand de verre cassé amusait ses petits le jour de sa fête, en faisant venir à domicile un acteur que l'on pouvait voir de près, toucher ou faire cabrioler à volonté. — Est-ce là l'artiste ? est-ce là de la dignité ? — Avec ce genre d'exercice, M. Levassor a amassé trois ou quatre mille livres de rentes, c'est vrai ; la fin justifie les moyens... soit. — M. Levassor sera à cinquante ans marguillier de sa paroisse, rendra le pain bénit, et offrira une place de portier à celui de ses camarades qui aura craint de rougir en faisant un *métier* indigne du véritable artiste.

Il y avait au Palais-Royal un autre artiste qui a suivi cette pente, et s'est laissé entraîner dans les réunions particulières, où il portait sa bonne et franche gaieté, son entrain, sa face de bon garçon, sa jovialité, et son sans-façon. Celui-là au moins rachète cette faiblesse par sa bonhomie, sa franchise et son bon cœur. Jamais un artiste, une mère de famille, un infortuné, quel qu'il soit, n'est venu en vain demander un service à ACHARD, le bon, l'excellent artiste.

Que l'on dise à Achard : Il y a là un malheureux qui souffre ! il donnera tout ce qu'il a d'argent sur lui, s'installera s'il le faut sur la place publique, et entonnera une de ces chansonnettes où il montre tant de naturel et d'entrain ; puis il fera *la manche* pour faire la quête au profit du pauvre. Il fera l'aumône de sa bourse et de son talent. — Levassor et Achard, ce sont deux tableaux en regard ; mais ce ne sont point deux lignes parallèles. — Achard, c'est le type de l'ouvrier franc luron et du brave homme ; c'est le canut lyonnais dans toute sa grosse et bonne nature ; il est père de famille, monte sa garde, et cultive son petit jardin de la rue Neuve-Coquenard, lorsqu'il n'est pas en tournée dans les départements, où, comme le petit Savoyard, il va chanter sa chansonnette ; et puis *quand il a deux mille francs dans cha cheinture*, il revient auprès de sa famille, qu'il égaye avec quelque joyeux refrain.

— M. Dormeuil a laissé partir Achard et Déjazet. — Pourquoi ? voilà ce que je me demande : sans Achard et Déjazet, le théâtre du Palais-Royal sera boiteux ; c'était là ses deux plus fermes soutiens.

Connaissez-vous à l'angle de la rue Beaujolais et de la rue Montpensier un petit café de chétive apparence, bas, enfumé, où le jour pénètre peu ? C'est le rendez-vous de ceux des acteurs du Palais-Royal qui ne font pas de l'aristocratie; c'est là que Ravel, Alcide, Grassot et Lhéritier vont improviser des intermèdes intimes et attendre l'heure des répétitions. C'est leur *Tapis-Franc*, excepté qu'il ne s'y trouve point d'*Ogresse*; ils ont nommé cet établissement modèle, cet estaminet borgne, *la Pissotière!* — Là on ne s'ennuie jamais, on est sûr d'y rencontrer des artistes débitant force calembours, facéties, blagues et balançoires.

— Quand GRASSOT est là, on fait cercle; car le drôle a toujours quelque nouvelle historiette à raconter, et il les conte avec une verve, un sel qui en rehaussent le piquant. — Avant-hier Grassot est venu déjeuner à *la Pissotière*, et en homme prudent et économe, il avait apporté ses comestibles, consistant en une seule côtelette panée. Après avoir étalé sur la table le morceau de papier gris qui enveloppait sa côtelette, Grassot tira de sa poche une petite flûte, demanda au garçon un couteau, une carafe d'eau, un verre et un journal; il se mit à déjeuner avec l'aplomb d'un gant jaune qui se pavane chez Véry. — Ne croyez pas qu'il en soit ainsi tous les jours : point! — Grassot n'est ni ladre ni avare; c'est un original amusant, un mystificateur goguenard et joyeux; il avait trouvé drôle de venir dans un café, déjeuner, lire le journal, sans dépenser cinq centimes. Le maître de l'établissement, qui connaît son monde, trouva cela amusant; Alcide demanda à Grassot s'il l'invitait à déjeuner, et les amusantes causeries commencèrent.

On parla d'un règlement rédigé par le régisseur général du théâtre, ancien chef du bureau des théâtres au ministère de l'intérieur, et auteur de pas mal de vaudevilles pas mal. — Dans ce règlement il est dit que lorsqu'un artiste se permettra un propos inconvenant envers un directeur, un régisseur, un souffleur, un allumeur, ou tout employé faisant partie de l'administration, il sera puni d'une amende élevée suivant la gravité de l'inconvenance. — Un soir Grassot, à demi costumé, attendait le lever du rideau, il s'habillait dans sa loge, c'est-à-dire dans la loge de tout le monde, car les acteurs du Palais-Royal s'habillent dans une espèce de salle longue qu'ils appellent les *Bains à quatre sous*. — Grassot appelle le régisseur : « La Coupe ! — Eh ! La Coupe ! » Le fonctionnaire paraît au bas de l'escalier, et Grassot lui crie : « Si je te disais : Tu es un vieux serin, combien aurais-je d'amende ?... Je ne te le dis pas, mais si je te le disais, combien cela me coûterait-il ? »

Et puis cent autres bouffonnades sont nasillées par Grassot, qui fait de son nez ce qu'il veut, et qui prétend que le nez d'Alcide est malhonnête par sa forme et sa longueur.

Il y a quinze ans que je connais Grassot; il jouait la comédie dans les environs de Paris avec un nommé Charles Mayer, rival de Ducrocq, monteur de parties, ménestrier, maître de danse et professeur de solfége et de déclamation. Je crois que c'est là que ce brave Grassot a connu et séduit par son physique chiffonné sa gentille petite femme, actrice gracieuse, aimable artiste, qui prend plaisir à rassembler chez elle ses camarades, à qui elle fait passer des soirées aussi agréables par l'amabilité de la femme que par la bonne camaraderie et les joyeux lazzis de Grassot, qui, comme le dit Alcide, n'est ni *gras* ni *sot*.

Celui qui ne connaît pas ALCIDE TOUSEZ au théâtre est un grand coupable qui devrait périr d'un *spleen* chronique; c'est être l'ennemi de soi-même que de ne pas aller s'épanouir devant cette face si bouffonnement bonnasse, ce nez mirobolant, et cette tournure que Tabarin et Bobèche ont seuls possédée en France. Alcide est un fripon qui se faufile dans les loges des actrices ; se fiant à son air sainte nitouche, elles laissent prendre un bon gros baiser que le gaillard dérobe en sournois ; encore choisit-il sa place... Prenez garde mesdames, il n'est pire eau que l'eau qui dort... Alcide, qui est resté six ou huit ans à ramer le vaudeville sur les galères Séveste, est maintenant l'un des meilleurs comiques de Paris. En 1833, M. Dormeuil le vola à M. Séveste. — On disait que ce jour-là Alcide avait fait un *saut* fort agréable. Il répondit qu'il était payé pour cela. — Il ne vole pas son argent.

A la ville Alcide est calme et sérieux; il décoche pourtant par-ci par-là quelques plaisanteries, quelques calembours qui font pâlir Grassot; et quand tous deux luttent à ce jeu-là, c'est Alcide qui est le plus fort.

On trouve rarement au Tapis-Franc de la rue Montpensier GERMAIN et LHÉRITIER; en voici la raison : c'est que tous deux sont des maraudeurs de beau sexe; cela se conçoit de Germain, beau et jeune garçon, jouant les amoureux, et étudiant ses rôles dans tous les boudoirs où il peut pénétrer. — Mais Lhéritier! il n'est cependant pas joli comme un ange! Heureusement pour lui, l'amour est comme la fortune : il est aveugle.

Lhéritier disait hier à Germain, à propos d'une jeune choriste qu'ils se disputent : « Si elle devient mienne, je ne veux plus que tu rôdes par là; nous ne serions plus cousins, Germain; je ne veux pas te devoir un moutard qui deviendrait *l'héritier* de mon nom. »

Il n'y a que deux femmes auxquelles ces gaillards-là ne

font pas la cour : Mme Ravel, parce qu'elle est la femme d'un ami, de ce garçon que vous connaissez tous et qui vous a tant amusés dans le *Tourlourou* et dans vingt autres pièces. Ravel a une manière de dire des bêtises et de lancer le mot qui l'a mis en première ligne parmi les comiques privilégiés. — Et puis la piquante Mme Lemesnil, dont la gentillesse, l'*égrillarderie*, nous charme depuis bientôt vingt ans. C'était alors la petite Gougibus, et Loupi d'*Il y a seize ans*, *Bruno le fileur*, en ont fait Mme Lemesnil.

La petite Gougibus avait au boulevard une rivale redoutable, c'était la petite Charlotte Bordes, aujourd'hui Mme Dupuis, l'émule des Jenny Vertpré, des Déjazet. Mme Dupuis est non-seulement une actrice de talent, c'est encore une femme aimable et spirituelle, amusante au foyer, recherchée dans un salon; elle cause assez lestement, ce qui ne prouve rien, et ses yeux promettent plus qu'elle n'accorde.

Quand je vous parlerais de mesdemoiselles SCRIWANECK, ALINE et JULIETTE, je ne vous apprendrais rien que vous ne sachiez ou dont vous ne vous doutiez ; c'est qu'elles sont jolies, recherchées, femmes et actrices!

Il me reste à vous parler de mes amours, de celle qui m'a fait bien souvent oublier ma philosophie, mes perruques, et mon penchant pour le *petit bleu* à huit sous le litre.

DÉJAZET, la femme qui a le plus osé et qui a osé avec le plus d'esprit. Déjazet, c'est la Sophie Arnould, la Bourgoin de notre époque. S'il fallait citer toutes les saillies, tous les mots heureux qu'elle a lancés à la ville, au foyer, dans les coulisses, partout, il faudrait faire un recueil gros comme le Voltaire en un volume. — Du mordant, de la malice, une verve intarissable, un cœur excellent, donnant tout ce qu'elle possède; elle a distribué autant de baisers à ses admirateurs que d'aumônes à l'infortune; et mademoiselle Déjazet est très-charitable, elle a secouru beaucoup de malheureux et n'en a jamais fait. Elle est toujours prête à concourir à toutes les représentations données au bénéfice de ses camarades.

Un soir, elle jouait à l'Ambigu pour un artiste malheureux; un jeune homme aperçut pendant que le rideau était baissé une femme au pied mignon, à la tournure svelte, gracieuse, regardant dans la salle par le trou de la toile; l'audacieux s'approche et lui prend la taille un peu trop bas. Déjazet se retourne et lui dit d'un air tout gracieux : « Vous vous trompez, monsieur, je ne suis pas de la maison. »

On avait fait courir le bruit que mademoiselle Déjazet allait se marier avec un jeune premier du Vaudeville; c'était un faux bruit contre lequel le jeune premier a réclamé postérieurement. Mademoiselle Déjazet aime d'ailleurs trop sa liberté pour la vendre; c'est ainsi qu'elle m'a répondu quand je lui ai parlé de l'*affaire hier*.

Virginie Déjazet a épuisé à elle seule toutes les muses départementales; elle a au moins vingt kilos pesant des madrigaux pindariques ou pironiens qui lui ont été adressés. Elle en vaut parbleu bien la peine.

Mademoiselle Déjazet est une femme toute gracieuse, toute spirituelle; c'est un bon garçon sous les traits d'une femme charmante, ne s'effrayant de rien, ne reculant devant personne, et qui a fait de son art une passion, des passions un plaisir, et du plaisir un caprice.
— Je lui ai demandé d'où venait son nom de Virginie;

elle m'a répondu que cela venait du mot Vierge. — Ce que c'est que les noms !

— Messieurs, dit Durieux, je propose un toast à notre *Frétillon* moderne, à *la Lisette de Béranger*, à Virginie Déjazet. Cette proposition fait lever tous les sociétaires, qui l'accueillent avec enthousiasme. — Après une pause d'un instant, le perruquier-orateur reprend la parole et dit :

Après Virginie Déjazet, la perle du Palais-Royal, je ne vois pas un seul nom qui mérite d'être cité, si ce n'est le mien. Et moi aussi, messieurs, je suis artiste autant que quiconque. J'ai du talent, je le sais, je le dis ; car la modestie est duperie en ce monde : à force de crier qu'on a du talent, on trouve toujours quelqu'un qui le croit et qui le répète : c'est comme cela que les réputations s'établissent.

Dans le *Marquis de Létorière*, les *Premières Armes de Richelieu*, la *Marquise de Pretintailles*, Déjazet m'a dû une partie de sa gloire. C'est moi qui ai fait toutes ses perruques, et ce n'est qu'à son corps défendant qu'elle s'en fait poser par d'autres que par moi. — La perruque, messieurs, a joué un trop grand rôle dans le monde pour qu'elle n'occupe pas une belle place au théâtre. Louis XIV, le grand roi, que je mets bien au-dessus de ce polisson de Titus, est le premier qui ait bien compris la majesté de la perruque ; après lui, c'est moi. — Un perruquier est donc un artiste indispensable au théâtre; on peut se passer de coiffeur, on ne se passera jamais de perruquier.

Voltaire a donné un grand exemple au monde en disant à un de ses confrères : « Faites des perruques, faites des perruques. » — N'en fait pas qui veut ; il faut vingt-cinq ans pour faire un perruquier, on fait un coiffeur en six mois.

D'ailleurs, qu'est-ce qu'un coiffeur? Un fat toujours frisé, huilé, cosmétiqué, un castrat admis, sans conséquence aucune, dans le boudoir, dans la chambre à coucher des femmes à la mode, dans la loge des actrices, qui ne s'occupent pas plus de lui que de leurs femmes de chambre. — On ne se fait pas scrupule de paraître devant son coiffeur dans le costume que portaient Suzanne et Betzabée quand elles furent surprises par les vieillards et par David. — On disait l'autre jour à une de nos plus jolies actrices : « Comment! vous vous déshabillez devant un homme? — Ça, répondit-elle, c'est mon coiffeur!... »

Le perruquier, au contraire, est traité en camarade, en ami, par les artistes, dont il faut qu'il devine le rôle et la pensée. D'une perruque souvent dépend le succès d'un acteur et d'une pièce. — Talma, Lafon, Bouffé, Frédérick Lemaître, ont dû beaucoup de leur réputation à leur perruquier. — Le coiffeur est loin du perruquier comme le tambour de la garde citoyenne est loin d'un maréchal de France.

Le coiffeur du Palais-Royal allait continuer, lorsqu'on apporta au fondateur de la société de la Blague théâtrale une affiche du Gymnase, que la nouvelle administration a fait rédiger par un scribe très-connu, et à qui elle semble porter beaucoup d'intérêt.

L'heure de la clôture étant arrivée, le fondateur ordonne que cette affiche, sera mise en tête du procès-verbal de la *neuvième séance*.

— Dites donc, l' second rang, on crache dans l' parterre, au moins...
— Sois paisible, c' n'est rien, c'est ma femme qui pleure.
— Hé! la gonepe! qu'eque tu dis de c't' acte là?...
— Rilllick!... et toi?...
— Mouche!!!

THÉATRES
DE LA GAITÉ ET DE L'AMBIGU.

> Aux mélodrames nouveaux
> La foule s'arrête;
> J'aime mieux les animaux,
> Ça n'est pas si bête.
> *Un contemporain de Napoléon.*

Pour la deuxième fois, le petit salon de la Boule-Noire projetait au loin la lumière qui s'échappait des quinquets et des bougies que les gens de M. Boiteuzet venaient d'allumer pour éclairer la société cancanière. — Sociétaires des deux sexes, censeurs, dignitaires et fondateur, tout le monde est à son poste. — Les deux dames qui ont assisté aux premières séances sont assises auprès de deux nouveaux venus avec lesquels nous allons tout d'abord faire connaissance.

A côté de l'ex-déesse de la Liberté se dandine gracieusement un homme d'une trentaine d'années, mis avec quelque recherche, et dont la toilette ressemble à celle d'un bottier en chambre qui va servir de garçon d'honneur dans une noce : jabot brodé, cravate idem, chaîne de sûreté, clef et cachets en or, gants paille de plusieurs teintes, habit marron et gilet de velours; le tout surmonté d'un nez en l'air, et de deux yeux au regard vague et étonné.

Auprès de mademoiselle Desroches, on a placé le second visiteur. Moins grand que le premier, celui-ci est vêtu un peu plus simplement; il paraît avoir quelques années de plus, a l'air moins assuré, il regarde en dessous comme un Normand devant son juge; il paraît timide, mais de cette timidité narquoise qui décèle ce que l'on appelle un niais de Sologne, c'est-à-dire un gars rusé, matois et entêté.

Le premier se nomme Baguenaudet, le second se nomme Leviol. — Tous deux sont *ustensiliers* ou garçons d'accessoires (on saura plus tard en quoi consistent leurs fonctions). — Leviol appartient au théâtre de l'Ambigu-Comique; Baguenaudet, au théâtre de la Gaîté. — Tous deux sont rivaux, soutiennent tous deux que leur théâtre respectif est le plus littéraire et la troupe supérieure. Tous deux se regardent en chiens de faïence, mais se donnent la main avec l'apparence d'une certaine cordialité. — Ils viennent dans la lice ouverte à la blague théâtrale soutenir l'honneur et la supériorité des théâtres qu'ils représentent, et attendent que le fondateur leur accorde la parole, après avoir dit quelques mots sur la fondation de la Gaîté et de l'Ambigu, et sur leur physiologie sous l'Empire et la Restauration.

Messieurs et chers camarades, dit le fondateur, la dixième séance est ouverte; elle sera consacrée aux deux théâtres désignés sous le nom de théâtres du boulevard. Suivant l'ordre de leur origine, je parlerai d'abord du théâtre de la Gaîté, fondé neuf ans avant celui de l'Ambigu. — Ici, Baguenaudet jette un regard triomphateur sur son collègue, qui baisse la tête et le regarde en dessous. — L'orateur continue :

En 1760, un saltimbanque nommé Restier établit sur le boulevard du Temple une baraque en planches, Nicolet père y faisait la parade au dehors, et jouait les arlequins au dedans. Un incendie vint détruire la salle; Nicolet fils la fit rebâtir et devint directeur de la troupe, pour laquelle il obtint le titre de *Grands Danseurs du roi*, faveur qui lui fut accordée un jour que, par ordre du roi, il avait conduit sa troupe à Saint-Germain, où se trouvait la cour. A cette époque brillait un danseur de corde célèbre, père d'une acrobate plus célèbre encore, madame Saqui. Le jour de la représentation à Saint-Germain, le roi fut si content de la troupe de Nicolet, qu'il ordonna qu'on lui présentât un des sauteurs qu'il désigna ; c'était celui dont nous venons de parler; il se nommait *Jean* LALANNE : ses petits-fils sont aujourd'hui les premiers sujets du Cirque des Champs-Élysées. (Le Cirque des Champs-Élysées et celui du boulevard du Temple viennent de passer sous la direction de M. Gallois, ex-restaurateur au pavillon Henri IV, à Saint-Germain. M. Dejean a cédé ses deux cirques pour la bagatelle de deux millions cinq cent mille francs !... et pas mal de redevances... — Le pauvre homme !)

Revenons à la troupe de Nicolet ! — Bien qu'il ne fût pas des plus honteux, Lalanne ne se sentit pas très à l'aise quand il se trouva en face du roi ; cependant l'expression de bonté et de satisfaction répandue sur la physionomie de Louis XV rassura un peu l'acrobate.

« Je suis content de toi, mon ami, lui dit le roi avec la plus grande affabilité... Comment te nommes-tu?

— Sire... Jean Lalanne, dit *Navarrin*.

— Navarrin... pourquoi?

— Sire, je suis de la Navarre, du pays des ancêtres de votre majesté.

— Très-bien... je suis fort aise de voir que les enfants de ce bon pays de Navarre n'ont pas dégénéré... Eh bien, je te le répète, je suis content de toi, et je te proclame aujourd'hui *Navarrin le Fameux*. »

Puis le roi dit à Nicolet, qui se tenait respectueusement à la porte : « Monsieur Nicolet, je dois aussi vous témoigner ma satisfaction, et je veux encourager votre entreprise... Je vous autorise à faire prendre dès ce jour à votre troupe le titre de *Premiers Danseurs du roi*. »

Sur le théâtre dirigé par Nicolet régnait un acteur dont le nom est impérissable, parce qu'il est passé et qu'il passera de bouche en bouche : TACONNET... Tout le monde connaît trop Taconnet comme acteur, comme auteur et comme homme, pour que j'entreprenne d'esquisser son portrait. Brazier et M. Merle ont mis Taconnet sur la scène des Variétés, et Tiercelin l'a reproduit avec une rare vérité. Le nom de Taconnet devait trouver ici une place honorable, c'est le premier flambeau qui ait jeté de l'éclat sur le théâtre de Nicolet.

La révolution fit disparaître le titre de *Grands Danseurs du roi*, auquel on substitua celui de *Théâtre de la Gaîté*. La liberté régnait, les théâtres en profitèrent, et l'on joua chez Nicolet de grandes pièces révolutionnaires : *Brutus*, *Fénelon*, *les Victimes cloitrées*; on y joua aussi des comédies du Théâtre-Français, qui furent accueillies avec enthousiasme par le peuple du boulevard.

En 1795, un acteur qui avait été commissionnaire à la porte du théâtre des Grands Danseurs du Roi, et que Nicolet avait pris dans la troupe, RIBIÉ, prit la direction du théâtre où il avait vendu des contremarques, et le nomma *Théâtre d'Emulation*. Ribié ne fut pas heureux, et le théâtre ferma, pour rouvrir en 1799, sous la direction d'un auteur nommé Coffin-Rosny, qui lui rendit son titre de *Théâtre de la Gaîté*. En 1805, Ribié vint reprendre l'ancienne salle Nicolet; malgré l'immense succès du *Pied de mouton*, de Martainville, Ribié fut obligé de rendre la salle à madame veuve Nicolet, qui en confia l'exploitation à son gendre M. Bourguignon. Ce directeur fit construire une salle neuve, et s'associa M. Dubois, homme de lettres distingué.

En 1825, M. Guilbert-Pixérécourt obtint le privilége du théâtre de la Gaîté, dont il confia l'administration à MM. Dubois et Marty.

Parlons un peu des acteurs de cette époque :

DUMESNIL, ce bon niais qui vit tout Paris lui rire au nez, dans le *Pied de mouton*, délassait par sa comique bêtise les amateurs de parricides, fratricides, homicides, infanticides, suicides et autres crimes du répertoire. Alors le niais était obligé dans le mélodrame, et Dumesnil était la providence de MM. Caigniez, Guilbert et autres mélodramaturges.

BASNAGE aussi mérite un souvenir. Cet artiste justement aimé s'est brûlé la cervelle, à Versailles, en 1821, pour un reproche qui tenait, dit-on, à la politique. L'évêque de Versailles, qui comprenait toute la sainteté de son ministère, autorisa les camarades de Rasnage à faire dire un service au comédien suicidé. Honneur au digne prélat qui a donné un tel exemple de charité évangélique.

Puis venait FERDINAND, le prototype des traîtres de mélodrames; et MERCIER, dont le jeu franc et jovial dilatait si bien les poumons des habitués des troisièmes galeries; et tant d'autres dont le nom m'échappe.

ADÈLE DUPUIS, après avoir régné en souveraine à l'Ambigu, vint au théâtre de la Gaîté s'asseoir sur le trépied de la Melpomène plébéienne du boulevard. Jamais femme n'a fait répandre plus de larmes, n'a causé plus de spasmes et d'attaques de nerfs; on l'avait surnommée la Fille du sentiment. Elle s'identifiait tellement avec ses rôles, que d'abondantes larmes venaient souvent baigner ses paupières; on l'a vue quelquefois, longtemps après la chute du rideau, demeurer étendue dans le cercueil où la précipitait un particulier barbare, et n'être tirée de son état léthargique que par les coups de marteau des machinistes qui posaient les décors d'un nouvel acte.

Et mademoiselle BOURGEOIS! voilà une maîtresse femme, l'héroïne de la Gaîté, c'est-à-dire du théâtre de la Gaîté, ne confondons pas. Il fallait la voir tenant d'une main un pauvre enfant qu'elle avait jeté sur son dos pour le soustraire à la rage des brigands, et de l'autre main brandissant un grand sabre qu'elle opposait à huit de ces scélérats. — Mademoiselle Bourgeois avait pour rivale mademoiselle LEVESQUE.

Tels étaient alors les représentants du mélodrame pur sang au théâtre de la Gaîté. M. Guilbert Pixérécourt est l'inventeur du genre du mélodrame classique, où la vertu, persécutée pendant trois actes, finissait toujours par triompher; le scélérat était puni comme il le méritait, et le niais lui donnait presque toujours le coup de grâce, ce qui rappelait parfaitement le coup de pied de l'âne.... M. Alexandre Dumas n'avait pas encore inventé le drame en dix-sept actes, dans lequel il a supprimé le niais de MM. Guilbert et Caigniez. *L'Homme de la forêt Noire, les Ruines de Babylone, le Monastère abandonné*, suffisaient aux émotions des habitants du Marais, dont M. MARTY était le dieu tutélaire.

M. MARTY, car aucun des habitants de la Gaîté ne s'avisa jamais de dire MARTY, voilà un brave homme, personnage vertueux s'il en fut ! Pendant trente ans, M. Marty a été persécuté sans que jamais, au grand jamais, il ait été chargé du plus petit crime: archevêque de Cambrai ou bourreau d'Amsterdam, M. Marty fut toujours pur et sans tache; s'il n'a pas obtenu comme Moëssard le prix de vertu, fondé par M. Montyon, une récompense aussi flatteuse lui était réservée : M. Marty est maire de la commune de Charenton. Je l'ai vu en grand costume de magistrat, habit brodé, chapeau à plumes, épée au côté; il avait vraiment très-bon air, ce magistrat irréprochable. Et sérieusement, M. Marty est à la ville ce qu'il était au théâtre, un homme d'une probité sévère, bon et charitable; le choix que ses administrés ont fait en le nommant leur premier magistrat, est la preuve la plus honorable de la haute estime qu'on lui porte, estime justement méritée. M. Marty a été élu à l'unanimité membre du comité de l'association dramatique. Ainsi M. Marty a reçu en même temps la récompense la plus honorable que puissent obtenir un citoyen et un artiste.

En 1835, MM. Pixérécourt, Dubois et Marty, cédèrent leur théâtre à un artiste que le public avait depuis longtemps pris en affection au Gymnase et au Vaudeville : BERNARD-LÉON acheta 500,000 francs la salle, les bâtiments et le matériel du théâtre de la Gaîté. Le ministère lui concéda le privilége, car le nom de Bernard-Léon était de bon augure pour le théâtre. Tout à coup, pendant la répétition d'une féerie intitulée *Bijou ou l'Enfant de Paris*, le feu prend à une des frises, et en moins d'un quart d'heure les flammes ont dévoré le théâtre de la Gaîté et la fortune de Bernard-Léon.

Je me rappelle les efforts inouïs tentés par tout le monde pour soustraire à l'incendie quelques bribes des décors ou des costumes ; j'ai été assez heureux pour me joindre aux artistes qui affrontaient les flammes pour sauver ce qui n'avait pas encore été atteint. — Je me souviens aussi d'avoir vu mademoiselle EUGÉNIE SAUVAGE, cette petite femme toute gracieuse, toute frêle, essayant de porter les seaux pleins d'eau qui du boulevard arrivaient jusqu'au gouffre. Elle était vêtue en homme, c'était elle qui devait jouer *l'Enfant de Paris*; il fallait voir ce gamin, ce *Bijou* passant de la fenêtre du foyer sur le toit du café du théâtre, puis disparaître au milieu de la fumée, et reparaître tout ruisselant et le visage noirci. Ce n'était plus la gentille petite femme à l'air doux et timide, c'était un enfant de Paris animant de la voix et du geste ceux qui s'efforçaient de sauver sa maison. — Toute la journée, mademoiselle Eugénie *Sauvage* est restée sur le boulevard, dans son costume de gamin, sur lequel ses cheveux blonds retombaient tout mouillés. Elle avait oublié qu'elle était femme, qu'elle était frêle et faible, pour contempler, les larmes aux yeux, les débris fumants du théâtre où elle avait été si souvent applaudie.

Filleule d'Elisa Jacops, mademoiselle Eugénie Sauvage, qui certes n'est pas sauvage le moins du monde, a d'abord cultivé les fleurs artificielles, puis elle est venue à la Gaîté, où elle s'est fait un nom dans le *Couvent de Tonnington*, *Il y a seize ans*, etc., etc. Deux jeunes fous, Auguste Lebras et Victor Escousse, se sont un jour avisés de croire la vie un fardeau dont ils se sont débarrassés par le suicide; le nom de mademoiselle Eugénie Sauvage s'est trouvé mêlé à ce drame; c'est, dit-on, par amour pour elle que Victor Escousse, l'auteur de *Farruck le Maure*, a quitté la vie. — Mademoiselle Eugénie Sauvage valait certes bien la peine qu'un poète lui vouât tout son amour, mais il fallait que le pauvre Escousse fût bien fou pour se priver ainsi du baiser par lequel elle aurait payé son amour.

Après une absence de plusieurs années, mademoiselle Eugénie Sauvage est revenue au théâtre de la Gaîté; la blanche brebis est rentrée au bercail, pour être encore caressée, aimée et applaudie; puis, elle est partie pour l'Italie avec un ami, qui pouvait se croire le second roi de Rome, car il ressemblait beaucoup à Numa.

Nous voici arrivés à la réédification du théâtre de la Gaîté. — Tous les théâtres de Paris, directeurs et artistes, ont voulu contribuer à réparer le désastre dont Bernard-Léon et ses pensionnaires étaient victimes. MM. de Cès-Caupenne et Poirson prirent l'initiative; des représentations furent données au bénéfice des incendiés, qui retrouvèrent bientôt une salle neuve et élégante. Bernard-Léon reprit sa gaîté; la gaîté ne meurt jamais en France... et les beaux jours revinrent pour le jovial directeur, dont l'apparition fut saluée par de nombreuses marques d'intérêt. — Mais rien n'est stable en ce bas monde : Bernard-Léon avait pris des charges trop lourdes pour lui; il dirigeait son théâtre plus en artiste qu'en spéculateur... Le tribunal de commerce jeta un voile lugubre sur la Gaîté, qui ferma encore ses portes pour les rouvrir sous la direction de M. de Chs Caupenne.

Les théâtres de la Gaîté et de l'Ambigu furent confiés à un seul directeur, et les deux troupes, tour à tour mêlées, divisées, ne formaient plus, en 1837, qu'une seule troupe, exploitant deux théâtres rivaux, sous la direction d'un seul homme, auquel le ministre avait confié, chose inouïe dans les annales du théâtre, deux privilèges, dont un seul pouvait suffire à faire une fortune.

Occupons-nous maintenant du théâtre de l'Ambigu-Comique, depuis sa fondation jusqu'au jour de sa jonction avec celui de la Gaîté. — MM. Baguenaudet et Leviol compléteront notre tâche.

Audinot, acteur et auteur de la Comédie Italienne, après avoir ouvert une baraque dans la foire Saint-Laurent, y fit jouer des marionnettes au milieu desquelles Polichinelle jouait le plus grand rôle, et devint le fondateur de la fortune d'Audinot. Ce directeur fit construire sur le boulevard du Temple une salle de spectacle, qu'il inaugura, en 1769, sous le titre de *Théâtre de l'Ambigu-Comique*. Les marionnettes furent remplacées par des enfants, qui obtinrent la faveur de jouer devant Louis XV et Mme Dubarri. — Audinot avait fait écrire sur la toile de son théâtre cette devise :

Sicut infantes audi nos,

qu'un traducteur facétieux a rendue ainsi :

Ci-gît les enfants d'Audinot.

Peu à peu le théâtre prit de l'extension, les acteurs avaient grandi; les hommes succédèrent aux enfants. En 1789, BORDIER, artiste de ce théâtre, se trouvait à Rouen; arrêté dans la foule au moment d'une émeute à l'occasion des grains, il fut condamné à être pendu, et subit son arrêt en véritable artiste, gai et insoucieux. Dans une pièce intitulée *le Ramoneur prince*, il disait au moment de monter dans la cheminée : « Y monterai-je, ou n'y monterai-je pas ?... — Quand il fut au bas de la fatale échelle, Bordier dit en riant au bourreau : « Y monterai-je, ou n'y monterai-je pas ? »

En 1798, une foule de directeurs avaient succédé à Audinot, et l'Ambigu faisait piteuse mine, lorsque M. de Puisaye offrit à un acteur nommé CORSE des fonds pour prendre la direction de l'Ambigu. Alors Aude, le père des *Cadet Roussel*, dont je vous ai déjà parlé, donna à ce théâtre *Madame Angot au sérail de Constantinople*; la fortune fit tourner sa roue du côté du boulevard du Temple; elle s'arrêta à l'Ambigu, où elle fut fixée pour longtemps par *la Forêt d'Hermanstadt*, *Tékéli*, *la Femme à deux maris*, etc.

Alors aussi TAUTIN était dans toute sa gloire; Tautin était le roi du mélodrame, pour lequel il avait été créé et mis au monde, comme dit le catéchisme : Tautin, tyran modèle, homme sanguinaire à la scène, où il était adoré, était plus aimé encore à la ville; je ne m'étendrai pas beaucoup sur ses qualités, car nous sommes un peu parents, et mes éloges sembleraient suspects;

mais je lui rendrai cette justice de dire que tout le talent de son terrible rival FARNOY n'a pu faire oublier le nom de Tautin.

Tautin avait une nièce, comédienne aussi, élevée sur les planches de l'Ambigu, d'où elle s'est élancée vers les quatre-vingt-cinq départements de la France. Il lui est arrivé un jour une aventure comico-dramatique qui peut bien prendre sa place dans nos *indiscrétions*. Un jour, Lise Tautin voyageait dans le Nord avec la troupe dont elle faisait partie. C'était au mois de février, il gelait fort ; les hommes de la petite caravane avaient mis pied à terre et pris un sentier détourné de la route qui conduit de Lille à Roubaix ; lorsque tout à coup la voiture, qui ne contenait plus que des femmes, est arrêtée par cinq ou six gaillards qui travaillaient sur la route ; ils somment les dames de descendre, ce qu'elles exécutent en tremblant ; et les audacieux travailleurs, que n'arrêtent ni les prières des pauvrettes, ni les dix degrés de froid, font à nos voyageuses la plus outrageante des propositions, à laquelle ils donnèrent suite. Plainte fut portée à l'autorité par la duègne et la mère-noble, et les coupables furent arrêtés. Au tribunal, Lise Tautin déclara, en baissant ses longues paupières, que l'un des accusés, fils du maire de l'endroit, l'avait *outragée tout à fait*. — Les audacieux payèrent par plusieurs années de prison leur attentat à la morale publique et à la sécurité des grands chemins.

Tautin a été un des premiers artistes qui aient senti les bienfaits de l'association des comédiens ; il a été, par les soins du comité, placé à l'hospice de la Vieillesse ; l'association a fait les frais de son convoi et lui a donné une tombe séparée, que les amateurs de mélodrame et les amis de l'honnête homme ne rencontrent pas sans émotion.

L'Ambigu possédait aussi un tyran modèle dans la personne de Révalard, dont on cite bon nombre de naïvetés; puis venait Raffile, le comique chéri des galopins et des grisettes, les Titis et les Lorettes n'étaient pas encore inventés; et puis Joigny, Stockleit père et fils, et Christmann, qu'on avait cru un homme de glace, jusqu'au jour où il révéla dans *Calas* une chaleur et une âme dont on ne le croyait pas capable.

Mais l'acteur qui a fait le plus de bruit à l'Ambigu, celui qui attacha tant de fleurons à sa couronne mélodramatique dans *le Songe, Thérèse, le Belvédèr, la Bataille de Pultawa*, c'est Frenoy.

Frenoy, voilà encore un nom qui ne périra pas; il sera transmis de génération en génération par tous les marchands du Temple, qu'il faisait tour à tour frémir ou pleurer. Frenoy, c'était un acteur exceptionnel; on ne disait pas de lui : Il crie tant qu'il peut; on disait : Il crie tant qu'il veut. Il a fait école à l'Ambigu, où l'on conserve encore ses traditions, qui peuvent se résumer par ces mots : Quand on ne peut pas frapper juste, il faut frapper fort.

Et si l'on demande à connaître tout à fait cet hercule du genre, je citerai des couplets d'Émile Debraux, le Béranger des guinguettes; ils sont intitulés

GUIGNOLET A L'AMBIGU.

Air : *Tenez, moi je suis un bon homme.*

En arrivant de la Belgique,
Un cousin me dit : Guignolet,

Viens-t'en z'à l'Ambigu-Comique,
Voir un gaillard qu'a du toupet.
Quoiqu' ton oreille soit peu douce,
Et que l' canon ne la frapp' pas,
Je suis sûr que tu l'entendras
Dans *Jean d' Calais* et *Barberousse.*

Près d'une reine qu'il mijote,
Si tu le vois assez souvent
Allonger de grands coups de botte,
C'est dans l'excès du sentiment.
Ne critique pas, je t'en prie,
S'il braille en lui faisant la cour;
Car sa voix exprime l'amour
Comme un orgue de Barbarie.

Sous un manteau quand on l'installe,
Il ressemble, t'en conviendras,
Aux bouchers de la capitale
Quand ils escortent le bœuf-gras.
C'est vraiment un homme admirable,
Des pieds et des mains il fait feu,
Et pour déclamer comme un dieu,
Il se démène comme un diable.

Tiens, je n'aime pas la jactance,
Je n'veux pas qu'on s' dis' bon acteur,
Quand on n'a r'çu dans son enfance
Qu' l'éducation d'un corroyeur.
Je lui criai d' l'amphithéâtre :
« Toi, qui veux charmer nos loisirs,
» T'euss' mieux fait d' rester dans tes cuirs
» Que d'en v'nir fair' sur le théâtre. »

Le théâtre fondé par Audinot ne devait pas survivre longtemps à la gloire des Tautin, des Fresnoy. En 1827, il fut consumé par l'incendie, et s'écroula le 14 juillet, jour anniversaire de la mort d'Audinot et de l'écroulement de la Bastille.

On s'occupa de réédifier l'Ambigu-Comique, pour lequel le ministre venait d'accorder un nouveau privilége à madame veuve Audinot et à M. Sennépar; mais l'autorité exigeant que les nouveaux théâtres fussent isolés, force fut aux privilégiés d'abandonner le terrain du boulevard du Temple; des actions furent créées; on acheta un vaste hôtel au coin de la rue de Bondy et du boulevard; et le 7 juin 1829 le nouvel Ambigu Comique fut inauguré en présence de la duchesse de Berry.

A madame Audinot et à M. Sennépar succédèrent M. Tournemine, puis M. d'Aubigny, qui ne parut à l'Ambigu que pour y laisser un des pans de son habit; enfin M. Lemétayer, auquel succéda M. le baron de Cès-Caupenne.

Pendant cette dernière période, les artistes qui ont le plus brillé à l'Ambigu sont BEAUVALLET, FRÉDÉRIC LEMAITRE, madame DORVAL, dont nous avons déjà parlé; nous laisserons à MM. Baguenaudet et Leviol le soin de nous faire connaître les autres qui sont leurs contemporains.

La parole est à M. Baguenaudet; mais avant de nous faire part de ses observations sur la direction et le personnel de son théâtre, je le prierai d'expliquer aux visiteurs qui n'appartiennent pas à l'art dramatique ce que c'est qu'un *ustensilier*, qu'on nommait autrefois fort impoliment garçon d'accessoires!

— Messieurs, dit Baguenaudet, en se dandinant pour se donner un petit air fashionable, le garçon d'accessoires, puisque je viens d'entendre désigner ainsi les hommes qui se dévouent à l'art dramatique pour l'art lui-même, et non pas pour recueillir devant le public cette part de gloire qui leur appartient ; le garçon d'accessoires donc est après et peut-être avant le machiniste, l'homme le plus indispensable au théâtre ; sans lui point de succès possible ; sur lui reposent les mille détails et toutes les exigences que l'auteur a appelés en aide à son imaginative. — Les scènes les plus pathétiques, les péripéties les plus poignantes sont bien souvent dues au garçon d'accessoires ; c'est lui qui fournit, à la minute indiquée, la lettre accusatrice, le tendre billet doux, le poignard du traître, l'épée du mari outragé, le pistolet homicide, le bouquet symbolique, le flacon empoisonneur, la bourse corruptrice, le poulet de carton, et tous les menus accessoires de la littérature dramatique.

L'ustensilier, car il faut bien lui donner la seule dénomination qui lui convienne, l'ustensilier doit toujours être occupé de la pièce que l'on joue ; il faut qu'il suive la piste de l'acteur, comme un bon lévrier suit celle du cerf lancé ; il faut qu'il aille de coulisse en coulisse mettre dans la main de l'artiste le portefeuille ou la hache dont il a besoin pour faire un *effet*. Que l'ustensilier soit inattentif, l'acteur est sifflé ; sans l'ustensilier, que deviendraient les meilleurs acteurs ?.. Depuis l'urne d'Hamlet jusqu'à l'outil de M. de Pourceaugnac, tout dépend de l'ustensilier ; sans lui, pas de théâtre possible. C'est encore de lui que dépend le dénoûment de bien des drames que termine le coup de pistolet tiré à la cantonade par le traître qui fait justice de lui pour échapper à la loi, ou par la victime qui se sacrifie pour que les héros de la pièce soient heureux quelques minutes avant le baisser du rideau. Le garçon d'accessoires est acteur aussi, mais acteur invisible ; c'est souvent la main de Dieu qui s'appesantit sur le coupable, ou la divine Providence qui apporte un peu de nourriture à l'infortuné. Si nous n'étions pas attentifs à la réplique, autant et peut-être plus que l'acteur, le succès de beaucoup de chefs-d'œuvre serait compromis; donc nous sommes artistes, et le directeur ne peut pas plus se passer de nous que d'un premier rôle.

Et la preuve que celui que vous appelez garçon d'accessoires mérite de la considération, c'est l'estime particulière que me portait mon directeur M. le baron de Cès-Caupenne. On ne dira pas que celui-là était très-familier, il avait au contraire la fierté d'un hidalgo ou d'un ministre autrichien; eh bien, M. le baron de Cès daigna plusieurs fois me serrer la main lui-même... bien plus, il honora de sa présence le festin offert aux amis le jour de mon mariage. Permettez-moi de vous conter ce qui s'est passé ce jour-là... Soyez tranquilles, mesdames, je ne ferai pas comme le prince des critiques, je ne vous mènerai pas jusque dans l'alcôve; je dirai seulement un épisode du bal.

J'avais invité à ma noce un de mes parents dont la profession est hautement considérée au palais. Ce parent avait convié deux de ses collègues qui avaient amené leurs familles. M. le baron de Cès-Caupenne avait fait danser plusieurs fois déjà une jeune personne fort jolie, à la tournure fort distinguée; le cœur de M. de Cès battait violemment; déjà il avait offert et donné à sa jolie danseuse un coupon de première loge de l'Ambigu, lorsqu'il demanda à un de mes garçons d'honneur des renseignements sur la jeune personne avec laquelle il avait dansé quatre fois. — C'est, lui répondit l'interlocuteur, mademoiselle Sanson, la fille de l'exécuteur des hautes-œuvres. — M. de Cès-Caupenne fit deux pas rétrogrades, et s'adressant à l'un des convives dont les manières décelaient l'homme du monde, lui dit : « Croiriez-vous, » monsieur, que cette jeune personne si jolie soit la fille » de l'exécuteur, du bourreau de Paris ? — Je le sais, » monsieur, et moi-même je suis celui de Beauvais; » mon cousin, que vous voyez là-bas au piano, est » l'exécuteur de Rouen. » Mon directeur, tout occupé de son théâtre, me demanda son chapeau, en me priant de l'excuser de ne pouvoir rester plus longtemps au bal, et disparut sans annoncer son départ, dans la crainte sans doute de troubler la société.

M. de Cès-Caupenne, qui me portait une estime toute particulière, ne voulut pas se séparer de moi, et lorsqu'il quitta l'Ambigu pour la Gaîté, il m'emmena à sa suite; il est vrai que mon beau-père, collègue de MM. Porcher, Sauton, Tarkheim et Vacher, avait prêté plusieurs milliers de francs à M. de Cès; mais qu'importe l'argent ! la considération est tout.

— Messieurs, dit Leviol, après avoir vu Béguenaudet s'asseoir en promenant son vague regard sur l'assemblée, un chef d'accessoires, et non pas garçon d'accessoires, c'est la cheville ouvrière du théâtre; c'est celui qui fatigue le plus dans toute la boutique théâtrale; il est toujours occupé : aux répétitions, aux représentations, dans les entr'actes, toujours; il faut qu'il époussète les meubles, mouche les bougies, pose les tapis et lave la vaisselle, et ce n'est pas là la moindre de ses peines, à présent surtout que l'on mange dans toutes les pièces : le *Festin de Balthazar*, les *Filles de l'Enfer*, le *Naufrage de la Méduse*, les *Bohémiens*; on mange dans tout; il faut toujours que les acteurs aient la bouche pleine au moins pendant un acte !... C'est donc ça de la littérature !...

Leviol allait continuer, lorsqu'il est interrompu par son collègue qui réclame la parole; la justesse de la réclamation ayant été reconnue, Baguenaudet s'exprime ainsi :

— Avant de vous ramener à la Gaîté, je demanderai à mon honorable collègue la permission de vous entretenir de l'Ambigu jusqu'au départ de M. de Cès; à cette époque, j'occupais la place dont Leviol est aujourd'hui pourvu, et plus que lui j'ai été à même de connaître les hommes et les choses.

Lorsque M. de Cès obtint la direction de l'Ambigu, il prit un associé qui dit un jour adieu tout bas au théâtre, emportant seize mille francs à M. de Cès.

Jusque-là, l'Ambigu avait été florissant, *le Festin de Balthazar*, *Caravage*, *le Juif errant*, *Glenarron*, *le Facteur*, avaient obtenu de francs succès, grâce au jeu des acteurs et à mon beau-père, qui, placé sous le lustre avec son escouade, soutenait le succès, et coopérait ainsi à la fortune du théâtre. M. de Cès dirigeait avec fermeté; les acteurs ne se mêlaient pas encore de la direction, qui n'en marchait que mieux; ce fut lorsque les mauvais jours arrivèrent que les artistes commencèrent à ne faire que ce qui leur plaisait; le directeur, qui ne payait plus régulièrement, fut obligé de céder aux gros bonnets de la troupe une partie de son autorité, dont chacun se servit pour satisfaire son amour-propre ou pour se faire une place plus belle au soleil; les acteurs étaient les maîtres, et ils ont conservé cette habitude de faire de la direction avec tous les successeurs de M. de Cès; le pli était pris, et à force de tirer le char de l'état tantôt à droite, tantôt à gauche, suivant que c'était le premier rôle, ou le jeune premier, ou le premier comique, ou le père-noble qui tenait momentanément les rênes, le char rencontra de nombreuses ornières. Les nouveaux venus suivaient l'exemple : au-dessus de quatre mille francs d'appointement chaque artiste voulait faire le directeur, et le *tohu-bohu* fit chavirer bien des fois mon pauvre Ambigu. Cela me rappelle la fable intitulée : *Le dragon à plusieurs têtes et le dragon à plusieurs queues.*

Au bon temps de l'Ambigu, le foyer était recherché, suivi, visité tous les soirs par les auteurs qui venaient chercher là des distractions, de la bonne gaîté et un peu d'esprit pour mettre dans leurs œuvres. Là, M. Francis Cornu, qui s'intitulait modestement le *Corneille du boulevard*, venait étaler sa morgue et son aplomb; il critiquait les ouvrages de ses collègues, et disait : « Il n'y a que moi et Alexandre Dumas qui sachions faire une pièce. Et encore il ne sait pas charpenter un drame. Je suis le seul qui puisse faire une bonne charpente. — Cela ne m'étonne pas, lui répondit un artiste : pour faire une bonne charpente, il ne faut qu'une bûche. » Le Corneille du boulevard donna sa malédiction à l'artiste, qui s'en est fort peu soucié. Le foyer de l'Ambigu était un cercle où les joyeux propos, les causeries intéressantes, les calembours et les récits bouffons et excentriques allaient bon train; c'était un feu roulant de bons mots, de bêtises drôlatiques et de reparties piquantes; quelquefois le foyer était converti en académie des jeux floraux; des bouts rimés, des improvisations poétiques obtenaient le bouquet offert par une dame; et le lauréat terminait la séance par un gros calembour ou par une épigramme lancée à brûle-pourpoint.

M. de Cès-Caupenne, après avoir obtenu le double privilége de l'Ambigu et de la Gaîté, créa des actions pour l'exploitation de ses théâtres. — Ce sont les seules mauvaises actions qu'il ait eu à se reprocher.

Le Juif errant, que M. de Cès monta avec un grand luxe de décors et de costumes, eut un succès immense; il était représenté par un artiste bien aimé du public, FRANCISQUE HUTIN.

Avec une diction chevrotante et une tenue qui sentait un peu le faubourg, FRANCISQUE *aîné* avait un véritable talent, beaucoup de chaleur et d'âme; — sans suivre aucune route classique, il trouvait des inspirations très-dramatiques et dignes des artistes les plus haut placés : *Le fils de Louison*, le *Sonneur de Saint-Paul* et l'*Eclat de rire* l'ont prouvé. — FRANCISQUE aîné a été bien longtemps la coqueluche des belles habituées de l'Ambigu. Viveur et luron robuste, le gaillard n'a jamais laissé sans réponse une œillade provocatrice ou un billet doux; pourvu que la femme fût jolie, il s'inquiétait peu qu'elle vînt de la Chaussée d'Antin ou de la Courtille, d'un pensionnat ou d'une maison relevant de la rue de Jérusalem. — Et ce laisser-aller de Francisque désolait fort *mademoiselle* INMA, la favorite de ce sultan de l'Ambigu. Francisque voulait surpasser Hercule dans ses travaux, il y succomba; et le pauvre Francisque est mort dans la maison des Saint-Simoniens, à Ménilmontant. Trois cents de ses camarades, M. Béraud, et MM. Meyer et Montigny, ont prouvé par leur présence combien Francisque était aimé de tous. Les comédiens des théâtres royaux, du Vaudeville et du Gymnase se sont dispensés d'assister au convoi de Francisque... C'était un artiste du boulevard, et la haute aristocratie théâtrale aurait cru déroger. — Voilà comme les comédiens entendent la camaraderie.

Francisque jeune, frère de l'artiste dont je viens de parler, a montré ce jour-là, comme toujours, qu'il aimait sa famille par-dessus toute chose, par-dessus même son art et ses camarades; et Francisque a prouvé qu'il se livrait sans réserve à l'amour de son art. C'est un artiste qui sait faire rire sans avoir recours à la grosse charge, et ses successeurs à l'Ambigu sont restés bien loin de lui à cet égard, ils ont recherché les effets de la parade, et ils ont préféré le gros rire des garçons paveurs aux bravos des amis de la bonne comédie. Francisque jeune n'est pas seulement un comique amusant, c'est un comédien qui vous fera pleurer après vous avoir fait rire, et qui vous fera rire aussitôt qu'il vous aura fait pleurer.—C'est aussi un forcené bibliomane; il recherche et achète sans cesse tous les bouquins qui se trouvent sous ses pas. Il a un cabinet dans lequel sont entassés plus de quatre mille volumes; ce cabinet en est tellement encombré qu'il est impossible d'y pénétrer....... Francisque sait qu'il y a des livres-là; il est satisfait — Francisque est un excellent camarade, ne médisant jamais et ne refusant point de rendre un service. Aussi est-il aimé de ses directeurs, des auteurs et de ses camarades.

Guyon, qui avait débuté dans *Cararage* et la *Marquesa*, est venu prendre à l'Ambigu la place qu'occupait Francisque aîné, M. de Cès devina dans Guyon un artiste hors ligne, ses prévisions ne l'ont pas trompé : *Glenar-*

von, *Gaspardo, Longue-Epée*, le sire de *Laval*, ont fait de Guyon un sociétaire de la Comédie-Française.

Puis après est venu l'engagement de SAINT-FIRMIN, que le théâtre de la Renaissance a enlevé à l'Ambigu. Saint-Firmin, c'était le loustic du foyer; spirituel, mais acerbe, incisif et peu généreux, il empoignait toujours les nouveaux venus, et malheur à celui qui ne parait pas tout d'abord les premières bottes que lui poussait Saint-Firmin; il n'y avait plus de salut pour lui, Saint-Firmin l'écorchait tout vif; mais, gascon et un peu vantard, le loustic était vaincu dès qu'il était entamé.

Il y avait parmi les acteurs de l'Ambigu bon nombre d'auteurs. Albert, Saint-Ernest, Montigny, Salvador, Clairville, Roger, Saint-Firmin, ont fait jouer tour à tour leurs œuvres sur la scène de l'Ambigu. M. de Cès n'était pas imbu du système adopté depuis par les directeurs du boulevard qui ne veulent pas jouer les ouvrages de leurs artistes. Dès qu'une pièce est bonne et qu'elle offre des chances de succès, qu'importe que l'auteur soit acteur ou employé aux Pompes funèbres? Le public ne demande le nom de l'auteur qu'après avoir jugé la pièce. — Mais, disent les directeurs, cela rend les acteurs exigeants, ils deviennent mauvais pensionnaires. — Dirigez avec justice et fermeté, ne laissez pas vos artistes se mêler de l'administration, et vos acteurs payeront par leur dévouement le bon accueil fait à leurs œuvres.

A l'Ambigu, l'esprit a toujours couru les corridors et les loges d'artistes; les acteurs se font parfois aristarques, ils écrivent dans les journaux, et frondant ceux qui les ont critiqués la veille, ils ramassent le gant que leur jette un journaliste railleur, et ne reculent pas pour entrer dans la lice. Voici un article qui a fait quelque sensation, parce qu'il attaquait un de nos plus célèbres écrivains :

« M. Alphonse Karr, auteur d'un petit livre qu'il appelle *les Guêpes*, paraît vouloir briguer aussi le fauteuil académique : il vient d'entreprendre (toujours dans son petit livre), un dictionnaire qu'il appelle *Dictionnaire français-français ;* nous avouons en toute humilité que nous ne comprenons pas la finesse de ce double adjectif. Français-français semble signifier archifrançais ou doublement français ; nous l'avons cru du moins. Mais voici qu'à la première lettre de l'alphabet, M. Karr débute par un barbarisme : ainsi il dit au mot *acteur* : « ACTEUR, » métier bizarre qui consiste à venir grimacer devant » quinze cents personnes, pour les faire rire ou pleurer » par des lazzis appris par cœur. On payait fort cher ces » gens-là, quand leur métier était réputé infâme. »

» Nous nous permettons de faire remarquer à M. Karr que le mot ACTEUR ne signifie pas un métier bizarre, et ne peut être employé qu'en parlant de celui qui exerce ce métier *bizarre ;* qui consiste, dit l'auteur des *Guêpes,* à apprendre par cœur des lazzis pour faire rire ou pleurer... — La définition du métier est peut-être plus logique, et cela nous étonne peu ; car en fait de *lazzis,* M. Karr doit s'y connaître, lui qui débite et vend tous les mois, tous les lazzis qu'il recueille çà et là ; seulement les siens font peu rire n'ont jamais fait pleurer... — *Ces gens-là* nous semble aussi par trop régence ; et M. Karr nous permettra de lui dire que l'on joue mal au grand seigneur en vendant des petits livres dans lesquels se trouvent de toutes petites lignes bien rétrécies, et bien espacées par des petites mouches qui prennent beaucoup de papier blanc, ne piquent personne, et n'ouvrent les ailes que pour voler... les lecteurs de ce petit feuilleton mensuel.

» M. Karr vend ses petits morceaux de papier, et trouve le moyen de gagner, *à ce métier*, plus d'argent qu'un juge d'instruction, un conseiller, ou un président de cour royale; et il se plaint que les acteurs sont trop payés!!!... — C'est montrer beaucoup d'égoïsme et peu de générosité envers ses confrères en lazzis!

» SALVADOR, *acteur*. »

La bonne harmonie qui régnait à l'Ambigu (je ne parle pas de l'orchestre) cessa quand les mauvais jours arrivèrent. On se coudoyait, on se déchirait dans le cabinet de l'administration ; on s'arrachait une pièce de cinq francs à la caisse ; chacun tirait de son côté; directeur, acteurs, personne n'avait plus d'amis... Quand il n'y a plus de foin dans le râtelier!... vous savez ce qui arrive.

M. de Cès-Caupenne, se réservant la direction de la Gaîté, céda celle de l'Ambigu à MM. Cournol, homme d'argent, et à M. Cormon, homme de lettres. M. Montigny, Mme Gautier, Fosse, Francisque jeune, suivirent M. de Cès; je passai aussi à la Gaîté, dit Baguenaudet. En laissant à mon confrère Leviol le soin de vous parler des nouveaux directeurs et du personnel de son théâtre, je vais terminer mes observations par un rapide aperçu du personnel de la Gaîté.

M. de Cès-Caupenne, assailli de créanciers, de frais judiciaires et d'intérêts à plus de cent pour cent, fut contraint d'abandonner son privilége, que les actionnaires essayèrent en vain d'exploiter. — Deux hommes connaissant parfaitement le théâtre, tous deux hommes de lettres, administrateurs habiles, et artistes eux-mêmes, prirent les rênes gouvernementales de la Gaîté, et le théâtre fut sauvé d'une ruine complète. MM. MEYER et MONTIGNY, par un choix éclairé de bons ouvrages, par la fermeté de leur administration et par leur constante bienveillance pour leurs pensionnaires, qu'ils traitèrent toujours en bons camarades, surent acquérir en six ans une fortune loyalement gagnée, l'amitié dévouée des artistes, et l'estime générale ; juste récompense de leur travail assidu, et de la rectitude de leur administration. Quand les acteurs disent du bien de leurs directeurs, il faut que ceux-ci le méritent, car rien n'est plus difficile à contenter que la gent comédienne. — Si jamais je deviens roi (ce qui peut arriver par le temps actuel, où les Français ressemblent pas mal aux grenouilles qui demandent un roi), je ferai M. Meyer ministre des finances, et M. Montigny ministre de l'intérieur.

M. VAREZ est resté régisseur général sous toutes les directions qui ont succédé à MM. Dubois et Marty; c'est assez faire son éloge. Comme homme et comme régisseur, M. Varez a su se concilier l'estime de tous, la confiance de ses directeurs, la considération des artistes et l'amitié des gens de lettres ; tous se louent de ses talents et de son urbanité.

En première ligne des artistes dont le théâtre de la Gaîté est fier, il faut placer madame GAUTIER. Un talent qui n'est point contesté, une conscience véritablement artistique dans la création de tous ses rôles, une parfaite convenance qui honore la femme et l'actrice, voilà ce qui a fait à madame Gautier une réputation d'artiste.

Madame Gautier est la sœur de Bouffé, c'est tout dire; on peut justement citer, en parlant du frère et de la sœur, cet exergue de l'écusson des Bongars : « Bon sang ne peut mentir ! » Madame Gautier l'a prouvé dans *Juliette*, *Fleurette*, *le Royaume des femmes* à l'Ambigu; puis à la Gaîté dans *Pauvre Mère*, *l'Orphelin du parvis Notre-Dame*, et dans *Marguerite d'York*, œuvre d'un pauvre jeune homme qui rêvait la gloire, et qui n'a pas même pu assister à la représentation de son drame.... Olivier Dessarsin, qui avait fait *Ozakoï le conspirateur* avec Salvador, est mort à vingt-quatre ans, au moment où s'ouvrait pour lui la carrière dans laquelle il brûlait de s'élancer, et où il se serait fait un nom; car il était poëte et auteur plein de feu et de verve.

Madame Gautier vient de renoncer au théâtre; elle a signé un engagement de six ans avec le cirque de M. Dejean; ce millionnaire, professeur de magnétisme, a voulu endormir un véritable talent, et cacher une perle dans du fumier. Espérons que MM. Gallois et Ferdinand Laloue lui donneront un cadre où elle puisse encore briller.

Il y a une quinzaine d'années et plus, une jeune fille d'Israël devait contracter hyménée (vieux style), les parents étaient d'accord, le futur était prêt et la synagogue entr'ouverte; lorsque les parents de l'époux conçurent des doutes sur la pureté du bijou que leur fils convoitait. Un juif n'achète jamais chat en poche; et la jeune israélite fut conduite chez membre de la faculté qui délivra en souriant un certificat en bonne forme. — Toutefois, par je ne sais quelle cause, le mariage manqua, le rabbin en fut pour ses apprêts, et Rebecca s'en revint sans avoir échangé l'anneau avec Isaac. Le commerce israélite y perdit peut-être une *cholie marchante*, mais le théâtre de la Gaîté y gagna une actrice qui fait les délices du parterre et des galeries supérieures, par une bonne grosse gaîté, un laisser aller poussé aussi loin que possible, et un entrain que rien n'arrête. Cette actrice, qui jette son bonnet par-dessus les moulins et le mot comique par-dessus son bonnet, c'est une bonne fille dans toute l'acception du mot : c'est LÉONTINE.

Et puisque je parle des dames, qui doivent toujours prendre le pas sur nous, laissez-moi vous dire que j'ai été amoureux fou de mademoiselle CLARISSE. Elle n'a jamais connu mon amour, car elle est si bonne qu'elle m'aurait peut-être consolé. Mademoiselle CLARISSE MIDROY se sentit d'abord une vocation sainte ; elle voulut être sœur de charité.... Ne riez pas ; elle était alors toute petite. — Mais à peine fut-elle grande fille qu'elle apprit par cœur ce refrain de l'immortel Béranger :

> Dieu lui-même
> Ordonne qu'on aime,
> Je vous le dis en vérité,
> Sauvez-vous par la charité.

Et elle se mit à aimer à droite et à gauche, par charité d'abord, puis un peu par goût. Je dis un peu, parce qu'un artiste du Gymnase m'a dit que mademoiselle Clarisse se souciait d'un amant comme de Colin Tampon, qu'elle se donnait à l'amour et non pas à l'amant, et qu'à force d'avoir disposé de son cœur, il lui en restait fort peu.

— Mademoiselle Clarisse fut bien jolie, elle est encore bien belle; mais elle approche un peu de la corpulence de mademoiselle Georges, et ce qui sied à la reine du drame nuira beaucoup à la jeune première. Espérons qu'un travail assidu rendra à mademoiselle Clarisse sa taille svelte et un peu d'énergie; cela sera bientôt, car elle travaille avec Frédérick-Lemaître. Ce que c'est pourtant que le hasard! Si mademoiselle Clarisse eût été sœur de charité, elle aurait fait vœu de chasteté!..... et c'eût été dommage.

Pour donner à l'orateur le temps de se reposer, le fondateur prend la parole et s'exprime ainsi :

— M. Baguenaudet a laissé peu de chose à dire sur l'Ambigu; je vais vous faire néanmoins une petite revue des directeurs qui ont succédé à M. de Cès.

Il en est jusqu'à neuf que je puis vous nommer.

Vous connaissez le premier, M. Cournol, qui fut depuis associé de M. Trubert, au Vaudeville.

M. Cormon, homme de lettres, étudia d'abord la médecine, mais le goût du théâtre ou plutôt celui des actrices lui fit laisser le scalpel et la lancette pour la plume du vaudevilliste. Tant qu'il fut à l'Ambigu, M. Cormon s'occupa beaucoup de petits soupers, de femmes jolies et de propos galants. Le vaudeville dominait à l'Ambigu; on y remonta *Cotillon III*, et M. Cormon était un Louis XV au petit pied. — M. Cournol, homme positif, qui pensait que l'on devait écrire sur la porte du cabinet du directeur : bureau et caisse, plutôt que le mot *boudoir*, laissa bientôt à M. Cormon le soin de diriger tout seul son théâtre. C'était beaucoup d'ouvrage pour un vaudevilliste; il appela à lui M. Adolphe d'Ennery, qui prit la direction au sérieux, gouverna d'une main ferme et habile, et fit reparaître la confiance parmi ses pensionnaires. M. D'Ennery s'aperçut qu'une direction n'était pas chose facile avec M. Cormon, il céda sa place à MM. Dutertre et Chabot de Bouin. A son départ, M. D'Ennery reçut les plus vifs témoignages de sympathie de tous les artistes, dont il avait su s'acquérir l'amitié et le dévouement. — Le pouvoir de MM. Dutertre et Chabot dura peu,

> Il était de ce monde, où les plus belles choses
> Ont un pire destin.....

Force leur fut d'abandonner la place. Ils y laissèrent environ quatre-vingt mille francs... C'est payer un peu cher l'honneur de signer quelques billets de spectacle. — M. Cormon les entraîna dans sa chute; en moins de deux ans il avait usé quatre associés... Pauvre Ambigu, à qui diable M. de Cès l'avait-il légué! — Il fallait un calculateur, ce fut un danseur qui l'obtint, aurait dit Figaro.

Puis vinrent MM. Cambe, Chatel et Gérard...... Un an après l'Ambigu était fermé, et les directeurs en fuite.

Le ministre fit enfin un choix plus heureux. M. Antony Béraud, homme de lettres distingué, qu'une parfaite entente du théâtre, une fortune bien à lui, et une réputation de probité intacte, recommandaient hautement, obtint le privilège. L'Ambigu fut rouvert le 4 mai 1841, et depuis il est en voie de prospérité.

M. Béraud a déployé depuis trois ans une grande activité, qui a été récompensée par de beaux succès : *Jacques Cœur*, *Paris la nuit*, *les Bohémiens*, *Madeleine*, la reprise du *Rôdeur*, ont grossi la caisse de l'Ambigu. A part quelques excentricités, M. Béraud dirige d'une main savante et habile. Il crie bien un peu, mais une heure après il est le premier à tendre la main au pensionnaire qu'il a heurté.

Un jour, il disait à un choriste : « Rocheux, je ne te
» renverrai pas, parce que tu as du talent et des vertus...
» mais je te mettrai à l'amende. »

Une autre fois, furieux contre une figurante, il leva sur elle le bâton du régisseur... puis s'arrêtant tout à coup, il tomba sur un siège en s'écriant : « Je ne peux
» pourtant pas commettre un crime. »

Une jeune actrice répétait un rôle d'amoureuse ; elle était si froide, si calme, que M. Béraud impatienté lui cria : « Mademoiselle, est-ce que vous n'avez pas d'a-
» mants? Mais non, monsieur, dit-elle. — Caron,
» crie M. Béraud à son régisseur, Caron, si demain
» mademoiselle n'a pas un amant au moins, flanque-la
» à l'amende. »

M. Béraud envoie son monde promener très-lestement, c'est vrai, mais on lui pardonne facilement ses boutades ; car il sait rendre justice à ceux qui font leur devoir, et son cœur est excellent. — Il fait à ses pensionnaires des avances continuelles sur leurs appointements, par le seul désir de leur être agréable ; on ne demande jamais en vain un service à M. Béraud. — Un jour, un artiste à qui M. Béraud avait avancé cent francs, le priait de ne pas lui retenir cette somme en une seule fois sur ses modiques appointements ; il en reçut la lettre suivante :

« Mon cher ami, non-seulement je ne te retiendrai
» pas en une seule fois les cent francs que tu m'as deman-
» dés, mais je te prie de les accepter tout à fait comme
» un gage bien petit mais sincère de l'amitié que je te
» porte, et de la gratitude que m'ont inspirée les bons ser-
» vices que tu m'as rendus si gentiment... Tout à toi...
» ANTONY BÉRAUD. »

Lorsque madame Mélingue quitta l'Ambigu pour devenir sociétaire du Théâtre-Français, M. Béraud s'occupa de suite de remplacer une artiste dont le nom seul assurait une recette ; cela n'était pas chose facile ; car madame Mélingue était adorée du public de l'Ambigu. — Une femme jeune et belle, madame Émilie Guyon, avait apparu un moment au théâtre de la Renaissance dans la *Fille du Cid*, puis l'artiste était allée graviter aux Français auprès de mademoiselle Rachel. M. Béraud pensa que c'était la seule femme qui pût jouer après madame Mélingue le rôle de *Madeleine*, et il eut une bonne pensée : madame Guyon vint à l'Ambigu, où, dès son premier début, elle combla le vide qu'avait laissé sa devancière. — *Eulalie Pontois*, les *Amants de Murcie* ont prouvé que madame Guyon est une véritable artiste aux élans dramatiques ; sa diction chaleureuse, son âme et sa belle figure lui ont assuré la première place aux théâtres du boulevard. Le jour de l'engagement de madame Guyon, M. Béraud a dû se réjouir pour lui, pour ses recettes et pour le public de l'Ambigu.

Après madame Guyon, il faut citer mademoiselle Martin, artiste pleine d'âme et d'énergie, faisant du drame son élément ; passionnée comme madame Dorval, mais plus jolie qu'elle ; sa taille est souple comme un bambou, sa diction un peu trop forcée va droit à l'âme, et ses yeux limpides sont admirables. — Celui qui n'a pas senti battre son cœur auprès de mademoiselle Martin est un saint, un Diogène ou un homme mutilé.

— Leviol interrompt le fondateur pour demander la parole ; il est venu pour faire part de ses observations, et réclame le droit de parler des dames de son théâtre. Sa demande est accordée, et il commence en ces termes :

Si mademoiselle Hortense Jouve avait un peu plus de charité chrétienne, moins d'esprit mordant et d'amour-propre, elle serait une bonne fortune pour l'Ambigu, car mademoiselle Jouve a une jolie voix, et de l'égrillarderie à la Déjazet. — Si mademoiselle Lucie avait un peu plus de chaleur, ou qu'elle empruntât ce que mademoiselle Martin a de trop comme âme et comme élans dramatiques, mademoiselle Lucie prendrait rang parmi les actrices les plus aimées, car elle est belle et possède une voix assez étendue.

Parlez-moi de madame Sylvain, c'est là une gaillarde qui vous a de l'embonpoint et pas du tout de gêne devant le public. Comme elle vous dégoise une tirade!... Il fallait la voir dans *Paris la nuit*. Le casaquin de la portière la chausse comme un gant, le bonnet de la fermière lui va à ravir... mais il ne faut pas que l'on s'avise d'en faire une grande dame... pour ça, non... Je me rappelle que dans *Cardillac*... — C'est égal, c'est tout de même une fameuse gaillarde.

Tout à l'heure on a parlé de mademoiselle Martin; eh bien, on a dit tout juste ce que j'allais dire de mademoiselle Deslandes; c'est encore un volcan, une âme de feu. Je plaindrais un jeune homme froid et timide s'il parlait d'amour à mademoiselle Deslandes; pour lui plaire il faut avoir la bouche hardie.

Il y a aussi à l'Ambigu une petite femme bien vive, bien accorte, bien croustillante, au nez à la Roxelane et au pied si petit, si petit qu'une Chinoise l'envierait; c'est madame Adalbert; si son mari pouvait lui prêter sa voix assez belle bien qu'elle soit voilée, madame Adalbert pourrait aussi devenir la Déjazet de l'Ambigu.

Mademoiselle Racine, qui est belle et brune comme

mademoiselle Lucie, aurait besoin aussi d'un peu de feu sacré; elle porte très-bien le costume de duchesse, et elle est fort gentille sous la cornette de la paysanne. Dans *les Bohémiens*, elle a prouvé qu'elle pourrait jouer les comiques; elle y était fort amusante dans un fort petit rôle Mademoiselle Racine est une excellente fille, mais elle devrait étudier pour devenir une bonne actrice.

Et maintenant je dirai qu'en hommes, l'Ambigu possède la meilleure troupe du boulevard.

— Après la Gaîté, s'écrie Baguenaudet.

— Avant, réplique Leviol d'une voix menaçante.

— Messieurs dit le fondateur, chacun de vous va dire ce qu'il pense des artistes qu'il connaît; la société jugera. Continuez, monsieur Leviol.

— Vous ne refuserez certainement pas la première place à Mélingue: physique, organe, énergie, tout chez lui dévoile le véritable artiste; il a trop prouvé comme comédien pour que son talent puisse être mis en doute. *Lazare le Pâtre*, *les Amants de Murcie* sont les derniers fleurons de sa couronne, qui est brillante; Mélingue a remplacé à l'Ambigu Borage et Guyon.

Albert et Saint-Ernest sont depuis trop longtemps aimés du public de l'Ambigu pour que j'aie besoin de vous les faire connaître. — Albert a fait tourner plus de têtes féminines que Francisque aîné, Lafon et Chollet. La rue Saint-Denis, la Chaussée d'Antin, le Faubourg du Temple et l'Ambigu sont peuplés de ses victimes; s'il a inscrit sur ses tablettes le nom des femmes jeunes ou non, laides ou jolies auxquelles il a porté son hommage, cela doit faire un pendant à l'almanach des onze mille adresses.

Puis vient Chilly, qui, depuis qu'il est à l'Ambigu, a

pris place au premier rang des artistes les plus aimés. Chilly a tout le mordant de Samson, sans en avoir la diction nazillarde, il ne dissèque pas, n'alambique pas une phrase comme lui, mais il est comme lui incisif, adroit et comédien. Il a sauvé plus d'un mauvais rôle dont il a fait de bonnes créations; c'est un artiste de mérite, qui a rendu beaucoup de services à la direction et à plusieurs de ses camarades.

Et puis MATHIS, véritable artiste, disant bien, étudiant profondément un rôle : le *père Guichard* de *Paris la nuit*, et l'*Abruti* des *Bohémiens*, sont des créations dignes des Bouffé, des Vernet. Mathis en a fait des types comme ceux de Callot ou de Charlet; c'est que Mathis est non-seulement un comédien, c'est encore un peintre de mérite.

A côté de ces artistes, mettez VERNER et BOUSQUET, acteurs chaleureux et dramatiques; LAURENT, qui promet un bon comique s'il veut moins sacrifier au mauvais goût de la charge; CULLIER, artiste toujours consciencieux, et COQUET, si comique dans les grimes et les caricatures; et vous aurez véritablement une troupe d'élite.

Baguenaudet se lève et prend la parole :

— Voici, messieurs, ce que je vais opposer à mon collègue : Il a parlé d'artistes chaleureux... En est-il un qui le soit plus que DELAISTRE? c'est la fougue faite homme, et quand il fait rouler un R, c'est le tonnerre qui gronde. — Un jour, Delaistre...

Baguenaudet allait continuer, lorsque des cris se font entendre sur le boulevard; on entend crier : Place, place !... laissez-les se battre... Puis des noms d'acteurs sont mêlés à des apostrophes énergiques.

Tous les visiteurs et les sociétaires s'élancent hors de la salle, le fondateur abandonne le fauteuil pour connaître la cause du bruit qui a troublé la séance, et sur le boulevard, à la porte de la Boule Noire, il voit au milieu d'un cercle deux *Titis*, amateurs de mélodrames, qu'il reconnaît à la lueur tremblotante du gaz. — L'un des combattants soutenait que les drames de l'Ambigu valaient mieux que ceux de la Gaîté. — L'autre prétendait que Deshayes et Joseph valaient mieux qu'Albert et Saint-Ernest. — Les champions en appelaient au jugement de Dieu : le duel à coups de poing ; lorsque la garde citoyenne de Montmartre arrive, saisit les athlètes, et pour rétablir l'harmonie, les conduit au violon.

Et le combat finit faute de combattants.

COSTUMES DE L'OPÉRA SOUS LOUIS XV.

Le grand Vestris dansant le menuet de la reine dans le ballet du Jugement de Pâris.

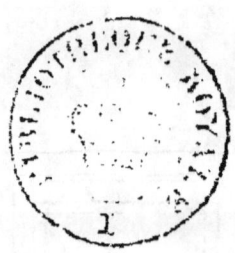

THÉATRE DE L'OPÉRA,

VULGAIREMENT NOMMÉ

ACADÉMIE ROYALE DE MUSIQUE.

La onzième séance de la société fondée par les victimes de la féodalité dramatico-théâtrale vient d'être annoncée par le vieux comparse, qui occupe le fauteuil d'honneur. Un nouvel élu est assis au bureau; c'est un machiniste de l'Opéra, qui, moyennant quatre francs cinquante centimes par jour, y compris les deux tiers de la nuit, confectionne le ciel, l'enfer, les nuages, les rivières, les forêts, les montagnes, les roseaux, les tombes qui s'entr'ouvrent d'elles-mêmes, les roses dans lesquelles se nichent les amours, et le vase de fleurs qui reçoit la Péri. — C'est un rival du Créateur. — Dieu tira tout du chaos; le machiniste tire tout d'un morceau de bois, d'un peu de ficelle, et de quelques couplets (1) à quatre centimes la pièce. Le machiniste est, dans tous les théâtres, un personnage important; à l'Opéra c'est un monarque despote et absolu; tant pis pour celui qui, connaissant peu le théâtre, s'aventure dans les coulisses et se trouve sur le passage d'un machiniste : le pauvre visiteur est bousculé, froissé, culbuté, renversé, écrasé, insolenté, éreinté par cet Atlas en pantalon de toile grise, qui soulève et emporte en courant des palais de dix mètres de hauteur, ou des chênes gigantesques qui allongent leurs rameaux au-dessus des sylphides, des dieux, des héros et des bayadères de la rue Lepelletier. — Le visiteur qui vient trôner pour la première fois au milieu de la société blaguo-théâtrale, est délégué par tout le peuple machinant de l'Opéra, lequel obéit à un gros monsieur en lunettes qui d'un coup de sifflet transforme un trône en un tombeau, un palais en un lac, une forêt en un manoir.

« Messieurs et chers camarades, dit le président fondateur, la société va bientôt terminer la tâche qu'elle s'est imposée, et le salon de la Boule Noire n'entendra plus qu'une fois résonner les noms des artistes qui charment les loisirs du public parisien.

» Aujourd'hui nous avons consacré notre séance au premier théâtre lyrique de l'Europe, et je vais commencer par vous dire comment et à quelle époque fut fondée l'Académie royale de Musique; académie au sein de laquelle on dort tout aussi bien qu'au milieu des qua-

(1) *Couplet*, espèce de charnière dont le pivot se retire à volonté.

rante de l'Institut, et dont la musique est souvent moins ronflante que les spectateurs. Mais il s'agit de l'Opéra, preuve animée de la magnificence du théâtre en France; nous nous occuperons plus sérieusement que nous ne l'avons fait pour les autres spectacles, de l'histoire de l'Académie royale de Musique, depuis sa création jusqu'à nos jours. M. le marquis de Vieuxbois, ici présent, machiniste du théâtre dirigé par M. Léon Pillet, nous fera connaître ses observations sur le personnel de l'Opéra.

En 1570, une ordonnance curieuse de Charles IX permet à ses chers et bien-amés Jean-Antoine de Baïf, et Joachim Thibaut de Courville, « d'établir et dresser à la manière des anciens une académie ou compagnie,
» composée tant de compositeurs, de chantres, et joueurs
» d'instruments de la musique, que d'honnêtes auditeurs
» d'icelle....

» Comme il importe grandement, dit le considérant,
» que la musique courante et usitée au pays soit retenue
» sous certaines lois, d'autant que la plupart des esprits
» des hommes se comportent selon qu'elle est; de façon
» que, où la musique est désordonnée, là volontiers les
» mœurs sont dépravées; et où elle est bien ordonnée,
» là sont les hommes bien morigénés. »

En 1581, le maréchal de Brissac, gouverneur du Piémont, envoya à la reine-mère, Catherine de Médicis, son valet de chambre, nommé Beaujoyeux; il était bon violon, et fit le ballet des noces du duc de Joyeuse avec mademoiselle de Vaudemont, sœur de la reine. — Beaulieu et Salomon, maîtres de la musique du roi, l'aidèrent dans la composition des récits et des airs de ballet; La Chesnaye, aumônier du roi, composa une partie des vers, et Jacques Patin, peintre du roi, travailla aux décorations.

Sous le commencement du règne de Louis XIII, on ne représentait que de mauvais ballets, qui consistaient dans le choix d'un sujet bouffon ; je citerai celui du ballet des *Fées de la forêt de Saint-Germain*, dansé au Louvre par Louis XIII, en 1625; où Guillemine *la Quinteuse*, Robine *la Hasardeuse*, Jacqueline *l'Etendue*, Alison *la Hargneuse*, et Macette *la Cabrioleuse*, montrèrent leur pouvoir. La première de ces fées présidait à la musique, la seconde aux jeux de hasard, la troisième aux folies humaines, la quatrième aux combats, et la cinquième à la danse.

En 1631, le grand Corneille donna pour le divertissement de Louis XIV, *Andromède*, tragédie à machines; puis Benserade composa *Cassandre*, mascarade en forme de ballet qui fut dansée par le roi, au palais Cardinal.

L'abbé Perrin, de galante mémoire, hasarda des paroles françaises qui réussirent, grâce à la musique de Cambert, organiste de Saint-Honoré. Alors on entendit pour la première fois, devant le roi, à Vincennes, un concert de flûtes. — Puis vint le marquis de Sourdac, à qui l'on doit la perfection des machines propres aux opéras. De nos jours, le marquis de Jouffroy perfectionne les machines propres aux chemins de fer. — Les titres de noblesse ne sont pas toujours des diplômes de nullité.

Le succès que *Pomone*, premier opéra français, obtint après avoir été longtemps répété dans la salle de l'hôtel de Nevers, procura à l'auteur, l'abbé Perrin, des lettres patentes pour l'établissement de l'Opéra en France; les représentations publiques de cette pastorale commencèrent en 1671, dans un jeu de paume de la rue

Mazarine. La fortune de l'abbé Perrin ne pouvait soutenir une telle entreprise ; il s'associa avec Cambert pour la musique, avec le marquis de Sourdac pour les machines, et avec un capitaliste nommé Champenon.

Le marquis, qui avait fait beaucoup d'avances et payé les dettes de l'abbé Perrin, s'empara du théâtre, quitta l'abbé, et prit pour poëte Gilbert, secrétaire de la reine Christine ; *les Peines et les Plaisirs de l'amour* furent son coup d'essai.

Lulli, surintendant de la musique du roi, profitant de cette division, acheta le privilége de l'abbé Perrin, prit pour machiniste le signor Vigarini, *gentilhomme modénois*, et pour poëte le tendre Quinault. Il plaça son théâtre dans un jeu de paume de la rue de Varennes, et y donna en 1672 *les Fêtes de l'Amour et de Bacchus*.

Dans une des représentations de cette pastorale, que le roi honora de sa présence, le prince de Condé, les ducs de Montmouth, de Villeroi et le marquis de Rassan dansèrent une entrée avec les artistes salariés.

Le Triomphe de l'amour est le premier opéra dans lequel on introduisit des danseuses. Ce ballet fut exécuté à Saint-Germain devant Louis XIV, et plusieurs seigneurs et dames de la cour y dansèrent. Cette fête, où pour la première fois les dames parurent sur la scène, était si brillante, qu'il fut résolu qu'à l'avenir les dames de la cour seraient remplacées par des danseuses de profession, et depuis cette époque elles ont toujours continué d'être une des portions les plus brillantes de l'Opéra.

Après la mort de Molière, Lulli transporta ses machines et son personnel dans la salle du Palais-Royal, qui occupait une partie de terrain où est maintenant la rue du Lycée. Les enfants de Lulli succédèrent à leur père dans la direction de l'Opéra, qui depuis fut confiée à différents directeurs et administrateurs.

Un incendie qui éclata le 6 avril 1763 vint détruire tous les bâtiments de l'Opéra ; le duc d'Orléans obtint du roi que la nouvelle salle fût construite à la même place, et l'inauguration se fit au mois de janvier suivant. Pendant l'intervalle, les représentations avaient eu lieu dans la salle des Tuileries.

Un second incendie consuma, le 8 juin 1781, tout ce qui composait ce riche spectacle ; il ne resta que les gros murs de cette salle fort belle.

On éleva sur le boulevard Saint-Martin un nouveau théâtre qui existe encore, et par un tour de force presque unique dans les fastes de l'architecture, cette salle fut totalement achevée en six semaines; la pose de la charpente a été faite en huit heures. L'ouverture s'en fit le 27 octobre de la même année.

Mademoiselle Montansier ayant fait construire en 1793 une vaste salle sur l'emplacement de l'hôtel Louvois, rue Richelieu, le gouvernement en fit l'acquisition pour l'Opéra, et l'inauguration de ce nouveau temple eut lieu le 15 juillet 1794.

Un des anciens priviléges de l'Opéra était de soustraire les jeunes filles à l'autorité paternelle et à celle de la police. Quelques complaisances pour les gentilshommes de la chambre étaient le prix de l'engagement qui mettait la pensionnaire à l'abri des lois. Aujourd'hui encore, on obtient bien un engagement par les mêmes moyens, mais l'Opéra a perdu beaucoup de ses droits, et M. Léon Pillet, le puissant sultan du harem de la rue Grange-Batelière, est impuissant devant le plus mince magistrat.

En 1776, la ville de Paris administrait l'Opéra, lorsque le chevalier de Saint-Georges, ce créole si fameux dans l'art de l'escrime, musicien distingué, qui avait composé quelques opéras assez agréables, se présenta avec une société de capitalistes pour obtenir la direction de l'Opéra. — Les Saint-Georges se sont toujours fait appuyer par des capitalistes pour diriger l'Opéra ; en 1844, un fabricant de bouts-rimés, le parolier le plus musqué des six parties du monde, a une grande influence au théâtre de la rue Lepelletier, à cause de sa liaison avec M. le marquis de Saint-Mar, commanditaire de M. Léon Pillet. — On hésitait, on allait peut-être accorder au chevalier la direction qu'il sollicitait, lorsque mesdemoiselles Sophie Arnoult, Guimard, Beaumesnil, Rosalie et autres, adressèrent un placet à la reine pour représenter à Sa Majesté que leur *honneur* et leur privilége ne leur permettaient pas d'être soumises à la direction d'un mulâtre. Les propositions de Saint-Georges ne furent point accueillies, et il se dédommagea auprès des grandes dames de la cour ; car ce mulâtre était l'homme le plus à la mode, du temps de la susceptibilité des *filles de l'Opéra*, comme on les appelait alors.

Alors aussi brillaient madame Saint-Huberti et mademoiselle La Guerre.

Je me rappelle qu'en 1781, mademoiselle La Guerre, créant l'Iphigénie de Gluck, après avoir bien dîné, comme à son ordinaire, fit dire par un plaisant : « Ce n'est pas Iphigénie en Aulide que joue mademoiselle La Guerre, c'est Iphigénie en Champagne. »

A cette époque, le plus fameux danseur de l'Opéra, Vestris le père, qui se faisait appeler modestement le *Dieu* de la danse, disait hautement : « Je ne connais que

» trois grands hommes en Europe : le roi de Prousse,
» Voltaire et moi. » — Vestris répondait à quelqu'un
qui le louait sur le bonheur d'obtenir les suffrages unanimes du public : « Ah! tout n'est pas roses dans mon
» état. En vérité, je préférerais quelquefois celui de sim-
» ple capitaine de cavalerie. »

—Vestris avait eu de mademoiselle Allard, danseuse
de l'Opéra, un fils qui fut longtemps connu sous le nom
de Vestrallard, et qui parvint à surpasser ce que l'on
croyait inimitable dans l'art de la danse. Son père voulant récompenser et encourager le talent qu'il montrait
déjà à dix-huit ans, crut l'honorer beaucoup en lui per-
mettant, pour ses étrennes, au jour de l'an, de porter
dorénavant le nom de Vestris.

Il était si enthousiaste de son fils, qu'il disait en le
voyant danser : « S'il ne s'élève pas plus haut, c'est
» pour ne pas trop humilier ses camarades, car s'il se
» laissait aller à son élan, il s'ennuierait en l'air, faute
» de conversation. »

Louis XVI réforma, au commencement de son règne, beaucoup d'abus dans l'administration de l'Opéra.
Avant l'arrêt de 1776, on entrait librement dans le foyer
des actrices; c'est là qu'elles recevaient les hommages
des spectateurs qui s'y rendaient en foule, c'est là qu'on
rencontrait ces aimables roués, charmants dans un tête-
à-tête, sémillants dans un repas, habiles à raconter
l'aventure de la veille; c'était encore là que l'on voyait
papillonner ces êtres amphibies qui, sous le nom d'abbés,
circulaient dans le monde comme une fausse monnaie,
et dont la révolution nous a débarrassés. Tous ces pa-
pillons de foyer, tout musqués, tout pailletés, seraient

aujourd'hui des *lions*, et n'en seraient ni moins fats, ni moins sots, ni moins impertinents.

Et puis encore, en ce temps-là, l'Opéra s'était enrichi d'une actrice dont l'esprit est devenu proverbial, SOPHIE ARNOULD, à qui notre Déjazet a été comparée pour les reparties vives, saillantes, spirituelles, décolletées, et pour son humanité en amours. Lorsque Sophie Arnould rentra à l'Opéra pour la seconde fois, elle adressa à ses compagnes cette petite allocution : « Mesdames, je ne » demande pas mieux que de vivre en bonne intelligence, » mais la première qui m'appellera Frétillon, je lui f.... » le plus beau soufflet qu'elle aura peut-être reçu de sa » vie. » Les bons mots, les reparties de ce flambeau des actrices de l'Opéra, sont trop connus pour que je les cite; ils forment un recueil très-amusant.

Quelques années avant la révolution, Sophie Arnould habitait, à Clichy-la-Garenne, une maison qu'elle vendit pour acheter la maison des Pénitents de Saint-François, à Luzarches; et sur la porte elle fit graver cette inscription :

ITE MISSA EST.

(Allez-vous-en, la messe est dite.)

Elle avait choisi au fond du cloître un endroit qu'elle destinait pour son tombeau, et elle y fit inscrire ce verset de l'Écriture :

« *Beaucoup de péchés lui seront remis, parce qu'elle* » *a beaucoup aimé.* »

Elle mourut sans fortune, en 1802.

Jusqu'à l'époque de la révolution, les Vestris, les Garat, ce chanteur si fat et si ridicule, les *Guimard*, cette courtisane dont le nom est resté plutôt comme celui de Phryné que comme celui d'une véritable artiste, étaient costumés d'une façon fort bouffonne. Du temps de ces gloires de l'Opéra du dix-huitième siècle, la poudre et les paniers étaient partout en vogue; les personnages d'un opéra quelconque arrivaient sur la scène avec les ornements de la mode. Achille et Apollon, Bayard et le berger Pâris, étaient affublés de perruques poudrées; Vénus, Iphigénie, les Grâces et Jeanne d'Arc portaient de vastes jupes relevées par ces ridicules paniers dont le bon goût a fait justice.... C'était pitoyable ou très-comique.

Panard, le gai chansonnier que Béranger, notre immortel Anacréon, appelle le bon Panard, a chanté des couplets que tout Paris a répétés; ils sont intitulés :

LES MYSTÈRES DE L'OPÉRA.

J'ai vu Mars descendre en cadence,
J'ai vu des vols prompts et subtils;
J'ai vu la Justice en balance
Qui ne tenait que par un fil.

J'ai vu le soleil et la lune
Qui faisaient des discours en l'air;
J'ai vu le terrible Neptune
Sortir tout frisé de la mer.
....

J'ai vu le maître du tonnerre,
Attentif au coup de sifflet,
Pour lancer ses feux sur la terre,
Attendre l'ordre d'un valet.
....

J'ai vu, du ténébreux empire,
Accourir avec un pétard,

Cinquante lutins pour détruire
Un palais de papier brouillard.
....

J'ai vu l'amant d'une bergère,
Lorsqu'elle dormait dans un bois,
Prescrire aux oiseaux de se taire,
Et lui, chanter à pleine voix.

J'ai vu la vertu dans un temple,
Avec deux couches de carmin
Et son vertugadin très-ample,
Moraliser le genre humain.

J'ai vu des guerriers en alarmes,
Les bras croisés et le corps droit,
Crier cent fois : « Courons aux armes! »
Et ne point bouger de l'endroit.
....

Dans le char de monsieur son père,
J'ai vu Phaéton tout tremblant,
Mettre en cendre la terre entière
Avec des rayons de fer blanc.
....

J'ai vu, par un destin bizarre,
Les héros de ce pays-là
Se désespérer en bécarre,
Et fendre l'âme en la-mi-la.
....

J'ai vu Mercure, en ses quatre ailes
Ne trouvant pas de sûreté,
Prendre encor de bonnes ficelles
Pour voiturer sa déité.
....

J'ai vu Diane en exercice,
Courir le cerf avec ardeur,

J'ai vu derrière la coulisse,
Le gibier courir le chasseur.

Avant Sophie Arnould et la Guimard, les deux gloires de la danse, à l'Opéra, étaient mesdemoiselles Sallé et Camargo.

Lorsque mademoiselle Cupis de Camargo, d'une famille noble d'origine espagnole, parut sur la scène, elle fut reçue avec une telle admiration, qu'elle donna son nom à toutes les modes nouvelles. Elle avait su se créer un genre à elle, genre de verve et de caprice; elle dansait véritablement pour son plaisir; c'est elle qui, la première, a battu des entrechats. La Camargo, dont la grande légèreté et la gaîté folle étaient citées partout, fut forcée, par la jalousie de mademoiselle Prévot, de rester parmi les figurantes, malgré son éclatant début. Elle se lança de nouveau sur la scène dans un moment d'enthousiasme : on figurait une danse de démons; le personnage principal manque son entrée en scène, et l'orchestre faisait entendre l'air du solo; murmures du parterre, embarras des acteurs; mais voilà que la jeune débutante, saisie d'une heureuse inspiration, saute au milieu du théâtre, et improvise de verve un pas espagnol qui transporte d'admiration le public mécontent.

Voltaire a célébré ainsi les deux nymphes de l'Opéra :

Ah! Camargo, que vous êtes brillante!
Mais que Sallé, grands dieux, est ravissante!
Que vos pas sont légers, et que les siens sont doux!
Elle est inimitable, et vous êtes nouvelle :
Les nymphes sautent comme vous,
Et les grâces dansent comme elle!

Mademoiselle Sallé, qui était allée à Londres, reçut

les marques les plus *positives* de l'admiration des Anglais. Le jour de sa représentation à bénéfice, elle fut accablée d'une grêle de bourses pleines d'or, et de guinées enveloppées dans des billets de banque, qui formèrent, dit-on, un total de 20,000 francs.

De nos jours, Fanny Elssler, en Amérique, et madame Malibran, à Londres, ont reçu des marques pareilles de l'enthousiasme du public.

Un jour madame Malibran, l'admirable et délicieuse cantatrice que l'Opéra pleure encore, venait de chanter à Londres le rôle de Desdemona dans *Othello;* les fleurs pleuvaient de toutes parts et inondaient la cantatrice ; un enthousiaste jeta au milieu de cette pluie de bouquets un billet de 1000 livres sterling. Malibran le vit tomber à ses pieds, et reconnut de suite que c'était un billet de la banque d'Angleterre ; mais le parterre, qui n'était pas dans la confidence, se leva en masse et demanda la lecture du billet. Le ténor qui était en scène avec madame Malibran le ramassa, et se mit à lire avec un flegme délicieux les mots suivants :

BANQUE D'ANGLETERRE.

MILLE LIVRES STERLING.

A vue, et au porteur, il vous plaira payer, etc.

Tout à coup, au milieu du rire général, le ténor fut interrompu par madame Malibran, qui lui glissa quelques mots à l'oreille; et s'avançant sur le bord de la rampe, il dit :

« Ladies et gentlemen,

» Nous ne pouvons continuer la lecture de ce billet ;

» c'est par erreur que nous l'avons ouvert, car il est à
» l'adresse des pauvres de la métropole. »

Que dire d'un pareil trait ? Le raconter, c'est jeter une fleur sur la tombe de la célèbre cantatrice, et je suis heureux de lui donner ce dernier témoignage d'admiration.

Pendant la révolution, l'Opéra, qui avait pris le titre de *Théâtre des Arts*, se traîna dans une alternative de misère et de millions en billets de banque, dont il ne savait que faire. Henriot, le général, tout protecteur des beaux-arts qu'il s'intitulait, menaçait alors LAISNEZ et autres artistes de leur faire couper la tête dans les vingt-quatre heures, lorsque, suivant lui, ils ne mettaient pas assez d'empressement, de chaleur et d'enthousiasme à chanter les hymnes patriotiques. L'Opéra était rue Richelieu, alors rue de la Loi, dans cette salle construite par mademoiselle Montansier, qui en fut expropriée sous prétexte qu'un théâtre placé vis-à-vis la Bibliothèque nationale pouvait y mettre le feu. Une indemnité fut donnée à mademoiselle Montansier pour sa salle de spectacle, par le gouvernement, qui appelait cela en faire l'acquisition. Là, l'Opéra prit le nom de *Théâtre de la République et des Arts*, puis il reprit son titre d'Opéra, qu'il échangea ensuite contre celui plus pompeux d'*Académie impériale de Musique*.

Deux grands événements ont signalé l'existence de l'Opéra rue Richelieu : c'est en s'y rendant que Bonaparte, premier consul, faillit périr victime de la machine infernale de la rue Saint-Nicaise ; et plus tard, le 13 février 1820, c'est en sortant de ce théâtre que le duc de Berri fut assassiné par Louvel.

L'Académie royale de Musique, nom primitif que lui

avait rendu la Restauration, après avoir occupé successivement les salles Louvois et Favart, fut transférée, à la suite de ce dernier événement, dans les bâtiments élevés rue Lepelletier, sur l'emplacement des jardins de l'hôtel Choiseul, où elle est encore aujourd'hui, *toujours provisoirement*. L'ancienne salle de la rue Richelieu fut détruite pour élever à la place, à la mémoire du duc de Berri, une chapelle que la révolution de 1830 a changée en une fontaine représentant les principaux fleuves qui baignent la France.

Lors de l'installation de l'Académie royale de Musique dans la salle de la rue Lepelletier, M. le vicomte Sosthène de la Rochefoucauld était directeur de l'Opéra; le noble dilettante fit tous ses efforts pour en faire une Académie morale de Musique, et on lui attribue le règlement suivant, que j'ai transcrit moi-même sous la dictée d'un jeune rat qui l'avait dévoré tant de fois des yeux qu'il lui est resté gravé dans la mémoire. Voici ce document précieux :

STATUTS

POUR L'ACADÉMIE ROYALE DE MUSIQUE.

Nous qui régnons sur les coulisses,
Et dans de magiques palais,
Nous, juge de l'orchestre, intendant des ballets,
Premier inspecteur des actrices,
A tous nos fidèles sujets,
Vents, fantômes, démons, déesses infernales,
Dieux de l'Olympe et de la mer,
Habitants des bois et de l'air,
Monarques et bergers, satyres et vestales,

SALUT. A notre avénement,
Chargé d'un grand peuple à conduire,
De lois à réformer et d'abus à détruire,
Et voulant signaler notre gouvernement;
Oui notre conseil sur chaque changement
Que nous désirons introduire,
Nous avons rédigé ce nouveau règlement,
Conforme au bien de notre empire.

ARTICLE PREMIER.

A tous nos musiciens, connus ou non connus,
Soit de France, soit d'Italie,
Passés, présents, à venir ou venus,
Permettons d'avoir du génie.

ART. 2.

Vu que partout la médiocrité
A besoin d'être encouragée,
Toute insipide nouveauté
Sera par nous à grands frais protégée.
Pour les chefs-d'œuvre de nos jours,
Réservons notre économie;
Et laissons la gloire au génie
De réussir sans nos secours.

ART. 3.

L'orchestre plus nombreux en trombones, trompettes,
Ophicléides, clarinettes;
Beaucoup de bruit, beaucoup de mouvements;
Pour la mesure, un batteur frénétique;
Si nous n'avons pas de musique,
Ce n'est pas faute d'instruments.

ART. 4.

Si tous deux tristement féconds,
Sans feu comme sans caractère,

Ne donnent qu'un vain bruit de rimes et de sons ;
En faveur des paillards qui lorgnent au parterre,
On raccourcira les jupons.

Art. 5.

....

Art. 6 et Art. 7.

....

Art. 8.

Ordre à mes bons auteurs, pour eux, pour l'Opéra,
D'user modérément des reines de coulisses ;
Mais permettons à Scribe, Auber et Caraffa,
L'usage illimité de toutes nos actrices.

Art. 9.

Pour soutenir l'auguste nom
De la royale Académie,
On paîra mieux.........
....

Art. 10.

En attendant que pour le chœur
On puisse faire une recrue
De quinze ou vingt beautés qui parleront au cœur
Et ne blesseront pas la vue,
Ordre à ces mannequins de bois
Taillés en femme, enduits en plâtre,
De se tenir immobiles et froids,
Adossés en statue aux piliers du théâtre.

Art. 11.

Tout rempli du vaste dessein
De perfectionner en France l'harmonie,

Voulions au pontife romain
Demander une colonie
De ces chanteurs flûtés qu'admire l'Ausonie ;
Mais nous avons vu qu'un castrat
(Car c'est ainsi qu'on les appelle)
Était honnête à la chapelle,
Mais indécent à l'Opéra.

Art. 12.

Pour toute débutante
Qui veut entrer dans les ballets,
Quatre examens au moins, c'est la forme constante.
Primo, le duc qui la présente,
Y compris l'intendant et les premiers valets.
Ceux-ci près de la nymphe ont droit de préséance.
Secundo, nous ses directeurs ;
Tertio, son maître de danse ;
Quarto, pas plus de trois acteurs ;
Total : onze examinateurs.

Art. 13.

. . . .

Art. 14.

Le nombre des amants limité désormais,
Défense d'en avoir jamais
Plus de quatre à la fois ; ils suffisent pour une.
Que la reconnaissance égale les bienfaits,
Que l'amour dure autant que la fortune.

Art. 15.

Que celles qui, pour prix de leurs heureux travaux,
Vivent déjà dans l'opulence,
Ont un hôtel et des chevaux,
Se rappellent parfois leur première indigence,
Et leur petit grenier, et leur lit sans rideaux.

Leur défendons en conséquence
De regarder avec pitié
Celle qui s'en retourne à pied;
Pauvre enfant dont l'innocence
N'a pas encor réussi;
Mais qui, grâces à la danse,
Fera son chemin aussi.

Art. 16.

. . . .

Art. 17.

Et pour qu'on ne prétende à faute d'ignorance.
Sera la présente ordonnance
Imprimée, affichée à tous nos corridors,
A ceux des loges, aux coulisses,
Aux palais des Rolands, aux chambres des Médors
Et dans le boudoir des actrices.

Dans l'intérêt de l'Opéra, de la blague et de la morale publique, j'ai cru devoir consigner aux archives ce nouveau code, qui fera époque dans l'histoire de l'Académie royale de Musique.

Après M. Sosthène de la Rochefoucauld parut M. Lubbert, le dilettante incarné, qui sacrifia la musique française à son goût pour la musique italienne; *il maestro* Rossini s'empara du monopole, et permit à peine à Auber de nous faire entendre ses savantes et mélodieuses inspirations. La *Muette de Portici* prit cependant une belle place auprès de *Moïse* et de *Guillaume Tell*.

En ce temps-là, les échos de la salle de l'Opéra redisaient les sons délicieux échappés de l'organisation savante et musicale d'ADOLPHE NOURRIT.

Les débuts d'Adolphe Nourrit firent beaucoup moins de sensation que n'en ont fait de nos jours ceux de MM. Masset, Marié, Mario et Poultier; c'est qu'alors les puffs au ténor n'étaient point en vigueur : Nourrit fut bientôt une des gloires de l'Opéra : comédien distingué autant que musicien habile et chanteur remarquable, il possédait un de ces physiques superbes qui suffisent souvent pour faire la fortune d'un homme et d'un artiste. Nourrit était le Talma de l'Académie royale de Musique : il a bien puissamment concouru à réformer la vieille et pâle méthode suivie par Nourrit père et le stentor Dérivis de tonnante mémoire. Adolphe Nourrit était admirable sous le costume de chevalier; je l'ai vu en héraut d'armes, chanter, un jour de spectacle gratis, le chant français que la Restauration avait adopté comme chant national, et le peuple, le vrai peuple, entassé, encaqué, empilé dans la salle de l'Opéra, mêlait sa voix puissante à la belle voix de Nourrit, et répétait avec enthousiasme :

> Ce cri de guerre et de vaillance
> Si cher aux Bayard, aux Roland :
> Vive le roi! vive la France!

Huit mois après, sur les barricades du boulevard des Italiens, j'ai vu Nourrit porté en triomphe par le peuple qui se battait contre les soldats de Charles X; et la voix pure et sonore de Nourrit faisait vibrer dans l'espace le chant national qui enfanta tant de héros : *la Marseillaise* était redevenue le chant français.

Hélas! ce triomphe devait être le dernier accordé à l'artiste dont s'enorgueillissait l'Opéra. Duprez apparut; et le chanteur tant aimé que tout Paris avait applaudi depuis quinze ans, fut délaissé pour l'astre nouveau qui se levait sur l'Académie royale de Musique.

La salle de l'Opéra était trop étroite pour les deux rossignols; celui qui depuis quinze ans l'avait fait retentir de son chant harmonieux, céda la place au dernier arrivé, et prit son essor vers l'Italie... Deux ans après, le pauvre Adolphe Nourrit, pâle, maigre et souffrant, prêt à succomber sous les ravages d'une maladie au foie, ne pouvait plus supporter le climat de Naples, ni les brises de la Méditerranée; la fièvre avait fait sa proie du rossignol exilé; le *mal du pays*, le besoin de revoir la France augmentait cette fièvre ardente; la raison du pauvre Nourrit y succomba avant son corps, et le 8 mars 1839, le suicide avait enlevé à la France un de ses plus grands artistes, au monde un homme honorable, et réduit au désespoir une veuve et six orphelins!

En ce temps-là aussi, M. Véron régnait rue Lepelletier... Connaissez-vous M. Véron? C'est un monsieur qui est millionnaire et qui n'en est pas moins fier pour cela; c'est un gaillard qui, du laboratoire d'un pharmacien, s'est élancé sur la scène du monde, pour se faire journaliste, puis directeur de l'Opéra; et pour accaparer une grande fortune qu'il doit moins à ses talents qu'à la pâte de Regnauld, cette providence des gens enrhumés, cette manne tant désirée des bons gendarmes. M. Véron, qui a fait ses études sur les drogues, est propriétaire de la pâte de Regnauld, d'un beau *Wursch* et d'un frère qui fait son désespoir par sa ressemblance avec lui, et son application à l'imiter dans sa mise, dans ses manières, dans ses cols de chemise et dans son immense cravate. On les distingue, quand on le peut, sous les noms de *Véron 1er* et du *faux Véron*.

Nommons tout de suite, en passant, le successeur de M. Véron : celui qui fut appelé à promener son sceptre et son lorgnon sur la peuplade chantante, roucoulante, dansante et *polkante* de l'Opéra, fut M. Duponchel, architecte. — Il est de notoriété que le premier théâtre lyrique ne fut dirigé ni par un poëte, ni par un musicien, sous l'Empire, sous la Restauration et sous Louis-Philippe. — On ne peut pas même dire ici ce que nous avons répété avec Figaro : ..... Ce fut un danseur qui l'obtint !

M. Duponchel comprend parfaitement la vie artistique et celle des viveurs; c'est un grand amateur des *media-noche*, des raouts, des petits soupers au café Anglais ou dans un boudoir de la rue Pinon. J'ai vu dans un bal donné par une des artistes les plus jolies des Variétés, M. Duponchel, travesti en compagnon charpentier pur sang, veste et pantalon de velours, boucles d'oreilles avec ornements de compagnonnage, et un chapeau d'une vérité parfaite; l'autocrate de l'Opéra dansait non pas le cancan, cette cacucha de la Grande Chaumière, mais le chahut tel qu'on le dansait en 1815, au grand salon de la rue Coquenard, ou rue des Martyrs, au bal de Kokoli, tenu par *madame Gueulette*.

C'est M. Duponchel qui a inventé Poultier ; et tous les *maestri*, depuis Meyerbeer jusqu'à M. X, ont voulu inventer un petit ténor, que l'on allait chercher n'importe où, sous la couronne comtale ou dans l'échoppe du savetier. Après M. Duponchel, ce fut le tour de M. Castil Blaze ; on allait à la pêche, à la chasse au ténor, comme Japhet allait à la recherche d'un père ; et Dieu, nos oreilles et nos écus savent tout ce que nous a coûté cette *ténoromanie*. On m'a assuré que

M. Paul Foucher faisait ramoner ses cheminées tous les deux jours, et qu'il ne manquait jamais de faire chanter l'enfant de la Savoie, espérant toujours trouver, pour le faible déboursé de cinquante centimes, un ténor dont il cherche à doter l'Opéra.

Un jour, M. Duponchel promenait ses rêveries et son lorgnon sur les rives du fleuve qui baigne les quais de Rouen; il se mit à penser que là était le chef-lieu de la Seine-Inférieure, ce qui tout naturellement vint lui rappeler la scène qu'il dirigeait. Tout à coup une voix pure, sonore, étendue, frappe l'oreille du directeur touriste... Était-ce Orphée, Grétry ou Arion, qui venait charmer les hôtes du fleuve?... M. Duponchel, guidé par la voix, et par son propre instinct musical, se met à fureter, et découvre un jeune tonnelier de la rue Saint-Étienne, qui, sans s'en douter le moins du monde, possédait une fortune dans la voix : un *ut* de poitrine !... M. Duponchel est tout haletant, il s'avance sur la pointe du pied; et pour mieux entendre se fiche son lorgnon dans l'œil ; la voix frappe de nouveau l'espace et fait entendre ce couplet :

> Je suis un tonnelier habile,
> De Bacchus ardent officier;
> Je sers la campagne et la ville,
> Et je suis fier de mon métier.
> Sous ma main la douve élastique
> Cédant aux efforts du marteau,
> Ferme le contour du tonneau
> Qui reçoit la liqueur bachique.
>   Courage, frappons,
>   Du cœur à l'ouvrage,
>   Pour un doux breuvage
>   Formons les prisons.
>   Courage, frappons.....

M. Duponchel n'y tient plus, il saute au cou du garçon tonnelier, et le dialogue suivant s'établit entre eux :

— Ah ! mon cher ami, quel *do* ! Vous avez un *do* superbe.

— Ah ça, voulez-vous me lâcher, dit le tonnelier.

— Vous lâcher ! jamais... Un *do* de poitrine !

— Vous allez me scier le dos longtemps comme cela ?

— Mon ami, votre sort est assuré !... vous donnez le *do*.

— Qu'est-ce que cela veut dire ?

— Autrefois on appelait la note musicale que vous donnez de poitrine un *si* ; maintenant c'est un *do* !... Vous possédez une fortune... Suivez-moi, et je vous fais un sort.

— Laissez-moi finir ma pièce.

— J'en ferai faire pour vous des pièces !... et tout Paris formera un cercle autour de vous !...

(J'avais oublié de vous dire que M. Duponchel cultive passablement le calembour.)

Et le tonnelier, arraché à ses travaux, vint à Paris, accompagné de son directeur, qui le mit entre les mains d'un *éleveur* de ténors. — Car il y a des *éleveurs* de ténors qui sont à ceux qui ambitionnent la gloire de Duprez, ce que M. Cornet est aux bœufs gras. — Un an après, le ténor décrassé, seriné, déguisé en homme du monde, débutait à l'Opéra dans le rôle d'Arnold, de *Guillaume Tell*, et gagnait douze mille francs par an.

— Voilà ce que c'est que d'être doué d'un *do* de poitrine.

— Puis il consacrait son premier congé à Rouen, sa patrie, où il fut traîné en triomphe, et où on lui donna une sérénade qui a duré un jour et une nuit ; les musiciens se relayaient de deux heures en deux heures. Il y a trois ans à peine, Poultier, pauvre tonnelier, gagnait trois francs par jour, aujourd'hui il ne possède pas loin de cent mille francs! — C'est un bon état que M. Duponchel lui a mis là dans les mains; il faudra que je fasse apprendre à mon fils l'état de ténor, si je découvre en lui le moindre petit *do*.

Le ténor de M. Castil-Blaze fut découvert dans son magasin de nouveautés; il comptait les mesures des pièces d'étoffes; M. Blaze lui a appris à compter les mesures de ses opéras": ce qui ne doit guère être plus amusant.

M. Duponchel a tout le mérite de la première découverte; c'est le Christophe Colomb, le Dumont-Durville du ténor. Honneur au touriste qui nous a donné un émule de Duprez! Amateurs des *do* de poitrine, inclinez-vous devant le lorgnon de l'ex-directeur de l'Académie royale de Musique.

M. Duponchel est aujourd'hui commanditaire d'un magasin d'orfévrerie et de bijouterie de la rue Neuve-Saint-Augustin, au premier étage. M. Véron, qui fait quelquefois des mots à l'instar de M. Nestor Roqueplan, son ami, disait dernièrement : « Tiens, ce pauvre Du-» ponchel qui vient de s'établir bijoutier en chambre. »

Mais revenons à l'Opéra sous la Restauration, et surtout aux artistes dont les noms nous sont restés connus. Parmi ces noms aimés citons celui de madame Branchu, la Malibran de l'Empire et du règne de Louis XVIII. Saint-Georges, le vrai Saint-Georges démêla dans cette cantatrice encore enfant une artiste qui ferait un jour honneur à l'Opéra; il la fit entrer au Conservatoire dans les classes de Dugazon et de Garat. *Antigone* d'*Œdipe*, *Iphigénie*, *Armide*, *la Vestale*, *les Danaïdes*, ont été pour madame Branchu de vrais triomphes. Hors du théâtre, la cantatrice devenait une femme bonne, vertueuse et digne de l'amitié que lui portait l'impératrice Joséphine; amitié que l'artiste eût expiée, si le duc de Berri ne l'avait mise sous la protection de l'auteur de la Charte signée à Saint-Ouen en 1814.

Albert, Paul, Ferdinand, étaient les dieux de la danse; après eux venaient Montjoie, Mérante et Montessu. Un vieil ermite du Luxembourg les définit ainsi :

« Le talent de Paul l'*Aérien* était surtout dans la force du jarret; il sautait, il bondissait, il était toujours dans les nuages; son pied touchait à peine la terre, ou plutôt la planche; il s'élançait du sol pour redescendre perpendiculairement après un voyage d'un quart d'heure. — Ferdinand se flatta d'abord d'atteindre le zéphyr et de le suivre; mais Paul, rassemblant ses forces, lui prouva, par une ascension à perte de vue, qu'il resterait toujours au-dessous. — Albert a préféré le dieu de la grâce au dieu des entrechats, et ses gestes, sa physionomie prouvaient qu'avant tout il était comédien. »

Madame Montessu était une danseuse pleine de grâce, de malignité et d'abandon. C'est la sœur de Paul, et sa réputation comme danseuse a suivi celle de son frère. Vive et légère, souple et capricieuse, telle était sa danse; un adage a dit : Le style c'est l'homme; on a fait une application de cet adage à madame Montessu, avec cette variante : La danse, c'est la femme ! — Madame Montessu est aujourd'hui retirée du théâtre; l'hiver elle assiste aux premières représentations dans tous les théâtres de Paris, l'été, elle habite sa propriété d'Epinay.

Puis est venue mademoiselle Pauline Leroux, qui,

de la cour du grand-duc de Wurtemberg, s'est élancée vers Londres, d'où elle s'est envolée pour descendre sur la scène de l'Opéra, où elle a vite éclipsé les demoiselles **Noblet**, filles d'un ouvrier porcelainier, qui depuis vingt à vingt-cinq ans font des poses pour lesquelles les journaux leur avaient assigné dans le temple de la danse une place que Terpsichore ne s'est pas empressée de leur accorder. — Mademoiselle Pauline Leroux a fait admirer son gracieux talent dans le boléro, l'allemande et la saltarelle. Le *Diable amoureux* a rendu Lafont des Variétés amoureux comme un diable; le fils du vainqueur de Valmy avait fait comme Lafont; et cette maladie fut contagieuse au théâtre et à la ville. On entoura le *Diable amoureux* d'hommages et de séductions; pour résister à tout cela il fallait être un ange; et le diable de l'Opéra était une femme!...

— M. de Vieuxbois, dit le fondateur, veuillez nous esquisser un tableau de la danse et de la danseuse; votre qualité de machiniste vous a mis à même de connaître à fond le corps de ballet de l'Opéra. Vous avez la parole. — Messieurs, dit le visiteur, je ne veux pas vous citer toutes les femmes jeunes ou non, belles ou gentilles, passables ou passées, qui forment les phalanges dansantes de l'Opéra; ce sont des satellites qui gravitent autour des astres à qui elles doivent le peu d'éclat dont elles brillent un instant sur la scène. Après le baisser du rideau, toutes ces nymphes s'enveloppent de cachemires des Indes ou de tartans à la couleur douteuse, s'élancent dans le landaw du bienfaiteur et dans le cabriolet de l'amant; ou, posant dans des socques articulés le pied tout à l'heure enveloppé de soie rose ou blanche, regagnent pédestrement la mansarde solitaire ou la loge paternelle au-dessus de laquelle on a fait écrire ambitieusement le mot : Concierge.

Toutes ces nymphes de l'Académie royale de Musique vont tous les matins *travailler* au foyer de la danse, ou dans les salles particulières que dirigent dans les divers quartiers de Paris, MM. Mazillier, Barrez, Albert, Petit et Coralli; les Taglioni en herbe sont admises dans ces salles particulières moyennant une rétribution qui varie depuis soixante jusqu'à cinq francs par mois.

C'est là que la pauvre jeune fille qui se destine à la danse va subir la torture, que l'humanité a bannie de nos lois. Il faut d'abord emprisonner ses pieds dans une boîte à rainures; là, talon contre talon et genoux en dehors, les pieds sont forcés de s'habituer à rester d'eux-mêmes sur une ligne parallèle. — C'est ce qu'on appelle *se tourner*.

Ensuite on passe à un autre genre de torture : poser le pied sur une barre que l'on doit tenir avec la main opposée au pied qui exerce. — C'est ce qu'on appelle *se casser*.

Et puis après avoir été mises à la question, les pauvres nymphes doivent étudier assidûment les assemblés, les jetés, les balancés, les ronds de jambes, les fouettés, les cabrioles, les pirouettes sur le coude-pied, les sauts de basque, les pas de bourrée et les entrechats à quatre, à six et à huit. — Et ces tortures, ces études doivent être continuelles, incessantes. Le juif Ahasvérus a reçu pour punition cet ordre que l'ange lui répète sans cesse : Marche! marche! — La danseuse est une pauvre juive errante qui entend sans cesse le démon qui lui crie : Danse! danse!

Le spirituel auteur des *Lettres cochinchinoises* dit :

« J'ai vu mademoiselle Taglioni, après une leçon de deux heures que venait de lui donner son père, tomber mourante sur le tapis de sa chambre, où elle se laissait déshabiller, éponger et rhabiller sans avoir le sentiment de ce qu'on lui faisait. »—C'est à ce prix que s'obtenaient les bravos et les triomphes de la soirée.

Or, l'exemple de mademoiselle Taglioni est rigoureusement suivi par les autres danseuses... Mademoiselle Nathalie Fitz-James avait imaginé une nouvelle manière de *se tourner* et de *se casser* tout à la fois : elle se couchait par terre, le visage tourné du côté du parquet, et les jambes étendues horizontalement. Puis elle faisait monter sur elle sa femme de chambre, lui ordonnant de peser de tout son poids sur cette partie du corps où, comme le dit Arnal, les reins changent de nom.

Après les sujets de la danse viennent les *marcheuses*, les *figurantes* et les *rats*; le nom des deux premières désigne assez bien leur emploi; elles sont plus ou moins jeunes; la plupart sont mariées, mères de famille; j'en connais une qui est loueuse de chaises dans une église de Paris; son mari travaille chez le maître tailleur de la garde municipale, et le dimanche il est suisse en *extra* dans l'église susdite; son fils joue la comédie chez Séveste, et sa fille est brocheuse dans une imprimerie.

La plus intéressante des trois espèces, c'est le *rat*... Tout a été à peu près dit sur le rat de l'Opéra. Véritable caméléon, il change de peau cinq ou six fois pendant ce qu'il appelle sa vie artistique. A dix ans le rat commence à *se tourner*; à douze, il attache à ses épaules des ailes plus ou moins diaphanes pour représenter les chérubins, les sylphes ou les démons; à cet âge, si on le rencontre dans la rue, il a une petite robe d'indienne, bien étriquée, bien suspecte, des bas qui furent blancs, et des souliers fabuleux; devenu jeune fille, à quinze ans, le rat commence à sentir la vie, l'ambition le gagne, il rêve bas de soie, guipure, robe de mousseline-laine, châle Ternaux, trois mille francs d'appointements, et se laisse conduire au théâtre par le fils du propriétaire de sa maison. Le rat n'est heureux que lorsque abandonnant le vil pavé de la rue, il a franchi la loge de la mère Crosnier, respectable cerbère de l'Opéra... Madame Crosnier envoie le jeune rat faire des petites commissions pour lesquelles elle ne peut point abandonner sa loge; en échange de ses petits services, la mère Crosnier lui raconte comment elle a fait la fortune de Maria, d'Elisa, de Clara, d'Ernestine et de Passelacet... en recevant pour elles billets doux, bouquets, cadeaux de toutes espèces...

A ces récits, la jeune disciple de M. DESPLACES, le régisseur de la danse, sent son petit cœur s'enflammer; elle grimpe les sept étages qui la conduisent à la loge commune, et se hâte de quitter la robe de ville pour revêtir le costume de la classe; alors, quand sa taille est serrée dans un étroit corsage, son cou et ses bras nus, quand elle a mis le jupon très-court et très-bouffant, en gaze ou en mousseline, qui voile à peine le chaste caleçon de calicot, la jeune fille est métamorphosée en rat pur sang; dans ce costume elle n'a plus à craindre de voir ses compagnes déjà lancées l'écraser du luxe de leur toilette. — A la classe tous les rats se ressemblent. — Une fois en costume, le rat va faire des petites mines à M. CORALLI pour qu'il lui donne une place en avant dans le ballet en répétition; le soir il fait sa cour à M. THÉOPHILE GAUTIER, le littérateur le plus chevelu sinon le plus échevelé de France, pour obtenir un petit bout de pas, *solo*, dans le prochain chef-d'œuvre élucubré dans le crâne chorégraphique du feuilletoniste décoré du journal *La Presse*. — Que le jour où ce petit bout de pas lui sera confié vienne à luire, le *rat* devient *sujet!* sa fortune commence, il lui faut un cachemire, un appartement rue Notre-Dame de Lorette, une femme de chambre, des diamants, un briska pour l'amener jusqu'à la rue Grange-Batelière, et de là au Longchamp perpétuel de l'avenue des Champs-Elysées.

Puis le fleuve de la vie se descend au milieu des soupers, du champagne, des baisers reçus et rendus; trente ans arrivent, les adorateurs disparaissent, et avec eux les traces de l'opulence éphémère; on s'est trop occupé des viveurs et de la vie active, pour avoir cultivé la danse; il n'y a point eu progrès, l'âge et l'embonpoint sont arrivés; on est bien encore à l'Opéra, mais on y est figurante ou marcheuse... Quinze ans plus tard, on est devenue habilleuse, ouvreuse de loges, ou mère d'actrice... Et puis, tout est dit. — Le rat a vécu!... Paix éternelle à sa cendre.

Si le temps me le permet, je vous ferai une petite physiologie de la *mère d'actrice*, type à part, qui mérite bien qu'on le fasse connaître. — Mais il me reste encore à citer bien des noms d'artistes; et puisque nous parlons de la danse, je vais nommer les deux reines de l'art chorégraphique: THÉRÈSE et FANNY ELSSLER, nymphes gracieuses que le Rhin, le beau fleuve de M. Victor Hugo, a vues sortir de ses flots bleus, pour s'élancer dans l'espace et devenir de véritables filles de l'air. — Pendant quatre ans, l'Opéra a failli s'écrouler sous le bruit des bravos qui accueillaient les deux charmantes filles de l'Allemagne; pendant quatre ans, les arbustes du département de la Seine étaient dépouillés pour tresser à Fanny et à Thérèse des couronnes de fleurs. — C'était une permanente conspiration de Terpsichore contre les richesses de Flore (pas celle des Variétés, celle de la mythologie et de M. Dorat).

La chronique a dit que Fanny Elssler a offert sa plus belle fleur au jeune duc de Reichstadt, Napoléon II. — Où serait le mal? — C'est un ange qui est venu effeuiller une rose dans la prison et sur le lit de douleur d'un jeune prince qui expiait le tort d'être le fils du plus grand capitaine de notre époque.

FANNY ELSSLER s'est envolée vers les États-Unis, où elle a importé sa délicieuse Cachucha, que la Polka et toutes ses réclames ne remplaceront jamais. Les Américains ont jonché de fleurs et d'or le sol sur lequel la nymphe daigne se poser; ils s'attèlent au char de Fanny Elssler, et son voyage aux États-Unis est une marche triomphale.

Une délirante jeune fille est venue consoler l'Opéra du départ de sa danseuse chérie. C'est encore une sylphide privilégiée qui a nom CARLOTTA GRISI. — LA CARLOTTA, comme l'appellent les lions émérites, fut la femme de PERROT, qui l'a saisie au vol et auquel il a fallu toute son élasticité pour atteindre l'aérienne jeune fille. — On ne jette pas de fleurs à Carlotta Grisi, on les lui montre des loges, elle s'enlève et les prend : tout est fait. — Carlotta a vingt-huit mille francs d'appointements au théâtre dirigé par M. LÉON PILLET; c'est un beau denier, sans doute; mais c'est peu, en comparaison des appointements des artistes en première ligne. — Carlotta possède ce qu'on appelle en termes techniques des pointes admirables, et avec cela quelle grâce! quelle vigueur! quelle précision! Et un sourire à tuer un homme en l'enivrant d'amour et de désir, des épaules superbes, et une taille d'une souplesse!... Demandez plutôt à M. Petipa.

Mesdemoiselles *Sophie* et *Adèle* Dumilatre apparaissent après Carlotta et la remplacent sur la scène comme la lune remplace le soleil. C'est beau, c'est brillant, mais les rayons n'embrasent point, et c'est beaucoup plus pâle.

Quittons la danse, car nous lui avons payé notre tribut; le chant doit avoir les derniers hommages. — Et tout d'abord, nommons Duprez. Jamais chanteur ne fit plus de sensation à son début. Tout Paris s'en est occupé, disons donc seulement qu'à force de travail il est parvenu à être le premier chanteur de notre époque, et qu'il a fait oublier Adolphe Nourrit.

Duprez, qui gagne annuellement une centaine de mille francs, est propriétaire d'un magnifique hôtel rue Turgot. Ne croyez pas que notre Orphée se soit avisé de dépenser à l'achat de cet hôtel le produit du labeur de son larynx pendant dix années : point du tout, il doit son hôtel au hasard, et à une singularité du marquis Aguado de las Marismas, ce millionnaire espagnol qui, dans sa munificence, a doté Ris et Villeneuve Saint-Georges d'un beau pont sur lequel on lit : Pont Aguado, et un peu au-dessus : *Le pied sur les abords du pont, l'on paie!...* — Revenons à l'hôtel Turgot. Un jour, Duprez rencontre sur le boulevard M. Aguado : « Mon cher Duprez, dit » le banquier espagnol, j'ai envie de vous vendre mon » hôtel de la rue Turgot, en rente viagère. — Merci, mon » sieur le marquis, répond l'artiste, je ne suis pas super-

» stitieux, mais je crois que de semblables affaires por-
» tent malheur. » Le marquis insiste, l'artiste accepte
enfin, et l'acte de vente est signé. — Trois semaines
après M. Aguado était mort en voyage, et Duprez devenait légitime possesseur de l'hôtel Turgot. — Défini-
tivement l'*ut* de poitrine porte bonheur.

A côté de Duprez, mettons BAROILHET, le *baryton* le
plus distingué du monde musical. Baroilhet gagne cinquante mille francs pour dix mois (c'est un joli denier
pour un larynx de baryton!), et dans sa maison de la rue
de la Rochefoucauld il possède un musée dont s'enorgueillirait le palais grand-ducal de Gérolstein.

> Sous le beau ciel de l'antique Ausonie

vivait un beau jeune homme nommé MARIO, type modèle de l'Italien efféminé, du fashionable et du beau
chanteur de romances admiré dans les nobles salons.
M. MARIO DE CANDIA est gentilhomme, et il n'a pas cru
déroger en montant sur les planches. Lui aussi possédait
un *ut* de poitrine, et sa couronne comtale en tête, il a
traversé les monts pour venir roucouler sur les rives de
la Seine, dans Paris la belle ville, où tout ce qui est
étranger et brillant est accueilli avec un engouement qui
tient de la folie.

Les femmes affluaient à l'Opéra pour admirer le noble
Italien, et les hommes les suivaient, pour elles d'abord,
pour le ténor ensuite; pendant un an Mario de Candia
fut le héros du monde musical, et surtout du grand
monde; mais

> Hélas! les oreilles des grands
> Sont souvent de grandes oreilles.

La voix du ténor que l'Italie nous envoya en échange

d'Adolphe Nourrit ne trouva bientôt plus d'admirateurs rue Lepelletier, et M. Mario porta sa couronne, son blason et son *ut* au théâtre des Italiens. Laissons-le gazouiller dans son idiome maternel, et portons nos regards vers une femme jolie et une cantatrice distinguée.

Madame Dorus-Gras nous est aussi venue des pays étrangers; la Belgique entendit les premiers sons échappés du gosier de madame Dorus; mais l'Opéra français était le rêve de la jeune cantatrice, elle y vint, et s'y naturalisa tout aussitôt.

On cite un beau trait de madame Dorus-Gras; il doit trouver place ici, car nous ne devons point passer sous silence les traits qui honorent les artistes.

Hérold était mourant; il venait d'exhaler son dernier soupir musical dans *le Pré aux Clercs*, cette belle partition qui fit courir tout Paris. Madame Casimir était malade; *le Pré aux Clercs* ne pouvait plus être représenté. Madame Dorus obtint du directeur de l'Opéra la permission de remplacer madame Casimir, et en trois jours le rôle fut appris, répété, joué par madame Dorus, qui reçut pour prix de sa bonne action des bravos justement mérités, et une lettre de la femme du malheureux Hérold, qui la remerciait d'avoir donné encore un peu de joie et de bonheur au pauvre malade.

Encore un nom à citer pour terminer la revue; c'est celui de madame Damoreau-Cinti. Artiste et cantatrice, madame Damoreau a un double droit aux éloges, aux bravos et à la sympathie des spectateurs de l'Opéra.

Nous finirons nos citations des sujets de l'Opéra par les noms de deux femmes adorables, mademoiselle Doré et madame Stoltz.

La ville de Versailles a donné le jour à mademoiselle

Dorus; la nature lui a donné les yeux bleus les plus limpides et les plus célestes; Dieu l'a dotée d'une voix pure et suave, comme la voix des séraphins admis au concert des anges.

Madame STOLTZ, je vous nomme la dernière parce qu'il est écrit aux livres saints : Les premiers seront les derniers; et puis à la procession les gendarmes ouvrent la marche, et la divinité paraît après tout le monde. — Madame Stoltz, la plus dramatique de nos cantatrices, est non-seulement une harpe éolienne, que les inspirations les plus élevées font vibrer avec mélodie; c'est encore une femme bonne, spirituelle et gracieuse. — Elle est à l'Opéra ce que madame Dorval est au drame. Madame Stoltz est la reine de l'harmonie; les amis des grandes cantatrices et des femmes charmantes doivent lui tresser des couronnes.

Je demande pardon à mademoiselle MÉQUILLET et à madame NATHAN-TREILHET, si je ne les ai point citées déjà, ce n'est certes pas par oubli, mais le public, qui leur fait toujours bon accueil, les récompensera de mon silence.

— D'ailleurs, dit le fondateur, l'heure du couvre-feu sonne à Montmartre, nous nous voyons forcé de clore la séance par ce couplet d'un auteur contemporain :

<pre>
    Il est bientôt minuit,
    Repassons la barrière ;
    Puisque monsieur le Maire
    Nous interdit la nuit,
        Fermons la lice :
        Dame police
        Partout se glisse...
    Retirons-nous sans bruit.
</pre>

GRANDE COURSE AU SUCCÈS

Exécutée par l'Odéon, les Folies et plusieurs théâtricules rive droite et rive gauche.
Au dernier tour, le théâtre des Folies touche le but, l'Odéon est distancé par les Funambules, le Panthéon s'est dérobé.

DOUZIÈME ET DERNIÈRE SÉANCE

DE LA

SOCIÉTÉ BLAGUO-THÉATRALE.

Tous les bancs qui garnissent le salon réservé de la *Boule-Noire* sont occupés depuis une heure environ, et pourtant l'heure habituelle de l'ouverture des séances n'est pas encore sonnée; le bureau est désert, mais les bougies resplendissent et jettent un foyer de lumière sur le fauteuil du fondateur et sur les sièges des dignitaires. On s'entretient à voix basse; les dames exceptées, les toilettes sont plus recherchées que de coutume; tout annonce une séance solennelle.—L'heure sonne. Les chefs d'ordre annoncent à haute voix : « LE BUREAU, *Messieurs!* » — Tous les sociétaires se lèvent; et le vénérable fondateur de la *Société de la Blague théâtrale* entre dans la salle, suivi du vice-président, des secrétaires, de MM. Lamiral et Bourdon; le père Piquant ferme la marche, et se dirige avec les dignitaires vers l'estrade élevée que couronnent les deux écussons sur lesquels brillent les devises de l'association.

Le fondateur s'assied, et après avoir salué à droite, à

23

gauche et au centre, il ouvre la séance par cette allocution :

Messieurs et chers camarades,

Le programme de nos séances, imprimé au nombre de quatre-vingt-quatre mille, à l'instar du journal *le Siècle*, a fixé à *douze* le nombre des réunions des historiographes, blagueurs, biographes et cancanniers, composant l'honorable société fondée sous les auspices de l'éditeur du MAGASIN THÉATRAL et de la GALERIE DRAMATIQUE.

Nous allons aujourd'hui accomplir notre douzième procès-verbal, et nous consacrerons cette dernière séance à une revue à vol d'oiseau des théâtres ultra-pontains; puis, repassant la rivière, nous reviendrons vers le point d'où nous sommes partis en commençant nos pérégrinations théâtrales. — C'est aujourd'hui un *steeple-chase* auquel je vous convie, une *course au clocher* dans laquelle je vous invite à me suivre. — Transportons-nous donc sur la rive gauche de la Seine, où le vaste ODÉON nous apparaît flanqué des théâtricules *Saint-Marcel*, du *Panthéon* et du *Luxembourg*, comme la mère Gigogne au milieu de sa famille lilliputienne; puis, d'une enjambée, nous terminerons notre course par les théâtres de *la Renaissance*, de *Beaumarchais*, de *Lazari*, des *Funambules*, des *Délassements-Comiques* et des *Folies-Dramatiques*.

L'ODÉON a presque toujours pris rang parmi les théâtres royaux, et dans les phases diverses qu'il a parcourues, la fortune n'est venue qu'à de longs intervalles s'asseoir à son foyer. Nous prendrons l'histoire de ce théâtre au moment où il a eu une troupe spéciale, où il a pu être lui et former une puissance indépendante dans le concours des boutiques théâtrales qui s'arrachent les succès, les chefs-d'œuvre dramatiques, et par-dessus tout cela, l'argent de cette myriade de béotiens et de désœuvrés qu'on est convenu d'appeler le public.

Le théâtre du faubourg Saint-Germain, ouvert en 1782, sous le nom de Théâtre-Français, prit en 1789 celui de Théâtre de la Nation; *Paméla ou la Vertu récompensée*, jouée à ce théâtre le 2 septembre 1793, fut dénoncée comme contre-révolutionnaire par la société des Jacobins. La Convention fit fermer le théâtre et jeter les principaux acteurs en prison.

En 1796, un journal intitulé *le Républicain Français*, annonçait ainsi la réouverture de la salle du faubourg Saint-Germain :

« Le ci-devant *Théâtre Français*, situé près le palais du Directoire exécutif, va se rouvrir. Le gouvernement l'a cédé pour trente années à une compagnie de capitalistes, qui s'oblige :

» 1° A remettre l'intérieur de la salle en bon état;

» 2° A y réunir les meilleurs acteurs dans tous les genres;

» 3° A former une espèce d'école ou d'institut dramatique;

» 4° A laisser la salle à la disposition du gouvernement toutes les fois qu'il voudra donner des fêtes nationales, ou décerner des prix aux hommes de talent;

» 5° A remettre entre les mains d'un caissier du gouvernement la rétribution des auteurs morts dont on jouera les pièces. Cette rétribution formera un fonds pour les pensions à accorder aux vieux auteurs et aux acteurs distingués. »

L'ancien Théâtre de la Nation prit alors le nom grec d'Odéon. Les Odéons des Grecs et des Romains étaient des salles de spectacles, des lieux de réunions, où les poètes et les musiciens se faisaient entendre. Tout était à la grecque au temps de la république française, et le théâtre reçut le nom qu'il a repris deux ou trois fois depuis cette époque.

La mort de mademoiselle Joli fut un signal de fermeture pour l'Odéon, qui rouvrit ses portes aux comédiens français, dirigés par un nommé Sageret, qui possédait la triple direction du théâtre de la rue de la Loi (rue Richelieu), du théâtre Feydeau et de celui de l'Odéon. La tâche était lourde, Sageret y succomba, et le théâtre du faubourg Saint-Germain fut encore fermé.

Le 10 brumaire an 7, il rouvrit encore avec les anciens acteurs qui s'y étaient réunis en société; le 17 nivôse (le lendemain de la première représentation de *Misanthropie et Repentir*, drame de Kotzbuë, traduit par Bursey, et retouché par madame Molé-Léger), le théâtre de l'Odéon s'était écroulé sous un tourbillon de flammes.

Réédifié avec magnificence, le théâtre de l'Odéon ouvrit ses portes au public le 15 juin 1808, sous le titre de *Théâtre de l'Impératrice*. Alexandre Duval en avait été nommé directeur impérial. Les principaux acteurs étaient : ARMAND, DUGRAND, GRANDVILLE, qui depuis passa au théâtre de la rue Richelieu; CLOZEL, comédien distingué, qui plus tard créa d'une façon si brillante le rôle de *Philibert*; VALCOUR, DE VIGNY, CHAZEL, madame MOLÉ-LÉGER, mademoiselle MOLIÈRE, transfuge du Vaudeville, où elle jouait les Colombines; et madame PÉLISSIER, excellente duègne.

Parmi toutes les pièces jouées sur le théâtre de l'Odéon pendant cette période de sa vie, il en est une surtout que l'on doit citer dans la société de la *blague théâtrale*: c'est le *Retour d'un Croisé*. Jamais plus amusante bouffonnerie n'avait égayé les amateurs de la parodie. Le monstre bâtard de Melpomène qui venait de s'introduire sur notre scène sous le nom de drame y était bafoué d'une façon très-burlesque. Ce n'était pas une parodie, c'était une imitation grotesque des plus ébouriffantes, que son auteur, Al. Duval, n'osa point mettre sous son nom; il fit annoncer M. *Blaise Bethmann qui désirait garder l'anonyme.* C'est là que commencèrent leur réputation dramatique MM. Dupaty, Rougemont, Dumersan, Merle, et Charles Maurice, l'auteur du *Parleur éternel*, et le rédacteur *consciencieux* du *Courrier des théâtres*, petit journal qui succomba sous de nombreuses plaintes en diffamation, et ressuscita comme un phénix de vénalité et d'acerbe et sale critique sous le nom de *Coureur des spectacles.*

Puis, en 1814, nos amis les ennemis, avec huit cent mille lances anglaises, prussiennes et cosaques, enlevèrent au théâtre du faubourg Saint-Germain son drapeau tricolore et son titre de *Théâtre de l'Impératrice*, qu'il échangea contre un drapeau blanc et son ancien titre d'*Odéon.*

Nous parcourrons rapidement l'histoire de l'Odéon sous la restauration; enregistrons tout de suite les pièces qui obtinrent le plus de succès; ce sont d'abord: *une Journée à Versailles; les Deux Philibert; la Maison en loterie*; les *Deux Anglais*; et surtout *l'Homme gris*, dont le succès fut immense.

Le 20 mars 1818, un violent incendie vint détruire de nouveau la salle de l'Odéon.

Citons à cette occasion un trait honorable de *Pélicié*. Cet artiste venait d'envoyer sa démission; les acteurs étaient alors en société, sous la direction de Picard. A la nouvelle de l'incendie, Pélicié accourt, et après mille preuves de zèle et de courage, il se présente couvert de sang et de boue, noirci par la fumée, devant Picard et ses camarades : « Mes amis, s'écrie-t-il, je ne vous aban» donne plus; vous êtes malheureux, je dois rester avec » vous. »

Louis XVIII s'empressa de remédier à ce sinistre événement; il ordonna la réédification de la salle de l'Odéon, et une ordonnance déclara que l'*Odéon*, *annexe de la Comédie-Française*, conserverait le rang de théâtre royal. «Le privilège, disait l'ordonnance, sera accordé à » une société de comédiens qui l'exploiteront à leurs » risques et fortune, et aux mêmes conditions que celles » imposées à ceux de notre Théâtre-Français. »

Pendant les travaux, les artistes allèrent à la salle Favart, et y jouèrent *la Famille Glinet*, de M. Merville, qui attira tout Paris, et qu'on attribua à Louis XVIII, comme on lui avait attribué avant la révolution *Panurge dans l'île des Lanternes*.

L'Odéon rouvrit le 30 septembre 1819, avec JOANNY, DAVID, ERIC-BERNARD, LAFARGUE, PROVOST, DUPARRAI, SAMSON; mademoiselle BROCARD, mademoiselle FITZELIER, qui fut depuis madame ASTRUC, et qui avait alors plus que de l'avenir; mais la femme a tué l'actrice. *Les Vêpres Siciliennes*, *un Voyage à Dieppe*, une

Fête de Néron, le Paria, les Deux Ménages, Luxe et Indigence, firent de l'Odéon un rival redoutable pour le Théâtre-Français.

Puis vint l'Opéra, sous la direction de M. Bernard, qui fit sa fortune avec *Robin des Bois.* Après l'Opéra on vit apparaître à l'Odéon Beauvallet, madame Albert, Dupraz de l'Opéra, qui ne se doutait guère qu'il gagnerait un jour cent mille francs par an. La fortune avait fui l'Odéon, et ne fit que reparaître un instant devant M. Harel, escorté de mademoiselle Georges, Lockroy, qui a abandonné le théâtre comme acteur pour se faire auteur dramatique, et qui partout a recueilli de justes applaudissements; Delafosse, que le théâtre abandonne; puis Bocage et madame Dorval, ces dieux du drame moderne.

Depuis 1832, l'Odéon ouvrit ses portes à une foule de directeurs de toutes classes et à des troupes de tous les genres, depuis les petits acteurs dirigés par Castelli jusqu'à ceux dirigés par M. Védel, qui promenait sa troupe de la rue Richelieu à l'Odéon, ce qui faisait ressembler messieurs de la Codémie-Française à la troupe des frères Séveste, les éleveurs des Talmas et des Rachels de banlieue.

Enfin, nous voici arrivés à l'ère actuelle du pauvre théâtre de l'Odéon, qui rerererouvrit en 1842 avec une troupe de comédiens sociétaires, à la tête de laquelle se trouvait M. D'Epagny, avec les fils de notre excellent comique Monrose, qui nous font chaque jour sentir plus vivement la perte de celui dont le nom est un trop lourd fardeau pour eux; et puis *Achille* Miarcour, acteur qui n'est pas sans mérite, mais qui me semble capable de diriger un grand théâtre autant que de gouverner un archevêché. — Encore l'histoire du Dragon à sept têtes.....

Bientôt on vit les rênes du gouvernement *odéonien* confiées à un journaliste qui de critique devint critiquable... M. Lireux fit tant auprès de tous, qu'il finit par obtenir une subvention de soixante mille francs. Il promit un véritable second Théâtre Français, et prenant les mille trompettes puffistes de la presse, il inventa un Corneille, un Racine, dans la personne de M. *Ponsard*. La tragédie élaborée dans ce vaste cerveau eut nom *Lucrèce!*... Le théâtre était sauvé, la France allait reprendre son auréole de gloire dramatique...... M. Ponsard avait fait Lucrèce!!!... — Quel affreux puff!... M. Ponsard est allé cacher sa couronne dans une petite ville de province; et Lucrèce a obtenu du vénérable M. Aymès le prix fondé par M. Commerson, du *Tintamarre*.

M. Lireux fait de l'Odéon une lanterne magique où les poètes incompris et les auteurs qui n'ont pu avoir accès auprès du sénat de la rue Richelieu font passer rapidement sous les yeux des spectateurs, habitant la rive gauche de la Seine, les chefs-d'œuvre qui auraient dormi à jamais au fond des cartons de leurs auteurs. J'en connais qui ont payé pour que l'on jouât leurs œuvres...
— Les malheureux!

Pourtant, il faut le dire, quelques ouvrages recommandables ont surgi au milieu de ces embryons dramatiques: ainsi *Jane Gray*, de M. Soumet et de madame d'Alteimheim, sa fille; et la spirituelle comédie *le Succès*, de M. Harel... Mais il faut maintenant qu'un ouvrage soit bien puissant pour faire entreprendre le voyage de long cours au bout duquel se trouve l'Odéon.

Un jour M. Lireux se dit *in petto*: « Parbleu! puisque

» je dirige un Odéon, je veux y faire venir les Grecs, ces
» pères de la tragédie... Je les ferai soutenir par une
» armée de *Romains*... Et, mes amis de la presse aidant,
» l'État me devra récompense. » La grande figure de Sophocle vint se poser devant les lunettes du myope directeur, et lui montra du doigt le mot *Antigone !* — M. Lireux bondit de joie; il avait retrouvé un Ponsard dans la personne de l'ombre de Sophocle; Antigone allait, comme Lucrèce, lui servir d'échelle pour attraper une autre subvention !... Aussitôt il donne un *pensum* à deux traducteurs, ses amis; il appelle à lui Bocage et mademoiselle Bourbier; on ôte quelques banquettes du parterre pour y mettre un vieux chambranle de cheminée en forme d'autel... Et le tour est fait... Les spectateurs sont endormis, et la subvention enlevée! à la barbe du théâtre Richelieu.

Avant M. Lireux, une rivale de Rachel était apparue sur la scène: mademoiselle Maxime, brune et fougueuse Vendéenne, à l'âme toute dramatique, à la voix puissante, aux élans passionnés, disputait à mademoiselle Rachel la couronne tragique, et élevait autel contre autel...... La lutte fut brillante; le noble faubourg Saint-Germain prit parti pour mademoiselle Maxime, les financiers du quartier Notre-Dame de Lorette se jetèrent dans le camp de Rachel... Et Dieu sait qui l'eût emporté... lorsque, laissant à la jeune Israélite le trône de la rue Richelieu, mademoiselle Maxime vint poser son cothurne sur la scène de l'Odéon!... Cette artiste pouvait être un drapeau pour le second Théâtre-Français, mais elle aurait éclipsé mademoiselle Payre et mademoiselle Bourbier!... M. Lireux laissa partir mademoiselle Maxime.

Il en est des acteurs comme des auteurs, à l'Odéon:

tous les inconnus y sont admis; pourvu que leurs prétentions pécuniaires soient nulles, qu'importe que leur talent soit comme leurs prétentions?.... L'Odéon a remplacé la salle de Doyen; il y a, je crois, des acteurs qui payent leur rôle.... Et le public? me direz-vous..... — Allons donc! est-ce que l'on s'occupe de cela?

A propos d'acteurs inconnus, avez-vous entendu parler de Milon? pas Milon de Crotonne!..... Celui dont je parle n'est pas si fort que cela; mais il n'en a pas moins d'amour-propre; et je vous le donne pour un gaillard qui connaît son *puff* sur le bout du doigt.

Ce petit M. Milon s'est avisé un beau jour de se faire lithographier; tout le monde en a le droit (à preuve M. Marius de la Porte-Saint-Martin, qui s'est fait lithographier dans le rôle et le costume de *Morel*, des Mystères de Paris, qu'Eugène Grailly a créé d'une manière supérieure). — Il fallait un nom et une qualité au bas du portrait insignifiant de ce jeune homme à la moustache naissante : M. Milon se souvint qu'il avait manqué de débuter au Théâtre-Français, et, sans plus de façon, il fit mettre au bas de son portrait: *Milon, de la Comédie-Française*. Il fit faire ensuite une biographie pour accompagner le portrait, fit tirer le tout à trois mille exemplaires, qu'il envoya dans tous les cafés, estaminets, bureaux d'omnibus, aux débarcadères de chemins de fer, et jusque dans les *bouillons* de la compagnie hollandaise. Un de mes amis a dit: « C'est ainsi que la ruine » de sa raison fut *consommée*.» M. Milon lui-même colportait sa biographie dans tous les théâtres, et la glissait furtivement dans les poches de tout le monde; on m'a dit l'avoir vu faire cet exercice dans le passage des

Panoramas. — A la bonne heure, voilà comme on acquiert de la célébrité!

M. Lireux a eu l'heureuse idée d'aller, pendant la saison d'été, faire concurrence aux troupes nomades, qui, depuis Scarron, parcourent la province sous la direction des Mayer et des Ducrocq. Pendant quatre mois de l'année l'Odéon est fermé, et il n'est pas plus question de second Théâtre-Français qu'à Pontoise, à Elbeuf ou à Poissy. Antigone court les foires de village comme une saltimbanque, et Sophocle fait la parade..... Mais on dit que c'est un engagement pris par M. Lireux avec les députés qui ont voté sa subvention, et qui ont promis à leurs électeurs d'amener le second Théâtre-Français dans leurs localités respectives. — Bonne chance donc aux artistes et au directeur du second Théâtre-Français! et prions-les de s'arrêter un moment si dans leurs excursions départementales ils passent par hasard devant l'Odéon!

A la droite de l'Odéon, un vaste palais étend ses ailes, à l'ombre desquelles végètent des chênes et des ormes séculaires. Ce palais, dans lequel se jouent depuis cinquante ans les grandes comédies politiques, masque un petit théâtre auquel on a donné d'abord le nom de Théâtre de Bobino; on y dansait sur la corde, on y faisait la parade au dehors, et on y jouait des pantomimes. [Plus tard le Vaudeville se glissa dans cette petite salle, et il lui fut permis d'essayer quelques flonflons, à la condition que la corde des acrobates resterait tendue sur le scène pendant la durée de la pièce. Plus tard la corde disparut, et le Théâtre du Luxembourg devint un théâtre tout comme un autre. Le drame et le vaudeville s'y acclimatèrent et ont fait du petit Théâtre du

Luxembourg un rude concurrent pour le vaste Odéon, qu'il dépeuple de son public d'étudiants et de femmes... aimables.

C'est à ce petit théâtre que les disciples de Barthole et ceux de Galien viennent faire non pas leurs cours de droit et de médecine, mais leur cour aux grisettes qui raffolent des drames et des vaudevilles de MM. de Saint-Aure et Jouhaud.

A propos de ce M. Jouhaud, on cite ce *vaudevilleur* comme le plus fécond des fabricants de petites comédies où se trouvent intercalés quelques bouts rimés adaptés à tous les airs dits *Ponts-Neufs*. Il est vrai de dire que M. Jouhaud livre sa marchandise à des prix très-modérés : au théâtre Lazari, où il ne signe pas ses vaudevilles, fabriqués à coups de ciseaux, il vend un acte dix francs; c'est le cours de la place. Aux Funambules, le même Jouhaud se fait appeler M. AUGUSTE, et livre un vaudeville pour trente francs; c'est un prix fait comme des petits pâtés; aussi chacun de ses ouvrages est sûr d'y obtenir un *four*.

En 1839, le théâtre du Luxembourg était dirigé par M. HIPPOLYTE HOSTEIN, auteur de charmants petits contes moraux dédiés aux enfants, et qui unissent un intérêt soutenu à un style gracieux et correct. M. Hostein deviendra l'*ami des enfants*, comme Berquin et l'abbé Savigny.

Le directeur actuel du théâtre du Luxembourg est M. TOURNEMINE, auteur dramatique, et employé au ministère de l'intérieur. M. Tournemine fait tous ses efforts pour faire prendre à son théâtre rang de bourgeoisie parmi ceux de la capitale; il y parviendra s'il continue à faire un bon choix de pièces et d'artistes.

CLAIRVILLE, qui se fait un nom avec une infinité de vaudevilles de circonstances fort spirituels et facilement *couplettés*, a fait ses premières armes comme acteur et auteur sur le théâtre du Luxembourg; c'est de là aussi que mademoiselle CLARISSE s'est élancée pour aller à Lisbonne, d'où elle est revenue pour entrer au théâtre du Panthéon, puis au théâtre de la Gaîté. DELMAS, dont M. Poirson a voulu faire un Bouffé, était au théâtre du Luxembourg il y a deux ans.

M. Tournemine vient de prendre pour régisseur MONET, qui, depuis cinq ans, tenait cet emploi à l'Ambigu.

Un autel entouré de vignes s'élevait, au treizième siècle, sur le lieu où l'on consacra depuis à *saint Bacchus* une église qui prit ensuite le nom de Saint-Benoît. Dans la nef de cette église ont été déposées les cendres du poète Jean Dorat, qu'on avait surnommé le Pindare français, de Claude Perrault, qui, suivant Boileau,

De mauvais médecin devint bon architecte;

du comédien Michel Baron et de l'abbé René Pucelle. Cette église, fermée depuis 1816, et qui depuis servit de dépôt aux farines, est à présent un théâtre.

Depuis 1832, les pieux cantiques qui faisaient vibrer les vitraux du cloître des bénédictins ont été remplacés par les phrases ronflantes de quelques mélodrames, véritables *ours* repoussés de toutes les boutiques où se débitent ordinairement ces marchandises; les refrains et les couplets de MM. Milon, Saint-Aman, Salvat, et autres poètes *ejusdem farinæ*, ont frappé les voûtes saintes que la restauration avait laissées dans le silence du cloître inhabité.

M. Eric-Bernard, tragédien ordinaire de l'Odéon, obtint, pour prix de son patriotisme pendant les journées de juillet, le privilége d'établir là un théâtre qui prit le titre de Théatre du Panthéon. Dorat, qui dormait là depuis un demi-siècle, a pu entendre les madrigaux roucoulés par un jeune-premier de vaudeville, et Baron a dû tressaillir dans sa dernière demeure quand les échos ont apporté jusqu'à lui les imprécations tragiques de Néron et d'Oreste, auxquels Saint-Ernest servait d'interprète.

Bientôt la tragédie disparut avec Eric-Bernard et ses pensionnaires; et en 1838 M. Nézel devint directeur du théâtre du Panthéon. Le pauvre théâtre ne vit pas pour cela la fortune lui sourire, au contraire; mais M. Théodore Nézel s'en inquiétait fort peu; il avait établi son cabinet dans un café de la rue de Sorbonne; et lorsqu'un auteur allait demander une lecture, le concierge du théâtre l'envoyait au café Sorbonne, où il trouvait le directeur, habit bas et bras nus, faisant sa partie de siam ou de piquet. — On ne peut pas être partout, que diable!

La reine de l'endroit était alors madame Abel; formée à l'école de madame Dorval, madame Abel comprenait le drame moderne et l'interprétait avec âme. Sa taille souple et ses yeux vifs et mobiles comme ceux d'un Albinos, avaient plu à M. Théodore Nézel, qui lui consacrait le temps qu'il ne dépensait pas au siam ou au théâtre.

M. Nézel songea bientôt à faire une fin, et au risque de se voir l'auteur de *la Mort d'Abel*, il épousa une jeune personne belle et sage, qui lui apporta de quoi relever la caisse administrative. — Le théâtre du Panthéon et son directeur ressemblaient quelque peu au tonneau des Danaïdes; les mauvais jours arrivèrent, M. Nézel fut contraint d'abandonner sa direction, et il vient de prendre celle de Taïti.

Après lui vinrent deux jeunes gens qui suivirent les traces de leur devancier; MM. Oscar Pichat et Hippolyte Fau tenaient bien légèrement le sceptre directorial, ils le laissèrent échapper de leurs mains, et leur règne de quelques mois leur a coûté à chacun une dizaine de mille francs. — Alors la scène du Panthéon était peuplée de femmes charmantes, vive uses, aimantes, égrillardes et folles : mesdemoiselles Clarisse, Pélagie, Éléonore, Sidonie, Bligny, etc., etc., étaient les prêtresses du temple, qui n'était certes point le temple de Vesta.

Il y avait pourtant quelques artistes qui prenaient le théâtre au sérieux; madame Lambquin a donné là des preuves du talent qui lui a valu l'héritage de Julienne, au Gymnase. — Mademoiselle Élisa Norlis, brune, ardente et dramatique jeune femme, se faisait applaudir par toutes les grisettes du quartier latin, et par les étudiants, public habituel du Panthéon. — Mademoiselle Anit, qui a joué naguère avec un grand talent à la Gaîté le rôle de la Voisin fit ses premiers pas au théâtre du Panthéon.

Dubourjal dirigea le Panthéon, alors que le propriétaire de la salle possédait le privilége; ce directeur-propriétaire, nommé M. Georges, est aussi fort sur la langue française que M. Trubert du Vaudeville. Un jour il afficha un article réglementaire qui était un chef-d'œuvre grammatical; il contenait vingt-six fautes d'orthographe en six lignes. — Et M. Georges jugeait les pièces qu'on venait lui lire, et motivait un refus par ces mots : L'ouvrage n'est pas *assé* bien *écrite*.

Lambquin, qui, sous le règne de M. Nézel, jouait les financiers et s'y faisait applaudir, était chargé de la régie; il remplissait son emploi à la satisfaction de tous. Si j'étais directeur, Lambquin serait engagé demain comme régisseur et comme artiste.

Il y avait aussi au Panthéon un acteur nommé Braud, qui cumulait avec la profession de comédien celle de marchand de vieux habits. — Le brocanteur du Temple s'associa M. Blanchard, parfaitement inconnu dans le monde théâtral; et ces deux messieurs obtinrent le privilége du malheureux théâtre du Panthéon. M. Braud se crut alors un grand homme, et cachant sous son habit directorial de hasard sa médaille de marchand d'habits, il recevait du haut de sa grandeur les auteurs qui allaient lui demander place pour leurs *ours*. — M. Blanchard est aujourd'hui seul directeur du Panthéon, où il siége orgueilleusement, ne daigne pas répondre aux lettres des auteurs, et fait le pacha au petit pied dans une salle noire et malpropre qu'il nomme cabinet de M. le directeur. — Son ex-collègue, M. Braud (qu'il ne faut pas confondre avec M. Alphonse Brot, l'homme de lettres), colporte un journal nommé *le Théâtre, journal des intérêts dramatiques*, qui semble n'avoir pour mission que d'attaquer MM. Buloz et Lireux.

Le Théatre Saint-Marcel, construit pour les corroyeurs, tanneurs, mégissiers, teinturiers, et autres notables du faubourg Marceau, fut dirigé par MM. Perrin et Charlet; puis par M. Antony Béraud; ensuite par M. Alfred Guéry. — Ce directeur nourrissait ses artistes; on dînait dans le foyer, et si l'on n'était pas régulièrement payé, on avait au moins la soupe et le bœuf; — puis encore par un peintre en bâtiments, nommé Bourgeois, et enfin par M. Alfred Leroi, qui dirige maintenant une petite feuille industrielle. Ce pauvre et infime théâtre a été englouti dans les eaux fangeuses de la petite rivière de Bièvre; nous n'irons pas l'en exhumer; nous laisserons ce soin à notre visiteur Lamiral, qui y vécut longtemps en compagnie de MM. Joubaud, Guénée et Devaux, fournisseurs habituels de l'endroit.

Nous avons fait une assez longue excursion sur la rive gauche de la Seine; repassons vite les ponts pour retrouver de l'air pur, nos boulevards, et les théâtres par lesquels nous terminerons notre session blaguo-théâtrale.

Donnons d'abord un souvenir à un théâtre dont l'ouverture fit grande sensation dans le monde artistique, et qui jeta tout d'abord un vif éclat : je veux parler du Théâtre de la Renaissance, confié à la direction de M. Anténor Joly.

Là furent jouées des œuvres d'un haut mérite littéraire : Diane de Chivry, le Maître d'École et le Proscrit, de M. Frédéric Soulié, qui eurent pour interprètes Guyon, madame Albert, etc., etc. — Et puis *la Fille du Cid*, que notre grand poëte Casimir Delavigne apporta à la Renaissance pour faire honte à la Comédie Française. C'est dans *la Fille du Cid* que madame Émilie Guyon révéla un talent jusqu'alors ignoré, et dès ce jour cette artiste avait pris une des premières places au soleil des comédiens. Le jour du début de madame Émilie Guyon, on jeta ces vers sur la scène :

> Courage! allons, jeune Émilie!
> C'est peu pour vous d'être jolie,
> Il vous faut de la gloire... et vous la trouverez
> Sur la scène où vous vous montrez
> L'émule de Rachel, que partout on encense.
> Travaillez : et bientôt la noble récompense
> Décernée au talent ornera votre front.
> Tous vous ont admirée, et tous vous soutiendront.
> Ne craignez pas d'entrer hardiment dans l'arène :
> Pour vous le champ est vaste et le ciel est d'azur.
> Le trône radieux où règne Melpomène
> Est large assez pour deux ; montez-y d'un pied sûr....
> Émilie et Rachel doivent marcher égales
> Dans le temple aux arts consacré...
> Pour conserver le feu sacré,
> Ce n'est pas trop de deux vestales.

Le théâtre de la Renaissance avait un privilége qui lui permettait de jouer le drame, la comédie, le vaudeville et l'opéra. *Olivier* BASSELIN est un charmant petit opéra-comique, qui fut fort bien joué par HENRI ALIX. Puis est venu *la Méduse*, opéra dont le succès fut éclatant; MM. Coigniard frères avaient fait le poëme, M. Pilati est auteur de la musique. Tous ces éléments de fortune ne purent conjurer l'orage; M. Anténor Joly abandonna la place à ses créanciers; le théâtre de la Renaissance végéta encore quelques jours... puis il mourut!!...

Le ministre a, dit-on, donné depuis trois ou quatre ans le privilége d'un théâtre lyrique à M. Anténor Joly, qui, par parenthèse, est sourd comme un vieux canonnier de marine. — Voilà certes une bonne plaisanterie que de faire juger des œuvres musicales par un sourd!

Dans les derniers jours du théâtre de la Renaissance, on y donnait des bals chicodéichicochicandars ; là se donnaient rendez-vous les émules du fameux Chicard, marchand de cuirs, professeur de danse non autorisée, et porte-drapeau dans une légion de la garde nationale. Le quadrille modèle était formé par quatre dames coryphées du théâtre de la Renaissance, connues sous les noms pittoresques de Pistolet, Carabine, Bayonnette et Passe-Lacet.

Ce fut là le coup de grâce du théâtre de la Renaissance, qui ferma pour la seconde fois, en 1841, pour ne plus se relever. — Il est occupé maintenant par les Italiens.

Après la fermeture du pauvre théâtre, les artistes s'éparpillèrent par toute la France. Mademoiselle Fitz-james, femme jolie et mauvaise actrice, entra au théâtre de la Porte-Saint-Martin. Un soir, mademoiselle Fitzjames, qui jouait dans la pièce affichée, s'avisa de ne pas se rendre à son devoir ; ses directeurs lui infligèrent une forte amende, et firent bien. Le lendemain, l'actrice écrivit à MM. ogniard : « Messieurs, si je ne me » suis pas rendue au théâtre hier, c'est que j'étais ma-» lade ; je vous prie de ne pas me confondre avec *la cli-» que des actrices* ordinaires...... etc. » Les directeurs envoyèrent deux médecins pour constater la maladie, qui, suivant mademoiselle Fitzjames, avait pris siège dans un endroit fort délicat. Les docteurs déclarèrent qu'après un minutieux examen, ils n'avaient aperçu aucune trace de la maladie dont se plaignait l'artiste. — Mademoiselle Fitzjames fut contrainte de payer les frais de visite, ce à quoi elle n'était pas accoutumée, au contraire; elle perdit de plus son procès et son engagement, et s'en fut à Rouen cacher son dépit.

Vis-à-vis de la maison de Beaumarchais, le père de Figaro, le satirique écrivain qui frappait à grands coups de lanières les travers du dix-huitième siècle expirant, on construisit en 1836 une jolie petite salle de spectacle à laquelle on donna le nom de *Théâtre de la Porte Saint-Antoine*.

M. le comte de Tully, l'un des hauts employés de la monnaie, obtint le privilége du théâtre qu'il avait fait construire, et l'exploita avec MM. Anténor et Villeneuve. Nous allons numéroter les directions qui se sont succédé avec rapidité au théâtre Saint-Antoine, afin d'en avoir fini vite avec les autocrates du lieu :

1° MM. de TULLY, ANTÉNOR JOLY, et de VILLENEUVE. — Ce trio directeur s'était ainsi partagé le pouvoir et les attributions : M. de Tully s'occupait de l'argent, pour lequel il professe un vrai culte; M. Anténor s'occupait de petits soupers et de la rédaction du journal l'*Entr'acte*; M. de Villeneuve protégeait et poussait les femmes jeunes et jolies qui venaient offrir au théâtre Saint-Antoine leurs charmes et leurs talents.

2° M. de Tully, représenté par BARRE, acteur médiocre, qui sortait du Panthéon.

3° Une réunion d'actionnaires, représentés par M. MORIN, professeur de déclamation, assez piètre comédien, qui a essayé en vain de prouver qu'il avait du talent, ce que le public lui a contesté; mais M. Morin est audacieux et fluet; il est devenu professeur au conservatoire, et ne donne guère des leçons qu'aux femmes du monde et à quelques jeunes désœuvrés :

Il fait des comédiens et n'a jamais pu l'être.

4° MM. Bouet et Larchèse; direction nulle et éphémère.

5° M. Deaddé, qui sous le nom de Saint-Yves a donné à presque tous les théâtres de jolis vaudevilles, dans lesquels des couplets faciles et bien tournés, un bon ton de comédie, de l'esprit et de la gaieté, se sont toujours fait applaudir. — Directeur, auteur et homme privé, M. Deaddé s'est fait aimer de tous. — Ses associés étaient M. Banès, qui, sous le nom de Renaud, est un acteur modeste des Variétés, et M. Livet, qui disparut un beau jour, laissant ses associés se tirer comme ils l'ont pu d'une position fâcheuse.

6° Un instituteur nommé Loyau d'Amboise de Sacy, qui a fait des drames très-comiques, et des comédies très-ennuyeuses.

7° Encore M. de Tully, représenté par M. Guéry, le nourrisseur des artistes de Saint-Marcel.

8° M. Alphonse Geniès, qui revenait de Russie avec une rente inaliénable (ce qui fut fort heureux pour lui); M. Cuvilliers et M. Maurice Alhoy, l'auteur des *Bagnes*. Cette direction fut, hélas! fort précaire. On m'a raconté qu'en partant du théâtre Saint-Antoine, M. Maurice Alhoy avait fait vendre à la livre tous les manuscrits qui se trouvaient aux archives.

9° Enfin, le directeur actuel est M. Chabenat, homme de lettres, qui semble vouloir mener à bien la barque du théâtre de la Porte Saint-Antoine, lequel se nomme maintenant Théâtre Beaumarchais.

Ouf! voici une longue kyrielle de noms! mais nous en sommes quittes... Passons aux ouvrages, dont nous ne citerons que les principaux; et aux artistes, ce qui sera peut-être moins ennuyeux.

La pièce d'ouverture du théâtre de la Porte Saint-Antoine fut intitulée *Saint-Antoine et ses compagnons*; Henri, madame Bligny et un jeune typographe, nommé Fournier, eurent les honneurs de la soirée. Madame Bligny, actrice fort amusante à la ville et au théâtre, faisait déjà des imitations; le jour de la première représentation, cela fit de l'effet, parce que la salle était pleine de journalistes, d'auteurs et de comédiens; mais ensuite l'indifférence du public apprit à l'actrice qu'elle plaisait plus en restant elle-même qu'en singeant ses camarades.

La Bataille de Toulouse, de M. Méry (et un peu de M. Victor Hugo, dit-on), obtint plus tard un succès de vogue. — Séligny débutait dans ce drame et fut bien accueilli. Mademoiselle Fierville faisait aussi ses premiers pas devant le public, et tout d'abord on devina en elle une artiste dont la vocation était tracée. Paul Cuzent, qui a épousé mademoiselle Fierville, vient de faire un véritable vol à l'art théâtral, en emmenant sa femme loin de la France. — Ils nous reviendront bientôt, je l'espère; le public applaudira encore ces deux artistes, et nous nous réjouirons le jour où nos voisins d'outre-Rhin nous rendront Paul Cuzent et sa famille.

Il faut encore citer *l'Idiote*, drame qui servit de début à mademoiselle Victorine Hugo, et lui valut une ovation générale des feuilletonistes de la camaraderie. Mademoiselle Hugo signait d'abord son nom Hugot; mais elle retrancha la dernière lettre du nom de sa famille pour avoir l'air d'appartenir à celle du grand poëte qui, de la place Royale où il réside, dans l'appartement de Marion Delorme, vient souvent honorer de sa présence le théâtre son voisin.

L'Idiote est due à la plume de M. E. ALBOISE, littérateur distingué, qui a enregistré un grand nombre de succès dans tous les théâtres de Paris, et qui a le malheur de collaborer un peu trop souvent avec le très-myope beau-frère de Victor Hugo. M. Alboise vit d'abord son nom inscrit au tableau des avocats; mais il déposa promptement la robe et la toge sous lesquelles il aurait pu se faire un beau nom, car M. Alboise est savant orateur et homme d'âme et de conscience; il préféra se vouer à la littérature, et vient de publier une savante et intéressante histoire de la Bastille, ce colossal monument de la féodalité qui s'écroula sous le souffle du peuple.

Le foyer des artistes était fort recherché dans ce temps-là; c'est qu'il y avait des femmes jolies et peu sévères; on y folâtrait, on médisait de ses camarades (médire n'est point calomnier); et puis les propos légers allaient leur train; on y disait des mots fort amusants et même fort spirituels. Madame Bligny y établissait sa réputation de joyeuse compagne. Madame BARVILLE y montrait ses belles épaules et ses dents admirables; son sourire appelait le baiser, qu'elle ne repoussait guère, tant elle était bonne fille. Malheur, par exemple, au fils de famille imprudent qui parvenait à pénétrer dans le sanctuaire! sa fortune s'évanouissait vite; à celui-là on ne donnait point les baisers, on les lui vendait.

J'ai connu un jeune baron, amoureux fou d'une des jolies pensionnaires de M. de Tully. Pour être reçu au foyer des acteurs, notre jeune homme acheta cinq cents francs le droit de mettre son nom à un vaudeville en un acte. Le marché fut accepté et le vaudeville reçu. « Le noble » y mit son nom, le poëte son talent, » comme dit Beaumarchais. L'auteur présenta le jeune homme comme son collaborateur, et le baron eut ses entrées au foyer et dans les coulisses. Un an après, le noble vaudevilliste était ruiné. Madame Bligny, voyant un jour ce jeune fou sortir de chez son amie, dit à celle-ci : « Comment, » ma chère, tu le laisses partir !... mais il a encore sa » chaîne et sa montre ! »

Mademoiselle BOISGONTIER, que tout Paris connaît maintenant, fit ses premiers débuts au théâtre Saint-Antoine. C'était une jolie fille, de plus peu timide, fort coquette et d'humeur gaillarde. Elisa Boisgontier eut bientôt une position dans le monde et au théâtre. Sa mère l'accompagnait partout; mais, en femme bien apprise, elle ne gênait point sa fille, et ne voulait pas nuire à son avancement. — Brave femme, véritable type des mères d'actrice, elle faisait toujours bon accueil à l'amant de son Élisa. Qu'importe qu'un visage nouveau s'offrît à elle bien souvent?... Ce n'était pas le même homme, mais c'était toujours l'amant d'Élisa.

Cette brave dame ingurgitait chaque soir chez le concierge quelques petits verres de rhum, qu'elle affectionne beaucoup. Cela fit dire à madame Bligny : « Ma » chère Élisa, ta mère est un peu comme toi, elle a une » passion qui lui fera prendre le *premier rhum* venu. »

Un jour la mère Boisgontier appelait, du bas de l'escalier sa fille, qui était occupée dans sa loge, et lui criait, avec son accent méridional très-prononcé : « Élisa, » descends, ton homme te demande. — Lequel, dit la

» jeune fille? — Eh! bigre, celui qui paye!... Crois-tu
» que je te dérangerais pour tes... godelureaux?» (Historique.)

A chaque instant on faisait des souscriptions au foyer pour des artistes malheureux ou pour des familles misérables; et toutes ces jeunes femmes donnaient avec empressement ce qu'elles avaient d'argent dans leur bourse; j'en ai vu une qui, n'ayant pas d'argent sur elle, ôta de son doigt une très-jolie bague, et la donna pour être vendue au profit de la souscription. Mademoiselle Boisgontier était toujours la première à participer aux bonnes œuvres; car son cœur est aussi bon que ses yeux sont beaux. Un soir, elle faisait une quête pour de pauvres ouvriers sans ouvrage; en véritable dame de charité, elle demandait l'aumône pour ses pauvres protégés. — « Ils sont sans ouvrage, disait-
» elle, et ils ont huit enfants. — Pourquoi, dit quel-
» qu'un, faire autant d'enfants? — Eh! mon Dieu, ré-
» pondit mademoiselle Boisgontier, les pauvres gens
» n'ont souvent que cela pour souper! »

Maintenant le foyer du théâtre Beaumarchais n'a plus le même aspect. On n'y voit plus ces réunions où brillaient l'opulence et la joyeuse vie; l'abord du foyer est difficile, et M. Chabenat, qui prend son théâtre au sérieux, veut que l'on s'occupe du travail plus que de conquêtes et de plaisirs.

Le théâtre Beaumarchais est maintenant en pleine voie de prospérité, grâce à M. Chabenat, qui, secondé par son régisseur, M. Grandville, monte avec soin les pièces qui se succèdent rapidement, et dans lesquelles se font applaudir:

Clément Ozane, bon gros garçon, bien leste, bien

vif, bien réjoui, comédien avant tout, comique de bon aloi, et détaillant parfaitement un couplet. — Puis madame DELILLE, qui est au théâtre Beaumarchais ce que Flore est aux Variétés. — Et BAKMONT, dont la diction et le talent font désirer de le voir jouer plus souvent. — Enfin, MORAND, jeune premier que la Gaîté n'a pas su conserver, ce dont M. Chabenat doit se féliciter.

THÉATRE LAZARI. Tels sont les mots inscrits au-dessus d'un auvent sous lequel se pressent chaque soir le ban et l'arrière-ban des gamins et des voyous du faubourg Saint-Antoine et du quartier du Temple. Tous les soirs on donne deux représentations du spectacle annoncé : le public de la première représentation est composé de soldats de la ligne, de goipeurs et de bohémiens de bas étage ; il y a peu de femmes dans ce public de la représentation qui commence à cinq heures et finit à sept heures et demie en été ; pendant l'hiver elle commence à quatre heures et finit à six heures et demie ; cela est calculé pour que messieurs les militaires, qui viennent au parterre dépenser les vingt centimes, produit de quatre jours de solde, puissent être rentrés au quartier à l'heure de la retraite. — La représentation du soir a son public spécial aussi : ce sont des apprentis et des rapins, des petites ouvrières qui donnent là rendez-vous à leurs soupirants, quelques jeunes désœuvrés qui ont dîné trop copieusement, et des femmes plus que légères qui viennent aux galeries et aux avant-scènes porter l'industrie pour laquelle elles sont autorisées à fouler le bitume des boulevards.

Avant les journées de juillet 1830, FRENOY, le mélodramaturge, était propriétaire du théâtre Lazari ; des marionnettes y jouaient des mimodrames ; un homme et une femme, placés derrière la toile de fond, parlaient pour tous les personnages. Quand le drapeau tricolore vint à flotter sur les Tuileries, Frenoy et madame Saqui, directrice du théâtre voisin, où la parole était interdite, interprétant la liberté suivant leurs désirs, engagèrent des acteurs vivants, et firent jouer sur leurs théâtres drames et vaudevilles. Quelque temps après l'autorité fit signifier à Frenoy et à madame Saqui de se renfermer dans les bornes de leurs priviléges. Grand émoi sur les théâtres Saqui et Lazari, dont les pauvres artistes tremblaient à qui mieux mieux.

Madame Saqui conçoit un projet qu'elle met de suite à exécution : elle revêt une robe de velours à brandebourgs d'or, et se fait conduire au faubourg Saint-Antoine, à l'heure où les ouvriers quittent leurs ateliers. Elle s'avance au milieu d'un groupe nombreux, se fait connaître, et harangue à peu près ainsi les ouvriers : « Mes amis, on veut déjà nous ravir la liberté que vous » avez conquise au prix de votre sang ; on veut me for- » cer à renvoyer mes acteurs et à suivre les ordres de la » police de Charles X. Vous ne le souffrirez point, n'est-ce » pas ? — Non, non, crièrent les braves faubouriens.— » Mes enfants, reprit l'acrobate, demain venez tous à » mon théâtre ; je vous donne une représentation gratis ! » Et vive la liberté ! —Vive la liberté ! Vive madame Sa- » qui ! » répondirent mille voix. Et le lendemain, quinze cents faubouriens, drapeau en tête, entraient gratis en chantant *la Parisienne* dans le théâtre de madame Saqui et dans celui de Frenoy. Le gouvernement, qui avait encore besoin de l'appui du peuple, n'osa pas sévir contre les deux théâtres que le faubourg Saint-Antoine avait pris sous sa protection.

Depuis ce jour-là madame Saqui et Frenoy ont eu tous deux un théâtre de vaudevilles.

Aujourd'hui Frenoy est mort, le théâtre Lazari est exploité par sa veuve, et madame Saqui, après avoir cédé son privilège à un nommé Dorsay, qui a abandonné son théâtre aux délassements comiques, madame Saqui est morte au monde, et vit dans un état précaire, loin du théâtre de sa gloire.

Le théâtre Lazari continue le cours de ses représentations ; on y joue chaque semaine un vaudeville nouveau que l'on paye dix francs à son auteur. Les acteurs y gagnent depuis six francs jusqu'à douze francs par semaine. — Le prix des places varie depuis vingt centimes jusqu'à un franc vingt-cinq.

En 1841, MM. Ferdinand Laloue et Edmond Triquery obtinrent du ministère de l'intérieur un privilège pour établir un théâtre de drames et de vaudevilles sous le titre de Théâtre des Délassements-Comiques.

Ce titre, que l'on a fait revivre, appartenait à une salle de spectacle située sur le boulevard du Temple, et maintenant exploitée par M. Mafey, qui y donne des soirées amusantes, dont la physique, la danse et de fort jolis petits points de vue pittoresques font tous les frais. — C'est le seul spectacle qui ait conservé les parades qui faisaient, il y a vingt-cinq ans, les délices des promeneurs du boulevard, et où j'aimais tant à voir Bobèche et Galimafré. Donnons en passant un souvenir à Bobèche, ce comique si amusant avec sa figure candide, et ses parades improvisées, véritables petites comédies spirituellement bêtes et jamais immorales. Galimafré était plus osé que son malin rival, il disait les mots à peu près crus, et ses parades, où la grosse charge présidait, étaient fort courues par les soldats et les faubouriens ; mais

La mère en défendait l'audition à sa fille ;

et elle faisait bien. — On courait d'une parade à une autre; mais devant le théâtre de mademoiselle Rose, où Bobèche appelait les amateurs, on voyait une foule généralement mieux composée que celle qui riait d'un gros rire en écoutant les lazzis de Galimafré.

Revenons au théâtre actuel des *Délassements-Comiques*. — M. Ferdinand Laloue, que nous avons fait connaître dans notre troisième séance, après avoir tenu pendant deux ans le sceptre des Délassements, laissa le théâtre et la direction à M. Edmond, qui s'associa ensuite M. Ducré.

M. Edmond, ancien artiste du Cirque, y représentait toujours l'empereur Napoléon, auquel il ressemble comme Alcide Tousez ressemble au roi de Rome. — Mais M. Edmond, à l'aide d'un nez postiche en cire, de l'habit vert, du grand cordon rouge, de la fameuse redingote grise, et de l'immortel petit chapeau, était un Napoléon fort convenable, et, vu de loin, il faisait pâlir la gloire de M. Gobert, le roi des Bonapartes de théâtre.

M. Edmond s'était tellement identifié avec le grand homme, que même à la ville il prenait du tabac dans son gilet, marchait toujours une main derrière le dos, portait une redingote grise, et saluait en prenant son chapeau rond par le haut, comme on salue avec un chapeau d'uniforme. — On dit même qu'il ne passait jamais auprès d'une petite voiture de porteur d'eau, croyant toujours y voir la machine infernale de la rue Saint-Nicaise.

Arrivé au trône des Délassements-Comiques, M. Edmond y siège dignement et à la satisfaction de tous. Sa politesse et son urbanité lui font accueillir favorablement les artistes qui viennent lui offrir leurs services; et les auteurs, auxquels son cabinet est toujours accessible, sont sûrs d'être reçus avec courtoisie par M. Edmond.

La salle des Délassements-Comiques est distribuée et décorée avec goût. Aussi est-elle souvent fréquentée par un public choisi et tout à fait opposé à celui du théâtre Lazari. — Il faut dire aussi qu'on y joue de fort jolis vaudevilles et de petits drames très-intéressants: *le Palais-Royal et la Bastille*, *M. Martin*, *la Fille du Ciel*, sont des pièces dignes des grands théâtres. — Et puis il y a toujours eu dans cette bonbonnière une foule de femmes jolies et gracieuses.

Au premier rang mettons mademoiselle Freneix, qui vient de quitter, comme une volage qu'elle est, les Délassements pour la Gaîté. — Un brave garçon qui vient de mourir, Charles Froment, rédacteur en chef de *l'Echo des Théâtres*, avait donné à mademoiselle Fréneix un anneau,

Gage d'amour par amour obtenu.

Pendant sa maladie, Froment fit demander à la jeune artiste l'anneau des fiançailles, qui, suivant lui, devait lui servir de talisman pour obtenir guérison. Le pauvre garçon entra en convalescence et rendit l'anneau à son amie. — Deux mois après, Froment était mort. — Je voudrais bien savoir si mademoiselle Fréneix a conservé son anneau.

Mademoiselle Eléonore, bonne fille s'il en fut, excellente camarade, aux yeux à damner l'abbé Lacordaire, aux allures vives, et au sourire fin et délicieux; mademoiselle BERGEON, gracieuse petite femme, bien égrillarde, bien excentrique, à la taille de guêpe, aux formes voluptueuses, sont deux femmes délirantes dont les noms suffisent pour faire louer les avant-scènes, tant on voudrait les voir de près. — Mademoiselle Bergeon, dans son rôle de *Phosphoriel*, était un lutin adorable. — Mademoiselle Bergeon porte à ravir le costume d'homme; elle y déploie une aisance, un aplomb qui font soupçonner qu'elle a dû étudier sous plus d'un maître l'art de porter l'habit masculin. Un de mes amis lui a adressé un billet ainsi conçu :

> Bergeon me paraît si jolie
> Lorsqu'en homme elle est travestie,
> Qu'à ce gracieux séducteur,
> A l'air si mutin et si drôle,
> Je prêterais de bien bon cœur
> Tout ce qu'il lui faut pour ce rôle.

Mademoiselle CÉCILE DARCOURT, la *Fille du Ciel*, est aussi une actrice fort attrayante, et ses beaux yeux lui ont valu plus d'un billet amoureux, plus d'un bouquet qui contenait une prière et une déclaration. M. Edmond, qui se connaît en artistes et en femmes, a voulu tout d'abord s'attacher mademoiselle Darcourt, qui pouvait être une bonne acquisition pour son théâtre. Le rôle de *Fideline* a prouvé qu'il avait bien deviné; la Fille du Ciel s'est fait applaudir jusqu'au jour où, compromise dans une affaire de faux poinçons du trésor, fabriqués par un jeune homme pour qui mademoiselle Darcourt avait des bontés, cette artiste s'est vue inviter à comparaître devant un magistrat qui fut assez peu galant pour la séquestrer; la pauvre *Fideline* aurait bien voulu être une véritable Fille du Ciel pour recouvrer la liberté, qui lui fut rendue quelques jours après... Et mademoiselle Darcourt fut déclarée innocente!!..... Sur ce fait, je le crois; mais je ne répondrais pas de son innocence en tout.

Les autres femmes jolies du théâtre des Délassements sont mesdemoiselles....., ..., ..., ... et Bruneval.

Madame LACAZE-RMÉAL, qui joue là les grandes coquettes et les duègnes, tenait cet emploi en 1824 aux théâtres de la banlieue; veuve de l'acteur Lacaze, elle vient d'épouser un jeune homme bien candide, qu'elle a vu élever et qu'elle a poussé au théâtre.

Puis viennent SÉVIN, acteur plein de verve, de rondeur et d'entrain; CONSTANT, comique amusant qu'on a souvent applaudi à l'Ambigu; BRÉVILLE, artiste consciencieux, et qui mérite d'être mieux employé; LÉON DÉSORMES, qui, dans tous les rôles sérieux, parodie Bouffé, quand il ferait mieux de rester lui-même; ÉMILE, que l'on voit toujours avec plaisir; SAGEDIEU, qui serait un comique remarquable s'il voulait avoir moins de nonchalance en scène, s'occuper un peu plus de sa mémoire, et un peu moins d'écraser quelques grains de chasselas; Sagedieu est très-amusant quand il le veut; qu'il le veuille donc toujours, et sa place est marquée dans un théâtre d'ordre.

Le THÉÂTRE DES FUNAMBULES, qui a fait de ses directeurs des millionnaires, est chaque soir trop petit pour contenir tous les spectateurs qui assiègent ses portes. Le théâtre des Funambules a une spécialité qui fait sa fortune, et avant tout, un homme qui résume à lui seul tout ce théâtre; on a deviné que je veux nommer DEBURAU.

Je ne dirai rien de cet artiste exceptionnel; tout Paris

le connaît comme mime et comme Pierrot; M. Jules Janin nous l'a fait connaître comme homme, et comme type de l'enfant de la Bohème et du saltimbanque. Deburau est aux Funambules acteur, auteur, régisseur, décorateur, chef d'accessoires et maître de ballets; au théâtre, tout le monde l'appelle M. Baptiste.

Nous sommes arrivés au dernier point de notre départ; il nous reste à parler d'un théâtre qui, sans faste, sans beaucoup de réclames, et poursuivant modestement sa carrière, s'est placé au rang des théâtres les plus aimés, les plus fréquentés et les plus fructueux. C'est lui qui, dans la *Course à la recette*, que représente notre vignette d'aujourd'hui, atteint le premier le but; et cela lui arrive presque tous les jours.

Théâtre des Folies Dramatiques, tel est le nom du théâtre privilégié dont nous venons de parler. La vogue dont il jouit, le nom qu'il s'est fait, sont dus à l'habileté, aux connaissances théâtrales et à l'aptitude de son directeur, M. Mouriez, qui, sous le nom de Valory, a enrichi son théâtre d'un grand nombre de pièces qui ont rapporté à l'homme de lettres autant de bravos que de pièces de cinq francs au directeur; et M. Mouriez, après avoir acheté la maison que Fieschi, le lâche régicide, a rendue célèbre, a fait démolir cette maison néfaste, pour y faire élever une vaste et magnifique propriété.

M. Mouriez a été secondé pendant trois ans par un habile régisseur, homme dévoué, travailleur incessant, qui a su constamment concilier les intérêts de son directeur avec l'urbanité qui lui a assuré l'amitié des artistes consciencieux: M. Achille Bauchkron, qui fut d'abord souffleur au Vaudeville, où plus d'une fois il remplaça Arnal sur la scène, et s'y est fait applaudir dans des rôles où tant de comiques ont échoué. — M. Achille régit aujourd'hui le théâtre de Belleville.

Construit sur les dessins de M. Allaux, architecte et célèbre décorateur, qui avait obtenu le privilége des *Folies Dramatiques*, ce théâtre fut ouvert au public le 22 janvier 1831, sous la direction de M. Léopold, homme de lettres, auquel M. Mouriez a succédé.

Nous serions embarrassés s'il fallait citer les pièces qui ont obtenu du succès aux Folies; nous en nommerons seulement quelques-unes : *la Cocarde tricolore, la Courte Paille, l'Amitié d'une jeune Fille, l'Ouragan, la Fille de l'Air, Amour et Amourettes, Une jeune Veuve, Ozakoi, les Fumeurs*, et tant d'autres; voilà ce qui a fait aux Folies Dramatiques la réputation d'un des meilleurs théâtres et des mieux dirigés.

Robert Macaire, cette personnification audacieuse de notre époque, a pris le jour aux Folies-Dramatiques. Frédéric est venu là; et tout Paris est accouru voir le grand comédien, jeter à la face de tous la stridente satire qui flagellait tout le monde. Robert Macaire et le baron de Wormspire, créé avec un vrai talent par CLÉMENT OZANE, et Bertrand, ce candide fripon, à qui Rébard prêtait son visage hétéroclyte; ces trois personnages ont donné cent mille francs à M. Mouriez.

Madame MÉLINGUE a commencé aux Folies la révélation du talent qui l'a menée au Théâtre-Français; LÉONTINE y a prouvé, dans Malaga de *Gig-Gig*, qu'avec une allure franche, un laisser-aller qui ose tout, de beaux yeux et des jupons très-courts, on peut se faire un nom. — Madame MARIA SAINT-ALBIN est venue aussi deux fois montrer que les meilleures natures, les talents qui promettent le plus bel avenir, peuvent se gâter par l'afféterie, les minauderies et le ridicule. — Madame Saint-Albin a renoncé au théâtre pour s'occuper du salut de son âme; elle a imité les femmes du monde qui se donnent à Dieu quand le diable n'en veut plus.

Maintenant, les artistes qui brillent le plus aux Folies, par leur talent ou leur physique, sont :

Mademoiselle JUDITH, jeune Israélite dont on a voulu tout d'abord faire une Rachel du boulevard, et dont les louanges ont tué le talent naissant. Elle est certainement pleine d'âme et d'énergie; mais elle est devenue maniérée et a pris un hoquet dramatique fort désagréable; elle a une jolie voix qu'elle s'efforce trop de rendre dramatique; elle veut vraiment trop prouver.

Mademoiselle ANGÉLINA LEGROS, charmante femme, artiste de talent, qui a su faire supporter son accent nasillard par sa grâce et son jeu fin et spirituel.

Mademoiselle FLORENTINE, qui a tout le comique de Léontine, sans en avoir l'éhonté, et qui à un gentil visage joint la jeunesse et un attrait irrésistible.

Mademoiselle LEROUX, qui ose tout dire, mais qui dit tout avec un sang-froid admirable et un comique qui lui font un talent. — Si mademoiselle Florentine et mademoiselle Leroux concourent pour être rosières, je donne la couronne à mademoiselle Nathalie, du Gymnase, qui a créé *la Fille de l'Air* aux Folies.

Puis madame CHARLES POTIER, qui vient sur la scène s'ennuyer et minauder; et madame OUDRY, une de nos meilleures duègnes.

PALAISEAU, l'Alcide Tousez du boulevard; DUMOULIN, BLUM, HEUZEY, le grime le plus bouffon que je connaisse; Charles Potier, artiste de talent; Armand Villot, qui croit pouvoir toujours jouer les jeunes comiques; Alexandre, jeune premier de mérite et excellent camarade; Anatole et Belmont complètent la troupe du théâtre des Folies-Dramatiques.

Messieurs et chers camarades, dit le vénérable fondateur, nous allons clore la session de la *Société de la Blague théâtrale*. Si nos observations, qui n'ont pas été toutes frivoles, puisque nous avons exquissé l'histoire de chacun des théâtres de Paris, si les types que nous avons tracés, ont un peu intéressé ou amusé nos visiteurs et les lecteurs des procès-verbaux de nos séances, nos soirées n'ont pas été perdues, et notre but est rempli.

Avant de nous séparer, nous voterons des remercîments à ceux des artistes qui nous ont fourni les indiscrétions et révélations anodines que nous avons mises au jour; aux écrivains qui nous ont facilité les recherches dans l'histoire théâtrale, et à toutes les dames qui nous ont fourni les anecdotes drôlatiques.

Et maintenant, vous le voyez, nos bons et chers camarades, nous n'avons pas révélé vos péchés mortels; vos péchés véniels ont été à peine effleurés, et nous n'avons presque point touché à votre talent.

Forts de notre conscience, de la réserve qui a présidé à nos indiscrétions, de notre respect pour la morale et les convenances, nous sortirons de cette enceinte comme des petits Bayards:

Sans peur et sans reproches.

FIN.

Imprimerie de Mme Ve Dondey-Dupré, rue Saint-Louis, 46, au Marais.

Contraste insuffisant
NF Z 43-120-14

www.ingramcontent.com/pod-product-compliance
Lightning Source LLC
Chambersburg PA
CBHW070216240426
43671CB00007B/672